"十二五"职业教育国家规划教材
经全国职业教育教材审定委员会审定

U0683846

21 世纪高等职业教育财经类规划教材
市场营销类

营销策划技术（第2版）

Marketing Plan Techniques (2nd Edition)

◎ 楼晓东 梁惠琼 主编　　◎ 施佩刁 伍斌缠 副主编

人民邮电出版社
北　京

图书在版编目（CIP）数据

营销策划技术 / 楼晓东，梁惠琼主编. -- 2版. --
北京 : 人民邮电出版社，2015.1（2022.8重印）
21世纪高等职业教育财经类规划教材. 市场营销类
ISBN 978-7-115-36822-5

Ⅰ. ①营… Ⅱ. ①楼… ②梁… Ⅲ. ①企业管理－营
销策划－高等职业教育－教材 Ⅳ. ①F274

中国版本图书馆CIP数据核字(2014)第222007号

内 容 提 要

本书根据高教［2006］16 号重要文件的精神，按照"工学结合"人才培养模式的要求，以营销策划的
实践工作过程为依据，以策划项目和工作任务为载体，进行基于工作过程系统化的课程设计。

本书以营销策划工作岗位能力分析为基础，以营销策划工作的业务循环为依据，采用任务驱动模式，将
学习内容整合为营销策划的基础要素、企业营销策划的前期工作、企业营销定位策划、企业形象策划、企业
产品策划、企业品牌策划、企业价格策划、企业营销渠道策划、企业宣传与沟通策划和营销策划综合实训十
个策划项目，每个策划项目的内容又细分成具体的技能与任务，真正体现了"工学结合""教、学、做一体
化"和"以学生为主体"的高职教育理念。

本书以培养应用型人才为目标，既适合作为高职高专市场营销专业及经济管理类相关专业的教材，也可
作为企业营销管理人员的培训教材和参考用书。

◆ 主　编　楼晓东　梁惠琼
　　副 主 编　施佩刁　伍斌缠
　　责任编辑　刘　琦
　　责任印制　杨林杰

◆ 人民邮电出版社出版发行　　北京市丰台区成寿寺路 11 号
　　邮编　100164　电子邮件　315@ptpress.com.cn
　　网址　https://www.ptpress.com.cn
北京盛通印刷股份有限公司印刷

◆ 开本：787×1092　1/16
　　印张：18.25　　　　　　　　　2015 年 1 月第 2 版
　　字数：461 千字　　　　　　　2022 年 8 月北京第 9 次印刷

定价：39.80 元

读者服务热线：(010)81055256　印装质量热线：(010)81055316
反盗版热线：(010)81055315
广告经营许可证：京东市监广登字 20170147 号

　　"营销策划技术"课程是高职高专管理类专业的核心课程。目前我国高职高专市场营销策划教材的内容大多与营销实践工作要求脱节，无法适应实际工作岗位的要求，更不能建立科学的职业思维和职业理念。为此，作者结合多年的营销工作和高职教学经验，根据高素质技能型人才培养目标，以培养职业能力为核心，以工作实践为主线，以工作过程为导向，创造性地用任务驱动模式编写了本书。本书的特色体现在以下几个方面。

　　1. 目标清楚，定位准确

　　本书以适应高等职业教育人才培养规格的要求为目标，定位于营销技能与职业素质的培养，在"工学结合"、理论"必需、够用"的原则指导下，不罗列一般的理论教条；在追踪国内外市场营销理论最新动态，关注企业营销实践典型事例的前提下，突出基本原理，注重技能培养，实现理论与实践一体化。

　　2. 项目团队，任务驱动

　　本书打破传统的叙述方式，以营销策划的实践工作过程为依据，用项目任务的形式重构了营销策划的内容体系，坚持"教学内容项目化、项目内容任务化、任务内容过程化、理论实践一体化"的教学改革方向。通过组建项目团队，将学习者引入真实的职场环境。每一个项目通过【任务引入】和【任务分析】，自然引导出【知识链接】，通过基本知识的学习掌握策划的基本技能并展开实训活动。学习者学完一个策划项目后，既能较全面地掌握相关理论知识，又能有效地分析和解决实际问题，做到学以致用。

　　3. 体例新颖，内容生动

　　本书为了体现高职高专"工学结合"的特点，在理论够用的原则下更加注重实例的导入与分析，在掌握一定理论知识的基础上，启发学生对学习要点进行思考与讨论，力求将"讲、读、研、练"一体化，尽可能适应以"能力本位"为主旨的教师精讲、学生多练的新型教学模式的需要。

　　（1）在理论的阐述过程中穿插了大量的【营销小知识】、【案例链接】和【能力拓展】。【营销小知识】提供生活中与人密切相关的小知识，增加学习的趣味性；【案例链接】提供生动、有说服力的企业营销实例，帮助学习者加深对所学知识的理解和掌握；【能力拓展】提供实用性强的营销资料，扩展学习者的知识面。

　　（2）注重选用案例与资料的前沿性，尽量采用我国近几年的营销案例和贴近学生生活的资料，增加教材的实用性、新颖性与趣味性。

　　4. 内容合理，层次清晰

　　本书以营销工作岗位能力分析为基础，以营销工作的业务循环为依据，将学习内容整合为营销策划的基础要素、企业营销策划的前期工作、企业营销定位策划、企业形象策划、企业产品策划、企业品牌策划、企业价格策划、企业营销渠道策划、企业宣传与沟通策划和营销策划综合实训等 10 个教学情境，建立了一种崭新的教学逻辑路径，使学习者在完成本课程的学习后，能对营销策划和营销工作产生感性认识，并初步形成职业理念和职业思维，从而与实际工作需要接轨，为今后相关课程的学习奠定扎实的基础。

　　（1）每一学习情境的开始部分，设有【学习目标】，通过知识目标和技能目标，明确学习目的和需要掌握的技能。

（2）每一任务的学习由【任务引入】、【任务分析】、【知识链接】和【任务总结】几部分构成。任务驱动法可以使学习者提出问题、引发思考；【知识链接】帮助学习者解决问题、完成任务；最后，学习者通过所学理论知识解决现实问题。

（3）每一任务的结束部分安排了【任务总结】、【思考与讨论】、【案例分析】和【实训项目】。【任务总结】对相关知识进行总结提炼，帮助学习者回顾所学的主要内容；【思考与讨论】以问题的形式，检测学习者对所学知识的掌握情况；【案例分析】通过精选的真实案例，进一步引导学习者将理论知识与营销实践联系起来，强化学习者发现、分析、解决实际问题的能力；【实训项目】由【训练目标】、【内容与要求】和【组织与实施评价】组成，以训练学习者的营销实践能力，培养和提升学习者的营销技能。

本书由浙江工商职业技术学院楼晓东和广东科贸职业学院梁惠琼任主编，参与本书编写的还有广东科贸职业学院施佩刁和伍斌缠。梁惠琼负责全书的整体构思、大纲设计和审核统稿，并对各项目内容进行了调整修改。参加编著的成员分工如下：楼晓东负责编写项目一和项目二，梁惠琼负责编写项目四、项目六、项目八、项目九和项目十，施佩刁负责编写项目五和项目七，伍斌缠负责编写项目三。另外，在本书编写过程中，广东省宝桑园健康食品研究发展中心唐扣兰提供了很多宝贵的意见。

在本书编著过程中，参阅了国内外学者许多相关著述，在此谨向原作者表示诚挚谢意。由于作者水平有限，书中仍有不足之处，敬请读者批评指正。

编者

2013 年 12 月

目　录

目 录

营销策划的基础要素

学习目标

- 掌握成立企业的流程与步骤
- 了解各种不同企业的营销理念
- 了解现代营销组织结构的种类及适用情况

技能目标

- 掌握公司创立的条件及流程
- 分析各种不同企业营销理念的优劣及在不同企业中的表现

任务一　成立公司组建项目团队

【任务引入】

　　陈刚等6人是某高职院校市场营销专业的学生，他们志同道合，给自己制定的职业目标是未来成为成功的市场营销策划人才。为此，他们成立了营销策划团队，立志在三年里利用各种机会学习营销策划知识。但万事开头难，他们对策划中公司运作、团队合作与社会对策划人才的要求等知识知之甚少，因此，他们总是在思索该从哪方面入手加强自己的职业技能。

　　任务1：根据陈刚团队的需要，掌握公司运作的基本知识。

　　任务2：根据陈刚团队的需要，掌握营销策划人才的技能要求。

【任务分析】

　　营销策划是一种富有创意的智慧行为。营销策划的成功和精彩与否既取决于理念、创意，又取决于操作行为的科学规范。完备的组织构成、高素质的策划人、规范的操作程序是完成策划文案的基本要素。

➔ 知识链接

一、成立公司

（一）公司及其特点

《中华人民共和国公司法》第一条至第三条对公司做了界定。

　　第一条　为了规范公司的组织和行为，保护公司、股东和债权人的合法权益，维护社会经济秩序，促进社会主义市场经济的发展，制定本法。

　　第二条　本法所称公司是指依照本法在中国境内设立的有限责任公司和股份有限公司。

　　第三条　公司是企业法人，有独立的法人财产，享有法人财产权。公司以其全部财产对公司的债务承担责任。

　　有限责任公司的股东以其认缴的出资额为限对公司承担责任；股份有限公司的股东以其认购的股份为限对公司承担责任。

（二）法律形式的公司选择

1. 国资企业和集体投资企业

国资企业是由国家投资，委派人员经营管理的企业。企业收益主要以利润的形式按国家确定的比例上缴国库，亏损也由国家承担。集体投资企业的资金由参与企业筹建的各方共同筹集，通过选举产生管理机构，税后利润由企业支配使用，亏损由集体承担。

2. 独资企业

独资企业是由个人出资经营的企业。利润归个人所有，亏损也由个人承担。

3. 合伙企业

合伙企业是指由两个以上的企业主共同出资，以协议方式共同经营的企业。利润按出资比例分配，亏损也按出资比例承担。

4. 公司制企业

公司制企业是由一定数量以上的股东，通过内部集资或法定程序向公众发行股票筹集资本，具有法人资格的企业组织。公司制企业是目前企业法律形式中最常见的形式，它分为两种形式，一种是有限责任公司，另一种是股份有限公司。

（三）公司成立的条件

《中华人民共和国公司法》第六条至第十一条对公司成立的条件做了界定。

第六条　设立公司，应当依法向公司登记机关申请设立登记。符合本法规定的设立条件的，由公司登记机关分别登记为有限责任公司或者股份有限公司；不符合本法规定的设立条件的，不得登记为有限责任公司或者股份有限公司。

法律、行政法规规定设立公司必须报经批准的，应当在公司登记前依法办理批准手续。

公众可以向公司登记机关申请查询公司登记事项，公司登记机关应当提供查询服务。

第七条　依法设立的公司，由公司登记机关发给公司营业执照。公司营业执照签发日期为公司成立日期。

公司营业执照应当载明公司的名称、住所、注册资本、法定代表人姓名等事项。

公司营业执照记载的事项发生变更的，公司应当依法办理变更登记，由公司登记机关换发营业执照。

第八条　依照本法设立的有限责任公司，必须在公司名称中标明有限责任公司或者有限公司字样。

依照本法设立的股份有限公司，必须在公司名称中标明股份有限公司或者股份公司字样。

第九条　有限责任公司变更为股份有限公司，应当符合本法规定的股份有限公司的条件。股份有限公司变更为有限责任公司，应当符合本法规定的有限责任公司的条件。

有限责任公司变更为股份有限公司的，或者股份有限公司变更为有限责任公司的，公司变更前的债权、债务由变更后的公司承继。

第十条　公司以其主要办事机构所在地为住所。

第十一条　设立公司必须依法制定公司章程。公司章程对公司、股东、董事、监事、高级管理人员具有约束力。

（四）公司资质审评

根据我国政府的有关规定，有些公司在登记前需获行业主管部门的资质审批。拟建公司在资质审批中需要提交以下材料：申请对经营资质进行审批的报告、公司可行性分析报告、公司章程、验资证明、注册及经营地点证明、具有专业技术职务人员的资格证书或证明。

（五）公司设立的程序

1. 有限责任公司设立的程序

（1）发起人发起。

（2）订立章程。

（3）股东交纳出资。

（4）验资。

（5）确立公司组织机构。

（6）申请设立登记。

（7）登记发照。

2. 股份有限公司设立的程序（公司章程）

（1）发起人发起协议。

（2）制定公司章程。

（3）申请。

（4）认购股份。

（5）创立。

（6）建立公司组织机构。

（7）注册登记。

（六）公司设立登记

1. 申请工商设立登记

（1）有限责任公司设立登记。

（2）股份有限公司设立登记。

2. 申请税务登记

《中华人民共和国税收征收管理办法》规定，公司及分支机构应自领取营业执照之日起30日内，持营业执照到当地税务机关申报办理税务登记。公司在办理税务登记时，应当向主管税务机关提供营业执照及复印件、有关批准文件及复印件、法人代表的身份证复印件、生产经营场所房屋证明复印件、技术监督部门颁发的组织机构代码证及复印件、公司章程或入股协议书、验资证明及复印件等，向税务机关申办《税务登记证》。

（七）公司设立的办理流程

工商局名称核准—银行入资—市工商局办营业执照—刻章—技术监督局办组织机构代码—国税登记—银行开户—划转资金。

二、组建项目团队

营销策划是一项复杂且富有创意的智慧行为。选择有效的策划实现途径，能使企业的营销策划活动取得事半功倍的效果。而组建完善的项目团队和选取优秀的策划人才，则是营销策划活动顺利开展的重要前提和保证。

（一）项目策划团队构成

项目策划团队是将策划活动所需的各类人员整合在一起，在充分发挥策划主创人智慧的基础上形成的团队合作组织。项目策划团队设主任或组长一名，副主任或副组长2～3名，成员若干名。项目策划团队通常包括以下几类人员。

（1）策划总监。负责领导、保证、监督营销策划团队的全盘工作，协调和安排营销策划团队与企业各部门、各方人士的关系，掌握工作进度和效率。该职位一般由企业总经理或企业营销副总经理担任。

（2）主策划人。主策划人是营销策划团队的业务中心，负责指挥各类策划人员的业务调研，牵头组织业务人员的创意活动并最后负责拟定策划文案。主策划人应有良好的业务素质和各方面的业务能力，并对企业营销行为比较熟悉，富有企业营销策划的成功经验和高度的责任感。

（3）文案撰稿人。营销策划文案的撰稿人在主策划人的领导下参与文案的撰写工作，他们必须对营销策划的全过程非常熟悉。娴熟的文字表达能力、深刻的认识问题能力和富于创新的思维是衡量一个文案执笔者水平的主要标准。

（4）美术设计人员。营销策划中常涉及企业视觉形象、商标、广告、包装等方面的设计，营销策划的过程也是对商品、企业进行美化包装的过程，美术设计人员可依据美学原理对上述方面进行创新设计，以增强营销策划文案的吸引力与感染力。

（5）高级计算机操作人员。计算机操作不仅要起到收集资料、储存资料和随时输出资料的作用，还要进行适应多媒体需要的、制作动态链接和形成互动效应的高难度的操作，以备营销策划之需。

总之，营销策划组织是由多方人士组成的、富有创造性的机构。营销策划组织应为开放性的组织，这种组织要善于罗致人才，善于开发智力，这样才会有活力。

（二）策划人素质能力要求

1. 对策划人素质的一般要求

策划业在国外已有300多年的历史，服务对象包括政府部门、机关团体、各类企业及个人，涉及社会经济活动的方方面面。仅就企业而言，包括企业的发展战略策划、企业的形象策划、品牌创优策划、品牌推广策划、市场营销策划、广告宣传策划等。

社会对策划人的素质要求主要体现在以下几个方面。

（1）集理论与实践于一身的复合型人才。策划人首先要有广博的综合知识体系，并在实际策划过程中融会贯通、举一反三、闻一知十，还要在已有知识的基础上产生联想、触类旁通而形成新的创意。

另外策划人还必须有广博的社会阅历和丰富的实践经验。一个不了解国情、不熟悉企业、不能把握经济和社会发展走势和各阶段特点的人是无法对其对象进行策划。

（2）敏锐的观察力、判断力和驾驭市场的能力。没有准确、科学、超前、精确的预测，就没有成功的策划。同样，没有特色、创意、独到的思路和对策，也不是成功的策划。具体问题具体分析，是成功策划的指导思想。策划人要想策划成功就要培养和训练自己的观察、判断和分析能力。

驾驭市场首先要认清市场，把握市场的态势、市场的走势、市场的流行时尚、市场的卖点、市场的发育程度、某行业市场的特色、某区域市场的变化趋势等，只有认清市场才能采用恰当的战略和策略驾驭市场。

（3）良好的社会公德和职业道德。策划人应有"以天下为己任的博大胸怀，有全心全意为社会造福"的崇高精神，不把策划行为当作纯商业行为，更不能搞商业欺诈。

（4）娴熟的表达技巧。策划人的策划成果要通过策划文案体现。策划文案是以文字、图形、数据等表现形式进行表现的。策划人须具有绘制图像、核算数据和文字表达的能力。准确、鲜明、生动是表达效果的基本准则。准确是前提，鲜明、生动是表达效果优劣的标志。策划人应在语言艺术的运用上、色彩的选择上、构图的和谐性上充分体现自身的素质。

2. 策划人应具备的能力

策划人所拥有的能力不同于一般专业人士，其能力更为广泛、全面、扎实，策划人应具有以下能力。

（1）前瞻性的认识能力。策划人要把握经济发展的规律，认识未来的发展趋势和社会的价值取向，以保证在策划中的预测不背离正确的方向，并具有一定的前瞻性。

（2）敏锐的反应能力。策划人要对社会上的新生事物有敏锐的反应能力。只有呼应社会的新风尚、新时尚、新事物，才能使策划体现时代精神和创新特色。

（3）睿智的想象能力。想象是创新的基础，没有想象难以创新。想象能力是人的知识积累和智力开发的结果。想象能力的培养一要积累知识，二要肯动脑筋进行浮想、联想、遐想甚至幻想。

（4）理性的思维能力。理性思维是在一定理论指导下的系统思维。不论顺向思维还是逆向思维都应有一定的程序和规范，纲举目张，条分缕析，论点明确，论据充分，思考富有逻辑性。

（5）巧用资讯情报的能力。策划人要创造、创新就必须拥有大量的资讯情报。在处理和利用情报时，或浓缩、或引申、或推断、或发挥，应视情况而运用自如。

（6）卓越的审美能力。审美能力具有时代性，不同的时代具有不同的审美观，也就有不同尺度的审美标准。策划人的审美能力表现为领时代风气之先，符合大众审美标准而又不落俗套。

（7）精当生动的表达能力。策划人的创意需要精当的表达，即语言表达要求具有准确性和分寸感；不偏离，不冗繁；语言生动，内涵丰富，动感强烈，感染力强。

（8）融会贯通的整合能力。策划人对策划活动中的系列行为举措需要整合。整合要提纲挈领，抓住中心，抓住主干，并要突出灵魂，用灵魂统帅策划活动的始终。

营销小知识

叶茂中，中国著名营销策划专家和品牌管理专家，与李光斗、徐大伟并称为21世纪中国广告界的"策划三雄"。叶茂中阳刚如火，善于做广告定位，堪称"策划之霸"。

叶茂中现任叶茂中营销策划机构董事长、清华大学特聘教授、南京理工大学工商管理硕士（MBA）研究生导师以及中央电视台广告部策略顾问。

1993年，叶茂中在北京创立了自己的广告公司，陆续服务了"圣象地板""北极绒保暖内衣""真功夫快餐""大红鹰""柒牌男装""雅客V9""361度""红金龙""蚁力神"等多个品牌，使这些品牌的知名度和销售业绩得到极大的提升。其中"真功夫快餐"从东莞几家小店经过6年达到全国直营店464家，成为本土快餐第一品牌。

成功案例：★红金龙年销量从17万箱发展到100万箱。★柒牌从不足2亿元的销售额，两年销量超过了10亿元。★雅客糖果的销售额增长了7倍。★361°两年从7亿元销量增长到20多亿元。★叶茂中所策划撰写的广告语"地球人都知道""30岁的人60岁的心脏，60岁的人30岁的心脏"等都成为社会上的流行语。"男人就应该对自己狠一点"被评为中国广告十大流行语。

任务总结

陈刚团队通过学习，对公司运作和市场营销策划人才的职业技能要求有了基本了解，并且认识到以下几点。

（1）现代的策划不是某个人的英雄主义，更多的是团队的团结与分工合作。

（2）成功的策划人才必须是集理论与实践于一身的复合型人才，具备敏锐的观察力、判断力和驾驭市场的能力，具有良好的社会公德、职业道德和娴熟的表达技巧。

（3）除此之外，还需要策划人具备前瞻性的认识能力、敏锐的反应能力、丰富的想象力、理性的思维能力、巧用资讯情报的能力、卓越的审美能力、精彩生动的表达能力和融会贯通的整合能力。

思考与讨论

（1）在我国常见的企业法律形式有哪些？

（2）营销策划组织机构由哪些人员构成？

（3）对营销策划人员的素质和能力有哪些要求？

案例分析

谁是真正的市场营销人才

在太平洋上的一个小岛上，居住着10多万土著居民。这里风景秀丽，盛产菠萝、香蕉、椰子、芒果，部落酋长统治着这里的政治和经济。广东一家制鞋公司计划把自己的产品卖给这个小岛上的居民。公司首先派出了业务员甲，几天以后，该业务员发回电报说："这里的人根本不穿鞋，此地不适合我们开辟市场。"

为了证实这一点，公司又派出业务员乙，一周之后，该业务员回报："这里的居民没有一个人有鞋，这里是巨大的潜在市场。"

该公司最后把自己的市场营销副经理丙派去考察。两周以后，他汇报说："首先，这里的居民不穿鞋，但他们有脚病，可以从穿鞋中得到好处，不过我们现在生产的鞋太瘦，不适合他们的脚型，我们必须生产更大、更耐磨的鞋；其次，我们还必须和部落酋长搞好关系，取得他们的支持与合作，获得经营权；最后，当地居民没有钱，但可用水果与我们交换，我们再把水果出售。我测算了3年内的销售收入及成本，回报率可达20%。我建议公司开辟这个市场。"

案例思考：

（1）本案例中的3个人奉行何种经营观念？

（2）如果你是这家公司的市场营销经理，你打算用什么策略来开辟这个市场？

实训项目

实训项目 组建策划项目团队

【训练目标】

（1）掌握公司成立的程序与运作程序。

（2）掌握策划项目团队的人员构成和能力要求。

【内容与要求】

在学院营销学会领导下组建各项目团队，并根据要求进行分工，完成接受策划项目的前期准备工作。

【组织与实施评价】

（1）全班学生划分为6~8人的小组，组成项目团队。

（2）建立沟通协调机制，团队成员共同参与，协作完成公司任务。

（3）在教师的指导下熟悉项目团队人员要求及分工合作要求。

（4）评价与总结：各项目团队提交项目团队的构成及人员分工安排。

任务二　企业营销策划的基础要素

【任务引入】

陈刚团队热衷于营销策划工作，他们雄心勃勃要成为成功的营销策划人才，但他们同时也认识到要成功就必须加强学习，打下坚实的职业基础，掌握策划的基本技能与方法。那么，他们应该掌握哪些策划的基础要素呢？

任务1：掌握企业营销策划的理念与方法。

任务2：掌握如何用现代的市场营销理念进行具体的营销策划。

【任务分析】

对企业的营销管理者来讲，企业营销策划极为重要，它是提高企业营销效率的重要途径。通过营销策划过程，营销人员可以系统地整理自己的想法，科学地选择营销方法和步骤，实现营销目标。

> 知识链接

一、市场营销与策划

（一）市场营销与理念

市场营销（Marketing）是现代市场营销学的一个非常重要的概念。正确理解市场营销的含义，对于企业的营销活动具有重大的意义。国外对市场营销的定义多达50多种。

根据美国营销协会（American Marketing Association）（1985年）所下的定义，市场营销是指引导产品和劳务从生产者达到消费者或用户所进行的商务活动。

┃ 营销小知识 ┃

> 2004年8月，美国市场营销协会对市场营销做出了新的定义：市场营销是一项有组织的活动，它包括创造"价值"，将"价值"输送给顾客以及维系管理公司与顾客之间关系，从而使得公司及其相关者受益的一系列过程。

美国著名市场营销学家菲利普·科特勒（Phillip Kotler）对市场营销的定义是：市场营销是个人和群体通过创造，提供出售，并同他人自由交换产品和价值，以获得其所需所欲之物的社会过程。

营销观念，又称为市场观念、营销哲学，作为企业营销活动的基本指导思想，对企业经营成败具有决定性意义。建立能全面贯彻现代市场营销哲学、真正面向市场的企业，是摆在管理者面前的一项重要任务。它是在一定时期占统治地位的贯穿于企业整个市场营销活动的指导思想和行为准则。

1. 生产观念

生产观念（Production Concept）是指导销售者行为的最古老的观念之一。这种观念产生于

20世纪20年代前的资本主义工业化初期、第一次世界大战末期及战后一段时期内。该时期由于物资短缺，市场产品供不应求，生产观念在企业经营管理中颇为流行。其典型口号是："我们生产什么，就卖什么。"这种观念立足的前提是：第一，消费者的注意力只集中在是否买得起与价格便宜与否；第二，消费者并不关注同类产品还有非价格差异。

生产导向型企业的主要精力用于增加生产和降低成本上，很少或根本不考虑消费者的需求情况。管理层总是致力于获得高生产效率和广泛的分销覆盖面。这种导向在中国这样的发展中国家具有重要的意义。

> **营销小知识**
>
> 福特汽车创办于1903年。1908年年初，创办人亨利·福特根据当时消费者（尤其是广大农场主）的需要，做出了明智的战略决策：致力于生产统一规格、价格低廉的"T型黑色车"，并在实施标准化的基础上组织大规模生产。此后十几年，福特汽车销售量迅速增长，最高一年年产量达到100万辆。但到了20世纪20年代中期，随着美国经济增长以及国民收入水平提高，消费者的购买行为发生了较大的变化：消费者开始追求时髦，简陋的、价格便宜的"T型黑色车"已经不能满足消费者的需要。但此时亨利·福特顽固地坚持"不管消费者喜欢什么汽车，我们只生产黑色"的观念，不愿意对产品加以改革。最终，竞争对手通用汽车公司凭借款式新颖、颜色多样的"雪佛兰"汽车成功地排挤了福特汽车公司的"T型黑色车"，并迅速成为汽车工业市场上的领先者。

2. 产品观念

产品观念（Product Concept）也是一种较早的企业经营观念。随着西方资本主义迅速成长，科学技术的进步使得生产规模迅速扩大，商品数量剧增，市场规模急剧扩大，市场开始由卖方市场向买方市场转变。人们生活水平也有较大提高，消费者已不再满足于产品的基本功能，开始追求产品在功能、质量和特点等方面的差异性。因此，产品观念主张企业应不断致力于产品的改进，认识到消费者总是喜欢那些质量高、性能好的产品，所以应当设法使包装、价格更具吸引力，改善分销渠道，以便引起消费者的注意。

3. 推销观念

推销观念（Selling Concept）或称销售观念，产生于20世纪20年代末至50年代初，是为许多企业所采用的另一种观念，主要表现为"我卖什么，顾客就买什么"。这种观念认为，消费者通常表现出一种购买惰性或抗衡心理，如果顺其自然的话，消费者一般不会足量购买某一企业的产品。

推销观念在现代市场经济条件下被大量用于推销那些冷门产品，即购买者一般不会想到要去购买的产品，如保险、百科全书和墓地。在产品过剩时，大多数公司也常常奉行推销观念，如许多公司实行的"买一送一"活动。

4. 市场营销观念

市场营销观念（Marketing Concept）出现于20世纪50年代中期。第二次世界大战之后，科技革命迅速兴起，产品技术不断创新，许多产品供过于求，市场竞争进一步激化，而消费者的需求呈现多样化。在这种形势下，要求企业改变以往单纯以卖方为中心的思维方式，转向认真研究消费者需求，也就是说，要从以企业为中心转变为以消费者（顾客）为中心。

市场营销观念对以前的观念提出了挑战，它以满足顾客需求为出发点，即"市场需要什么，我就卖什么"。而实现企业各项目标的关键在于正确确定目标市场的需要和欲望，并且比竞争对手更有效地向目标市场创造、传递、沟通优越的顾客价值。

5. 客户观念

客户观念是指企业注重收集每一个客户以往的交易信息、人口统计信息、心理活动信息、媒体习惯信息以及分销偏好信息等。根据收集来的信息确认不同客户的终身价值，分别为每一个客户提供各自不同的产品和服务，传递不同的信息，通过提高客户忠诚度，增加每一个客户的购买量，从而确保企业利润增长。

客户观念适用于那些善于收集单个客户信息的企业。这些企业所经营的产品能够借助客户数据库的运用实现交叉销售，或产品需要周期性地重购或升级，或产品价值很高。

6. 社会市场营销观念

社会市场营销观念（Societal Marketing Concept）产生于20世纪70年代，是对市场营销在新形势下的修正和补充，是新的发展。20世纪70年代以后，出现了全球环境恶化、资源缺乏等一系列问题。许多企业为了追求利润，片面强调迎合消费者而忽视了社会的长远利益。在此背景之下，西方市场营销学界提出了人类观念、理智消费观念、生态准则观念等，这类观念统称为社会市场营销观念。

社会市场营销观念要求企业坚持市场营销导向，在生产产品时不仅要满足消费者的需求，而且应当符合社会长远利益。企业在制定营销战略时，应当同时兼顾企业自身、消费者需求和社会利益。

（二）策划

1. 策划的含义与作用

策划是一套为了提高成功的可能性而针对未来要发生的事情所做出的当前决策及其决策的执行与控制过程，也可以理解为一个人或一个组织为了达到自己的目标而进行的构思、计划、执行、控制的全过程。

案例链接

如何向和尚卖梳子

如何把梳子卖给和尚？有一家效益相当好的大公司为了扩大经营规模，决定高薪招聘营销主管经理。招聘广告打出来后，报名者云集。面对众多的应聘者，招聘工作的负责人说："相马不如赛马。为了能选拔出高素质的人才，我们出一道实践性的试题，就是想办法把木梳尽量多地卖给和尚。"绝大多数应聘者感到困惑不解，甚至愤怒地说："出家人要木梳何用？这不明摆着拿人开涮吗？"于是纷纷拂袖而去，最后只剩下甲、乙和丙 3 个应聘者，由他们三人去销售梳子。负责人交代："以 10 日为限，届时向我汇报销售成果。"10 日的期限到后，负责人问甲卖出多少把。答："一把。""怎么卖的？"甲讲述了历尽的辛苦，游说和尚应当买把梳子，无甚效果，还惨遭和尚的责骂。好在下山途中遇到一个小和尚一边晒太阳，一边使劲挠着头皮。甲灵机一动，递上木梳让他试用，小和尚用后满心欢喜，于是买下一把。负责人问乙卖出多少把。答："10 把。""怎么卖的？"乙说他去了一座名山古寺，由于山高风大，进香者的头发都被吹乱了，他找到寺院的住持说："如果进香者蓬头垢面，那是对佛的不敬，应在每座庙的香案前放把木梳，供善男信女梳理鬓发后再进香。"住持采纳了他的建议，那山有10 座庙，于是买下了 10 把木梳。负责人问丙卖出多少把。答："1 000 把。"负责人惊奇地问道："你是怎么卖出去的？"丙说他到一个颇具盛名、香火极旺的深山宝刹，烧香拜佛者与参观者络绎不绝。丙对住持说："凡来进香参观者，多持一颗虔诚之心，宝刹应有所回赠，以作纪念，保佑其平安吉祥，鼓励其多做善事。我有一批木梳，您的书法超群，刻上'积善梳'三个字，便可做赠品。"住持大喜，立即买下 1 000 把木梳。得到"积善梳"的朝圣者与参观者也是很高兴，一传十、十传百，烧香拜佛者越来越多，香火也越来越旺。这还不算完，好戏跟着在后头。住持希望丙再多卖一些不同档次的木梳，以分层次地赠给各种类型的朝圣者与参观者。就这样，丙在看来没有木梳市场的地方开创出很有潜力的市场。

2. 策划与计划的区别

策划与计划既有联系，又有区别。策划强调动态的过程，是为了实现某一欲求的结果而进行的计划和计划的实施过程；计划则强调策划的一个阶段性成果。策划始于计划并包括计划的执行与控制。策划与计划的区别如表 1-1 所示。

表 1-1　　　　　　　　　　　　　　　　策划与计划的区别

序 号	策划（planning）	计划（plan）
1	必须有创意	不必有创意
2	无中生有，天马行空	范围一定，按部就班
3	掌握原则与方向	处理程序与细节
4	What to do（做些什么）	How to do（怎么办）
5	活的、动态的	死的、静态的
6	开创性强	时序性强
7	挑战性大	挑战性小
8	需要经过长期专业训练	只需要经过短期训练
9	侧重于策	侧重于划

3. 战略、战术与策划

（1）战略：战略是一种模式或计划，它将一个组织的主要目的、政策与活动按照一定的顺序结合成一个紧密的整体。

（2）战术：战术是实施战略的具体行动方法，包括采用的手段、计谋。

（3）策划：策划是一套为了提高成功可能性而针对未来要发生的事情所做出的当前决策及其执行与控制过程。

（三）策划理念与策划方法

1. 策划理念

（1）满意策划理念。满意策划理念要求在策划中以较为容易达到的结果为目标，即设计的策划案不一定是最好的，但一定是相对比较让人满意和切实可行的。

（2）最佳策划理念。最佳策划理念源于运筹学，它充分考虑影响企业运营的各种因素并建立数学模型，以求出一个或一组达到最大值的目标值。

（3）适应策划理念。适应策划理念假定影响企业运营的各种因素和影响程度是会改变的，企业可以通过改变自变量与因变量的关系而更好地达到企业的目标。

2. 策划方法

（1）满意策划法（浪漫型策划法）。以梦想为愿景，将实现梦想的各种可能的手段和方法详加考虑，慎重选择，以提高策划成功的可能性。

> **案例链接**
>
> 一个温州人在大街上擦皮鞋，每天都在梦想着能拥有街对面的那栋楼房。他一天最多能擦 30 双鞋，除去鞋油和吃饭的费用，最多每天能挣 20 元钱。他琢磨，如果要买下对面那栋楼房，至少要干 500 年，假如组织 500 人擦皮鞋，向他们每人每天收取 4 元钱，在 5 年以后就可以买下那栋楼房了。于是，一个擦鞋公司诞生了。5 年后，他果然买下了那栋楼房。接着他又梦想能将整条街买下来。于是，一个集皮鞋加工、生产、销售、服务于一体的制鞋公司便诞生了。又过了 5 年，他终于如愿以偿，拥有了那条街。

（2）问题策划法。问题策划法通常称作 HITS 策划法，它的策划思路是：遇到问题怎么办（How）—多个创意、策划（Idea）—试一试（Try）—选择决定一个策划方案（Select）。

> **案例链接**
>
> 天津有一家生产呢子布料的毛纺厂。由于成分不同，生产的布料上常常出现一些小白点，消费者视小白点为瑕疵，认为是次品，于是购买热情不高。该厂的产品打不开销路令企业伤透脑筋，他们曾经尝试多种方法均无力改变滞销的局面。后来，该企业技术人员灵机一动，变消除白点为扩大白点，不仅让它大起来，而且让它多起来，并将布料命名为"雪花呢"。当产品投放市场后，掀起一股旺销旋风，企业也颇多得利。

（3）3P 策划法。3P 策划法也称三段必须可能性策划法或三段可能性追求法。因为每一段可能性用英文表示为 Possibility，所以简称 3P 法。3P 法实质上是将尝试过的错误加以纠正而得到的策划方法，该方法强调策划方案的实践性和实效性。3P 策划法具体内容如图 1-1 所示。

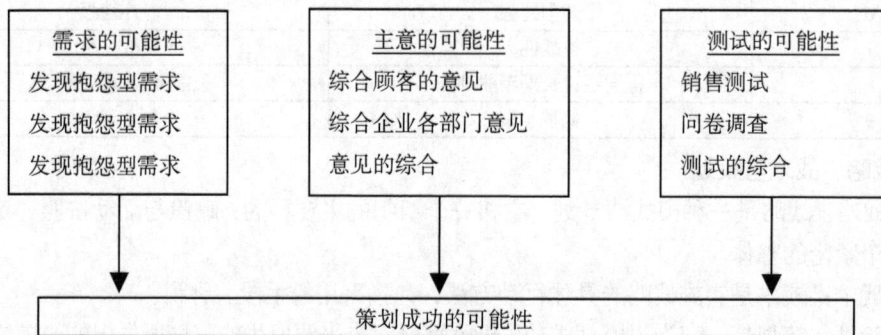

图 1-1 3P 策划法

> **案例链接**
>
> 用洗衣机来洗沾满泥土的地瓜？当参加《财富》论坛的跨国公司老板们听海尔集团总裁张瑞敏说起这件新鲜事时，全场哄堂大笑。简直不可思议，这是真的吗？在四川某地，常常有当地农民购买海尔洗衣机后报修，并抱怨洗衣机不好用。原来，许多农民为图方便

洗衣机洗地瓜，造成了洗衣机常常堵塞。海尔设计人员和服务部认为要对农民加强教育，改变他们的习惯。但张瑞敏却有不同的看法，他认为既然消费者用洗衣机来洗地瓜，说明这种需求存在，我们就应该在技术上进行突破，研发一种既能洗衣服，又能洗地瓜的洗衣机。后来海尔对产品进行改造，增加了承重，扩大排水口，成功推出"地瓜"洗衣机，大受当地农民的欢迎。

（4）PDS 策划法。PDS，即 Plan—Do—See（计划—实施—反省的缩写）。PDS 策划法认为，计划、实施与反省是策划必经的三个步骤。

▌**案例链接** ▌

程刚是某高职院校市场营销专业的学生，他在职业规划中制定的职业目标是在毕业一年后进入当地一家大型企业担任策划项目主管。于是他认真学习各项专业课程并考取了几个职业资格证书。毕业后他设计了精美的求职简历，但多次投放都石沉大海，他百思不得其解。后来他请教某公司的人力资源经理，该经理建议他从小企业的基层岗位做起，并尽快提升自己的学历水平、知识水平和能力水平。为此，程刚结合自己的优势与劣势，重新调整了自己的职业目标，从公司的普通销售员到店长、销售经理，经过五年的努力实现了他最初的目标。

二、企业营销策划

（一）企业营销策划的概念

企业营销策划是指根据企业的整体战略，通过对企业内部条件与外部环境的分析，精心构思、设计和组合各种因素从而高效率地将产品或服务推向目标市场的操作程序。

（二）企业营销策划的类型

按照策划的内容不同，企业营销策划可以分为营销战略策划和营销战术策划两种。

1. 营销战略策划

营销战略策划注重企业的营销活动与企业总体战略之间的联系，主要根据企业的战略发展方向、战略发展目标和战略重点设计营销战略，具体包括营销战略目标策划和 STP 策划。

（1）营销战略目标策划。通过企业营销环境和 SWOT 分析，确定企业在一定时期内的营销目标，如产品的市场占有率、品牌知名度等。

（2）STP 策划。STP 策划就是根据企业的总体战略、营销目标进行市场细分，确定目标市场，为企业和产品进行市场定位。

2. 营销战术策划

营销战术策划注重企业的营销活动的可操作性，是为实现营销战略而进行的战术、项目策划，是实现战略目标的具体行动方案。

（1）营销因素的整合策划。根据企业的营销战略对企业可以控制的营销因素进行整合策划，以达到整体的最优化。企业可以控制的营销因素主要包括产品、价格、分销渠道和促销 4 个因素。

（2）营销项目策划。企业通常还可以根据需要进行具体的项目策划，如市场满意度策划、企业形象策划、关系营销策划、客户关系策划等。

（三）企业营销策划的程序

企业营销策划的程序可以分为明确策划的问题、调查与分析、企业营销战略策划、企业营销战术策划、提交营销策划书、营销策划实施、评估与修正七个环节，如图 1-2 所示。

1. 明确策划的问题

营销策划首先要明确策划要解决什么问题。同一项策划的动机不同策划重点也会有所不同，如针对提升品牌形象还是提高销售额的不同要求就会进行不同的策划。因此我们必须明确策划的动机，确定策划的重点，明晰策划主题。

2. 调查与分析

调查与分析的目的在于了解企业的营销环境，为企业的营销策划提供真实可靠的信息。调查与分析主要包括企业营销的外部环境分析、企业营销的内部环境分析和 SWOT 分析。

（1）企业营销的外部环境分析。企业营销的外部环境包括宏观环境、行业环境和经营环境 3 个层次。

宏观环境一般分为政治环境、经济环境、社会文化环境、技术环境、生态环境。

行业环境主要指影响企业赢利的 5 种力量：新的进入者与进入壁垒、替代者、供应者、购买者、业内竞争者。

经营环境指对企业营销活动影响最直接的环境因素，如竞争者、供应商、消费者、供应者与债权人等。

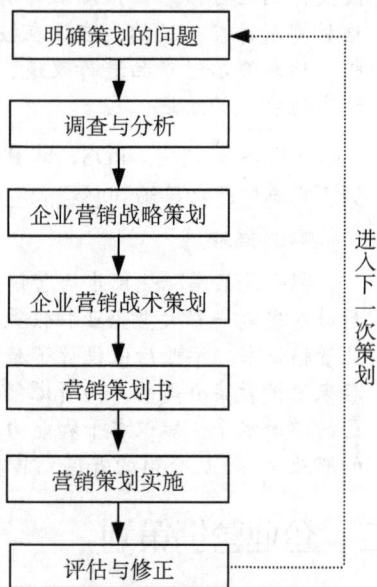

图 1-2　企业营销策划的程序

（2）企业营销的内部环境分析。企业营销的内部环境指企业内部所有对营销活动会产生直接与间接影响的因素，如公司资源（优势资源与劣势资源）、公司任务、公司目标、公司总体战略、公司组织结构、公司权力结构、营销部门在公司的地位、公司文化、各战略业务单位的竞争战略等。

（3）SWOT 分析。SWOT 分析是指通过对企业内部优势和劣势及外部的机会与威胁的匹配，帮助企业认清形势，指导企业制定出符合自身条件的发展战略、竞争战略和营销战略。

3. 企业营销战略策划

企业营销战略策划主要帮助企业解决一些关键性和方向性的问题，主要包括营销目标的设定和 STP 策划两部分。

（1）设定营销目标。营销目标是营销策划要实现的期望值，如提高市场份额 3%或降低营销成本 4%等。目标不明确，策划思路就难以清晰，策划构思就难以产生。

（2）STP 策划。STP 策划是在市场调查与分析的基础上，根据企业的实际情况，对企业的市场进行细分，选择企业的目标市场，为企业或产品确定市场地位。

4. 企业营销战术策划

企业营销战术策划指企业根据已经确定的营销目标和市场定位，对于企业可以采用的各种各样的营销手段进行综合考虑和整体优化，以达到理想的效果，包括产品策划、价格策划、分销策划、促销策划、关系营销策划等。

5. 营销策划书

营销策划书是表现和传递营销策划内容的载体，一方面是营销策划活动的主要成果；另一方面也是企业进行营销活动的行动计划。

6. 营销策划实施

营销策划方案的实施可以分为两个阶段，即模拟布局阶段和分工实施阶段。

（1）模拟布局阶段。即在营销策划书正式实施前进行模拟布局演练，预测营销策划方案实施过程及进度，或预测营销策划书实施后的效果。

（2）分工实施阶段。即营销策划从"构思"到"动手"的阶段。在该阶段，营销管理者一方面要把各部门的任务加以分配并分头实施；另一方面，根据预算表与进度表严格控制营销策划书的预算及进度。

7. 评估与修正

营销策划评估与修正包括项目考评、阶段考评、最终考评和反馈改进等内容。

（四）市场营销策划的基本要素

1. 目标

目标是策划的起点，是策划所希望达到的预期效果。目标具有明确性和可塑性，即目标是什么，策划就要按照什么来进行。在目标制定的过程中，要注意结合企业的实际情况，目标既不能制定得太低而造成内耗，也不能定得太高而损害积极性。

> **案例链接**
>
> 美国加利福尼亚大学的学者做了这样一个实验：把六只猴子分成三组关在三间空房子里，每间房子里分别放着一定数量的食物，但放置的高度不一样。第一间房子的食物放在地上，第二间房子的食物分别从低到高悬挂在不同高度的适当的位置上，第三间房子的食物悬挂在房顶。数日后，他们发现第一间房子里的猴子一死一伤，第三间房子里的猴子也死了，只有第二间房子里的猴子活得好好的。究其原因，第一间的两只猴子一进房间就看到了地上的食物，于是为了争夺唾手可得的食物而大动干戈，结果伤的伤，死的死。第三间房子里的猴子虽做了努力，但因食物太高，难度过大，够不着，被活活饿死了。只有第二间房子里的两只猴子先是各自凭着自己的本能蹦跳起来取食，此后，随着悬挂食物高度的增加，取食难度增大，两只猴子只有协作才能取得食物。这样，它们每天都能取得够吃的食物，很好地活了下来。

2. 信息

信息是策划的基础、素材。一项成功的策划离不开信息，一个好的创意是将各类信息在头脑中组合成创意或灵感。

> **案例链接**
>
> 亚默尔肉类加工公司的老板菲普力·亚默尔习惯每天看报，即使生意繁忙，他也会看秘书送来的当天的各种报刊。
>
> 1875 年初春的一个上午，他仍然和平时一样细心地翻阅报纸，一条不显眼的不过百字的消息把他的眼睛牢牢地吸引住了：墨西哥被怀疑有瘟疫。
>
> 亚默尔顿时眼睛一亮，如果墨西哥发生了瘟疫就会很快传到加州、得州，而加州和得州是北美肉类主要的供应基地，一旦那里发生瘟疫，全国的肉类供应就会立即紧张起来，肉价肯定也会飞涨。
>
> 他立即派人到墨西哥实地调查。几天后，调查人员发回电报，证实了这一消息的准确性。
>
> 亚默尔接报后立即集中大量资金收购加州和得州的肉牛及生猪运到离加州和得州较远的东部饲养。两三个星期后，瘟疫就从墨西哥传染到联邦西部的几个州。联邦政府立即下令严禁从这几个州外运食品，北美市场一下子肉类奇缺、价格暴涨。
>
> 亚默尔及时把囤积在东部的肉牛和生猪高价出售。短短的三个月时间，这一条信息让他净赚了 900 万美元（相当于现在的 1.3 亿美元）。

> 亚默尔的成功不是偶然的，这是他长期看报积累信息的结果。他的手下有几位专门负责信息收集的人员，他们的文化水平都比较高，长于经营，富有管理经验。他们每天收集全美、英国、日本等世界几十份主要报纸，看完后，再将每份报纸的重要资料一一分类，并且对这些信息做出评价，最后才由秘书送到亚默尔的办公室来。

3. 创意

创意是策划的核心。崭新的创意会使策划内容新颖、独特，使人们产生新鲜感与新奇感。

案例链接

> 美国政府曾经对自由女神像进行了一次大修。然而，大修过后产生的 200 吨建筑垃圾却让州政府犯了难。州政府只好贴出告示，愿意以 50 万美元悬赏能妥善处理垃圾的人，但条件是不能对环境有所危害。一位商人看到告示之后，头脑里立刻产生了许多奇妙的联想，一个完美的发财计划在他的脑海中呈现。在征得州政府同意后，这位商人便开始了他的行动。首先，他用得到的 50 万美元注册成立了纪念品公司。而后，他委托铸币公司用垃圾中的铜铸造自由女神纪念币，委托制尺公司用垃圾中的铅制作背面带有自由女神像的尺子，委托工艺品公司用垃圾中的水泥块制作自由女神纪念碑，用垃圾中的木材制作自由女神雕像。最后的一些渣土，他则请一家公司分装于精致的盒子里，并在盒子上用金字写上"自由女神的血肉之躯"。该商人在自由女神像附近开设商店销售这些纪念品。不到三个月，所有纪念品便销售一空，在扣除了成本费用之后，这位商人净赚 200 多万美元。正是组合思维的妙用，才使得这位商人抓住了这个难得的发财良机。

三、企业营销策划书

（一）撰写营销策划书的一般原则

1. What——何时、何目标

为何策划是撰写策划方案的核心所在，制定明确的策划目标，可以使策划者围绕主题展开对策划方案的撰写工作。

2. How——如何实施

在制定出明确的策划主题和目标后，如何实现目标呢？这就要求策划者根据目标进行 SWOT 分析，产生创意，并反复进行论证。

3. How Much——多少预算

企业制定营销策划方案，目的都是为了实施，只要实施，就会产生预算，所以在策划方案中预算成为必不可少的因素。策划方案中的预算一般包括收入预算、成本预算、资金支出预算、销售费用预算、管理费用预算等，必须详细地进行分析。

4. When——何时完成

策划方案必须明确方案启动的时间、结束的时间，以及各项工作的时间安排。

5. Who——何人完成

在策划方案中必须明确需要由什么人来组织与完成，人员的组织或配置不当都可能引起策划方案的失败。

6. Where——何地完成

在策划方案中必须明确实施地点，即在什么地方来实施策划方案。

7. Why——为何要这样策划

在撰写策划方案时要不断地问为什么，据此加强产业分析、市场分析、顾客分析、竞争者分析等。

8. 策划效益评估

策划方案能否被认同，效益评估将起到重要作用。效益评估包括有形的效益评估（如销售收入增加、市场占有率提高、顾客满意度上升等）和无形的效益评估（如企业形象提升、企业社会认同度增加等），好的效益评估能使策划方案的可行性增加。

（二）企业营销策划书的内容

1. 封面

封面是营销策划书的脸面，规范的封面一般包括策划书的名称、被策划的客户、策划负责人、策划时间等内容。

2. 前言

前言主要为了简要说明策划的性质。

3. 目录

目录是策划书各部分内容的清单，帮助读者了解全书的概貌和方便查找。

4. 摘要

摘要是对营销策划项目所做的一个简单而概括的说明，简要地说明策划的性质以及解决的问题与结论，帮助读者大致了解策划内容的要点。

5. 正文

正文是营销策划书中最重要的部分，具体内容包括以下几点。

- 营销策划的目的。
- 环境分析。
- SWOT 分析。
- 营销目标和目标市场。
- 营销因素组合。
- 预算。
- 进度表与人员配置。
- 营销执行与控制方法。

6. 结束语

结束语是对整个策划方案的要点进行归纳总结，在撰写结束语时要注意与前言相呼应。

7. 附录

附录的作用有两点，第一是对策划方案中的问题做一些技术性说明，第二是提供策划方案的客观性证明，如问卷、分析模型、座谈会原始照片和图像资料等。

能力拓展

2003年麦当劳东北地区营销方案

一、策划案背景

2003年年初，东北麦当劳的营销计划是：以优惠的价格吸引更多的人光临麦当劳餐厅，增加顾客的交易次数，大量发放优惠券，并且以每日都有低价的汉堡来吸引顾客。但在得知麦当劳公司要在全球推出"我就喜欢"这一新的品牌活动后，东北麦当劳面临的问题是采取什么样的营销方案，既能结合本地区的实际情况，又能很好地打击竞争对手。因此，东北麦当劳需要重新对市场进行研究，重新界定目标顾客群，设计一套新的营销运作方案。

二、营销环境状况

（一）整体市场营销现状

西式快餐进入中国市场以来，其发展速度是惊人的。截至2003年年底，麦当劳在中国发展到600家餐厅，肯德基则有1 000家之多。尤其是在2003年，中国受SARS的影响，餐厅行业受到不同程度的冲击，但麦当劳、肯德基在此期间生意依然火爆，扩张速度也丝毫未受影响。

（二）具体营销环境分析

1．宏观环境

（1）人口与地理。东北麦当劳餐厅及其竞争对手主要分布在大连、沈阳、长春、哈尔滨四个城市。四个城市的人口总数在2 500万左右，人均可支配收入与去年相比增长率均在10%以上，市场潜力巨大。

（2）政治与经济。2003年，我国提出振兴东北老工业基地的经济战略方针。东北地区整体经济实力不弱，人均GDP、人均教育水平和城市化程度都比较高。

（3）生活习惯。东北人饮食习惯是吃得不精细，口味较重，喜饮酒，多吃大鱼大肉且胃口比较大。东北地区的成年人对就餐环境的优劣不很注重，喜欢三五成群在一起吃饭、喝酒。东北人喜欢吃中餐的比例较大。

2．微观环境

（1）现有竞争者。麦当劳的主要竞争对手是肯德基。汉堡类产品，肯德基优于麦当劳，双方价格相差无几，地点比邻而居，大多在商业中心及超市旁边等人流密集的地方。双方促销活动的频率和内容也相似，主要是依靠电视广告，营业推广以人员促销和发放优惠券为主。

（2）潜在竞争者。目前市场上还未有公司能够进入，而且进入壁垒较高。

（3）替代品竞争者。主要是与中式快餐的竞争。

（4）供应商的情况。有固定的供应商，采购成本相对较高。

（5）消费者行为。对公司真正忠诚的顾客仅14%左右，而他们对公司的贡献只达到45%左右。真正忠诚的顾客主要集中在20～29岁、收入2 000元以下的人群，没有忠诚度的顾客主要在30～39岁、收入2 000～2 999元的人群。

（6）企业内部。麦当劳公司崇尚团队精神，注重品牌建设，强调系统性发展。

三、问题与机会分析

（一）面临的问题

（1）与肯德基相比，麦当劳在餐厅数量发展、市场占有率等方面稍弱。

（2）中式快餐市场份额有逐步扩大的趋势。

（3）麦当劳食品以比较清淡、稍油腻、酸甜的西式口味为主，东北人接受比较吃力。

（4）半成品成本高，致使产品售价相对较高，食品给人感觉不是物超所值。

（5）与肯德基相比，服务速度稍慢。

（6）在新产品的开发上，麦当劳十分严格，产品花样变化少，远没有竞争对手灵活。

（二）面临的机会

（1）由于政策支持，东北的经济发展较快，服务业发展的空间也会越来越大。

（2）在品牌认知率和广告印象上，麦当劳与肯德基基本打平，并稍好一点。

（3）相对于中式快餐，麦当劳的食品热而新鲜，服务快速友善，餐厅环境舒适，卫生间干净、清洁。

（4）真正忠诚的人对麦当劳公司的贡献非常大，没有忠诚度和忠诚行为的人对麦当劳贡献也很大。

（5）麦当劳公司在9月份将开展"我就喜欢"的全球推广活动，此次活动的目标顾客群由原来的儿童转向了青年一代，与东北麦当劳确定的目标顾客群有部分重合。

（三）目标顾客选择

"20～29岁的学生和蓝领，收入2 000元以下，经常与同学、同事一起就餐"，这一群体符合"我就喜欢"活动的目标顾客群的特征，而且也是东北麦当劳确定的目标顾客群，所以工作重点和营销策略主要针对他们展开。

四、营销目标和行动方案

（一）营销目标

使麦当劳开展的"我就喜欢"全球推广活动在东北地区得到100%实施；进一步扩大品牌知名度，提高市场占有率。

（二）行动方案

东北麦当劳的营销方案分两个主要部分。

（1）执行麦当劳全球、全国的营销计划。

（2）执行东北麦当劳市场自己的营销计划。

（三）行动措施

（1）进行店内POP、电视广告、餐厅内服务人员促销以配合全球、全国的营销计划。

（2）改进产品和服务，让顾客感到物有所值。

（3）对自己的优势，如品牌、服务态度，采取维持策略，继续保持与竞争者的竞争优势。

（4）找到并发展真正忠诚品牌的目标顾客群，提高他们的贡献；同时将没有忠诚度的顾客变为忠诚顾客，并进一步提高他们的贡献。

五、营销策略

（一）产品策略

（1）加强产品口味的改变。

（2）提高服务速度、效率。

（3）产品包装由原来拘泥于固定的模式转换为有更多的选择。

（4）产品推广应避开竞争对手的锋芒，在自身优势产品的推广上扩大与竞争对手的差距。

（5）品牌推广应继续推行一些公共关系活动，树立麦当劳服务于社区、建立一个好邻居的品牌形象。

（二）价格策略

（1）价格上应以相对低价进行市场渗透，扩大自己的顾客群。

（2）对一些利润率相对较高的产品，如饮料、薯条、鸡类汉堡等打低价策略。

（3）发放大量学生优惠卡、出租车卡等。

（三）渠道策略

在居民区内可以考虑开设餐厅，使餐厅的数量超过主要竞争对手——肯德基。

（四）广告策略

（1）主要以电视广告、报纸广告、户外广告、交通广告为主。

（2）电视广告主要以产品的促销和品牌广告为主。

（3）报纸广告以促销广告为主。

（4）户外广告和交通广告以品牌广告为主。

（五）公共关系与宣传策略

（1）以宣传品牌为主，提高麦当劳在当地社区的美誉度。

（2）麦当劳叔叔经常在餐厅表演，与顾客一起摇薯条、跳舞，拿着本色杯走在步行街等。

（六）营业推广策略

（1）进行餐厅装饰，勾勒一种促销的氛围。

（2）餐厅POP的摆放，信息简单、直接，能吸引顾客的眼球。

（七）人员推销策略

（1）与顾客互动的方式变为：让顾客参与到活动中，服务人员进行个性化的服务。

（2）对服务人员进行训练，增加对活动的认识和理解。

（3）举行销售比赛。

六、营销计划的执行和控制

（一）执行麦当劳全球、全国的营销计划

麦当劳全球、全国的营销计划要得到100%执行，主要以电视广告和店内促销为主。

1. 具体行动方案

（1）甜品免费尝：买任何超值套餐免费送圆筒、派、小杯奶昔或圣代一个。

（2）新产品：芒果味奶昔、冰蓝酷。

（3）自选自配儿童套餐。

（4）过去只有汉堡（吉士汉堡、麦乐鸡四块），小薯条，再配小可乐和一个玩具为儿童餐。现在是以下三类任意组合加一个玩具为儿童餐。

- 汉堡类：汉堡、麦乐鸡四块、鱼柳条、飞碟包。
- 小食类：小薯条、小冰激凌（不同口味）。
- 饮料类：酷儿、小可乐、小橙汁、热饮。

2. 麦当劳全球、全国营销计划执行时间安排。

麦当劳全球、全国营销计划执行时间如表1-2所示。

表1-2 麦当劳全球、全国营销计划执行时间表

	4月	5月	6月	7月	8月	9月	10月
甜品免费尝	←→						
甜品免费尝	←——————→						
自选自配儿童套餐		←————————→					
冰蓝酷				←————————→			
我就喜欢					←————————→		

（二）执行东北麦当劳市场自己的营销计划

1. 具体行动方案

（1）百刮百赢，麦香鸡上阵：买任何鸡类产品（麦香鸡汉堡、麦辣鸡汉堡、麦辣鸡翅、麦乐鸡）即可得到刮刮卡一张，刮开中奖，中奖率100%，如下次凭任何消费免费兑换可乐一杯、

蛋筒一个等。

（2）挑战59秒：顾客点完餐后，服务员会对顾客说："我将在59秒内完成配餐给您。"如果超过59秒，将给顾客一份免费的产品，如可乐、圆筒冰激凌等。

（3）值得回味：买中杯可乐加1元即可得到两块鸡翅。

（4）炫出性格本色杯：32盎司大塑料杯可乐仅售8元，颜色有绿色、橙色、蓝色、黄色、紫色五款。

（5）摇滚薯条：买1包中薯条，免费换大包薯条，并赠口袋和调味料1包（多种口味）。将薯条与调味料投入口袋中，摇摆，可吃到不同口味的薯条，同时有陈慧琳的歌舞伴奏。

2. 东北麦当劳市场自己的营销计划执行时间安排

东北麦当劳市场自己的营销计划执行时间如表1-3所示。

表1-3　　　　　　　　东北麦当劳市场自己的营销计划执行时间表

	4月	5月	6月	7月	8月	9月	10月
百刮百赢，麦香鸡上阵	←——→						
挑战59秒	←——————————————————→						
值得回味		←————————→					
炫出性格本色杯				←——→			
摇滚薯条					←——→		
我就喜欢						←——→	

（三）采取销售比例法

广告费用不超过营业额的7%，其他营销费用不超过营业额的3.5%。

任务总结

陈刚团队通过学习，他们将营销策划的基础要素归纳如下。

（1）策划是一套为了提高成功的可能性而针对未来要发生的事情所做出的决策及决策的执行与控制过程，也可以理解为一个人或一个组织为了达到自己的目标而进行构思、计划、执行、控制的全过程。

（2）企业营销策划是指根据企业的整体战略，通过对企业内部条件与外部环境的分析，精心构思、设计和组合因素而高效率地将产品或服务推向目标市场的操作程序。

（3）企业营销策划的程序可以分为明确策划的问题、调查与分析、企业营销战略策划、企业营销战术策划、提交营销策划书、营销策划实施、评估与修正7个环节。

（4）市场营销策划的基本要素包括目标、信息与创意。

思考与讨论

（1）分析比较不同的企业营销观念。

（2）现代企业应以什么样的观念来指导企业营销活动？

（3）什么是策划？

（4）企业营销策划包含哪些基本要素？

（5）怎样编写企业营销策划书？

（6）企业营销策划书包含哪些内容？

案例分析

某专卖店开业策划活动方案

一、开业活动目的

1. 确立专卖店的公众形象，赢得各大媒体的关注。

2. 通过开业活动聚集人气，展现贝亚克的全新形象，提高知名度。

3. 通过开业活动，加强贝亚克专卖店在当地的影响，推动销售工作。

4. 通过独特的活动形式，吸引公众与媒体视线，提高传播效果。

二、前期宣传方案

开业活动的成功与否取决于前期宣传是否到位。只有前期宣传做好了，才能保证开业活动的成功举行。我们在思想上一定要有这个意识，宁可推迟开业，也不要在前期宣传上马虎。

前期宣传的方式和具体操作如下。

1. 小区入户宣传

这是最直接、最有效的操作手段，但也是最复杂的方法。

（1）分两个宣传组进行宣传，每个组有两人或者两人以上，如果条件有限，一个人一组也可以。宣传组的目的只是在开业之前两周内，通过和顾客的一对一宣传，不断寻找和跟踪顾客，了解顾客的详细情况和需求，最终将顾客引导进入开业现场。

（2）将所在县市楼盘进行划分，分配上基本做到平衡。每个组负责一个区域，开展工作。两组之间展开竞争，竞争的指标为引导进入专卖店顾客的数量和签单顾客的数量。表现优异的组给予表彰，譬如现金奖励、业务人员考察留用等。采取根据每组销量进行提成等措施来调动业务员的积极性。

（3）入户宣传的内容为公司的概况、产品介绍、开业活动内容详细介绍、顾客的基本情况和意愿、邀约入店。值得注意的是，了解到准顾客的情况后要收集整理、追踪，并和店面导购员保持沟通，找到合适的切入点，为开业时迅速签单做好准备。在开业前一天，业务员要和准顾客电话沟通，确认顾客是否来店参加开业活动。

2. 夹带宣传单页

设计要一目了然，活动主题明显。制作要体现出品牌的档次来，切忌使用红、黄单色印刷的传单形式。发布内容：

（1）开业信息，包括时间、地点、标题、预约电话（可提供提前预约）；

（2）优惠活动内容；

（3）企业相关信息，文化内涵为主；

（4）有关开业抽奖参与方法及礼品发放的信息。

作用：夹报发行的宣传效果最直接，宣传覆盖面广，信息也全面，目标客户群明确。有噱头必然会引起公众的注意，并使公众很乐意参加新店开张举行的活动，由此达到宣传的效果。

夹带媒体：《××报》；

发布数量：×万份；

发布日期：××年××月××日。

3．报纸、电视媒体的临时预告：在活动开始前一个星期内进行宣传，一般都是临时性集中宣传。造势很关键。

4．手机短信平台的开业预告：不需要满天乱发，可以采取卫星定位形式，针对所有开发楼盘、建材市场来发送，也就是定位发送。

5．结合当地的实际情况，也可以采取其他行之有效的方法来进行宣传。

三、开业活动促销内容的设计

首先需要一个相对超低价位产品来吸引顾客并引爆市场，这个价格需要醒目地强调出来。同时设计促销内容要能营造相对比较热闹的感觉，如价格折扣、促销礼品等，甚至可以采取转奖、抽奖等方式。

四、开业活动现场氛围的营造

拱门、彩旗、地毯、吊旗、气球、易拉宝、花篮等传统方式都可以被采用。气势一定要做大，譬如拱门做十个，一字排开等，才能够真正烘托出气氛来。同时礼品的摆放也要有气势，堆头要大，给人感觉礼品很多，很值钱等。路演的目的一个是吸引前来参观的顾客的注意，能够准确找到位置；另外也能够吸引市民的关注，甚至媒体的注意。对现场氛围的营造也是一个补充。

1．终端布置（参考）

（1）周边街区（建材市场内）：邻近街和市区主干道布标宣传。

（2）店外：

① 门外陈列标示企业LOGO的刀旗；

② 门前设置升空气球；

③ 门外设置大型拱门；

④ 店前设立大型主题展版一块，发布活动主题；

⑤ 楼体悬挂巨型彩色竖标；

⑥ 门口用气球及花束装饰。

（3）店内：

① 门口设立明显标示企业LOGO的接待处，向入场者赠送活动宣传品；

② 配备迎宾和导购小姐；

③ 设立导示系统和明显标示企业LOGO的指示牌；

④ 顶端悬挂POP挂旗；

⑤ 相关区域设立休息处，配备服务人员并进行礼品和宣传品的发放；

⑥ 店内相关位置设立业务宣传台，摆设相关礼品、宣传品、展示品、纪念品，并提供咨询服务；

⑦ 在终端布置中我们会与开业庆典的主题相结合。不论是以什么主题进行宣传，我公司在会场中都力争做到"细心、精心、认真、全面"。

2．具体布置（参考）

（1）小礼品发放处布置打印好的表格和笔，用来登记顾客的一些个人资料，包括姓名、工作单位、家庭住址、联系电话（领取礼物后邀请顾客填写）。

● 签到台/签到纸笔一套

（2）桌椅

（3）礼品：贝亚克精美手提纸袋200份

- 贝亚克宣传资料200份
- 彩色氢气球（贝亚克LOGO）200份
- 小礼品：贝亚克精美广告笔200份
- 贝亚克精美笔记本、单件贝亚克瓷杯给设计师

（4）工作人员统一配置及其他纪念品：

- 红绶带（贝亚克地板——奢华之至、荣耀到家）；
- 胸牌；
- 贝亚克导购员服装。

（5）嘉宾1胸花6

3. 剪彩仪式（参考）

（1）基本内容：

开幕——领导讲话——剪彩——文艺活动等各种专业的表演——与会人员抽奖活动——宴请部分贵宾（与抽奖同时进行））

（2）庆典活动程序：

开业庆典初定于200×年×月×日上午×点在专卖店举行（公司如没有合适场地可租其他广场或酒店）；

——9：30　会场音乐嘹亮，彩旗飘飘，迎宾、军乐队、醒狮队伍、礼仪小姐到位，工作人员准备工作就绪；

——9：40　公司领导、嘉宾陆续进场，礼仪小姐为来宾办理签到、佩带鲜花、引领入坐，导位礼仪小姐在入口处等候，做好引领准备工作；

——9：55　庆典司仪（邀请主持人担任）宣布"庆典即将开始，请领导、嘉宾就坐，请参与庆典所有人员就位"；

——10：00　庆典正式开始，庆典司仪朗诵司仪词开场白（店内同时开始签售）；

——司仪宣读出席庆典主要嘉宾名单；

——庆典司仪宣布"贝亚克××旗舰店开业庆典开始！"（金鼓齐鸣10秒钟）；

——庆典司仪请军乐队奏乐一首；

——庆典司仪宣布"请××讲话"（公司领导）；

——庆典司仪宣布"请××讲话"（贵宾）；

——庆典司仪主持剪彩仪式，礼仪小姐引领公司领导、嘉宾就位；

——庆典司仪请出贝亚克江西总代理主持剪彩仪式。

——贝亚克会所领导宣布"贝亚克××旗舰店开业！"（各位领导、嘉宾剪彩！）

——剪彩一刻，音乐嘹亮，礼花漫天，龙狮起舞，庆典形成高潮；

——各种丰富多彩的表演，如健美操、拉丁舞等（路演活动开始）

——庆典司仪宣布：宴请各位贵宾！

——在歌声中，司仪结束语。

——庆典结束。

五、开业活动人员的培训和安排

现场发单员要安排到位。发单员除了发单，也要负责维护现场秩序。最好由前期进小区沟通的业务员来发单。因为他们能够消除曾经宣传过的顾客的陌生感，带领这些顾客直接进入店

内，使他们对签单有思想准备，工作成功率比较高。导购员一定要通过培训，最好是已婚的、并且家里装修过的，对装修有足够的经验。导购员数量要充足，后勤人员也要安排到位。

六、现场控制

天气的关注、水电安排、不同产品区域专人负责、相关物料的准备和补充等。

案例思考：

1. 本案例中该专卖店是如何进行开业策划的？
2. 如果你是该专卖店的店长，将如何组织落实该策划方案？

实训项目

实训项目一　创造力的训练

【训练目标】

（1）掌握策划的基本技能。

（2）培养产生创意的基本能力。

【内容与要求】

在每个项目团队中放置刚刚摘下的普通橘子，请同学们策划如何将其以最高的价格进行销售。

【组织与实施评价】

（1）以项目团队为学习小组，选出项目负责人。

（2）建立沟通协调机制，团队成员共同参与，协作完成公司任务。

（3）各项目团队对橘子销售进行策划，并提出自己的创意。

（4）评价与总结：各项目团队提交策划报告，并根据报告进行评估。

实训项目二　撰写营销策划书能力训练

【训练目标】

（1）掌握营销策划书的格式与内容。

（2）初步掌握编写营销策划书的能力。

【内容与要求】

陈刚团队经营的校园超市将要开张营业了，请同学们参考麦当劳和上例专卖店的两份策划书，制定一份开业策划方案。

【组织与实施评价】

（1）以项目团队为学习小组，选出项目负责人。

（2）建立沟通协调机制，团队成员共同参与，协作完成公司任务。

（3）各项目团队讨论策划书的撰写。

（4）评价与总结：各项目团队提交撰写的策划书，并根据结果进行评估。

项目二

企业营销策划的前期工作

➔ **学 习 目 标**

- 掌握企业调查的内容与方法
- 掌握访问调查技术与应用技巧
- 掌握企业市场营销环境的分析方法
- 掌握 SWOT 分析法的内容、方法、程序和应用
- 掌握波特五力分析模型及其应用

➔ **技 能 目 标**

- 具有开展企业调查的能力
- 初步具有企业营销要素的分析判断能力
- 具有执行调研活动和撰写一般调研报告的能力
- 具有团队合作精神和协调组内人际关系的能力
- 能够根据调研结果选择公司经营方向与规模

任务一 企业调查

【任务引入】

陈刚团队经过两年的专业学习已经掌握了市场营销专业知识和基本的专业技能，策划老师希望他们能够边学边用，结合校内商城（超市）和营销服务公司真实的策划项目提升自己的动手能力。当他们接受了任务并着手准备商城开业时发现他们对策划的理解很空洞并不知从何做起。在策划老师的指导下，他们明白了做好基本的调查与分析工作是一项成功策划的基础，那么他该如何进行呢？

任务1：根据陈刚团队的要求掌握策划前的企业调研内容。

任务2：根据陈刚团队的要求选择不同的调研方法并开展调研。

【任务分析】

每一项成功的策划都需要大量的前期准备工作，需要对背景资料进行整理与分析，同时，调查的资料和方式是否可靠，问题分析正确与否，将决定策划和设计的方案能否顺利进行。

知识链接

一、企业调查的内容

市场营销企业策划调查就是运用科学的方法，有系统、有目的地搜集市场营销信息，记录、整理和分析市场情况，了解市场的现状及其发展趋势的一系列活动。企业策划前的基础调研工作包括市场环境调查、市场需求调查、企业营销策略调查和竞争状况调查四个部分。

1. 市场环境调查

企业经营的市场环境主要是指在比较大的范围和比较长的时间内，对企业经营活动产生影响的宏观因素以及企业目标市场所在地的各种微观环境因素。企业进行市场环境调查的主要目的首先是发现市场可提供的各种机会，以便进一步利用市场机会；其次是为了及时发现市场环境对企业可能产生的威胁，以避免或减轻不利的环境因素对企业造成的影响。市场环境包括政治和法律环境、人口环境、文化环境、经济环境、科技环境、市场结构环境、行业环境、行情环境、自然环境等。

2. 市场需求调查

消费者需求是企业一切活动的中心点和出发点，也是市场调查的核心内容，其主要内容包括市场需求总量及其构成，各种商品的需求数量、质量、品种、规格、包装装潢，各种商品的需求地、需求时间以及对商品需求的满足程度等。

3. 企业营销策略调查

企业营销策略调查主要是从4P营销策略入手，掌握产品、价格水平、销售渠道及促销等情况，以便更好地了解产品的优势及劣势。

4. 行业及竞争状况调查

行业是企业最直接的外部力量，因此企业要对行业的整体水平及竞争状况有一定程度的了解。

根据波特第一的行业五种竞争力模型，对行业及竞争状况的调查主要包括现有竞争者、潜在加入者、替代品、购买者、供应商五种竞争力。

市场竞争性调查是通过市场情报采集与分析技术，对竞争环境、竞争对手、竞争态势、竞争目标和竞争策略进行综合信息分析与研究，为企业提供市场竞争对手和参与者的概况、能力、优劣势、策略等方面的信息，为企业制定竞争策略提供支持。

二、访问调查的方法与对象

企业获取资料可以通过二手资料获得，但访问调查是获取一手资料的主要方法。

1. 访问调查的方法

（1）电话访问调查。电话调查是指调查人员借助电话工具，依据调查问卷向被调查者逐项询问，了解意见看法，收集信息资料的一种调查方法。

（2）邮寄问卷调查。邮寄问卷调查是调查人员将设计好的问卷通过邮寄的方式送达被调查者手中，请他们按要求和规定时间填写问卷并寄回调查者，以此获取信息的一种方法。

（3）面谈访问调查。面谈访问调查是指调查人员与受访者直接接触，了解所需信息的一种方式。这种方法的特点具有直接性和灵活性，但是费用较高，花费时间较长，调查质量也会受调查人员素质的影响。

2. 访问调查的对象

营销策划调查的对象十分广泛，既包括与企业有关的利益相关者，也包括与企业无直接关系的对象。企业的所有者、经营管理人员、企业员工、现实的与潜在的消费者、供应商与销售商、政府财税部门、会计师事务所、营销管理专家等都是营销策划的调查对象，他们的意见对企业的生产经营活动有重要的意义，但其中的消费者是市场营销调查的主要对象，学习任务所讨论的主要是针对消费者的访问调查。

三、访问调查的步骤

市场调查的过程大致分为七个阶段（见图 2-1）：确定访问调查目标、制定访问调查方案、设计访问问卷、实施访问调查、调查资料的整理和分析、撰写调查报告、跟踪调查七阶段。

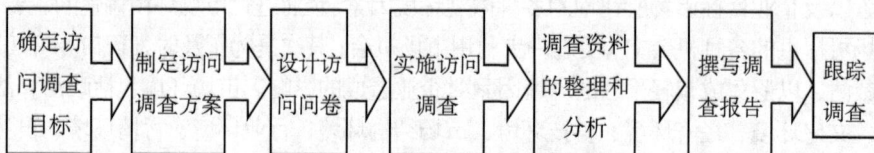

确定访问调查目标 → 制定访问调查方案 → 设计访问问卷 → 实施访问调查 → 调查资料的整理和分析 → 撰写调查报告 → 跟踪调查

图 2-1　市场调查的基本程序

1. 确定访问调查目标

市场调查首先要明确调查什么问题，或者是希望通过本次调查达到什么目的。

2. 制定访问调查方案

市场调查计划也称为市场调查方案，是指对市场调查所要达到的目标进行全方位和全过程的计划和设计，是市场调查的第二个阶段。

3. 设计访问问卷

问卷设计是整个访问调查活动的载体，应根据调查目的确定问卷的大体内容，并仔细推敲问卷的问题设置、语句语气等，以保证调查得到的结果真实可信、客观准确。

4. 实施访问调查

这一过程是实施市场调查的一个重要环节。首先考虑调查队伍的状况和经费，本着先二手资料，再实地调查，以及先近后远、先易后难的原则，从各种可能的渠道获取信息。这一过程包括调查访问、问卷复核、回访等几个环节。

5. 调查资料的整理和分析

这一阶段主要包括资料的审核与校订、资料的分组与汇总、对资料的分析研究。

6. 撰写调查报告

市场调查报告是根据调查资料和分析研究的结果而撰写的书面报告，是整个调查工作成果的最终体现。

7. 跟踪调查

四、访问调查的一些重要问题

1. 调查范围的确定

（1）调查地点的选择。开展市场调查，必须选择调查的地点，而在多大区域内进行调查主要取决于消费者的分布情况。如果消费者分布相对集中，地点选择相对简单；如果消费者分布十分分散，则需要多选择一些有代表性的地方进行调查。

（2）抽样计划的确定。在选择地点后，还必须确定样本量的大小，具体可以参照统计学原理中抽样分析的方法进行，主要的抽样方法及其特点如表2-1所示。

表2-1　　　　　　　　　　　　　　　抽样方法列表

类　别		含　义	特　点
概率抽样	简单随机抽样	总体中每一成员被抽中的机会相等	费用高,时间长,可以判断误差
	分层抽样	把总体按某一特性分成不同的组,然后在每个组内进行简单随机抽样	
	等距抽样	把总体成员按某一种特征排队,然后按相同的间隔抽取样本	
非概率抽样	方便抽样	依便利情况选择样本	费用低,耗时短,不能判断误差
	判断抽样	判断并选择人口中能提供准确信息的成员	
	配额抽样	按照规定人数选择样本	

2. 问卷设计技巧

（1）问卷所要调查的资料由若干提问的具体项目即问题所组成。如何科学、准确地提出所要调查的问题，是问卷设计技术的重要内容。

在设计提问项目时，应注意以下几点。

① 提问的内容要尽量短而明确，少用长而复杂的语句。如果所提的问题过长，不仅会给被调查者的理解带来困难，也会使其厌烦，从而不利于问题的回答。若的确需要更多的信息时，可将长句细分为几个小问题来询问。

② 用词准确、通俗。调查问卷设计者对于概念的理解和被调查者的理解可能存在差异，如果在问卷中使用不准确的用语，可能会出现某种误解，如"最近""偶尔""经常""白领"等词汇，对不同的调查者有不同的含义。

③ 一项提问只包括一项内容。如果在一项提问中包含了两项以上的内容，被调查者就很难回答。例如，"您对××空调的价格和服务质量满意还是不满意？"包括了价格和服务质量两项

内容，如果被调查者认为价格很合理而服务质量不好，或者认为价格不合理而服务质量很好，一时很难做出判断和回答。

④ 避免诱导性提问。问卷中提出的问题不能带有倾向性，而应该保持中立。词语中不应该带有问卷设计者的主观看法，不要引导被调查者该做出何种回答或该如何选择。例如，"海尔冰箱连续3年荣居冰箱类销售榜首，你觉得它怎么样？"这个问句已经暗示了海尔冰箱很好，对被调查者的选择具有引导作用，不如改成"你觉得海尔冰箱质量怎么样？"

⑤ 避免敏感性问题。敏感性问题是指被调查者不愿意让别人知道答案的问题。例如，个人收入问题、年龄问题、政治方面的问题等。

（2）问题顺序的设计。设计问题的顺序时，应注意以下几点。

① 问题的安排应具有逻辑性。

② 问题的安排要先易后难。

③ 能引起被调查者兴趣的问题放在前面。

④ 开放性问题放在后面。

3. 调查人员素质要求

（1）认真负责的态度。

（2）热情大方，具有较好的沟通能力与娴熟的调查技巧。

（3）具有良好的心理素质和一定的应变能力，在被拒绝后能迅速想出解决的办法。

（4）对所调查的问题有充分的认识，在调查中能有的放矢。

五、撰写调查分析报告

市场调查报告是市场调查研究成果的一种表现形式，它通过文字、图表等形式将调查的结果表现出来，以便人们对所调查的市场现象或问题有一个全面系统的了解和认识。

1. 市场调研报告格式

市场调查报告的格式一般由标题、目录、概述、正文、结论与建议、附件等几部分组成。

（1）标题。标题和报告日期、委托方、调查方一般应打印在扉页上。

（2）目录。如果调查报告的内容、页数较多，应当使用目录或索引形式列出报告所分的主要章节和附录，并注明标题、有关章节号码及页码。

（3）概述。概述主要阐述课题的基本情况，它是按照市场调查课题的顺序将问题展开，并阐述对调查的原始资料进行选择、评价、做出结论、提出建议的原则等。主要包括以下三方面内容。

第一，简要说明调查目的。即简要地说明调查的由来和委托调查的原因。

第二，简要介绍调查对象和调查内容，包括调查时间、地点、对象、范围、调查要点及所要解答的问题。

第三，简要介绍调查研究的方法。介绍调查研究的方法有助于人们确信调查结果的可靠性，因此对所用方法要进行简短叙述，并说明选用方法的原因。

（4）正文。正文是市场调查分析报告的主体部分。这部分必须准确阐述全部有关论据，包括问题的提出、引出的结论、论证的全部过程、分析研究问题的方法等，还应当有可供市场活动的决策者进行独立思考的全部调查结果和必要的市场信息，以及对这些情况和内容的分析评论。

（5）结论与建议。结论与建议是撰写综合分析报告的主要目的。这部分包括对引言和正文部分所提出的主要内容的总结，提出如何利用已证明为有效的措施和解决某一具体问题可供选择的方案与建议。

（6）附件。附件是指调查报告正文包含不了或没有提及，但与正文有关必须附加说明的部分。它是对正文报告的补充或更详尽说明，包括数据汇总表及原始资料背景材料和必要的工作技术报告等。

2. 市场调查报告的内容

第一，说明调查目的及所要解决的问题。

第二，介绍市场背景资料。

第三，分析的方法，如样本的抽取，资料的收集、整理、分析技术等。

第四，调研数据及其分析。

第五，提出论点，即摆出自己的观点和看法。

第六，论证所提观点的基本理由。

第七，提出解决问题可供选择的建议、方案和步骤。

第八，预测可能遇到的风险、对策。

案例链接

鱼腥草含片市场调查营销策划方案

一、调查方案设计

调查方案的优劣是决定调查质量的关键因素。制定调查方案主要应考虑以下几个因素：调查目的、调查精度要求、调查人员素质、被调查对象素质及合作程度、调查费用、调查范围。

（一）确定调查项目

调查项目类型很多，具体项目有大有小。根据发达国家经验，绝大多数市场调研项目从属于以下五个类型：企业销售市场调查、企业及行业发展前景调查、企业产品及竞争品调查、广告方式及广告效果调查、企业社会责任调查。其中最常见的调查项目包括：市场特性调查、市场潜量调查、市场份额调查、业务发展趋势调查、短期销售预测、长期需求预测、价格预测、竞争品技术特性调查等。

调查内容确定为：

1. 咽喉类含片总体市场容量、容差；

2. 咽喉类含片总体市场需求特点及变化趋势；

3. 鱼腥草含片郑州市场销售状况及市场地位；

4. 竞争品及竞争对手营销策略；

5. 鱼腥草含片营销组合策略及相应措施的运作效果；

6. 问题点与机会点；

7. 附带宣传鱼腥草含片。

可见，本次调查综合性较强，并要做到客观调查与主观宣传巧妙契合，在矛盾中达到统一。

（二）人员组织

大规模的市场调查需要大量的高素质的调查人员去具体执行，而绝大多数企业、广告公司、调查机构、咨询机构都难以组织起一支这样的队伍。我们在本次调查中，充分发挥高校强大的智力人才和学生优势，一线调查人员由我院管理工程系市场营销专业60名三年级学生充任，利用4周实习时间展开调查工作，采取"先培训，后上岗"的方式。高质量地完成调查任务是评定实习成绩的唯一依据。二线指导分析人员既是咨询公司的员工又是学生的专业任课教师，身兼指导学生实习和为企业提供咨询服务双重任务。事后证明，这种方式效果非常好，尤其是大学生从事调查工作，兴致很高，态度认真，素质良好，能创造性地开展工作，容易取得被调查者的信任和合作，人工费用亦少。一、二线人员衔接、配合默契。

（三）信息收集途径

信息收集分以下两个步骤。

31

1. 案头调查。主要收集统计信息，属于"二手资料"，包括企业内部和外部两类来源。企业内部统计信息获取主要通过济药集团销售科、驻郑办事处两个途径；企业外部统计信息主要通过《郑州市情》、有关报纸杂志、统计机构及工商行政管理机构、医药管理部门等途径获取（但这类信息存在着可获得性低，时效性和准确性差等方面的问题），以及通过各类商业性营销调研公司的调研报告等途径收集。

2. 原始信息收集。主要通过调查人员上门获取"第一手资料"，通常有实地观察、座谈访问、问卷调查和现场试验四种方法。本次调查确定采用实地观察、问卷、交谈三部曲连续协同进行的方式。实地观察法如观察各零售药店咽喉类含片销售实况，收集探索性原始信息。问卷法则坚持即时填表法，一则避免延期填表可能造成的低回收率缺憾，二则可双向质疑、答疑，提高可信度、准确度。问卷法主要用于收集描述性原始信息。交谈法则主要用于了解深层次的探索性问题，其范围和深度均超过调查问卷本身。上述三部曲可归纳为"一看（观察）、二填（填调查问卷）、三谈（深层交谈）"。

（四）调查对象及抽样方案

考虑到鱼腥草含片是一种保健药品，与一般商品不同，其消费除取决于消费者个人外，还受到医院及医生、消费者所在单位医疗保健制度的影响。再者，医药经销单位是重要的中间流通环节。此外，含片的主要消费者是嗓音工作者，如果只是简单地调查消费者是很难达到调查目的的。因此，我们将调查对象确定为以下几类：消费者、医院（药房、相关科别医生）、医药经销单位（药品批发机构、零售药店）、学校、企业、行政单位、其他事业单位。对各类对象的调查目的及侧重点各不相同。其中医药经销单位和医院采用全数调查方式；消费者调查采用配额抽样，即先对总体按区分组，然后由调查人员从各组中任意抽取一定数量的样本；学校、企业、行政单位、其它事业单位则采用根据单位名录簿查随机数表随机抽取，抽样比不等。

（五）调查问卷设计

问卷设计的基本要求是：覆盖面能满足预期调查目标的数据要求，语句亲切、简明、逻辑性强，有对象针对性，导向客观。问卷共4份，其中消费者1份，医院1份，医药经销单位1份，其他类1份。消费者问卷尽量采用封闭式提问，医院及医药经销单位问卷可适当增加开放式提问。主观宣传内容放在最后1条，调查人员应要求填表人按先后顺序填写，以免产生先入之见，影响调查结果的客观性、公正性。为使问卷调查取得预期效果，问卷初步设计好后经过1组调查试用，试用结果满意再正式发放和使用。

二、市场及营销组合分析

（一）咽喉类药品整体市场容量及容差分析

长期以来，我国在健喉护嗓方面的辅疗及保健药品主要是润喉片。随着人们生活水平的提高，消费观念和健康观念的转变，含片市场规模迅速扩大，发展前景广阔。除原有的以治疗为目的的消费者群之外，以单纯保健为目的的消费者群迅速扩大，重口感，"吃着玩"的消费者群正在发展壮大。从年龄结构来看，儿童消费者群正在形成。自从"江中草珊瑚含片"投放市场并获得成功以来，各类含片竞相推出，市场竞争异常激烈，"含片大战"即将爆发。目前市场容差（容量差值）还不小，有的药店反映今年含片好销，消费者在众多的含片面前，也变得越来越挑别了。草珊瑚独领风骚的时代业已过去，消费者的需求更加多样化、复杂化，各类含片的市场地位将做重新调整。与此同时，由于有些含片使用卫药健字许可证，其市场进入障碍远低于卫药准字类药品，预计需求量将迅速达到饱和状态。新一轮竞争将是质量、品种、口感、产品形象的竞争。影响含片市场扩张的主要因素有两条，一是目前实行公费医疗的单位，健字类产品难以报销，很多部门的医务室都不进这类含片。尽管含片含着舒服，使用方便，适于长期服用，副作用少，但国民自费买药吃的意识尚不强，使含片失去了很大一片市场。随着自费医疗比例的提高，含片市场有较大的扩张潜力；二是目前不少含片疗效较差，偏重口感，很难起到真正治病（尤其是急性病）的作用，已引起服用者的怀疑。近年我国营养保健品（如各类口服液）市场由火爆至萧条的教训，也应引起含片生产厂家的注意。

根据郑州市统计局提供的资料，郑州市市区人口 188 万，1993 年人均消费支出为 2 540 元，其中医疗保健支出为每人 56 元。而 1994 年人均消费支出为 3 388 元，比上年增长 33.39%，其中医疗保健支出为每人 92 元，增长 64.29%。从统计数字可以看出，郑州市民购买力提高幅度较大，而其中用于医疗保健的支出增幅又远高于购买力增幅。郑州气候较为干燥，风沙大，咽喉病患者相对较多。此外，教师、演员等嗓音工作者也较集中，健喉护嗓的需求较强烈。从以上人口、购买力、购买动机三个方面分析，郑州市咽喉类保健药品需求是很大的。

（二）鱼腥草含片竞争产品分析

目前鱼腥草含片面临两类竞争产品：一是各类含片，如草珊瑚、西瓜霜、健民咽喉片、黄氏响声丸、四季润喉片、甜凉喉片、清凉薄荷片、回音必含片、紫胆舒喉片、金鸣片、金嗓子Ⅰ号、青橄榄，均为外地产品。其中大多有卫药准字证，鱼腥草含片则是卫药健字证，在公费药品市场上较为不利；二是鱼腥草为原料的系列药品，如鱼腥草、鱼腥草口服液、鱼腥草糖浆，均为本地产品。第二类竞争者往往容易被忽略，尽管它们是内服药，但无疑具有替代性质。生产鱼腥草片的厂家在郑州、平顶山、辉县都有，其中药剂量大，起主治作用，而含片实际上仅起辅助治疗作用，这是对鱼腥草含片不利的一面。但这些厂家实力较弱，知名度不高，使用领域有差异，市场面不如含片广，使用及携带不如含片方便。第一类竞争产品对鱼腥草含片构成了直接的威胁。目前郑州市场上，"草珊瑚"是市场主导者，其市场占有率最高，市场支配能力最强。"江中草珊瑚"入市时间早，广告促销效果好，其中"阿凡提"的广告词"江中草珊瑚含片治疗咽喉炎确实雅克西"可以说是妇孺皆知。江中制药厂用七八年的时间，花费近亿元树立了企业和产品形象。在很多消费者心目中，"草珊瑚含片"几乎成了口含片的代名词，消费者自觉、不自觉地会把它作为参照物来对比其它口含片。但"草珊瑚含片"已进入产品成熟期，销售增长已呈停滞乃至负增长趋势，其疗效优势也不明显，郑州并不是其重点区域市场。其他能构成直接威胁的竞争产品包括"西瓜霜""健民咽喉片"。其中"西瓜霜"目前销量居第二位，其口感、润喉效果、包装较好，受到妇女和儿童的喜爱。"健民咽喉片"的最大优势是企业形象宣传优势，但武汉健民咽喉片并不是"武汉健民"的主导产品。此外，"四季润喉片"价格优势较明显，在工矿企业、低收入消费者中有一定的市场。"鱼腥草含片"目前绝对市场占有率居第二位，但相对市场占有率（即鱼腥草含片绝对市场占有率与市场主导者草珊瑚含片的绝对市场占有率之比）较低，估计在 15% 左右，但其市场增长率远高于同类产品。随着济药集团产品定型的完成，宣传力度的加大，CI 战略的导入，营销策略的完善，再加上主场作战的便利，鱼腥草含片在郑州市场的地位将得到大幅度提高。

（三）鱼腥草含片营销组合分析

1. 产品分析。目前，市场上新老药片，新老包装并存（老产品尚未卖完），人们对鱼腥草含片的评价大多是基于老产品的。

（1）疗效。调查结果显示，各方普遍认为鱼腥草含片药剂含量高，疗效好，副作用小，优于同类产品。

（2）口感。老鱼腥草含片味太苦，中药味太浓，粗糊，含化不尽，有残渣，小孩不愿吃。新鱼腥草含片在同类产品中口味稍苦，但已有较大的改进，并已逐步被消费者所接受。对口感的需求差异性较大，中老年人及以治疗为主的消费者认为"良药苦口利于病"，便认同麻、凉、苦味，太甜反而被认为无疗效，而儿童及以保健或习惯性含服为目的的消费者则喜欢甜一点，味特别一点，从中获得一种口感享受。经销商希望再甜一点，以吸引儿童、妇女、青年消费者。

（3）药片外观。含片颜色灰暗，有斑点，不光滑，不能给人一种清亮、洁净、细腻、精工制作的感觉，比同类产品差。

（4）包装。包装太"土"，旧包装颜色杂，色彩选择不当，而新包装不鲜艳、不醒目，纸盒硬度不够。有的建议加封条和防伪标志，以显示档次。经销商普遍反映新包装不如旧包装，但又说不出什么原因，这和医院组观点差异较大。医生认为新包装给人一种简明、清新、洁净的感觉，比老包装好。目前，新老包装并存。药店希望不改变包装，因一些老顾客买鱼腥草含片时要老包装的，有的发现包装不一样，药片颜色也有差异，还怀疑是假的。因此，经销商较之医生对包装更敏感，他们希望产品定型一步到位，如果改来改去，会给人一种缺乏自信、本身有缺陷的感觉，对老顾客有影响。个别单位反映更换包装引起销量下降。可见，对新包装有一个适应过程，厂家更换包装应配合必要的宣传、说明，尽量缩短新旧包装并存的时间，使消费者尽快适应新包装。对于包装容量，建议在48片为主的基础上，推出小容量包装（如24片装），一则适合儿童使用；二则在产品知名度尚不高（对消费者而言）的情况下，可满足试用者的需要；三则可"转移定价"，给人一种便宜感，并填补2~3元的价格空隙。此外，经销商还建议包装上只注明次服量，不注日服量，以便个人取舍，避免限制消费。为适应礼品消费市场的需要，还可以设计具有重复用途的多盒外包装。

可见，该产品的强力支撑点是疗效，主要问题是产品形象尚不统一，外在质量有待提高。

2. 价格分析

鱼腥草含片出厂价为2.35元/盒，正常零售价为3.85元/盒（调查的药店中，最高价4.20元/盒，最低3.60元/盒）。按正常零售价计算，鱼腥草含片中间差价达1.50元/盒，与同类药品比较，出厂价最低，零售价相差无几，渠道差价最大，批发商得利较多。我们认为，厂家目前采取的价格策略是适当的。第一，药品是一种特殊商品，需求的价格弹性比较小，即需求量变动的比率小于价格变动的比率，因此，低价并不一定能够促销。第二，鱼腥草含片零售价定位在与草珊瑚含片相近略低的区间，显示了其产品的竞争能力。产品的档次、厂家的信心，如果不明显高于草珊瑚，则会不战自败，普遍的质量价格比心理会使人产生一种鱼腥草含片远不如草珊瑚含片的感觉，进而降低其竞争优势。第三，厂家让利给中间商，有利于调动中间商的积极性，这在厂家财力不足，难以在大众媒体中展开宣传攻势的情况下，是有效的方法。第四，渠道差价较大，这给厂家今后减少中间环节，缩短产、销距离，让利于零售商乃至消费者提供了较大的操作余地。对现行价格承受能力较差的是工业企业及部分学校的内部医疗部门，由于经费紧张，他们对价格较敏感，甚至干脆不进货。

3. 渠道分析

鱼腥草含片目前采用多级批发的线路进入消费者手中，渠道较长、较宽，渠道成本较高，但其分配不尽合理，花费在协助中间商促销上的成本太低（如宣传招贴标牌、产品说明书等），中间商又不愿意在这方面花费代价。以后应有计划地将一部分渠道成本转移到促销上，可由厂家统一安排、管理，也可给经销商广告、陈列津贴，但要监督使用。渠道Ⅰ的中间环节太多，有的四级批发才到消费者手中，中间差价未充分发挥其应有的促销作用，厂家今后的重点是以开辟Ⅱ、Ⅲ、Ⅳ分销渠道作为主渠道Ⅰ的补充。为此，要加强人员推销，选拔培训优秀推销人员或聘请销售顾问、直销员。通过渠道Ⅱ，与大零售商建立直接的协作关系；通过渠道Ⅲ，打入集团消费；通过渠道Ⅳ，反馈信息，"火力侦察"，并使之成为其它零售药店的参照标准。目前在渠道上的问题点主要包括：渠道控制力不强，与渠道成员有效沟通不足，渠道结构不尽合理，对渠道成员的激励手段单一几个问题。

4. 促销分析

鱼腥草含片在郑州市场占有天时、地利、人和等有利条件，但促销活动并没有达到预期效果，有待加大力度。

（1）广告效果。经销商普遍反映鱼腥草含片广告力度不够，远不及草珊瑚、西瓜霜、健民咽喉片，尤其是草珊瑚广告做得好，大人小孩耳熟能详。鱼腥草广告效果较好的媒体是《郑州晚报》，因晚报在郑州读者面广，读者阅读时精力集中，所以广告设计形式灵活，成本相对电视广告低，今后应继续采用。凯丽所做的电视广告效果较差，连续时间短，广告设计艺术性差，给人印象不深。河南电视台的收视率在郑州较低（远低于郑州以外地区），也影响了其效果。经销单位被调查对象对上述广告的知晓率高于普通公众。此外，车辆、路牌广告，POP广告亟待开发。

（2）公共活动。济药集团1995年教师节万盒鱼腥草大赠送活动取得了一定效果，提高了企业及产品的知名度，而对赞助医科大学、中医学院科研基金的知晓率却很低，主要原因是这种活动不是大众性的。虽然难以起到短期促销作用，但将产生长远影响，有利于树立一个"科技先导"型企业的良好形象。

（3）营业推广。鱼腥草含片开展的营业推广活动极少，现行效果较好的是发特优卡。对一些特殊而重要的公众发放特优卡，既是一种营业推广活动，更是一种公关活动。受卡人会产生一种受惠及受尊重心理，并可影响其周围人，进而促进销售。但据13家指定特优商店反馈的信息，实际上持卡购买者较少，原因可能是发放规模有限，发放针对性不强，指定药店选点不合理，持卡人购买不便，指定药店合作不够等。不少人把它当作纪念品压在玻璃板下。特优卡未限量购买，也降低了持卡人对卡的心理效价。此外，在卡的设计上，由于印制较精美，附有日历，卡本身具有使用价值，不少特优卡并未发挥优惠购物功能。

三、鱼腥草含片郑州市场营销策划

（一）策划目标

本策划的有效实施将达成如下目标：

（1）通过三年的实施期，使鱼腥草含片的绝对市场占有率从目前的第三位跃升为第一位，变市场挑战者为市场主导者；

（2）提高品牌忠诚度，使"济药"牌成为含片市场的首选品牌，籍此增强济药集团的形象力，并惠及济药集团的其他产品；

（3）使本区域市场成为营销"样板市场"，并能对其他区域市场的开发提供示范、指导；

（4）诱导消费观念，刺激总需求；

（5）提高市场获利能力。

（二）机会点与问题点分析

1. 机会点

（1）主场作战地利人和兼备，营销成本低，市场驾驭能力强。

（2）产品疗效佳，产品定型基本完成，正步入成长阶段。

（3）原料独特"0"源是鱼腥草的主产地，鱼腥草的医用价值正逐步为人们所认识。

（4）济源已成为我国新的经济热点地区，其知名度迅速提高，便于企业"借势造势"。

2. 问题点

（1）产品入市时间晚，未取得药准字批号。

（2）企业财力有限，难以发动强大的多媒体广告宣传攻势。

（3）企业及产品识别混乱。目前正处于焦作市第二中药厂向济源制药（集团）有限公司过渡、旧产品及旧包装向新产品及新包装过渡时期，变化幅度远高于人们知觉的差别阈限，配套宣传不够。

（三）策划要点

（1）产品定位。定位为：高疗效，中高档价位；以王屋山上"灵草"为主要原料，略带自然中药苦味；面向成人市场，满足辅疗及健喉护嗓需要。含片药物口感方面的要求比内服药高，但目前同类药物有向"糖丸"方向发展的趋势，造成一种"好吃不治病"的心理定势。所以鱼腥草含片采取"反潮流"策略，以"疗效型"与"口感型""包装型""广告效应型"展开竞争。

（2）诉求要点。向外界着力传递如下信息："中国公认名牌""济药济药，济世良药""百闻不如一见，百见不如一验""嗓音工作者的伴侣，咽喉患者的福音，济药集团的奉献""王屋山上产灵草，良药苦口利于病""回馈计划——企业与消费者、中间商三分其利""热点地区—名牌企业家—名牌企业—名牌产品"。

（3）营销建议

① 保持现有产品的基本质量特性（配方、疗效），改进产品生产工艺，将药品上的斑点和絮状物去掉，给人以视觉美感。在4版48片装的基础上推出2版24片装及礼品包装，零售价格保持与江中草珊瑚含片相近水平，不搞价格竞争。为塑造一种"成熟产品"的形象，尤其是药品这种特殊商品，其核心部分、有形部分和附加部分均应保持相对稳定，需要改变

时宜采用小增量渐进式调整的方法去实现。

② 药品的购买决策在一定程度上受医生推荐的影响和所在单位的制约，因此，应加强与医生的联系，并加强对团体单位的直销力度。不少单位有自己的医务室（所）或职工医院，他们对非基本药进货的主动性不强，推销人员如能上门推销，其市场潜力是较大的。

③ 在促销方式上，以营业推广为主，以下依次为人员推销、广告、公关。

④ 要建立一套有利于促进销售的激励措施，培养一批推销尖兵，充实驻郑办事处的力量。

（四）广告策略

（1）适当提高广告费用在销售额中的比例，增加广告密度和媒介面。

（2）广告诉求重点转向品牌形象和企业形象。

（3）将电影演员张凯丽固定为广告模特，以收到宣传统一的效果。其"出镜"身份以"教师"为主，以相同形象出现在不同媒体上。广告创意上应使受众自觉或不自觉地将张凯丽与《渴望》电视连续剧中的刘慧芳联系起来，通过"借光"强化广告效果。

（4）广告以大众媒体为重点，车辆广告、路牌广告、POP 广告、宣传印刷品广告应大力开发。报纸广告以《郑州晚报》为主要媒体，并力求"系列化"、"软性化"。电视广告以河南电视台为首选媒体，以照顾整个河南市场广告宣传的需要。广播广告以郑州经济台"郝大夫谈卫生"节目插播广告为主。

（五）促销方案

方案一："邀您济源行"有奖读报活动

在《郑州晚报》周末版用半版篇幅，举行"邀您济源行——济药集团向您致意"有奖读报活动。刊登有关济源、济药集团、鱼腥草含片、健喉护嗓知识等内容，同时提出问题，邀请回答优胜者利用周末到济源免费旅游，并参观济药集团。

方案二：销售积分卡制度

本方案的目的主要是调动中间商销售鱼腥草含片的积极性，有利于建立长期稳定的合作关系。厂家对中间商建立销售档案，销售额连续累积，达到某一档，可享受该档的某些优待、荣誉，如交易折扣、广告及陈列津贴、参观旅游、授予主要人员荣誉职工称号等。

方案三：交易印花制度

厂家在包装盒内放入相应的交易印花。购买者可保存交易印花，当手中印花积累到一定数量时，可到厂家驻郑办事处领取相应的现金或实物。本方案可以吸引消费者长期购买本企业的产品。

方案四：鱼腥草含片进商场

长期以来，商场不经营药品。但近年一些商场开始尝试经营药品。商场客流量远高于药店，含片进商场药品专柜，可扩大宣传面，在顾客附带购买中实现销售目的。

方案五：中间商联谊活动

固定时间（每年一次，不间断，安排在 12 月的最后一个星期天）邀请中间商参加联谊活动，活动中发布有关企业及产品信息，公布销售排行榜，奖励优秀中间商，听取有关意见、建议，交流感情，建立互信。

资料来源：3COME 文档频道（www.reader8.cn）

任务总结

（1）市场营销调查就是运用科学的方法，有系统、有目的地搜集市场营销信息，记录、整理和分析市场情况，了解市场的现状及其发展趋势的一系列活动。

（2）市场调查内容主要包括市场环境调查、市场需求调查、企业营销策略调查、竞争状况调查等几个方面。

（3）市场调查分析报告是市场调查的总结，对市场决策有重要指导作用。调研获得的数据需要进行正确的分析才能为决策提供支持。

🗨 **思考与讨论**

（1）企业调查包括哪些内容？

（2）访问调查应主要注意什么问题？

（3）如何进行数据的整理与分析？

✏ **案例分析**

市场营销调研活动——细节决定成败

1. 数据给企业带来的噩梦

"最近两年，宠物食品市场空间增加了两三倍，竞争把很多国内企业逼到了死角。"柴先生说，"渠道相近，谁开发出好的产品，谁就有前途。以前做生意靠经验，但后来我觉得产品设计要建立在科学的调研基础上。由是去年年底，我决定开始为产品设计做消费调查。"

为了能够了解更多的消费信息，柴先生设计了精细的问卷，在上海选择了1 000个样本，并且保证所有的抽样在超级市场的宠物组购物人群中产生。内容涉及价格、包装、食量、周期、口味、配料六大方面，覆盖了所能想到的全部因素。沉甸甸的问卷让柴氏企业的高层着实振奋了一段时间，谁也没有想到市场调查正把他们拖向溃败。

2005年年初，上海柴氏的新配方、新包装狗粮产品上市了，短暂的旺销持续了一星期，随后就是全面萧条，后来产品在一些渠道甚至遭到了抵制。过低的销量让企业高层不知所措，当时远在美国的柴先生更是惊讶："科学的调研为什么还不如以前我们凭感觉定位来得准确？"到2005年2月初，新产品被迫从终端撤回，产品革新宣告失败。

柴先生说："我回国以后，请了十多个新产品的购买者回来座谈，他们拒绝再次购买的原因是宠物不喜欢吃。"产品的最终消费者并不是"人"，人只是一个购买者，错误的市场调查方向，决定了调查结论的局限，甚至荒谬。

经历了这次失败，柴先生认识到了调研的两面性，成功的调研可以增加商战的胜算，而失败的调研对企业来说是一场噩梦。

不完备甚至不科学的数据采集给企业带来损失的不只是柴先生自己，还有来自东北的北华饮业策划总监刘强，他们在进行新产品开发过程中进行了系统的口味测试，却同样遭到了意想不到的失败。

2. 中国人不喝冰红茶

一间宽大的单边镜访谈室里，桌子上摆满了没有标签的杯子，有几个被访问者逐一品尝着不知名的饮料，并且把口感描述出来写在面前的卡片上……这个场景发生在1999年，当时任北华饮业调研总监的刘强组织了5场这样的双盲口味测试，他想知道，公司试图推出的新口味饮料能不能被消费者认同。

此前调查显示：超过60%的被访问者认为不能接受"凉茶"，他们认为中国人忌讳喝隔夜茶，冰茶更是不能被接受。刘强领导的调查小组认为，只有进行了实际的口味测试才能判别这种新产品的可行性。

等到拿到调查的结论，刘强的信心被彻底动摇了，被测试的消费者表现出对冰茶的抵制，一致否定了装有冰茶的测试样本。新产品在调研中被否定。

直到2000年、2001年，以旭日升为代表的冰茶在中国全面旺销，北华饮业再想迎头赶上为时已晚，一个明星产品就这样通过详尽的市场调查与刘强擦肩而过。说起当年的教训，刘强还满是惋惜："我们举行口味测试的时候是在冬天，被访问者从寒冷的室外来到现场，没等取暖就进入测试，寒冷的状态、匆忙的进程都影响了访问者对味觉的反应。测试者对口感温和浓烈的饮料表现出了更多的认同，而对清凉淡爽的冰茶则表示排斥。测试状态与实际消费状态的偏差让结果走向了反面。"

"驾驭数据需要系统谋划。"好在北华并没有从此怀疑调研本身的价值，"去年，我们成功组织了对饮料包装瓶的改革，通过测试，发现如果在塑料瓶装的外形上增加弧形的凹凸，不仅可以改善瓶子的表面应力，增加硬度，更重要的是可以强化消费者对饮料功能性的心理认同。"

3．3个小细节1千万大风险

北京普瑞辛格调研公司副总经理邵志刚先生的话似乎道出了很多企业的心声："调研失败如同天气预报给渔民带来的灾难，无论多么惨痛，你总还是要在每次出海之前，听预报、观天气、看海水。"

普瑞辛格调研公司出示了两组数据，来说明调研的严谨性。同样的调研问卷，完全相同结构的抽样，两组数据结论却差异巨大。邵志刚介绍说，国内一家知名的电视机生产企业2004年年初设立了20多人的市场研究部门，就是因为下面的这次调查，部门被注销，人员被全部裁减。

问题：列举您会选择的电视机品牌。

其中一组的结论是：有15%的消费者选择本企业的电视机；另一组得出的结论却是36%的消费者表示本企业的产品将成为其购买的首选。巨大的差异让公司高层非常困惑：为什么完全相同的调研抽样，会有如此矛盾的结果呢？公司决定聘请专业的调研公司来进行调研诊断，找出问题的真相。

普瑞辛格的执行小组受聘和参与调查执行的访问员进行交流，并很快提交了简短的诊断报告：第二组在进行调查执行过程中存在误导行为。调研期间，第二组的成员佩戴了公司统一发放的领带，而在领带上有本公司的标志，其尺寸足以让被访问者猜测出调研的主办方；其次，第二组在调查过程中，把选项的记录板（无提示问题）向被访问者出示，而本企业的名字处在候选题板的第一位。以上两个细节向被访问者泄露了调研的主办方信息，影响了消费者的客观选择。

这家企业的老总训斥调研部门的主管："如果按照你的数据，我要增加一倍的生产计划，最后的损失恐怕不止千万。"

市场调查是直接指导营销实践的大事，对错是非可以得到市场验证，只是人们往往忽视了市场调查本身带来的风险。一句"错误的数据不如没有数据"，包含了众多中国企业家对数据的恐慌和无奈。

案例思考：

1. 什么是市场营销调研？市场营销调研的内容主要有哪些？
2. 进行市场营销调研应该注意哪些问题？
3. 3个案例中企业市场营销调研为什么失败？你认为应该如何改进？

实训项目

组织项目调研

【训练目标】

（1）掌握项目调研的基本内容。

（2）掌握项目调研的程序与技巧。

【内容与要求】

校园商城（超市）正在筹备开业，请同学们组织开展校内消费者需求调查并撰写调查分析报告，为超市的经营做好准备工作。

【组织与实施评价】

（1）将全班学生划分为6～8人的小组，组成项目团队。

（2）建立沟通协调机制，团队成员共同参与协作完成公司任务。

（3）在教师的指导下开展项目调查。

（4）评价与总结：各项目团队提交项目团队成果。

【实训成果】

实训商城经营调查问卷

为了在新的学期里将我院学生实训商城经营得更好，为广大师生提供一个方便快捷且物美价廉的购物场所，发扬我们科贸学子励志修德、强能善技的品德，我们特地就商城试营期间商品组合、商品价格、服务情况以及其它问题进行调查，希望广大师生积极配合，献上您宝贵的信息。——实训商城调查部

1. 请问您的性别是

□A. 男　　　　　□B. 女

2. 请问您所在的年级是

□A. 大一　　　　□B. 大二　　　　□C. 大三

3. 请问您所住的宿舍在几号楼？

□A. 三栋　　　　□B. 六栋　　　　□C. 九栋　　　　□D. 十栋

4. 您是否经常到商城去购买东西？

□A. 几乎天天去

□B. 一周三四次

□C. 一周一两次

□D. 很少，只是偶尔去

□E. 从来不去

5. 商城的什么因素吸引您？（可多选）

□A. 服务人员态度好

□B. 商品的价格低

□C. 购物环境好

□D. 地理位置好

□E. 大都是自己喜欢的商品

□F. 商品质量有保障

6. 总体来说，您觉得商城商品的价格如何？

□A. 偏低

□B. 一般

□C. 偏高

□D. 不清楚

7. 您觉得该商城的商品种类如何？

□A. 齐全，应有尽有

□B. 一般，我要买的都有

□C. 偶尔找不到想要的

□D. 不齐全，经常找不到想要的

□E. 没留意

8. 您觉得该商场的商品摆放合理吗？

□A. 很合理，方便我选购不同商品

□B. 一般，还可以

□C. 不合理，不方便。为什么？ _____

□D. 没留意

9. 您对商城的整体服务评价如何？

□A. 满意

□B. 一般，还可以

□C. 不满意

□D. 十分不满意

□E. 不知道，没感觉

10. 您觉得商城的环境卫生如何？

□A. 很好，很干净

□B. 一般没留意到

□C. 不好，不卫生

□D. 不错，还可以

11. 您在商城购物时，销售人员是否文明礼貌、热情诚恳？

□A. 是　　　　　　　　　　　　□B. 否

12. 您对商城目前的购物氛围是否感到满意？

□A. 满意，感觉挺舒适的

□B. 一般，还可以

□C. 不满意，感觉有些_____

□D 没有注意到

13. 哪种商品搭配的促销活动是最吸引您的？（可多选）

□A. 面包+牛奶

□B. 大可乐+鸡爪或薯片

□C. 桶装面+火腿肠

□D. 一件牛奶或凉茶（4 盒件）

□E. 四瓶可乐或饮料（易拉罐）

□F. 其他_____

14. 商城推出一元商品区，商品种类繁多，推出此区对您的吸引力有多大？

□A. 非常大　　　□B. 一般　　　□C. 很小　　　□D. 没关系

15. 您对商城营业时间周一至周日 8:00 ~ 22:00 是否感到满意？

□A. 满意　　　　　　　　　　　□B. 不满意

如果不满意，您希望我们的营业时间是_____

16. 请问您平时喜欢吃哪些零食（例如：麻辣鸡爪、鸡翅、薯片等）？一般价格在哪个范围？

　①_____

　②_____

17. 您希望商城以后为您添加哪些喜欢的商品？

_____

18. 您对商城目前总体情况还有什么意见和建议？

_____

_____

非常感谢您的配合，在百忙之中给我们提供宝贵的信息。

祝您：学习进步，生活愉快！！！

问卷电子版网上填写地址：http://www.sojump.com/jq/641220.aspx

09 市销 2 班实训商城

调查部

2011-3-13

实训商城经营状况调查报告

该次调查采用入户调查的方式，对五山校区经常到商城购物的几座宿舍楼的学生进行问卷调查，实发调查问卷 350 份，回收 320 份，回收率 91.5%；有效问卷 314 份，有效率 98.1。就回收问卷具体信息分析报告如下：

1. 请问您的性别是？　　[单选题]

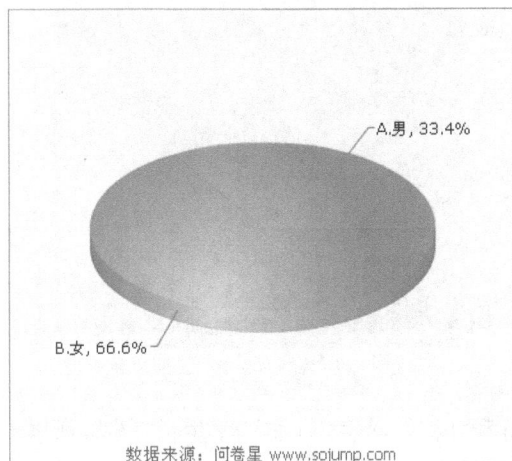

数据来源：问卷星 www.sojump.com

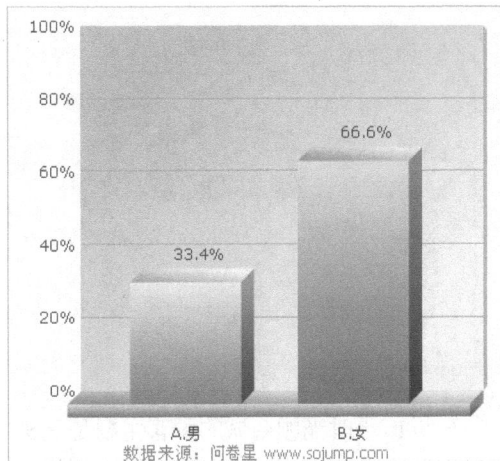

数据来源：问卷星 www.sojump.com

分析：调查对象男女比例为 2:1，符合学院五山校区学生男女比例，在调查样本差异选择上是正确的。

2. 请问您所在的年级是？　　　[单选题]

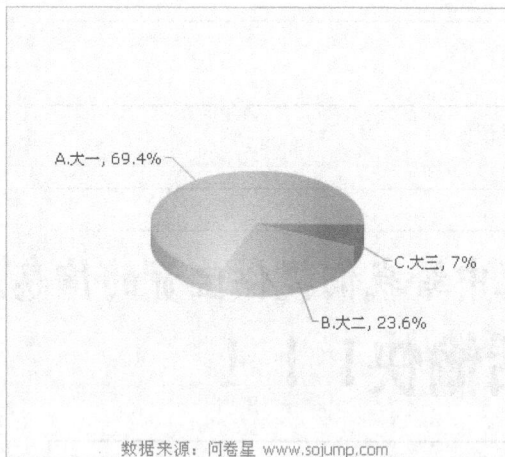

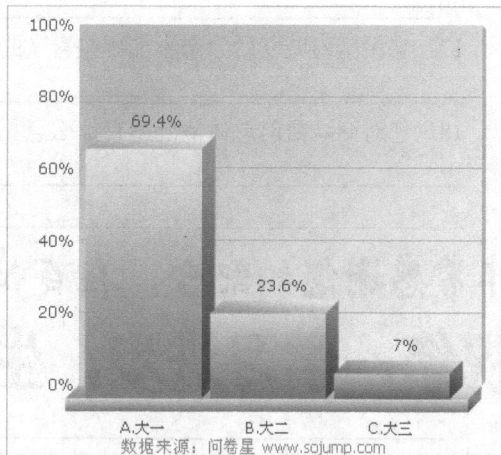

分析：我们是入户式，并且是自愿的，信息显示：大一的学生对商城的调查最感兴趣，对商城的关注度最高，大二的学生在校人数比大一多，但从信息来看，其对商城的关注度是明显低于大一学生的，大三学生在校人数极少，能有 7%的比例说明大三学生还是对商城有一定关注的。这些对我们商城以后制定策略有很大的帮助。

3. 请问您所住的宿舍是几号楼？　　　[单选题]

选项	小计	比例
A. 三栋	100	31.8%
B. 六栋	111	35.4%
C. 九栋	100	31.8%
D. 十栋	3	1%

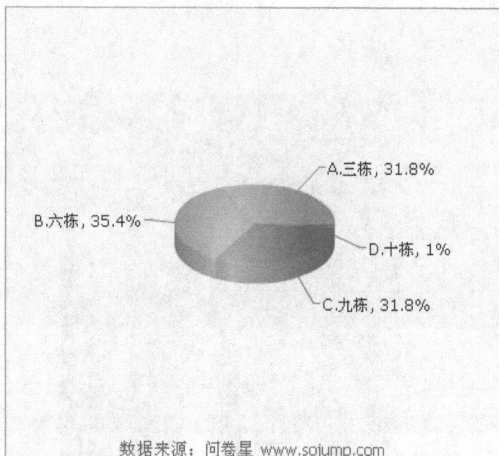

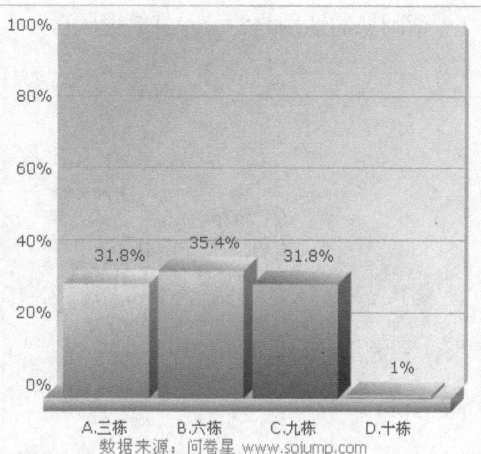

分析：平时光顾商城的顾客主要是三栋、六栋和九栋的学生，十栋的学生相当少，所以十栋我们只是就极个别学生进行了调查，其他三栋进行了入户调查，保证了调查信息的准确性。

4. 您是否经常到商城去购买东西？　　　[单选题]

选项	小计	比例
A. 几乎天天去	15	4.8%
B. 一周三四次	40	12.7%
C. 一周一两次	59	18.8%
D. 很少，只是偶尔去去	195	62.1%
E. 从来不去	5	1.6%

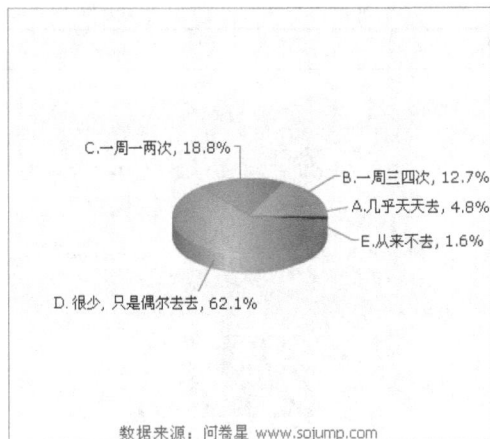

数据来源：问卷星 www.sojump.com

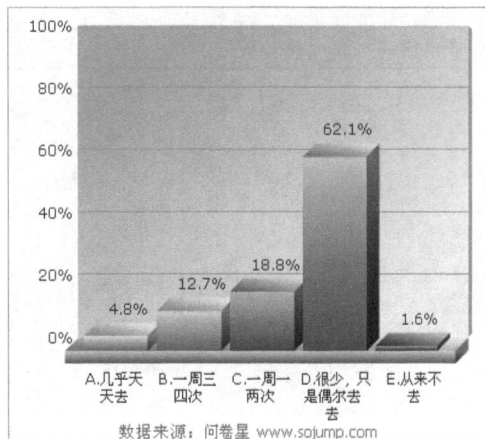

数据来源：问卷星 www.sojump.com

　　分析：62%的顾客都只是偶尔去一次商城购买东西，从来没去商城购买东西的同学占了1.6%，几乎每天去商城买东西的人只有4.8%，说明我们商城的人气还比较低，需要制定策略来吸引更多的顾客。

5. 商城的什么因素吸引您？　　　[多选题]

选项	小计	比例
A. 服务人员态度好	150	47.8%
B. 商品的价格低	109	34.7%
C. 购物环境好	54	17.2%
D. 地理位置好	136	43.3%
E. 大多是自己喜欢的商品	28	8.9%
F. 商品质量有保障	22	7%

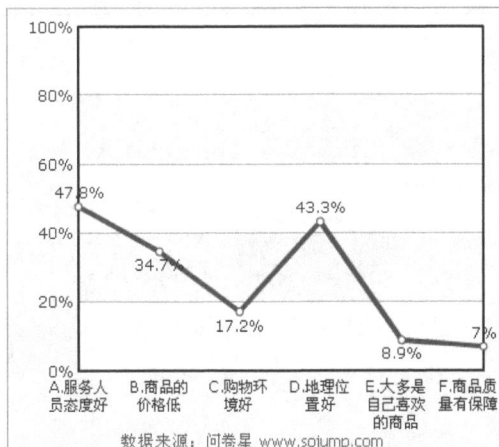

数据来源：问卷星 www.sojump.com

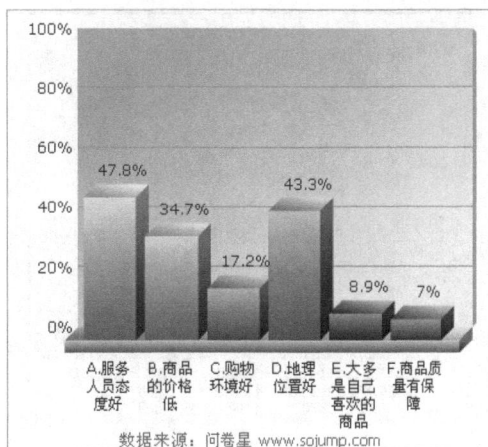

数据来源：问卷星 www.sojump.com

分析：商城吸引顾客的主要因素分别是服务人员态度好、地理位置好、商品的价格低，而商品质量有保障和大多是顾客喜欢的商品这两个因素分别只占了7%和8.9%，说明了我们需要掌握顾客的口味，增加商品的种类，满足顾客需要，提高商品质量保障。

6. 总体来说，您觉得商城商品的价格如何？   [单选题]

选项	小计	比例
A. 偏低	17	5.4%
B. 一般	226	72%
C. 偏高	50	15.9%
D. 不清楚	21	6.7%

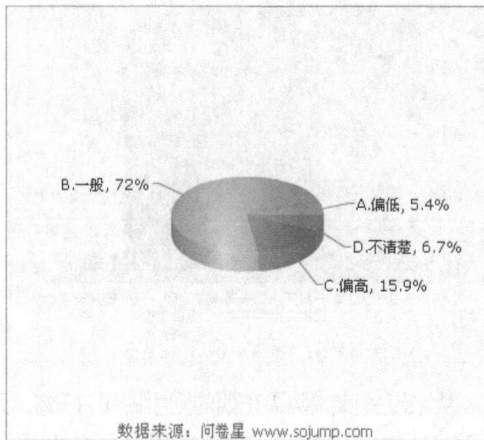

数据来源：问卷星 www.sojump.com

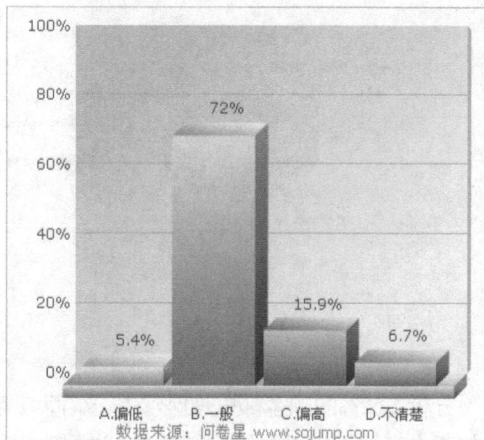

数据来源：问卷星 www.sojump.com

分析：72%的顾客认为商城的商品价格一般，认为偏低的占了5.4%，偏高的占了15.9%，说明商城的商品价格制定合理。

7. 您觉得该商城的商品种类如何？   [单选题]

选项	小计	比例
A. 齐全，应有尽有	3	1%
B. 一般，我要买的都有	51	16.2%
C. 偶尔找不到想要的	129	41.1%
D. 不齐全，经常找不到想要的	100	31.8%
E. 没留意	31	9.9%

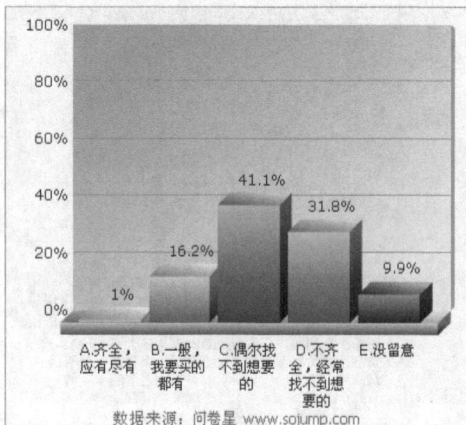

数据来源：问卷星 www.sojump.com

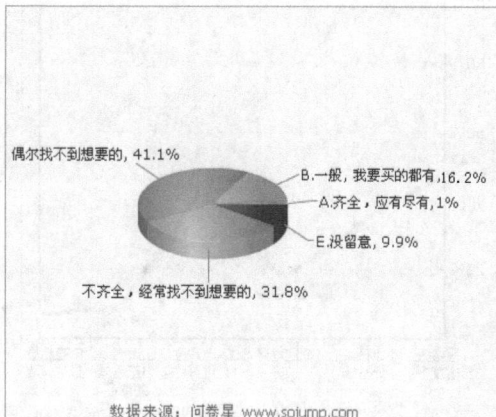

数据来源：问卷星 www.sojump.com

分析：数据显示有 72.9%的被调查者在商城买不到自己想要的，只有 17.2%的被调查者可以买到自己想要的。说明商城的商品只满足了少部分人的需求，还有大部分的人需求满足不了。还有 9.9%被调查者没留意，这说明商城的商品吸引力还不足。

8. 您觉得该商场的商品摆放合理吗？　　　[单选题]

选项	小计	比例
A. 很合理，方便我选购不同商品	36	11.5%
B. 一般，还可以	237	75.5%
C. 不合理，不方便	8	2.5%
D. 没留意	33	10.5%

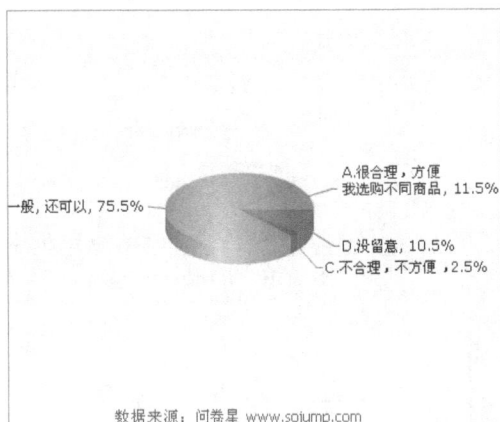

数据来源：问卷星 www.sojump.com

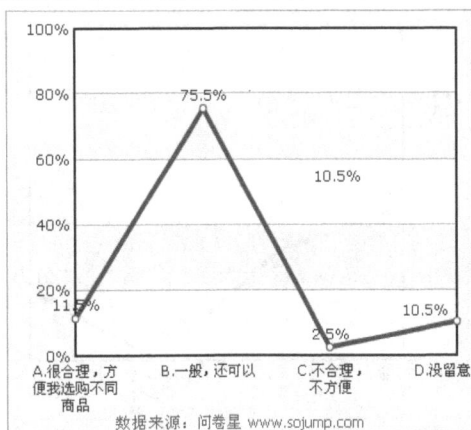

数据来源：问卷星 www.sojump.com

分析：数据显示 87%的被调查者对商城的商品摆放还是满意的，只有 2.5%的被调查者对商城的商品摆放觉得不满意。说明商城的商品摆放还是可以的，满足了大部分人的需求，但还需更加精进，使更多人满意。

9. 您对商城的整体服务评价如何？　　　[单选题]

选项	小计	比例
A. 满意	118	37.6%
B. 一般，还可以	176	56.1%
C. 不满意	3	1%
D. 十分不满	0	0%
E. 不知道，没感觉	17	5.4%

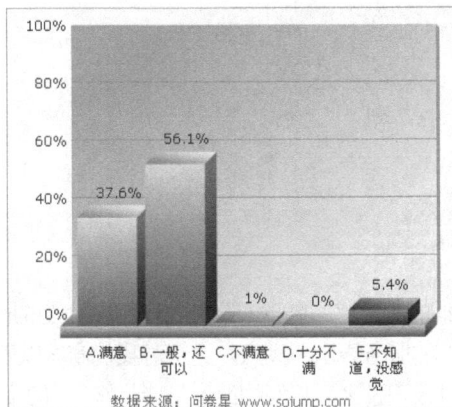

数据来源：问卷星 www.sojump.com

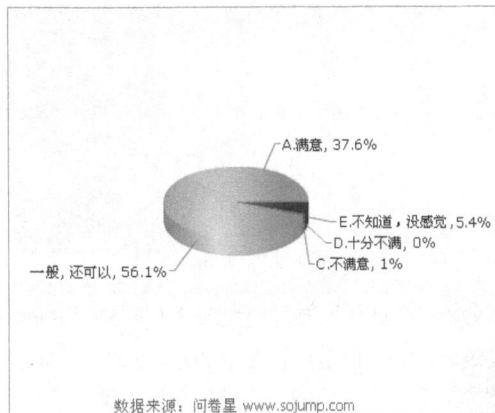

数据来源：问卷星 www.sojump.com

分析：数据显示去除 5.4%没去过商城的被调查者，有 93.7%的被调查者对商城的整体服务满意，只有 1%的被调查者对商城的整体服务不满意。说明我们商城在服务上做得很好，但有差评，就显示我们的服务还有不周到的地方，还需努力。

10. 您觉得商城的环境卫生如何？　　[单选题]

选项	小计	比例
A. 很好，很干净	143	45.5%
B. 一般，没留意到	103	32.8%
C. 不好，不卫生	1	0.3%
D. 不错，还可以	67	21.3%

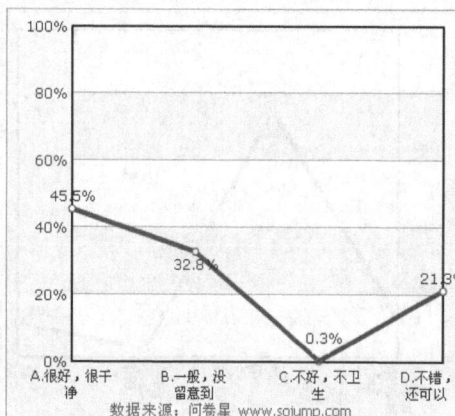

数据来源：问卷星 www.sojump.com

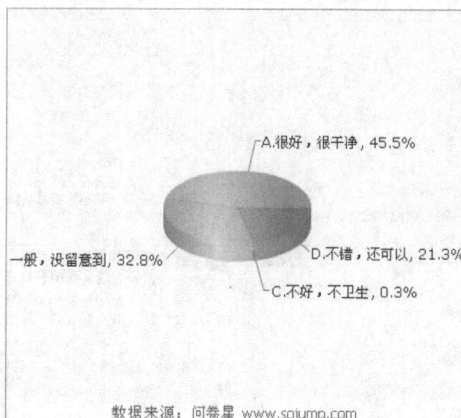

数据来源：问卷星 www.sojump.com

分析：数据显示有 66.8%的被调查者对商城的环境卫生还是满意的，只有 0.3%的被调查者对商城的环境卫生不满意。说明我们商城的卫生工作做得很好，但有不满意的就说明我们的卫生工作还不是最好，还需注意。

11. 您在商城购物时，销售人员是否文明礼貌、热情诚恳？　　[单选题]

选项	小计	比例
A. 是	303	96.5%
B. 否	11	3.5%

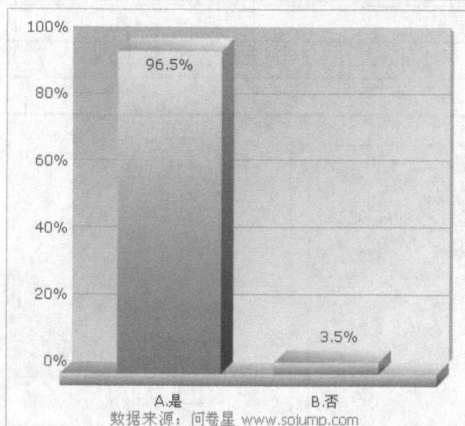

数据来源：问卷星 www.sojump.com

分析：在商场购物时绝大部分（96.5%）的顾客对我们的服务感到满意，这说明我们现阶段的服务态度是很好的，但是还存在少部分（3.5%）的顾客对我们的服务表示不满意，这个对我们商城以后的经营非常重要。我们要认真分析顾客不满意的原因，及时改正过来。将好的继续坚持，努力将我们的服务做好。

12. 您对商城目前给您的购物氛围是否感到满意？　　　[单选题]

选项	小计	比例
A. 满意，感觉挺舒适的	85	27.1%
B. 一般，还可以	199	63.4%
C. 不满意，感觉有些	20	6.4%
D. 没有注意到	10	3.2%

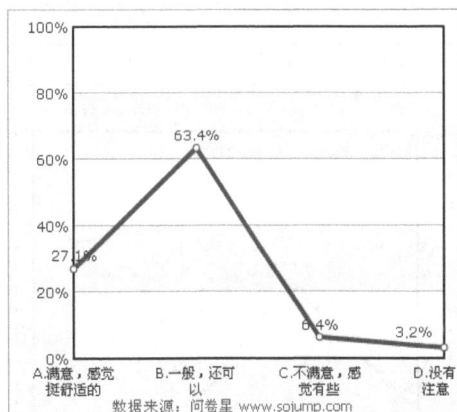

数据来源：问卷星 www.sojump.com

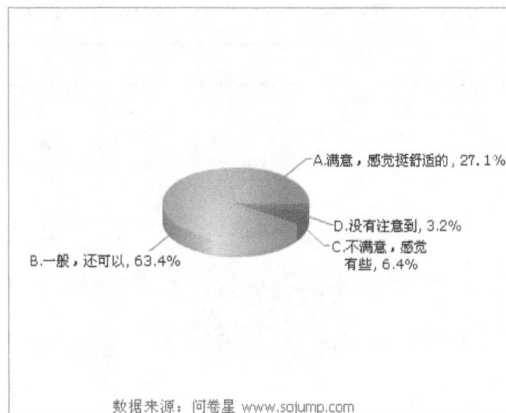

数据来源：问卷星 www.sojump.com

　　分析：如上图所示，顾客目前对我们商城的购物气氛，选"满意、感觉挺舒适"的为27.1%；"一般，还可以"的为 63.4%，两者占比较大的比例，说明顾客对商城气氛的满意度还是比较好的，但还是有小部分的顾客持不大满意的态度。为了使所有的顾客满意，就要求我们做得更好，做到让所有的顾客都满意。

13. 哪种商品搭配的促销活动是最吸引您的？　　　[多选题]

选项	小计	比例
A. 面包+牛奶	148	47.1%
B. 大可乐+鸡爪或薯片	94	29.9%
C. 桶装面+火腿肠	66	21%
D. 一件牛奶或凉茶（4盒件）	48	15.3%
E. 四瓶可乐或饮料（易拉罐）	38	12.1%
F. 其他	25	8%

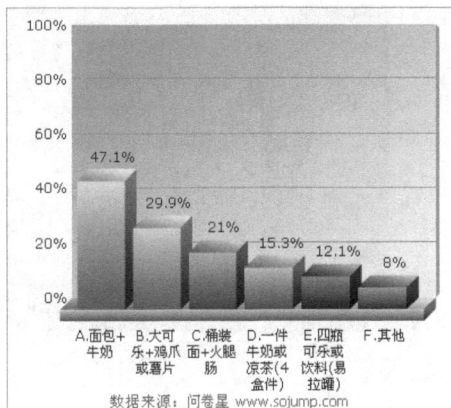

数据来源：问卷星 www.sojump.com

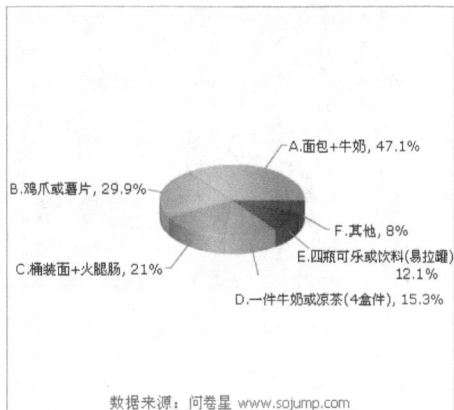

数据来源：问卷星 www.sojump.com

分析：在商品搭配的促销活动中，吸引顾客的促销活动的比例是：搭配面包+牛奶占 47.1%，大可乐+鸡翅或薯片为 29.9%，桶装面+火腿肠为 21%，在众多的商品搭配中被顾客喜欢，在以后的促销活动中可以继续搭配销售，但还需推出不同的产品搭配，吸引更多的顾客。

14. 前商城推出一元商品区，商品种类繁多。推出此区对您的吸引力有多大？ [单选题]

选项	小计	比例
A. 非常大	69	22%
B. 一般	183	58.3%
C. 很小	39	12.4%
D. 没关系	23	7.3%

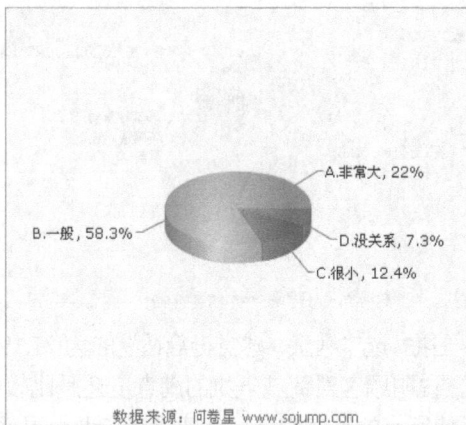

数据来源：问卷星 www.sojump.com

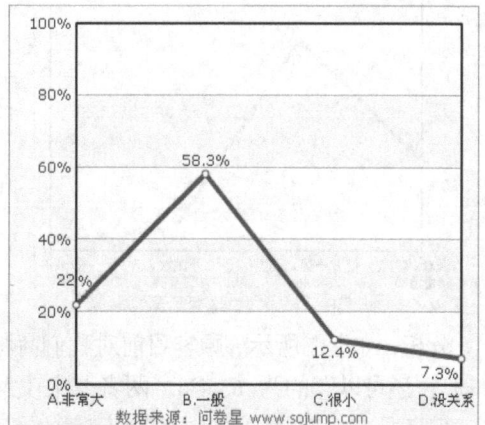

数据来源：问卷星 www.sojump.com

分析：由数据可见，商场推出的一元商品区对顾客的吸引程度，非常大的占 22%，一般为 58.3%，很小为 12.4%，没关系为 7.3%，总的来说顾客的对一元商品区的兴趣不大。针对这种情况，商城可以增加一元区的商品种类，或推出不同的有特色的商品区，来吸引更多的顾客。

15. 您对商城营业时间周一至周日 8:00—22:00 是否感到满意？ [单选题]

选项	小计	比例
A. 满意	285	90.8%
B. 不满意	6	1.9%
C. 如果不满意，您希望我们的营业时间是	23	7.3%

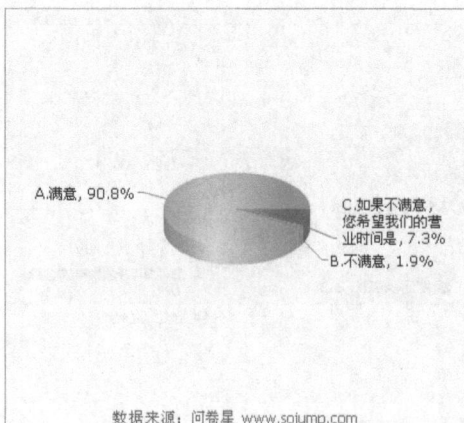

数据来源：问卷星 www.sojump.com

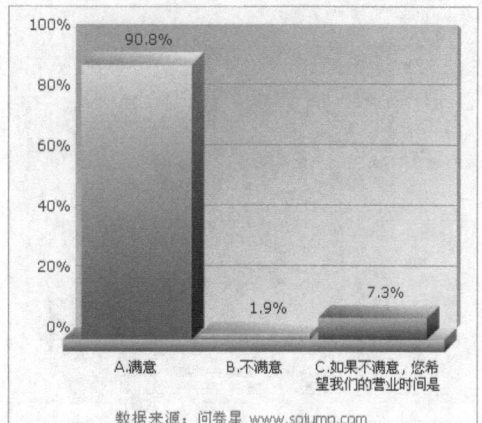

数据来源：问卷星 www.sojump.com

分析：根据图表，90%的顾客对商城的营业时间满意，9.2%是不满意的。虽然大部分顾客满意我们的营业时间，但还有少部分顾客是不满意的，商城可以在一些节假日延长营业时间，来满足顾客的需求，提高顾客对商城的满意度。

16. 请问您平时喜欢吃哪些零食（例如，麻辣鸡爪、薯片等）？一般价格在哪个范围？

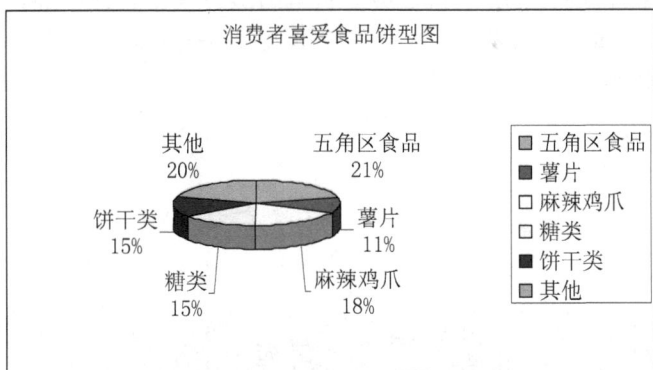

消费者喜爱食品饼型图

分析：从调查信息统计可以看出，五角区对消费者的吸引力还是不小的，值得考虑在商城开辟五角区。同时饼干、麻辣鸡爪、薯片、糖类都是同学们喜爱的食物，在以后的进货中可以考虑多进些这方面的商品。

17. 您希望商城以后还可以为您添加哪些喜欢的商品？

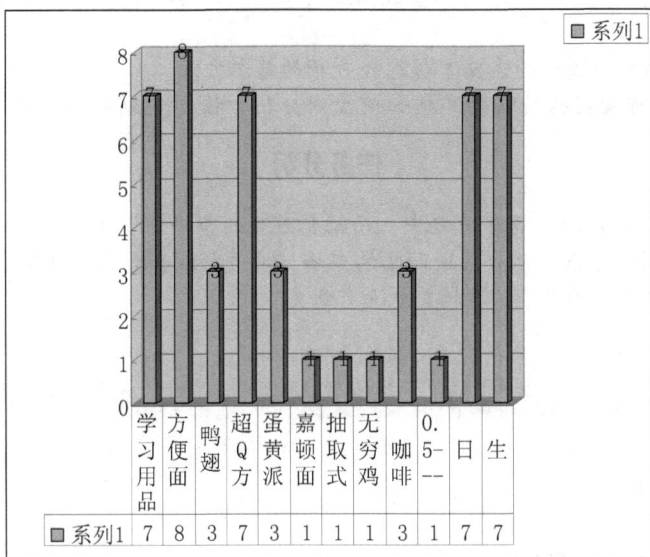

系列1	学习用品	方便面	鸭翅	超Q方	蛋黄派	嘉顿面	抽取式	无穷鸡	咖啡	0.5——	日	生
	7	8	3	7	3	1	1	1	3	1	7	7

分析：就问卷收回的信息中可以看出，消费者希望商城继续添加的商品非常繁多，但有大部分是商城已有的商品，同时也有一些相当好的建议，如上表所示。商城可以考虑添加这些商品，增加商品的销量。

18. 您对商城目前总体情况还有什么意见和建议？

（1）满意。

（2）多增加商品。种类要多，口味要多，可供多选择。

（3）促销活动可以多办，优惠时间每次都只有2天而已，而且组合不够吸引人。

（4）宣传方面欠缺。

（5）物品摆放还可以紧凑一些，节省空间摆放新增加的品种。

（6）顾客买完东西后，记账的请快点。

（7）服务过于热情，适得其反。（建议：从消费角度出发，考虑问题更全面，可播放舒适音乐。）

（8）笔的价格比外面贵，可以按照批发价或团购价，多打折。

（9）希望可以刷卡。

（10）酸奶太贵。

实训商城
调查部

任务二　综合分析

【任务引入】

陈刚团队经过一个月的努力，对校园超市的经营进行了问卷调查并完成了调研分析报告，但现在他遇到的困惑是如何将调查数据进行系统的综合分析，真正做到营销策划项目在正确的分析判断之上。

任务1：根据陈刚团队的需要掌握综合分析的基本方法。

任务2：根据陈刚团队的需要掌握如何应用分析方法对策划项目进行综合分析。

【任务分析】

企业总是处在一定的市场环境之中，而瞬息万变的市场环境又影响着企业的营销活动。在制定营销策划时如果没有对企业所面临的市场环境进行综合分析与评价，则做出的营销策划案就如同建在流沙上的房子，再精美也没有意义。

知识链接

一、SWOT分析

（一）外部的机会与威胁分析

1. 外部环境因素

外部环境因素包括宏观环境因素和行业环境因素。宏观环境因素包括经济因素、人口因素、政治法律因素、社会文化因素、自然环境因素、科学技术因素；行业环境因素包括现有竞争者、潜在进入者、替代品、购买者、供应商，具体见图2-2。

2. 企业的机会威胁分析

企业的生存与发展既与其生存的市场营销环境密切相关，又取决于企业对环境因素及其影响所采取的对策。市场营销环境的客观性、多变性、复杂性决定了企业不可能去创造、改变营销环境，而只能主动地适应环境、利用环境。为此，企业必须建立适当的系统，关注市场营销环境的发展变化，从中发现市场机会和威胁，有针对性地制定和调整自己的战略与决策，尽可能地利用营销机会并减少环境威胁带来的损失。

（1）机会分析。市场机会分析指企业通过对外部环境的分析，找出有利于企业营销活动的因素，并具体分析其影响的强度和成功的可能性的过程。我们可以通过图2-3所示环境机会矩阵图分析外部环境为企业提供的每一个机会，并将其恰当地归类，然后采取恰当的策略来利用机会。

环境机会矩阵图中，横轴表示"机会出现的可能性"，纵轴表示"潜在吸引力"。对其分析评价如下。

图 2-2 外部环境因素

区域1：营销机会出现的可能性大，潜在的吸引力大，成功的可能性大，表明对企业发展有利，企业如有能力应利用营销机会。

区域2：营销机会潜在的吸引力很大，但可能性很小，说明企业暂时还不具备利用这些机会的条件，应当放弃。

区域3：营销机会和潜在的吸引力很小，成功的可能性也小，企业应当主动放弃。

区域4：营销机会潜在吸引力很小，而成功可能性大。虽然企业拥有利用机会的优势，但不值得企业去开拓，应据情况及时采取措施。

（2）威胁分析。环境威胁是指企业通过对外部环境的分析，找出对企业营销活动不利的因素，分析其影响的强度和发生的可能性的大小，如图2-4所示。

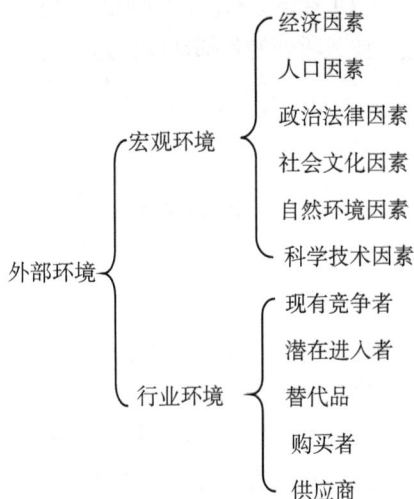

图 2-3 环境机会矩阵

图 2-4 环境威胁矩阵

环境威胁矩阵图中，横轴表示"威胁出现的可能性"，纵轴表示"潜在危害性"。对其分析评价如下。

区域1：环境威胁严重性高，出现的概率也高，表明企业面临着严重的环境威胁，企业应处于高度戒备状态，积极采取应对措施，避免威胁造成的损失。

区域2：环境威胁严重性高，但出现的概率低。企业不可忽视，必须密切注意其发展方向，也应制定应对措施，力争避免威胁的危害。

区域3：环境威胁严重性低，出现的概率也。在这种情况下，企业不必担心，但应该注意其发展动向。

区域4：环境威胁严重性低，但出现的概率高。虽然企业面临的威胁不大，但由于出现的可能性大，企业也必须充分重视。

（3）综合分析。我们将机会分析与威胁分析结合起来，运用到企业的某项业务上，就可以了解这项业务所处的外部环境，为企业决策提供依据，如图2-5所示。

环境机会水平

		大	小
环境危险水平	大	区域1　冒险环境	区域2　困难环境
	小	区域4　理想环境	区域3　成熟环境

图2-5　环境机会—环境威胁矩阵

环境机会—环境威胁矩阵图中，横轴表示"环境机会水平"，纵轴表示"环境威胁水平"，对其评价分析如下。

区域1为冒险环境。这是威胁程度和机会程度均高的环境，环境机会大，同时利益与风险共存，企业面临威胁也大，企业要谨慎对待。

区域2为困难环境。这是威胁程度高和机会程度低的环境，市场竞争激烈，市场容量基本饱和，企业应尽量避免遭遇。

区域3为成熟环境。这是威胁程度和机会程度均低的环境，是比较平稳发展的环境，可作为企业的常规经营环境。企业应稳妥把握，利用此环境作为企业持续发展的保证。

区域4为理想环境。这是威胁程度低、机会程度高的环境，收益大于风险。企业应该牢牢抓住机会，及时制定业务发展计划，把机会付诸实践。

> **┃营销小知识┃**
>
> 当可口可乐的年销售量达300亿瓶时，在美国的饮料市场上突然杀出了百事可乐，它不仅在广告费用的增长速度上紧跟可口可乐，而且在广告方式上也针锋相对："百事可乐是年轻人的选择，青年人无不喝百事可乐。"可口可乐面对这种威胁，及时调整市场营销组合来减轻环境威胁的严重性：一方面，聘请社会上的名人（如心理学家、精神分析家、应用社会学家、社会人类学家等）对市场购买行为新趋势进行分析，采用更加灵活的宣传方式向百事可乐展开攻势；另一方面，花费比百事可乐多50%的广告费用，与之展开了一场广告战，力求将广大消费者吸引过来。经过上述努力，收到了一定的效果。

（二）内部的优势与劣势分析

企业除了分析外部环境外，还要进行内部环境分析，包括生产能力、营销能力、盈利能力、组织能力和发展能力五个方面，以评价企业的内部优势与劣势，详细内容如表2-2所示。

表2-2　　　　　　　　　　　企业内部的优势与劣势分析表

项　　目		评　　价	权　　数	结　　果
生产能力	设备水平			
	技术水平			
	产品质量			
	及时交货能力			
	小计			

项　目		评　价	权　数	结　果
营销能力	市场份额			
	市场覆盖区域			
	客户满意度			
	产品服务质量			
	定价效果			
	分销效果			
营销能力	广告效果			
	公关效果			
	小计			
盈利能力	销售利润率			
	总资产报酬率			
	资本收益率			
	资产负债率			
	小计			
组织能力	管理者水平			
	员工协助精神			
	创业导向			
	小计			
发展能力	技术人员比重			
	员工素质			
	培训能力			
	小计			
合　　计				

（三）SWOT 综合分析

1. SWOT分析法的含义与意义

SWOT 分析法又称为态势分析法，是 20 世纪 80 年代初由美国旧金山大学管理学教授韦里克提出的新概念，常被用于企业战略制定、竞争对手分析等。SWOT 分析法就是根据企业自身的条件进行分析，找出企业的优势、劣势及核心竞争力所在，其中 S 代表企业优势（Strength），W 代表企业劣势（Weakness），O 代表环境机会（Opportunity），T 代表环境威胁（Threat），S、W 是内部因素，O、T 是外部因素。通过 SWOT 分析法可以结合环境对企业的能力和素质进行分析评价，帮助企业认清自身相对于其他竞争者所处的优势和劣势，有助于企业制定竞争战略。

2. 构造SWOT矩阵

这是一个以外部环境中的机会和威胁为一方，企业内部条件中的优势和劣势为另一方的二维矩阵（见表 2-3）。在这个矩阵中，形成了 SO、WO、ST 和 WT 这 4 种战略组合。

表 2-3   SWOT 分析矩阵

	内部优势（S）	内部劣势（W）
外部机会（O）	SO 战略 依靠内部优势 利用外部机会	WO 战略 利用外部机会 克服内部劣势
外部威胁（T）	ST 战略 依靠内部优势 回避外部威胁	WT 战略 减少内部劣势 回避外部威胁

3. 制定SWOT战略组合

（1）SO 战略：即扩张战略，适用于企业自身优势明显，并且机会较大的情况。企业应发挥优势，利用机会，集中现有资源，扩张现有业务，加速企业发展。

（2）WO 战略：即防卫战略，适用于企业自身存在劣势，但机会较大的情况。企业一方面应努力克服自身劣势，争取将劣势转化为优势，另一方面考虑与优势企业合作，取长补短，寻求发展机会。

（3）ST 战略：即分散战略，适用于企业自身优势明显，但威胁较大的情况。企业应利用优势，回避威胁。通常是采取多元化经营分散风险，或通过并购增强自身实力，形成规模效应，从而提高抗风险能力。

（4）WT 战略：即退出战略，企业自身存在劣势，并且威胁较大的情况。企业应克服劣势，回避威胁。在这种艰难的处境中，企业通常是选择退出该行业，将资金投入更具吸引力的业务或行业。

4. 运用SWOT分析法要注意的问题

SWOT 分析法要与机会威胁分析、优势劣势分析综合起来运用，才能全面地剖析企业的内外环境。SWOT 分析法将机会、威胁、优势、劣势结合起来，但是存在以下两点不足。

（1）将机会与威胁对立起来。外部环境中的机会与威胁并非互相对立、非此即彼的两个极端，两者可以共存。SWOT 分析法将其作为企业外部环境的两极，就忽略了机会与威胁因素都很多或都很少的情况。

（2）不能详细列出企业的优势劣势所在。SWOT 分析是综合性分析，不能详细列出企业的优势与劣势，这样就不利于企业采取相应措施化劣势为优势，获得在市场竞争中的有利位置。

因此，企业在运用 SWOT 分析法时，要注意与企业的机会威胁分析、优势劣势分析结合起来，这样才能全面地分析企业所面对的外部环境和自身的内部环境。

能力拓展

茅台酒的SWOT分析

1. Strength（优势）

（1）茅台酒独特的口味带来独特的生理享受，形成独特的商业需求特性。

（2）历代达官贵人的赞美形成了茅台酒的文化地位象征。

（3）"离了茅台镇生产不了茅台酒"，稀缺使其更珍贵。

（4）特殊的酒造就了特殊的自我营销商业特性——"梦寐以求，少数拥有"。

2. Weakness（劣势）

（1）生产周期长达五年，不能很快扩大生产。

（2）经营效率较低。

（3）管理层的经营理念跟不上现代企业的要求。

3．Opportunity（机会）

（1）国民的消费升级。

（2）高端商务活动的增加。

（3）中国礼尚往来的文化传统。

（4）中国国力增强促使中国高端产品的外销影响力增大。

4．Threat（威胁）

（1）国民消费健康观念的改变。

（2）赤水河污染。

（3）酿酒原料小穗高粱基因变异。

二、波特的五力分析法

（一）五力分析法的概念

波特的五力分析法是帮助营销人员对一个存在竞争的市场环境进行鉴定分析的方法。它与PEST分析法等其他市场营销工具类似，但它更侧重于单一业务或战略事业单位（Strategic Business Unit，SBU）而非单一产品或系列产品。

五力分析法包含五个重点，分别是市场准入的威胁（The Threat of Entry）、买家的力量（The Power of Buyers）、供应商的力量（The Power of Suppliers）、可替代产品的威胁（The Threat of Substitutes）、竞争对手（Competitive Rivalry），如图2-6所示。

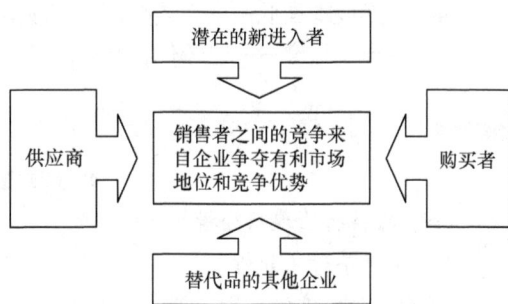

图2-6　波特五力模型

（二）五力分析法的基本原理

1．市场准入的威胁（The Threat of Entry）

考察市场进入的威胁应从以下几方面进行。

（1）经济规模——是否形成规模经济？若未形成，则进入威胁大。

（2）市场准入门槛（成本）——是否具有成本优势？若不具有，则进入威胁大。

（3）分销渠道——竞争对手是否拥有独特的分销渠道？若有，则进入威胁大。

（4）差异化竞争——若差异化程度低，则进入威胁大。

（5）资金密集程度——若不属于资金密集型，则进入威胁大。

2．买家的力量（The Power of Buyers）

考察买家的力量应从以下几方面进行。

（1）是否为大量购买或集中购买——若是，则其议价能力较强。

（2）市场上是否存在大量的同质化小供应商——若是，则其议价能力较强。

（3）更换供应商的成本——若更换成本低，则其议价能力较强。

（4）是否是标准化产品——若不是标准化产品，则其议价能力较强。

3. 供应商的力量（The Power of Suppliers）

考察供应商的力量应从以下几方面进行。

（1）供应商的集中程度——若高，则其议价能力较强。

（2）更换供应商的成本——若低，则其议价能力较强。

（3）强势品牌效应——若高，则其议价能力较强。

（4）整合供应商的可能性——若低，则其议价能力较强。

（5）供应商提供商品的差异化程度——若高，则其议价能力较强。

4. 可替代产品（The Threat of Substitutes）

（1）可替代产品的性价比高低——若较高，则替代产品的威胁大。

（2）可替代产品是否来自高盈利产业——若是，则替代产品的威胁大。

5. 竞争对手（Competitive Rivalry）

考察现有竞争对手的竞争强度应从以下几方面进行。

（1）行业成长率高低——若高，则市场竞争激烈。

（2）退出壁垒高低——若较低，则市场竞争激烈。

（3）竞争对手的数量和规模——若数量较多、实力较强，则竞争激烈。

（4）转换成本高低——若较高，则市场竞争激烈。

（5）差异化程度——若较低，则市场竞争激烈。

能力拓展

加多宝营销策略分析

一、凉茶行业现状分析

（一）凉茶行业分析

随着社会经济的不断发展和人民生活水平的不断提高，健康饮食的概念也逐渐深入人心。因此，凉茶饮料受到了越来越多消费者的青睐，凉茶行业正在高速发展。

（二）凉茶行业竞争状况分析

1. 波特竞争五力分析

波特竞争五力模型如图2-7所示。

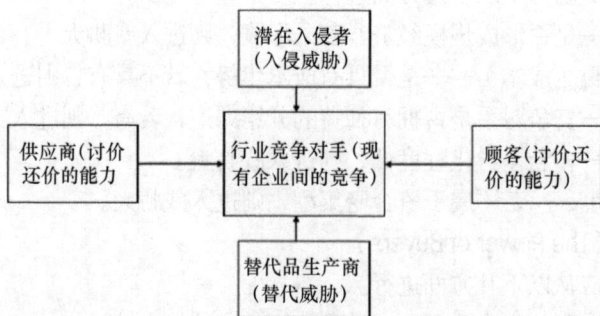

图2-7 波特竞争的五力模型

（1）行业内竞争者分析。从整体上来看，目前饮料行业内越来越多地推出功能性饮料，凉茶市场也吸引了很多商家去开拓。目前除加多宝以外，广东凉茶品牌有近1 000个。另外，达利园的和其正、广药的绿盒王老吉以及万基集团的万吉乐凉茶，都是很强的竞争者。加多宝集团应该有一定的危机意识了。

（2）潜在入侵者分析。在多元化发展的大趋势下，各大食品企业都是最有可能的潜在入侵者。就拿达利园集团来说，达利园还是成功地拓展了它的饮料市场，特别是它推出的和其正凉茶给加多宝带来了很大的威胁。可见，食品企业要进入饮料行业，瓜分饮料市场也不是一件不可能的事。

（3）替代品分析。可口可乐、康师傅、娃哈哈、养生堂旗下的农夫山泉、加多宝、统一都是消费者熟知的饮料品牌。顺应健康饮食这个大潮流，这些饮料公司也相继打着健康饮品的广告推出自己的茶饮料。康师傅、统一和娃哈哈等品牌下的茶饮料势必对加多宝的凉茶市场造成一定的冲击。

（4）供应者分析。金樱根为其中一味重要药材原料。东龙南药种植场与加多宝良好的合作关系使加多宝有一个稳定的原材料供应基地。

（5）购买者分析。加多宝每罐3.5元的价格相对同类品牌来说是较高的，相信这与加多宝自身的生产成本有很大的关系。加多宝的高价位会使其流失许多客户，对低端消费者来说，他们可能更多地会选择同类产品中价位较低的产品。

2. SWOT分析

SWOT分析如图2-8所示。

机会 优势	优势	劣势
机会	**SO战略** 发挥功能性饮料的优势； 在良好的品牌形象基础上进入新市场，实现企业的多元化发展；进军国际市场	**WO战略** 开拓新市场以弥补自主权缺失的隐患和产品单一的现状
威胁	**ST战略** 以凉茶始祖的身份和良好的顾客认知与低成本竞争者竞争	**WT战略** 降低成本； 加强技术性研发； 适应市场及顾客需求的变化

图2-8　SWOT分析图

（1）优势分析。

属于功能性饮料，品牌形象良好，并且有很好的顾客认知，目前也已占有较高的市场份额。

（2）劣势分析。

加多宝集团产品单一，只有红色罐装加多宝一种产品。而且，罐装加多宝的成本较高，只适于中高端消费群体。另外，加多宝的品牌自主权缺失是一个潜在的危机。

（3）机会分析。

如今人们的健康意识增强，有利于加多宝这样的功能性饮料的发展。加多宝还可以进入新市场，拓展新业务，实现企业的多元化发展。另外，在国际市场，加多宝也有很大的发展空间。

（4）威胁分析。

低成本的竞争者是加多宝销售市场一个很大的威胁，此外，技术上的替代品和顾客需求的变化也会对加多宝不利。

二、加多宝营销策略分析

1．产品分析

加多宝更接近饮料的味道，满足了全国各地不同消费者的口感要求，在口感上得到了大众的喜爱。但与此同时，部分把加多宝当成时尚饮料的消费者认为加多宝的口感不够酷，那些不喜欢甜的消费者也将会流失。因此，许多想要挑战凉茶市场的企业都将矛头指向加多宝的口味。

到目前为止，加多宝集团只有红罐一个产品，而且只有310ML一种包装规格，这被解释为是一种"聚焦战略"。加多宝认为，目前"预防上火"的诉求，使消费者能够做出快速判断。太多产品概念，反而令消费者混淆，阻碍判断。

2．价格研究

（1）价格比对，如表2-4所示。

表2-4 热门饮料的价格对比

饮料品种	可口可乐	康师傅冰红茶	雪碧	红色罐装加多宝	绿盒加多宝	果粒橙
价格	￥2.00	￥2.50	￥2.00	￥3.50	￥2.00	￥3.50

与市场上其他同包装形式的饮料相比，加多宝价格相对较高，不能满足对价格敏感的收入有限的消费人群（如学生等）的需求。

（2）"高价"原因分析。

a．产品成本

加多宝主要成分有岗梅、淡竹叶、五指柑等中药，并且有独特的制作工艺，制造成本相对于普通饮料较贵。并且，加多宝在渠道开辟及促销中都投入了巨资，因此，加多宝的产品成本偏高，自然而然，价格也就高于普通饮料。

b．产品形象

加多宝，以红色铁罐的"着装"展现于人，显得高档、时尚，能满足中国人的礼仪需求，因此3.5元的价格符合其高档的产品形象。并且加多宝在消费者心目中是"预防上火的饮料"，有着一定的药用功效，因此，偏高的价格比较符合产品形象，也比较能满足消费者心理。

c．产品差异性

加多宝为新一代健康功能饮料，作为凉茶类饮料的老大，有着自己独特的个性，与竞争者形成了明显的差异，在饮料市场上有一定的不可替代性。这一点使得消费者对价格的敏感性相对减弱，企业可以从中获得较高的利润。

任务总结

（1）企业总是处在一定的内外环境之中，环境影响着企业的市场营销活动。对企业内外环境的分析方法很多，其中SWOT分析法、波特的五力模型是企业分析的重要方法。

（2）外部环境因素包括宏观环境因素和行业环境因素。宏观环境因素包括经济因素、人口因素、政治法律因素、社会文化因素、自然环境因素、科学技术因素，行业环境因素包括现有竞争者、潜在进入者、替代品、购买者、供应商。

（3）企业的SWOT是将优势、劣势与机会、威胁综合在一起进行分析，依据四个象限确定营销战略。

（4）波特的五力分析法从市场准入的威胁、买家的力量、供应商的力量、可替代产品的威胁和竞争对手五方面对行业及竞争状况进行分析。

思考与讨论

（1）企业行业环境分析要考虑哪些因素？

（2）如何运用机会矩阵进行企业机会分析？

（3）企业营销的 SWOT 分析如何展开？

案例分析

沃尔玛在华的SWOT分析

沃尔玛从一个乡村小镇的小杂货店成长为世界企业500强之首的大型跨国零售业帝国，其影响因素是多方面的。1996年中国首家沃尔玛购物广场和山姆会员店同时开张，标志着沃尔玛正式进入中国市场。面对市场环境的变化，许多企业都通过再定位策略在保持原有优势的基础上寻求突破。沃尔玛是世界零售业的巨头，以"天天平价"作为其主要市场定位策略，赢得了平民消费者的青睐，在人们的心目中树立了"质优价廉"的企业形象。从一个小小的便利店到世界《财富》500强之首，一夜之间沃尔玛的商业神话传遍世界。以下从沃尔玛内外环境的变化对其进行SWOT分析。

首先，分析沃尔玛的内外环境因素。沃尔玛领先高效的信息系统备受业界推崇。借助自己的商业卫星，沃尔玛便捷地实现了信息系统的全球联网。通过这个网络，全球4 000多家门店可以在一小时之内对各种商品的库存、上架、销售量全部盘点一遍。内外部信息系统的紧密联系使沃尔玛能与供应商每日交换商品销售、运输和订货信息，实现商店的销售、订货与配送保持同步。而现阶段，发展中国家的商业环境束缚了沃尔玛这一优势的发挥。在发展中国家，大多数供应商信息化水平比较低，只能和沃尔玛进行简单的数据交换。制造商对沃尔玛有着矛盾的心态，制造商既离不开沃尔玛强大的分销能力，又无法忍受其对价格的压榨。目前美国乃至世界对于沃尔玛正在破坏就业并压制薪酬水平的指责不断增多，有些地区的抵制活动正不断升级。同时，外部竞争给沃尔玛带来了压力，沃尔玛虽然还保持着美国零售业龙头的位置，但Target、西尔斯、凯马特这些强大对手一直虎视眈眈，特别是美国第二大折扣店Target的成长速度远远高于沃尔玛。

其次，分析沃尔玛SWOT矩阵构造。

S（优势）

（1）良好的企业和品牌形象。在沃尔玛购物可以体验到"一站式"的服务。

（2）规模经济、天天平价、产品多样化、种类齐全、具有强大的物流系统。

（3）管理人性化，将员工视为伙伴。

（4）有世界范围内最优秀的供货商，并通过自己的大规模采购获取更低的价格。

W（劣势）

（1）中国的人力资源比较廉价，其采用高科技和高投入的物流中心并不能达到削减成本的目的。

（2）中国并不发达的基础设施也妨碍了高科技的使用效能。

（3）中国人的购物构成，生鲜类的产品比重更大，品种要求更多。而在经营方式上，沃尔玛又比较讲究控制，使它在广阔的中国大地上无法做到快速发展。

（4）海外采购的价格优势难以体现，因为中国既是消费大国，同时也是生产大国。

（5）产品多样化，相对于其他产品较集中的竞争者来说比较没有弹性。

O（机会）

（1）中国加入了世界贸易组织，对外资的保护加大了，也放宽了限制。

（2）规模经营，低价战略所向披靡。

（3）潜在顾客多。

（4）和在中国其他的零售业者形成策略联盟。

T（威胁）

（1）中国零售业发展迅速，竞争加大。

（2）在中国经营受挫，家乐福是最大对手。

（3）在建立顾客数据库方面压力较大。

（4）政治问题、文化差异会影响到沃尔玛的运作。

最后，针对上述的环境分析，沃尔玛在维持与中国政府的良好关系的基础上，应该加强对中国市场的了解，研究中国市场的环境和消费者的消费习惯，根据中国市场目标消费群体的需求，积极调整产品结构和经营策略，真正做到适应消费者的本土化改造；同时，还要合理压缩采购的过程，降低采购管理成本，增加社区店的建设，实现管理层本土化，使决策者能因地制宜地对市场变化做出各种及时反应。只有这样，才能真正做到有效地为本地消费者服务。

案例思考：

（1）沃尔玛是如何根据自身经营特点进行 SWOT 分析的?

（2）沃尔玛根据 SWOT 分析结果将如何制定营销策略?

实训项目

实训项目一　SWOT 分析及应用

【训练目标】

（1）掌握 SWOT 分析的基本原理。

（2）掌握 SWOT 分析结果的应用技巧。

【内容与要求】

（1）结合下面的案例，构造该炼油厂的 SWOT 矩阵，写出该炼油厂的优势、劣势、机会与威胁。

（2）将案例分析结果应用在具体的策划项目上。

【组织与实施评价】

（1）将全班学生划分为若干个 6~8 人的小组，组成项目团队。

（2）建立沟通协调机制，团队成员共同参与协作完成公司任务。

（3）在教师的指导下熟悉公司架构及运营。

（4）评价与总结：各项目团队提交项目团队成果文件。

【案例】

某炼油厂SWOT分析

某炼油厂是我国最大的炼油厂之一，至今已有50多年的历史。该厂是具有730万吨/年原油加工能力，能生产120多种石油化工产品的燃料——润滑油——化工原料型的综合性炼油厂。该厂有6种产品获国家金质奖，6种产品获国家银质奖，48种产品获114项优质产品证书，1989

年获国家质量管理奖，1995年8月通过GB/T 19002—ISO 9002质量体系认证，成为我国炼油行业首家获此殊荣的企业。

该厂研究开发能力比较强，能以自己的基础油研制生产各种类型的润滑油。当年德国大众的桑塔纳落户上海，它的发动机油需要用昂贵的外汇进口。1985年厂属研究所接到任务后，立即进行调研，建立实验室。在短短一年时间内，成功地研制出符合德国大众公司标准的油品，拿到了桑塔纳配套用油的许可证，1988年开始投放市场。此后，随着大众公司产品标准的提高，该厂研究所又及时研制出符合标准的新产品，满足了桑塔纳、奥迪的生产厂家和全国特约维修点及市场的用油。

但是，该炼油厂作为一个生产型的国有老厂，在传统体制下，产品的生产、销售都由国家统一配置，负责销售的人员只不过是做些记账、统账之类的工作，没有真正做到面向市场。在向市场经济转轨的过程中，作为支柱型产业的大中型企业，主要产品在一定程度上仍受到国家的宏观调控，在产品营销方面难以适应竞争激烈的市场。该厂负责市场销售工作的只有30多人，专门负责润滑油销售的就更少了。

上海市的小包装润滑油市场每年约2.5万吨，其中进口油占65%以上，国产油处于劣势。之所以造成这种局面，原因是多方面的。一方面在产品宣传上，进口油全方位大规模的广告攻势可谓是细致入微。到处可见有关进口油的灯箱、广告牌、出租车后窗玻璃、代销点柜台和加油站墙壁上的宣传招贴画，还有电台、电视台和报纸广告以及新闻发布会、有奖促销、赠送等各种形式的宣传活动。而国产油在这方面的表现则是苍白无力，难以应对。另外，该厂油品过去大都是大桶散装，大批量从厂里直接销售了，供应大企业大机构，而很少以小包装上市，加上销售点又少，一般用户难以买到经济实惠的国产油，只好购买昂贵的进口油。

根据该炼油厂的上述情况，我们可以利用SWOT方法进行分析。根据分析结果，为了扭转该炼油厂在市场营销方面的被动局面，应该考虑采取如下措施：制订营销战略，增加营销人员和销售点，增加产品小包装，实施品牌战略，开展送货上门和售后服务，开发研制新产品；继续提高产品质量和降低产品成本，发挥产品质量和价格优势，宣传ISO 9002认证效果，通过研究开发提高竞争能力。

实训项目二　SWOT分析及应用

【训练目标】

1. 掌握SWOT分析的基本原理；
2. 掌握SWOT分析结果的应用技巧。

【内容与要求】

请同学们对正在筹备开业的校园商城（超市）进行SWOT分析，为超市制定营销战略和选择营销战术做好准备工作。

【组织与实施评价】

1. 全班学生划分6～8人的小组，组成项目团队；
2. 建立沟通协调机制，团队成员共同参与协作完成公司任务；
3. 在教师的指导下熟悉公司架构及运营；
4. 评价与总结：各项目团队提交项目团队成果文件。

项目三

企业营销定位策划

→ 学习目标

- 掌握营销定位对象的分析
- 掌握营销定位过程的分析
- 掌握目标市场细分的标准、步骤及评估
- 掌握营销定位策划的方法及技巧

→ 技能目标

- 初步具有目标市场细分、选择及市场定位的能力
- 初步具有企业营销定位策划的能力

任务一　企业营销定位分析

【任务引入】

陈刚团队通过对校园超市的前期分析，对超市该如何结合专业知识进行经营有了初步的认识。在策划老师的进一步指导下，他们决定先对超市进行市场定位并建立自己的特色，那么陈刚他们需要怎么做呢？

任务1：根据陈刚团队的需要掌握市场细分的依据和步骤。

任务2：根据陈刚团队的需要掌握营销定位的方法。

【任务分析】

对企业的营销管理者来讲，企业营销定位极为重要，它是战略的核心，是品牌的本质，是提高企业业务的腾飞之翅，也是企业得以生存、成长和发展的重要源泉。通过营销定位的分析，营销人员可以对营销定位有一个更系统的认识，熟悉如何对市场进行细分以及正确选择目标市场。

知识链接

一、营销定位对象分析

企业营销策划必须进行定位。而在定位之前，先要对营销定位对象进行系统的分析。营销定位对象包括以下几个方面。

1. 行业定位。即把某行业作为一个整体在国民经济发展的诸多行业中予以定位。

2. 企业定位。即把企业或某种机构、组织作为一个整体在所属行业中进行定位，或在众多的企业群中进行定位。

3. 产品定位。即对某种产品或某些关联产品组合群在消费者的心目中定位。

4. 品牌定位。即对企业的品牌在市场上进行定位。

5. 广告定位。即对企业广告实施诉求对象定位，以利提高广告的针对性和社会效益。

二、营销定位过程分析

（一）进行市场细分

所谓市场细分，是指根据整体市场上顾客需求的差异性，以影响顾客需求和欲望的某些因素为依据，将一个整体市场划分为两个或两个以上的顾客群体，每一个需求特点相类似的顾客群就构成一个细分市场（或子市场）。在不同的细分市场，消费者的需求存在较明显的差异；而同一细分市场内，消费者的需求基本相同。

1. 选择市场细分的依据

消费者市场细分的依据主要包括地理变量、人口变量、心理变量和行为变量四类。

（1）地理变量，按地理变量细分，是指企业按照消费者所处的地理位置、自然环境等来细分市场，如表 3-1 所示。

表 3-1   地理变量依据

划 分 标 准	典 型 细 分
地理区域	东北、华北、西北、华南等
气候	南方、北方、亚热带、热带、寒带等
密度	都市、郊区、乡村、边远等
城市规划	特大城市、大、中、小城市等

（2）人口变量，按人口变量细分，就是企业按照人口统计变量，如年龄、性别、家庭规模、家庭生命周期、收入、职业、教育程度、种族、国籍等为标准细分市场，如表 3-2 所示。

表 3-2   人口变量依据

划 分 标 准	典 型 细 分
年龄	婴儿、儿童、年轻人、中年人、老年人
性别	男、女
家庭生命周期	单身阶段、新婚阶段、满巢阶段、空巢阶段、孤独阶段等
教育程度	小学、中学、大学、研究生等
家庭收入	3 000 元以下、3 000～5 000 元、5 000～10 000 元、10 000 元以上

（3）心理变量，根据消费者所处的社会阶层、生活方式、个性特点等心理因素来细分市场称为按心理标准细分市场，如表 3-3 所示。

表 3-3   心理变量依据

划 分 标 准	典 型 细 分
社会阶层	下层、中层、上层等
生活方式	新潮时尚、恬静简朴、刺激冒险、稳定安逸等
个性	自信、顺从、保守、适应、被动等

（4）行为变量，所谓行为变量就是根据消费者对产品的了解程度、使用情况和反应等将消费者划分为不同的群体，如表 3-4 所示。

表 3-4   行为变量依据

划 分 标 准	典 型 细 分
购买时机	普通时机，特殊时机
追求利益	质量，服务，经济，速度
使用者状况	从未使用过，以前使用过，有可能使用，第一次使用，经常使用
使用频率	不常用，一般使用，经常使用
品牌忠诚程度	无，一般，强烈，绝对
购买的准备阶段	不注意，注意，知道，有兴趣，想买，打算购买

| 营销小知识 |

　　麦当劳作为一家国际餐饮巨头，创始于 20 世纪 50 年代中期的美国。由于当时创始人及时抓住高速发展的美国经济下，工薪阶层需要方便快捷的饮食的良机，并且瞄准细分市场需求特征，对产品进行准确定位而一举成功。当今麦当劳已经成长为世界上最大的餐饮集团，在 109 个国家开设了 2.5 万家连锁店，年营业额超过 34 亿美元。

64

回顾麦当劳公司发展历程后发现，麦当劳一直非常重视市场细分，而正是这一点让它取得令世人惊羡的巨大成功。而麦当劳的成功正是在这地理细分、人口细分和心理细分等划分要素上做足了工夫。它根据地理、人口和心理要素准确地进行了市场细分，并分别实施了相应的战略，从而达到了企业的营销目标。

一、麦当劳根据地理要素细分市场

麦当劳有美国国内和国际市场，而不管是在国内还是国外，都有各自不同的饮食习惯和文化背景。麦当劳进行地理细分，主要是分析各区域的差异，通过把市场细分为不同的地理单位进行经营活动，从而做到因地制宜。

每年，麦当劳都要花费大量的资金进行认真、严格的市场调研，研究各地的人群组合、文化习俗等，再写出详细的细分报告，以此来使每个国家甚至每个地区都有一种适合当地生活方式的市场策略。

例如，麦当劳刚进入中国市场时大量传播美国文化和生活理念，并以美国式产品牛肉汉堡来征服中国人。但中国人爱吃鸡，与其他洋快餐相比，鸡肉产品也更符合中国人的口味，更加容易被中国人所接受。针对这一情况，麦当劳改变了原来的策略，推出了鸡肉产品。在全世界从来只卖牛肉产品的麦当劳也开始卖鸡了。这一改变正是针对地理要素所做的，也加快了麦当劳在中国市场的发展步伐。

二、麦当劳根据人口要素细分市场

通常人口细分市场主要根据年龄、性别、家庭人口、生命周期、收入、职业、教育、宗教、种族、国籍等相关变量，把市场分割成若干部分。而麦当劳主要是从年龄及生命周期阶段对人口市场进行细分，其中，将不到开车年龄的划定为少年市场，将20~40岁的年轻人界定为青年市场，还划定了老年市场。

人口市场划定以后，要分析不同市场的特征与定位。例如，麦当劳以孩子为中心，把孩子作为主要消费者，十分注重培养他们的消费忠诚度。在餐厅用餐的小朋友，经常会意外获得印有麦当劳标志的气球、折纸等小礼物。在中国，还有麦当劳叔叔俱乐部，参加者为3~12岁的小朋友，定期开展活动，让小朋友更加喜爱麦当劳。这便是相当成功的人口细分，抓住了该市场的特征与定位。

三、麦当劳根据心理要素细分市场

根据人们生活方式划分，快餐业通常有两个潜在的细分市场：方便型和休闲型。在这两个方面，麦当劳都做得很好。

例如，针对方便型市场，麦当劳提出"59秒快速服务"，即从顾客开始点餐到拿着食品离开柜台标准时间为59秒，不得超过一秒钟。针对休闲型市场，麦当劳对餐厅店堂布置非常讲究，尽量做到让顾客觉得舒适自由。麦当劳努力使顾客把麦当劳作为一个具有独特文化的休闲好去处，以吸引休闲型市场的消费者群。

2. 明确市场细分的步骤

美国市场学家麦卡锡提出细分市场的一整套程序，这一程序包括7个步骤。

（1）选定产品的市场范围。即进入什么行业，生产什么产品。范围的选定以消费者需求为标准，而不是从产品本身的特性出发。

（2）列出选定市场范围内潜在顾客的所有需求和产品的所有效用。

（3）评议各种需求，确定其中最迫切的几种需求作为细分的主要影响因素。

（4）摒弃消费者共同的需求特征，保留各差异性特征作为细分的依据。

（5）根据不同消费者的不同需求划分相应的消费者群，并对每一市场群予以命名。

（6）分析每个细分市场的不同需求、购买行为特征及产生的原因，找出各细分市场的变数细目。

（7）分析各细分市场的规模及市场中消费者群的潜在购买力，结合本企业的资源来选择。

（二）目标市场的选择

所谓目标市场是指通过市场细分，被企业选定的，准备以相应的产品和服务去满足其现实的或潜在的消费需求的那一个或几个细分市场。企业在对整体市场进行细分之后，要根据各细分市场的市场潜力、竞争状况、本企业的资源条件等多种因素决定把哪一个或哪几个细分市场作为目标市场。

1. 细分市场的评估

虽然市场的细分有许多种方法，但从营销的观点来看，并不是所有的细分都有意义，这就需要对细分市场的有效性进行评估。细分市场是否有效可从以下3方面进行评估。

（1）细分市场的规模和潜力。一个细分市场必须有足够大的市场和发展潜力，才值得厂商投入并开发。例如，在多年前，国内的老年人市场根本就不具有吸引力；如今，随着人口的老龄化，老年人市场越来越具有潜力，老人的医疗保健、娱乐、休闲等事业，都已发展成为具有竞争力的市场。

（2）可进入性。可进入性是指企业能有效进入细分市场并为之服务。有些细分市场就很容易进入，如女性市场、学生市场和年轻人市场。但有些市场则很难进入，如一家香水公司发现自己品牌的大量用户是喜欢夜出的单身女性，除非她们在一定的地区居住，否则很难进入。

（3）细分市场与企业目标和资源的协调性。细分市场必须是现实的、可操作的，也就是说一定要从企业的实际情况出发，必须与企业的战略目标和资源互相协调。

2. 目标市场的选择

一般来说，企业考虑进入之前，目标市场应符合以下标准或条件。

（1）一定的规模和发展潜力。企业进入某一市场是期望能够有利可图，如果市场规模太小或者趋于萎缩状态，企业进入后就很难获得发展。当然企业也不能把市场的吸引力作为唯一的标准，否则会造成过度竞争和社会资源的无端浪费，同时使消费者的一些本应得到满足的需求遭受冷落和忽视。

（2）竞争者未完全控制。企业应尽量选择那些竞争相对较少，竞争对手比较弱的市场作为目标市场。如果竞争已经十分激烈，而且竞争对手实力强劲，企业进入后付出的代价就会十分昂贵。

（3）符合公司目标和能力。某些细分市场虽然有较大吸引力，但不能推动企业实现发展目标，甚至分散企业的精力，使之无法完成其主要目标，这样的市场应考虑放弃。还有，企业还应考虑自身的资源是否适合某细分市场。只有选择那些企业有条件进入，能充分发挥其资源优势的市场作为目标市场，企业才会立于不败之地。

（三）明确市场定位

市场定位是企业为本企业自身和产品以及附带的品牌、广告在公众中确立形象和位置的过程。企业通过明确的市场定位来谋求与目标市场的对接。定位不是定位对象本身的独立表现，而是定位对象在社会公众心目中由品质、特征、网络、价格、使用、购买态势等因素综合形成的特色和形象，是对消费者的攻心战。正确恰当的定位是培养消费者对产品、企业及品牌、广告的信赖感和忠诚度的前提和法宝，也是促成销售势头形成的武器。定位准确与否直接关系市场细分依据的变数和目标市场确立的准确性。定位出现偏差，会导致对目标市场认识与确立的失误。

▎营销小知识▎

Lee牌牛仔比牛仔裤的鼻祖Levi's的出现晚了近40年，在竞争激烈的牛仔裤市场中能够迅速成长为第二品牌，制胜的法宝之一就是正确的定位。Lee抓住的是长久以来一直被忽略的一个市场——女性市场。对这一市场的主体——25～44岁的女性消费者的定性研究表明，这一群体对牛仔服装是情有独钟的，因为牛仔是她们青春的见证、成长的伴侣，而"贴身"是她们最关心的。大多数女性都需要一件在腰部和臀部都很合身而且活动自如的牛仔服，而她们平均要试穿 16 条牛仔裤才能找到一件称心如意的。于是 Lee 定位于此，在产品设计上一改传统的直线裁剪，突出女性的身材和线条；在广告表现中充分体现 Lee 恰到好处的贴身和穿脱自如。"最贴身的牛仔"，将 Lee 与众不同的利益点表现得淋漓尽致。

任务总结

陈刚团队经过学习，掌握了企业营销定位的基本知识与过程，他们将学习的知识归纳为以下几点。

（1）营销定位的过程包括进行市场细分、目标市场的选择、明确市场定位三个部分。

（2）细分市场按照地理、人口、心理和行为标准划分后，还要进行评估，只有经过评估后企业才能进入目标市场。

（3）目标市场的选择要结合企业自身的实力和目标，以及竞争对手等情况来选择。只有正确选择目标市场，企业才能进入并实现其战略目标。

思考与讨论

（1）谈谈为什么要进行市场细分。

（2）企业应如何进行市场细分？

（3）营销定位涉及哪些方面？在每个方面要注意哪些事项？

案例分析

小米手机

黑色T恤衫，蓝色牛仔裤；火红色，光芒万丈的银幕背景；产品发布人每次数据公布后引来的阵阵惊呼。这些似曾相识的场景不是出现在美国，而是在北京的小米手机产品发布会上。小米科技，一家成立不足两年的公司；小米手机，一款上市不满三个月的新产品，却在国内智能手机市场上掀起了一轮又一轮扩大炒作的社会话题，其产品在线上销售曾创造了3个小时卖完10万台的惊人纪录。这款手机到底有什么过人之处呢？

小米手机是小米公司（全称北京小米科技有限责任公司）研发的一款高性能发烧级智能手机。小米M1于2011年8月发布，售价1 999元，主要针对手机发烧友，采用线上销售模式，是世界上首款双核1.5GHz的智能手机，并宣称其搭载的Scorpion双核引擎比其他单核1GHz处理器手机的性能提升了200%，和双核智能手机相比也提升了25%。小米手机在硬件上远远超出同等价位的手机。除了硬件上的领先，小米手机在软件上的优势也远大于同等价位的智能机，其手机搭载了两个系统，可以随时切换，而且其自设的系统非常人性化，充分考虑到了用户的使用习惯。

一、市场定位

小米手机定位于发烧友手机和入门级手机，核心卖点是高配置和软硬一体化。产品的研发采用了"发烧"用户参与的模式，在发售前让用户体验工程机的手段开启了中国手机销售的先河。同时，小米手机依靠建立起来的庞大的米聊社区，拥有了大批忠诚的粉丝，1 999元的价格也让很多的追求性价比的中低收入人群以及学生心动，从而吸引了一大批追随者购买。

二、产品端

在产品端的营销方面：首先，小米手机借助"全球主频最快的智能手机"和"仅1 999元"两个光环，通过大肆宣扬手机的高性价比，使其在国内市场上形成了巨大的杀伤力；其次在产品上发布会雷军摔iPhone的炒作行为，又为其加上了一层承重抗摔的高品质形象；最后小米为了满足消费者多样化的需求，宣扬产品个性化理念并采取了定制的做法，吸引许多的发烧友。

三、定价端

小米面对的智能机市场已经是接近饱和的市场。小米公司依据本身的成本和自己的目标采用了"渗透定价法"，在产品的导入期将价格定得很低，以1 999元的低价高配的手机吸引消费者购买，迅速扩大市场占有率。

四、营销推广端

1. 饥饿营销

卖光了...

很抱歉，第5轮10万台小米手机在35分钟全部售罄。
我们将按照您付款的顺序陆续为您发货。
感谢您对小米的支持！

饥饿营销可以说是小米手机的主要营销手段。在2011年9月5日，小米手机通过官方网站这一唯一的购买通道开放购买。由于在开放购买前小米手机已经广为传播，从5日13:00到6日晚上23:40两天内，预订超30万台，此时小米网站便立刻宣布停止预定并关闭了购买通道。购买小米手机需要通过预定，按照排队顺序才能购买。在开放购买3小时后，小米网站称12月在线销售的10万库存就全部售罄。

2. 微博营销

微博营销作为新兴的营销手段，具有举足轻重的地位。小米手机作为时代潮流产品，紧紧地抓住了这个时机，在各大门户微博平台上大搞微博营销。在微博这个平台上，小米不仅仅利用各种促销或者有创意的活动吸引购买者眼球，而且大大提高了知名度。可以说在战略性的饥饿营销时期，微博营销是小米手机网络营销最重要的一个实施手段。小米手机在各种微博平台上，不仅分工明确，而且极富专业性。

3. 网站营销

小米手机官网是小米手机进行网站营销的主阵地，无论是作为官方发布信息最重要的平台，还是作为购买小米手机的唯一通道，亦或是小米论坛的所在地，小米手机集网站式的发布资源于一身，甚至包含了商城、旗下软件米聊。小米手机的官网具有集中优势兵力的能力，通过这一系列的整合和资源集中，不仅大大地给网站访问者提供了方便，也使关于小米手机的各个项目之间相互促进，大大地提升了网站的知名度和扩展度。

4. 口碑营销

口碑是指外界对企业产品的评价。消费者的口碑是企业重要的无形资产。口碑在顾客之间的传播具有很好的效果，口碑营销的传播速度很快，通过一传十、十传百可以将产品的信息快速地传达给消费者并迅速提升产品的知名度。小米手机以其强大的配置、良好的用户体验、干净的使用界面、流畅的操作系统、良好的质量以及极具吸引力的价格在消费者心中留下了深刻的印象，使得消费者对其形成了良好的口碑。这对小米手机的销售带来了巨大的好处，也赢得了用户的信赖。

5. 炒作营销

小米手机从研发开始就不缺少新闻，从与魅族的创意之争到成本真相，再到断货嫌疑，再到小米手机出现的各种问题，各种报道和猜测都把小米手机推到聚光灯下，而小米官方却不急于对其加以澄清和辟谣，任由网络上发起一轮又一轮口水战。媒体也乐于跟进，而小米也因此做了免费广告，不但没有对产品的销售产生影响，反而增加了小米手机的知名度，吊足了消费者的胃口。

五．分销渠道

小米手机在分销上无疑模仿了苹果在美国的渠道政策，主要采取了电子渠道加物流公司合作的分销模式。其渠道以直接渠道、短渠道以及窄渠道为主，由厂家直接供货。小米手机的销售全部依靠小米科技旗下电子商务网站小米网的网络直销，规避了与实体店、分销商的利润分割，又很有时尚感，很能吸引年轻顾客的兴趣，同时更强化了自身的品牌影响力。在库存和物流上，小米科技充分利用其天使投资旗下的凡客等诸多互联网公司的支持，将小米手机与这些公司进行服务对接，突出其低成本、高效率、快整合、双向推动的优势。小米科技与中国联通联手推出小米手机联通合约机，合约计划推出预存话费送手机和购机入网送话费两种方式，现已签订百万台订单。此举又为小米机的分销增加了新的渠道。同时，小米科技又增加代工厂，以保证货源。

思考题：

1．小米手机是如何进行市场定位的？它为什么会取得成功？

2．试从市场定位的角度比较小米手机和竞争对手的区别。

实训项目

实训项目　产品细分项目训练

【训练目标】

（1）掌握营销定位的过程。

（2）培养对市场细分和目标市场选择的基本技能。

【内容与要求】

登录宝洁公司网站，分析其产品是如何进行市场细分的。

【组织与实施评价】

（1）以项目团队为学习小组，选出项目负责人。

（2）建立沟通协调机制，团队成员共同参与，协作完成宝洁公司的产品分析报告。

（3）各项目团队根据实训内容进行讨论。

（4）评价与总结：各项目团队提交分析报告，并根据报告进行评估。

任务二　企业营销定位策划

【任务引入】

陈刚团队经过学习，掌握了企业营销的基本知识与程序，但定位策划活动不能只停留在理论研究，接下来最关键的任务是如何对校园超市进行重新的定位策划，那么他们又该如何开展具体的策划活动呢？

任务1：根据陈刚团队的需要该如何进行有效的定位策划呢？

任务2：根据陈刚团队的需要，制定定位策划有何误区以及如何评估定位呢？

【任务分析】

营销策划是一种富有创意的智慧行为。营销策划的成功和出彩既取决于理念、创意，又取决于操作行为的规范科学。通过营销定位策划，营销人员应能对企业定位、产品定位和品牌定位以及广告定位有更清楚的认识，并且能够对此做出策划。

➡ 知识链接

企业营销定位是指企业及其相关实体在市场上的定位。企业及其相关实体包括企业本身、企业所在的行业、企业拥有的产品群以及各类产品，因此企业营销定位是整个系统的定位。企业营销定位策划主要阐述如何进行企业定位、产品定位、品牌定位及广告定位。

▌案例链接▐

在欧美等发达国家，宜家把自己定位成面向大众的家居用品提供商，因为其具有物美价廉、款式新、服务好等特点，受到广大中低收入家庭的欢迎。但到了中国之后，宜家在市场定位上做了一定的调整，因为中国市场虽然广阔，但消费水平普遍低，原有的低价家具生产厂家竞争激烈接近饱和，市场上高价家具很少有人问津。于是宜家把目光投向了大城市中相对比较富裕的阶层。宜家在中国的市场定位是"想买高档货，而又付不起高价的白领"。这种定位是十分巧妙和正确的，获得了比较好的效果。

一、企业定位策划

企业定位是企业根据目标市场的竞争状况，针对顾客对某些特征或属性的重视程度，为企业塑强有力的、与众不同的鲜明个性，并将其形象生动地传递给顾客，求得顾客认同。企业定位的实质是取得目标市场的竞争优势，确定企业在顾客心目中的适当位置并留下深刻印象，以便吸引更多顾客。企业定位的策略主要包括市场领导者的策略、市场挑战者的策略、市场追随者的策略和市场补缺者的策略四种。

1. 市场领导者的策略

在同行中，往往有一家经济实力雄厚，产品拥有最大的市场占有率，被公认为市场领导者的企业。这类企业为了维护其领导者的地位，可以把自己的整体形象定位在消费者偏爱的中心位置，这样的定位最能适合广大消费者的需要，市场占有率最大。

2. 市场挑战者的策略

在同行业中，一些大企业处于第二、第三的市场地位，但是他们立意市场竞争，不甘心被领导，要抢占领导者的位置，以提高市场占有率，增加盈利。这类企业可以定位在尽量靠近市场领导者的位置，缩小与领导者的差别，便于争夺市场领导者地位。

3. 市场追随者的策略

在同一行业，还有一些企业，或者居于第四、第五，甚至是中间位置，他们明知抢夺不过市场领导者，同时也不愿意冒风险，所以宁愿居于次要地位，追随模仿市场领导者。这种类型的企业就可以选择定位为紧随领导者之后，或者距离追随策略。

4. 市场补缺者的策略

一些小企业，因为它的资源和实力有限，无法与大企业相抗衡，只能经营一些被大企业忽视的小市场。那么他们可把自己的整体形象定位在远离领导者的位置上，以避免市场竞争，发展自己的事业。

案例链接

星巴克在20世纪90年代中后期登陆中国内地市场,定位在曾经"稀少"的中高端人群。起初"曲高和寡",但是后来终于取得了成功,并一路"高歌猛进"。它的成功之处,就在于它是"面对"着消费者,而不是"背对"着消费者。

100多年前,星巴克是美国一本家喻户晓的小说里主人公的名字。1971年,3个美国人开始把它变成一家咖啡店的招牌。

1987年,霍华德·舒尔茨和他的律师,也就是比尔·盖茨的父亲以380万美元买下星巴克公司,开始了真正意义上的"星巴克之旅"。

如今,星巴克咖啡已经成为世界连锁咖啡的第一品牌。星巴克咖啡已经在全球38个国家开设了13 000家店。虽然传统意义上"根正苗红"的咖啡并非起源于美国,但星巴克咖啡目前已经俨然是这些品类中最"正宗"的代名词。1999年1月11日,北京国贸中心一层开设了一家星巴克咖啡店,这意味着星巴克开了了美妙的中国之旅。

那么,星巴克在中国是怎样进行市场定位的呢?

（一）在中国,星巴克、哈根达斯征服的不仅仅是消费者的胃

在网络社区、博客或是文学作品的随笔中,不少人记下了如《星巴克的下午》《哈根达斯的女人》这样的生活片断,似乎在这些地方每天发生着可能影响人们生活质量与幸福指数的难忘故事:"我奋斗了五年,今天终于和你一样坐在星巴克里喝咖啡了!"此时的星巴克还是咖啡吗?不!它承载了一个年轻人奋斗的梦想。"如果你是一位适龄女子,你所生活的城市有哈根达斯,而你从来没被异性带入过哈根达斯,或者已经很久没机会去了,那你就不得不在内心承认,没有人疼你、宠你了。"此时的哈根达斯还是冰淇淋吗?不!它变成了一个女人心中爱的祈祷……

这种细腻的感情、美妙的感觉,不仅仅是偶然地在一个消费者心中激起涟漪,而是形成一种广泛的消费共鸣。我们不得不承认,星巴克、哈根达斯的成功与准确的品牌定位不无关系。

（二）星巴克的"第三空间"

关于人们的生存空间,星巴克似乎很有研究。霍华德·舒尔茨曾这样表达星巴克对应的空间:人们的滞留空间分为家庭、办公室和除此以外的其他场所。第一空间是家,第二空间是办公地点。星巴克位于这两者之间,是让大家感到放松、安全的地方,是让你有归属感的地方。20世纪90年代兴起的网络浪潮也推动了星巴克"第三空间"的成长。于是星巴克在店内设置了无线上网的区域,为旅游者、商务移动办公人士提供服务。

其实我们不难看出,星巴克选择了一种"非家、非办公"的中间状态。舒尔茨指出,星巴克不是提供服务的咖啡公司,而是提供咖啡的服务公司。因此,作为"第三空间"的有机组成部分,音乐在星巴克已经上升到了仅次于咖啡的位置,因为星巴克的音乐已经不单单是"咖啡伴侣",它本身已经成了星巴克的一个很重要的商品。星巴克播放的大多数是自己开发的有自主知识产权的音乐。迷上星巴克咖啡的人很多也迷恋星巴克音乐。这些音乐正好迎合了那些时尚、新潮、追求前卫的白领阶层的需要。他们每天面临着强大的生存压力,十分需要精神安慰,星巴克的音乐正好起到了这种作用,确确实实让人感受到在消费一种文化,催醒人们内心某种快要消失的怀旧情感。

（三）产品中国化

因为一些限制,星巴克在中国的店铺中并没有像其他全球星巴克连锁那样销售星巴克音乐碟片,但星巴克利用自己独特的消费环境与目标人群,为顾客提供精美的商品和礼品。商品种类从各种咖啡的冲泡器具,到多种式样的咖啡杯。虽然这些副产品的销售在星巴克整体营业额中所占比例还比较小,但是近年来一直呈上升趋势。在中秋节等中国特色的节庆时,还推出"星巴克月饼"等。

所以,"我不在星巴克,就在去星巴克的路上",传递的是一种令人羡慕的"小资生活",而这样的生活也许有人无法天天拥有,但没有人不怀念"曾经拥有"。这就是品牌定位的魅力!

资料来源:由百度文库内容改编

71

二、品牌定位策划

在竞争日益激烈的今天，产品品种繁多，任何一种产品都想在同类产品中脱颖而出，树立鲜明的品牌形象，而且能在消费者的心目中占有一定的位置。想要让消费者在购买、挑选商品时能够有效地识别、区分品牌，就必须进行品牌定位。

1. 品牌定位的定义

品牌定位是指建立一个与目标市场有关的品牌形象的过程与结果，换句话说，就是在品牌识别这个大系统中找出品牌的独特的竞争优势，并期待能快速得到消费者的认可。所以说："定位不在产品本身，而是在消费者心底。"

> **营销小知识**
>
> 过去雪佛兰汽车是美国家庭轿车的代名词，但是在雪佛兰将生产线扩大至卡车、赛车后，消费者心中原来的"雪佛兰就是美国的家庭轿车"的印象就模糊了，因而让福特坐上了第一品牌的宝座。

2. 品牌定位的原则

要做好品牌定位，必须遵循以下几个原则。

（1）消费者导向原则。品牌定位要以消费者为中心。屈特和瑞维金在 1996 年所著的《新定位》一书中，一再强调定位的重心在于消费者的心灵，对消费者的心理把握得越准确，定位策略就越有效。

（2）差异化原则。品牌定位必须与众不同，只有这样，才能将自己的产品与其他品牌区分开来，才能将自己的产品凸显在消费者面前，从而引起消费者的注意，并使其产生品牌联想。

（3）个性化原则。赋予品牌独特的个性，以迎合相应的顾客需求。产品间的真正无法同质的差别在于产品的个性。这种个性可能与产品的物理性能和利益没有任何关系，但可以通过定位赋予这个产品。

3. 品牌定位的方法

品牌定位是通过积极的传播而形成的。企业可以通过选择不同的定位方法来向市场传达品牌。下面根据企业所处的战略形势，介绍 3 种定位方法。

（1）抢先占位。在任何一个产品里面，都存在着价值的阶梯，当这些阶梯还没有品牌占据时，企业就可以抢先去开拓这个领域，占有这个资源。定位之父杰克·特劳特曾做过一个有名的研究，他追踪分析了自 1923 年以来和美国社会息息相关的 25 个行业，发现这 25 个行业的领导品牌，至今只有 4 个失去了领导地位。换句话说，当企业能抢先占位，成为第一和最先时，在消费者心目中将留下深刻的印象。

> **营销小知识**
>
> 步步高进入电话机市场时，严阵以待的厂商就已有上百家了，其中 TCL 更有"中国电话大王"的称号。步步高如果与竞争对手正面竞争的话，是很难取胜的。步步高采取了"抢先占位"的策略。它发现在电话机行业里面有个空白点，那就是没有一个品牌代表着无绳电话，于是它一马当先提出"步步高无绳电话，方便千万家"。虽然步步高并不是市场上第一个做无绳电话的，但是现在步步高已成为了无绳电话机的领导品牌，甚至是无绳电话的代名词。

（2）关联定位。当消费者购买某类产品时，就会受到心智阶梯的指引，自然会想到第一品牌。当自己的品牌不能成为第一时，就把自己的品牌和第一品牌关联在一起顺带成功。

金蝶软件采用关联定位的方法，通过"北用友，南金蝶"的公关宣传，借用友之势迅速获得了发展。

三、产品定位策划

1. 产品定位的概念

产品定位这个概念在 1972 年因 AIRies 与 JackTrout 而普及。然而，产品定位并不是指产品本身，而是指产品在潜在消费者心目中的印象，也就是产品在消费者心目中的地位，是指公司为建立一种适合消费者心目中特定地位的产品，所采取的产品策略企划及营销组合的活动。

2. 产品定位策略

（1）功能定位。功能定位就是通过对自己产品各种功能的表现，强调给顾客提供比竞争对手更多的收益和满足，借此使顾客对产品留下印象，实现产品某类功能的定位。

营销小知识

深圳的太太药业集团是保健品市场的后来者。该公司推出的太太口服液的功能定位，曾有过好几次调整。起初该公司的产品诉求以治黄褐斑为重点，所谓"三个女人，一个黄"。但这个定位相对于女性保健需要而言，明显偏窄了。产品知名度在提高，但市场扩大则受到了限制。20 世纪 90 年代中期，公司决定用"除斑、养颜、活血、滋阴"等作为产品的多种诉求，但这样就与众多的其他保健品没有了多大的区别而失去了特色。1996 年以后，该公司重点强调产品含有 F.L.A，能够调理内分泌，是令肌肤重现真正天然美的纯中药制品等，并请出著名的女演员陈冲做广告，"发自内在的魅力……挡也挡不住！"终于成功地实现了重点功能定位。

当产品的生产技术比较成熟，各企业在产品的主要功能上都已达到了某种水平，企业在主要功能方面难以和竞争对手拉开距离时，则往往要依靠产品的一些次要功能或服务来定位。

（2）利益定位。利益定位就是根据消费者购买产品时追求的利益和购买企业产品时能获得的附加利益来定位。

营销小知识

可止血脱敏牙膏就是以为消费者提供利益进行产品定位的。当然这个利益一定是其他产品无法提供的或者没有被诉求过的。例如，摩托罗拉手机向目标消费者提供的利益点是"小、轻、薄"，诺基亚宣称的是"无辐射"。

（3）感情定位。感情定位即运用产品直接或者间接地冲击消费者的情感体验而进行定位。

营销小知识

"田田口服液"以"田田珍珠，温柔女性"为主题来体现其诉求和承诺。由于"田田"这一品牌名称隐含"自然、清纯、迷人、温柔"的感情形象，通过"温柔女性"转化为对"女性心理"的深层冲击。"田田"这一女性化特质的品牌名称，明确将一种感情形象的价值倾向作为产品定位的出发点，以此获得了市场商机。

（4）竞争定位。竞争定位是依据竞争者来定位。这种定位有两种方法可以参考：一种是可以接近竞争者定位，另外一种是远离竞争者定位。

营销小知识

康柏公司要求消费者将其个人计算机与 IBM 个人计算机摆在一起比较，企图将其产品定位为使用简单而功能更多的个人计算机。七喜将自己定位为"非可乐"饮料，从而成为软饮料的第三巨头。

（5）形状定位法。形状定位法即根据产品的形状、状态来定位。这里所说的形状可以是产品的全部，也可以是产品的一部分。

> **营销小知识**
>
> "白加黑"感冒药将感冒药分为白、黑两种颜色，并以此外在形式为基础改革了传统感冒药的服用方法。这两种全新形式本身就是该产品的一种定位策略，并且将其名称定为"白加黑"，也使这一名称本身表达了产品的形式特点和诉求点。又如，"大大"泡泡糖也是以产品本身表现出来的形式特征为定位点，从而赢得了市场份额。

四、广告定位策划

定位可以说是广告的灵魂，一旦确定了有优势的定位，那么就已经有几分胜算了。

1. 广告定位的概念

广告定位是对企业广告实施诉求对象定位，有利于提高广告的针对性和社会效益。

2. 广告定位的意义

（1）没有定位的广告，效果无法积累，造成资源流失。我国现阶段的广告，大多数都是在品牌没有定位的基础上展开的，这就使得广告传播没有一致性的主题，从而不能有效地积累广告效果。所以对广告进行合理定位，就能积累品牌效果。比如宝马几十年来，广告公司换了不少，但宝马从不离开它的定位"超级驾驶机器"，从而提升和巩固了宝马的品牌。

（2）广告定位能瞄准消费者的心理，提高企业在竞争中的优势。

> **营销小知识**
>
> 沃尔沃汽车数十年来始终坚持"安全"定位。可以看到在地球的任何一个地方，沃尔沃的广告都极力宣称自己是"安全"的汽车。沃尔沃汽车瞄准了消费者的心理，从而成了世界上卖得最好的高级轿车之一。

（3）定位使广告更有效，能使企业的广告费物有所值。

> **营销小知识**
>
> 美国知名的 Daniel Starch & Staff 公司，曾在亚特兰大做过一次著名的调查，发现很多非领导品牌做的电视广告非常冤枉，它们中的25%的广告被认为是同行中的领导品牌所做的。如康佳手机的推广，花费巨大的金额请周润发来做宣传，结果很多人误认为是诺基亚的广告。所以，对广告定位能使企业的广告物有所值。

3. 广告定位的方法

广告定位的方法很多，下面介绍几种常用的方法。

（1）档次定位：根据品牌在消费者心中的价值高低区别不同的档次。

> **营销小知识**
>
> 宝洁公司将其洗发水、牙膏等产品定位于高档消费品行列，从而拉开与国内其他企业同品牌的差距。

（2）使用者定位：依据品牌与某类消费者的生活形态和生活方式的关联进行定位。典型的案例是瑞士斯沃琪手表。

（3）类别定位：依据产品的类别建立起品牌联想。

七喜汽水，因为有可口可乐和百事可乐两大品牌强劲的竞争压力，七喜将自己的产品按照类别定位，称七喜是非可乐饮料，从而为自己在竞争激烈的市场找到了立足之地。

（4）比附定位：以竞争对手的品牌为参照物，依附竞争对手定位。

艾维斯租赁汽车公司的广告宣称自己的公司是全美第二的汽车租赁公司，此举使艾维斯租赁汽车公司的市场份额上升了28个百分点。

（5）文化定位：在品牌里注入某种文化内涵，从而形成文化上的品牌差异。

四川全兴大曲就是文化定位的最好例子。四川全兴大曲在广告中将自己的产品融入到四川源远流长的酒文化中，通过"品全兴，万事兴"的广告语，树立了其在众多国酒品牌中的独特的文化定位。

（6）情景定位：将品牌与一定的环境、场合下产品的使用情况联系起来，以唤起消费者在特定情景下对该品牌的联想。

雕牌洗衣粉，通过下岗职工艰难生活的广告诉求来暗喻其产品的物美价廉，达到了很好的情景定位效果。

（7）品质定位：以产品的品质作为广告定位重点的一种定位方法，它侧重强调与众不同的质量等品质，以此来吸引消费者。

雪碧饮料的广告语："晶晶亮，透心凉"，准确简洁地把雪碧饮料不含任何色素而且还可以消热解渴的特点表达出来了；雀巢咖啡声称"味道好极了"；张裕葡萄酒的广告语为"传奇品质，百年张裕"，这些都是以品质定位的典型代表。

4. 广告定位策划中应注意的问题

企业在众多的定位方法中找出一种适合自己的定位方法时，要特别注意以下几个问题。

（1）要关注竞争对手的定位。

（2）定位要在消费者的心理上下工夫。

（3）适当的情况下考虑广告的再定位。

再定位也就是重新定位，即打破事物（如产品）在消费者心目中所保持的原有位置与结构，使事物按照新的观念在消费者心目中重新排位，调整关系，以创造一个有利于自己的新的秩序。这意味着必须先把旧的观念或产品移出消费者的记忆，才能把另一个新的定位装进去。

五、营销定位评估

1. 营销定位的原则

营销定位是否准确，关系到营销策划的成功与否。因此，在定位的过程中必须遵循一定的原则。

（1）可进入性原则。可进入性原则是指在营销策划中所确定的营销定位，是企业能够达到的。一方面企业具有进入这一市场位置的资源条件和竞争能力；另一方面企业能够把产品信息传达到该市场的众多消费者中。另外，产品还能够通过销售渠道抵达目标市场。

（2）独占性原则。独占性原则即强调定位的独占性，并且这种独占性不易被对手模仿。

营销小知识

在美国20世纪30年代的经济萧条期，百事可乐推出一则广告，广告词是"花同样的钱，买双倍的可乐"。它从价格上打击了可口可乐，在短期内有效，但很快，当可口可乐也降价时，优势又回到了竞争者可口可乐手中。这种容易被对手模仿的定位是失败的定位。

（3）显著差异性原则。显著差异性原则即与竞争对手之间存在着明显的差异。

营销小知识

20世纪60年代末期，百事可乐根据可口可乐传统的、经典的、历史悠久的可乐的特点，将自己与竞争对手区别开来并定位为"年轻人的可乐"，从此百事可乐走上了腾飞之路。

（4）价值性原则。价值性原则是指作为营销定位策划的市场必须有可开发的价值，特别是要具有经济价值。许多市场虽然非常广阔，却无开发价值。如果企业把营销活动盲目地定位在这类市场上，后果可想而知。遵循这一原则，首先要求定位市场，通过一系列的营销推进后，能够从中提取利润。第二，定位市场的相对稳定性也是营销定位的价值所在。第三，企业的营销定位，不仅能满足企业当前的营销要求，还要能满足企业未来的营销和发展要求。

2. 营销定位的误区

（1）定位混乱。企业进行营销定位时，常常会走进很多的误区，其中最常见的是定位混乱。企业推出的差异过多，推出的主题太多，定位的不专一，变化太频繁导致消费者对其产品或品牌只有一个模糊的印象，这样的定位将使企业向新领域发展时遭遇阻滞。因此，识别出企业成长过程中蕴含的某个定位，对它进行深化发展，是攻防兼优的增长之道。

营销小知识

斯蒂芬·乔布斯的"强功率的桌面电脑"，首先定位于学生，然后就是工程师，再后来就是商人，最终都没有成功。

（2）定位过宽。定位就是让产品占据消费者的心理，但有些产品定位过宽，不能突出产品的差异性，使消费者很难真正了解产品，很难使该产品在消费者心目中树立鲜明的、独特的市场形象。

（3）定位过窄。有些产品或品牌本来可以适应更多的消费者的需要，但由于定位过窄，使消费者对其形象的认识也过于狭窄，因而不能成为企业产品的购买者。

营销小知识

中国的丝绸，在西方顾客心目中本是一种上流社会消费的高价商品，但由于国内企业争相出口，不断压价，使丝绸在国外市场上成为一种便宜货，许多西方人反而不买了。

任务总结

陈刚团队经过一段时间的努力，对校园超市进行了重新定位并调整了超市的营销策略，在短短的时间内超市的经营状况有了极大的好转，并得到了老师和同学们的认同。他们将实践心得归纳为以下几点。

（1）营销定位策划是一个系统，主要有企业定位策划、品牌定位策划、产品定位策划、广告定位策划四个方面。

（2）当企业进行定位策划后，要进行营销定位评估。评估主要从营销定位的原则和误区两方面来进行。

思考与讨论

（1）为什么说营销定位是个系统？这个系统是如何构成的？

（2）品牌定位与产品定位，广告定位与产品定位、企业定位分别是什么关系？

（3）营销定位应遵循哪些原则？要防止陷入哪些误区？

案例分析

贝塔斯曼从傲视群雄到败走"麦城"

德国贝塔斯曼集团创建于1835年，目前在全球58个国家和地区拥有500多个下属公司，业务内容涵盖信息、教育和娱乐多个方面。1995年，贝塔斯曼集团进入中国，成立书友会；2001年，贝塔斯曼中国书友会成员达到了150万；2003年，北京贝塔斯曼21世纪图书连锁有限公司成立；2003～2004年，贝塔斯曼中国书友会的营业额达到了巅峰状态，为1.5亿元人民币；2005年，拿到了第一张在中国经营图书批发业务的外资牌照；2006年，贝塔斯曼以调整门店为由，连续关闭北京、杭州等十多家连锁书店，转而以"店中店"的方式，与家乐福合作。2008年6月13日，贝塔斯曼集团宣布，7月13日前关闭旗下除8家上海门店外其他中国18个城市的36家零售门店；2008年7月3日，贝塔斯曼集团再次宣布，曾在中国具有广泛影响力的贝塔斯曼中国书友会也将停止运营，并于7月4日起停止所有订单。

至此，贝塔斯曼——这家在中国苦心经营了13年图书销售业务的全球第四大传媒集团全面退出在华图书销售市场。目录邮寄、书友会和实体门店曾经是贝塔斯曼"三条腿走路"的特殊方式，如今这三个业务支柱轰然倒塌。

案例思考：

1. 贝塔斯曼败走中国市场的原因何在？

2. 贝塔斯曼退出中国市场给了企业经营者哪些启示？

实训项目

实训项目　企业营销定位策划训练

【训练目标】

（1）掌握营销定位策划的各个环节。

（2）培养对企业营销定位的基本策划技能。

【内容与要求】

请同学们从营销定位策划的角度，给校园超市进行定位并制定定位策略。

【组织与实施评价】

（1）以项目团队为学习小组，选出项目负责人。

（2）建立沟通协调机制，团队成员共同参与协作完成王老吉的成功分析报告。

（3）各项目团队根据实训内容进行讨论。

（4）评价与总结：各项目团队提交分析报告，并根据报告进行评估。

项目四

企业形象策划

学习目标

- 掌握企业形象识别系统的构成、导入企业形象识别系统原则
- 掌握企业形象识别系统策划的主要内容（理念识别、行为识别、视觉识别）
- 掌握企业形象识别系统策划的程序、内容、策划文案格式及企业形象识别总策划书
- 掌握理念识别、视觉识别设计的要求和内容，了解行为识别、视觉识别的要素和具体实施管理

技能目标

- 初步具备理念识别系统提炼运用的能力
- 初步具备理念识别系统——理念识别企划的能力
- 初步具备视觉识别系统——视觉识别企划的能力
- 初步具备企业形象识别系统策划文案及企业形象识别总概念书撰写的能力
- 初步具备行为识别、视觉识别的要素运用和具体实施管理的能力
- 具有团队合作精神和协调组内人际关系的能力

任务一 企业形象的内涵与要素

【任务引入】

陈刚团队在经营校园超市的过程中，策划老师一直秉承着"学中做、做中学"的理念对他们进行引导，他们也从中找到了学习的乐趣并积极主动地学习。这时他们又发现了新的问题：如何树立清晰的企业形象，提高公司知名度并通过建立自己的网站进行形象宣传？由于对企业形象策划的知识知之甚少，他们应该如何入手呢？

任务1：根据陈刚团队的需要掌握企业形象识别系统的内涵与要素。

任务2：根据陈刚团队的需要掌握企业形象策划导入的程序。

【任务分析】

企业营销的市场竞争除了表现为传统的产品、价格、促销等竞争手段外，现代社会企业形象的竞争也逐渐凸显。在西方发达国家，以 IBM 公司为代表，从 20 世纪 50 年代至 70 年代掀起了一股自塑企业形象的世纪潮。我国企业从 20 世纪 90 年代也开始了塑造企业形象的行动。企业形象的优势已成为企业营销成功的重要因素。

知识链接

一、企业形象识别系统

（一）企业形象识别系统的概念

企业形象识别系统（Corporate Identity System，CIS），是指企业有意识、有计划地将自己企业的各种特征向社会公众主动地展示与传播，以便更好地在公众心中占据特定位置，进而树立起独特的形象。企业形象识别系统的实质是将企业的经营观念与精神文化，通过整体识别系统传达给利益相关者，促使其对企业产生一致的印象或认知，把企业与竞争者加以区别开的一套识别系统。

案例链接

太阳神集团是我国首家导入 CIS 的企业。太阳神集团的前身是广东省东莞市黄岗保健饮料厂，原产品品牌叫万字达，20 世纪 80 年代产值仅 520 万元。1988 年，在总经理怀汗新的倡导下导入 CIS，将企业名称更改为太阳神集团，并设计了公司徽标，以鲜红的圆形为太阳的象征，代表健康、向上的经营宗旨，表达了光明、希望、温暖的企业理念；下面黑色的三角形，整体位置向上，象征 APOLLO（希腊神话中主宰光明的保护神），又像人字造型，从而传达了企业充满生机、蒸蒸日上的精神和以人为本的理念。如图 4-1 所示随后耗资 80 万元在沙漠拍摄的企业形象广告，以"我们的爱天长地久"为主题。魁梧、壮硕的男人形象及雄浑、粗犷的男高音，与天地浑然一体的画面，既给人一种心灵的震撼，又能让人接受太阳神集团的一片爱心。太阳神集团导入 CIS 以后，经营业绩扶摇直上，1990 年 4 000 万元，1991 年攀升到 8 亿元，1992 年达 12 亿元，1993 年是太阳神历史上最辉煌的一年，营业额达到创纪录的 13 亿元，几乎每天都有 300 万元的营业额，同时保持零库存和零负债。

正当太阳神如日中天的时候，危机也逐渐靠近。从20世纪90年代开始，保健品行业发生了本质性的变化。随着中国保健品市场的迅速增长和太阳神集团成功的示范效应，越来越多的竞争对手都疯狂地涌入这一市场，消费者也因为可选择余地的增大，口味也渐渐变得挑剔起来。然而在变化的形势面前，太阳神集团却采取了"以不变应万变"的策略，继续加强CIS的建设，忽视新产品的研发。太阳神集团认为既然过去的经验能够成功，那么沿袭这些经验当然也能确保未来的成功，实在看不出来有什么改变的必要。正是这种错误思想的主导，使得太阳神仅靠生物口服液和猴头菇口服液两个产品"包打天下"，结果从1994年开始，太阳神在红火了6年之后，销售量直线下滑，大好江山最终拱手让人。

图 4-1   太阳神公司徽标

（二）企业形象识别系统的构成

企业形象识别系统分别由理念识别系统（Mind Identity System，MIS）、行为识别系统（Behaviour Identity System，BIS）和视觉识别系统（Visual Identity System，VIS）三个方面所构成。

1．理念识别系统

理念识别系统（MIS）是一套解释企业目的、凝聚企业全体员工向心力的价值观念，是企业形象识别系统的核心和基本精神，是最高的决策层次。它是为确立企业独具特色的经营理念和未来一个时期的经营目标、经营思想、营销方式和营销形态所做的总体规划和界定，属于企业文化的意识形态范畴。

2．行为识别系统

行为识别系统（BIS）是一套企业全体员工对内、对外的行为准则，表现为动态的识别形式，是企业实现经营理念与创造企业文化的准则，是对企业运作方式所做的统一规划而形成的动态识别形态。

3．视觉识别系统

视觉识别系统（VIS）是一套将企业理念与行为对内、对外进行传播的可感知要素，表现为静态的、具体化的识别符号。视觉识别系统是以企业标志、标准字体、标准色彩为核心展开的完整的视觉传达体系，是将企业理念、文化特质、服务内容、企业规范等抽象语意转换为具体符号的概念，并塑造出独特的企业形象。

企业形象识别系统是个整体的系统，它由理念识别系统、行为识别系统和视觉识别系统3个子系统共同构成，塑造了独具特色的企业形象。3个子系统之间的关系可以用图4-2来表示。其中，理念识别系统是企业最高层次的指导思想和战略体系，是企业形象识别系统的灵魂，并为企业形象识别系统提供原动力；行为识别系统是动态的识别形式，规范了企业的行为方式；视觉识别系统是静态的识别符号，最直接、最全面地向社会公众传递企业信息。

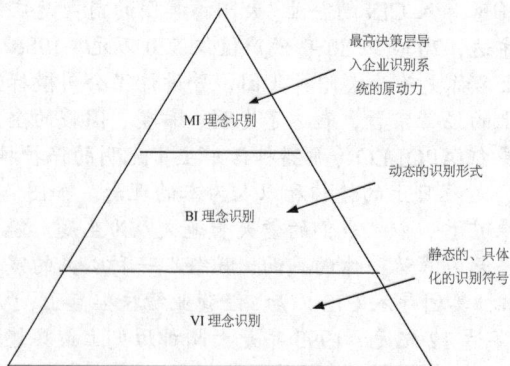

图 4-2   企业识别系统的结构层次

营销小知识

　　企业形象识别的早期实践可以追溯到 1914 年德国的 AEG 电器公司首创企业形象识别。AEG 在其系列电器产品上，首次采用彼德·贝汉斯所设计的商标，成为企业形象识别中统一视觉形象的雏形。紧接着，1932～1940 年，英国实施伦敦地下铁路工程，该工程由英国工业设计协会会长弗兰克·皮克负责，被称为"设计政策"的经典之作。

　　第二次世界大战后，世界经济复苏，企业经营者感到建立统一的识别系统，以及塑造独特经营观念的重要性。自 1950 年，欧美各大企业纷纷导入企业形象识别。1956 年，美国国际商用计算机公司以公司文化和企业形象为出发点，突出表现制造尖端科技产品的精神，将公司的全称"International Business Machines"设计为蓝色的富有品质感和时代感的造型"IBM"。这八条纹的标准字在其后四十几年中成为"蓝色巨人"的形象代表，即"前卫、科技、智慧"的代名词，也是企业形象识别正式诞生的重要标志。20 世纪 60 年代以后，欧美国家企业的企业形象识别导入出现了潮流般的趋势。20 世纪 60 年代的代表作是由无线电业扩展到情报、娱乐等 8 种领域的 RCA；20 世纪 70 年代的代表作是以强烈震撼的红色、独特的瓶形、律动的条纹所构成的可口可乐标志。总之，从 20 世纪 60 年代到 80 年代，是欧美企业形象识别的全盛时期。日本企业在 20 世纪 70 年代以后，我国企业在 20 世纪 90 年代后也开始创造自己的企业形象识别，从而使之发展成为一个世界性的趋势。

二、企业形象识别系统的导入

　　企业形象识别系统的导入，目的是通过整合营销传播手段，将企业的形象传递给公众，彰显企业的精神，塑造企业的个性，增强企业的凝聚力、向心力、感召力、吸引力和竞争力。

（一）企业导入形象识别系统的模式

　　据国际设计协会 1987 年的估计，企业在形象设计中每投入 1 美元，可以获得 227 美元的收益。目前，全球企业纷纷导入企业形象识别系统，塑造企业独特的现象，加强竞争。因此，企业导入企业形象识别系统是十分必要的。但是，企业在导入企业形象识别系统时必须根据企业现状和问题选择不同的导入模式，一般导入企业形象识别系统有以下 3 种模式。

1. 预备性企业形象识别系统导入模式

　　预备性导入模式是针对新建企业而言的。在筹建新企业时，需要对企业的经营思想、口号、信条、标志、标准色、标准字体、企业形象定位、战略选择、管理制度和方法等企业形象和企业文化进行有目的的设计和策划，设定最理想的企业理念，规定最标准的行为规范，设计最完美的视觉识别系统。我国 20 世纪 80 年代末到 90 年代初涌现的太阳神股份有限公司、海南新能源股份有限公司等企业都是采用了预备性导入模式，在建立初期给人以全新的印象。

2. 扩张性企业形象识别系统导入模式

　　扩张性导入模式是在企业成长过程中为了实现资本扩张，将企业带进更高一级的发展阶段而采用的。这时的企业形象识别系统策划需要立足企业原有基础，更要着眼于未来，对企业形象进行创新性的策划。

3. 拯救性企业形象识别系统导入模式（治疗性导入模式）

　　拯救性导入模式是在企业转型，或者需要消除负面影响，摆脱经营危机时采用的。在企业发展过程中，一方面需要根据实际情况重新调整经营理念和行为，重塑形象；另一方面当企业面对突发事件或者出现信用危机时，也要通过重塑形象打消社会公众的疑虑，重获信任。

（二）企业导入形象识别系统的时机

CIS 策划是企业长期战略的组成部分。选择正确的导入时机，对传播和树立企业形象，保证经营战略的顺利实施起着至关重要的作用。以下几种情况是企业导入形象识别系统的主要时机：

第一，新企业成立或组建企业集团；

第二，创业庆典或重大纪念日；

第三，新产品的开发与上市；

第四，国际化发展需要更新企业形象；

第五，企业决定进军新市场；

第六，企业实施多元化经营；

第七，缺少可以代表企业的统一标志；

第八，解决经营危机，消除负面影响。

三、企业形象识别系统的导入程序

企业形象识别系统导入是一项系统工程，其核心是通过行为识别和视觉识别向社会公众传达企业的各种理念，进而塑造企业形象。企业形象策划一般通过提案、调研、开发设计和实施管理 4 个阶段来完成，具体如表 4-1 所示。

表 4-1　　　　　　　　　　企业形象识别系统策划阶段

阶段	编号	作业项目	主要内容	时间安排	负责人
提案阶段	1	明确导入企业形象识别系统的动机	确定企业内部、外部的需求背景，针对具体企业的运营与设立状况选择时机，同时明确导入的目的与目标，及时立项		
	2	明确负责企业形象识别系统的机构	由发起人召集最初的参与人员，委托专业公司，由企业、专家顾问、专业公司3方组成企业形象识别系统委员会，并设常务机构		
	3	安排企业形象识别系统作业日程表	按照企业形象识别系统作业的 4 大阶段，根据企业的具体情况拟定作业项目与进度安排，提交讨论并最后确定、制表		
	4	预算导入企业形象识别系统的提案书	仔细进行各项作业的预算，写出企业形象识别系统预算书，提交给企业主管与财务主管审核		
	5	完成企业形象识别系统的提案书	按规定完成企业形象识别系统提案书，充分说明导入企业形象识别系统的原因、背景、目的、负责机构的设想、作业安排、项目预算，使推进方针与期待成果明确化		
调研阶段	1	确定调研总体计划	确定调研计划，其中包括调研内容、调研对象、调研方法、调研项目、调研程序与期限、调研成果形式		
	2	分析与评估企业运营状况	分析企业各种相关的报表与资料，走访相关人士，诸如企业主管、财务主管、营销人员，充分掌握资料，分析研究		
	3	企业总体形象调查与视觉形象审核	采取定性、定量两种形式，就企业的基本形象、特殊形象对企业内外部进行采访与问卷调查，收集视觉形象项目，分析比较，广泛征求意见，得出审核意见		

阶段	编号	作 业 项 目	主 要 内 容	时间安排	负责人
调研阶段	4	调查资料的分析与研究	对经营情况与形象调查的所有资料进行整理、统计,对企业经营实态与形象建设现状做综合的研究与评估,明确企业目前的问题点,从这一前提初步构想企业形象识别系统导入战略		
	5	完成调查报告书	将调研成果记述在系统的报告书中,提交企业主管、相关部门主管、企业形象识别系统委员会全体人员讨论、审议		
开发设计阶段	1	总概念的企划	根据调研结果导入企业形象识别系统的基本战略方针,对企业理念、识别系统的开发设计提出基本设想,对企业主管或董事会解释总概念书的内容并确定总概念书		
开发设计阶段	2	创立企业理念	提出具有识别意义的企业理念,其中包括企业使命、经营理念、行动准则与业务范围等,并提供理念教育规范的行为特征,创作企业标语、口号、座右铭、企业歌曲等		
	3	开发设计视觉识别系统	确定企业命名或更名策略,将企业形象识别系统概念体现在基本因素的设计中,再以基本设计为准,开发应用设计要素;商标与包装设计须认真开发;对新设计方案进行技术评估与形态反应测试、修改,举一反三,最后确立、编印企业形象识别系统设计手册		
	4	办理有关法律行政管理手续	企业名称登记或更名登记,商标核准与注册登记		
实施管理阶段	1	实施内部传播与员工教育	完成企业形象识别系统委员会的改组与工作交接;制定内部传播的计划;准备教材教具,实施员工企业形象识别系统教育;定期发行企业形象识别系统简报,动员大家参与普及企业形象识别系统知识的内部公关活动		
实施管理阶段	2	推行理念与设计系统	按计划举办各种公关活动,对外树立企业新形象,扩大知名度与提高好评度;对内贯彻理念、鼓舞员工士气、发扬敬业精神;同时向企业相关部门、人士宣传新设计系统,督导应用,并定期进行检查		
	3	组织 CIS 的对外发布	制定对外发布计划、选择媒体、安排发布时间与频率、确定发布内容、合理预算,完成发布计划		
	4	制定手册,落实企业各部门的 CIS 管理	将企业形象识别系统计划落实到企业相关部门的实际工作中,融入日常企业管理的制度中		
	5	CIS 导入效果测试与评估	制定督导与定期测试评估制度,定期完成对内对外企业形象建设效果测试,进行效益统计,并制定改进方案		

🔲 **任务总结**

陈刚团队经过学习,对企业形象识别系统有了较深的认识,为他们下一步的策划活动提供了保障,相关知识归纳如下。

（1）企业形象识别系统（CIS）,是指企业有意识、有计划地将自己企业的各种特征向社会公众主动地展示与传播,以便更好地在公众心中占据特定位置,进而树立起独特的形象。它由理念识别系统（MIS）、行为识别系统（BIS）和视觉识别系统（VIS）三个方面构成。

（2）在企业形象识别系统的导入过程中,企业必须根据实际情况选择导入的模式和导入的时机。

（3）企业形象策划是一项系统工程,一般通过提案、调研、开发设计和实施管理 4 个阶段来完成。

84

思考与讨论

（1）企业形象识别系统的概念及其构成要素。

（2）导入企业形象识别系统有哪几种模式？

（3）有哪些时机适合导入企业形象识别系统？

案例分析

百事可乐标志越变越青春化，这与百事可乐坚持走年轻化的路线是分不开的。百事一直坚持其产品的消费对象为青年人，所以其标志随时代的变化而变化，如图4-3所示。

图4-3　百事可乐的标志演变

案例思考：

1. 百事可乐的标志为什么要变化？

2. 你从百事可乐的标志变化中总结出什么？

任务二　企业理念识别系统的策划

【任务引入】

陈刚团队经过初步的学习掌握了企业形象策划的内涵与基本要素，也掌握了进行形象策划的基本程序，同时明确了进行形象设计的关键是建立理念识别系统。但理念识别系统包括什么内容？如何确定？陈刚他们又该如何进行理念识别系统的策划？

任务1：根据陈刚团队的需要掌握企业理念识别系统的基本内容。

任务2：根据陈刚团队的需要掌握企业理念识别系统策划的技巧。

【任务分析】

企业理念识别系统是企业赖以生存的原动力，是企业形象识别系统的核心，在企业的发展中起着导向作用、凝聚作用、激励作用和规范作用。它的主体是企业的经营观念，包括企业精神、企业宗旨、经营方针、行为准则、座右铭等具体内容。

一、理念识别系统的基本内容

1. 企业愿景

企业愿景是企业未来的目标、存在的意义。企业愿景的确定包括两个方面的内容，一是确定企业的经营目的，二是明确企业的使命。

> **案例链接**
>
> 真功夫的企业文化主要体现在以下几点。
> （1）功夫哲学。
> 　　功夫不负有心人
> （2）愿景。
> 　　五年目标：成为中式快餐第一品牌
> 　　远景目标：成为全球十大餐饮企业
> （3）使命。
> 　　丰富和发展人类餐饮文化
> （4）核心价值观。
> 　　尊重个人，全情投入，深入调研，挑战卓越

2. 经营宗旨

经营宗旨是企业的经营哲学，主要包括经济观、社会观、文化观。在选择经营宗旨时，要注重对员工的激励与导向作用。

> **营销小知识**
>
> "蓝色巨人"IBM公司，自1914年老沃森创立该公司起就确立了公司的经营宗旨，直到1956年小沃森导入企业形象识别系统时，又重申了IBM的宗旨，其内容如下。
> （1）必须尊重每一个人。
> （2）必须为用户提供尽可能好的服务。
> （3）必须创造最优秀、最出色的成绩。

3. 经营思想

经营思想是指企业生产经营活动的指导思想和基本原则，是企业高层领导的价值观和方法论（商业哲学）在企业经营活动中的运用和体现。

> **案例链接**
>
> 北京"全聚德"烤鸭是享誉世界的美味佳肴。"全聚德"之所以能历经百年而长盛不衰，就在于"全聚德"以继承传统烤鸭技法，推崇饮食文化，弘扬中华民族特色为己任。长期以来，"全聚德"人只知道埋头干，而不太重视企业形象的策划和宣传。20世纪90代初，"全聚德"也导入了企业形象识别系统，他们通过对百年经营之道的总结，提炼出"时刻不忘宾客，广交挚友，坚持以精美的菜肴和周到的服务欢迎各国、各界宾朋的光临"的经营方针，他们在店堂民族风格的氛围营造、统一操作技术规程和服务规程以及对外宣传上下工夫，使"全聚德"在社会公众中树立起了美味可口、技艺精良、品质上乘的企业形象，知名度、信任度、美誉度得到不断提升。

4. 企业价值观

企业价值观是全体员工对其工作意义的认知和对企业所推崇的行为目标的取舍和认同。

营销小知识

海尔集团的观念（根据网站重新整理）如下。

- 要么不干，要干争第一。
- 高标准，精细化，零缺陷，创造唯一和第一。
- 售后服务是我们的天职，卖信誉，不卖产品。
- 高质量的产品是高素质的人干出来的。
- 敬业报国，追求卓越。
- 迅速反应，马上行动。
- 先卖信誉，后卖产品。
- 先有市场，再建工厂。
- 人人是人才，赛马不相马——海尔的人才观。
- 用户永远是对的。

二、企业理念识别系统的策划程序

1. 分析企业形象现状

企业理念识别系统是整个企业形象识别系统的核心和灵魂，是企业最高层次的指导思想和战略体系。因此，只有对企业整体形象进行分析，才能发现企业理念系统的现状，为企业理念系统的正确导入打好基础。

2. 确立企业理念识别要素

通过企业形象分析，如果发现企业形象欠佳，就需要对原有企业理念进行修正并调整企业理念识别系统。另外，企业理念识别系统是一个抽象的概念，必须通过具体的识别要素来表达。企业理念识别基本要素包括企业目标、经营战略、管理制度等，应用要素则包括企业信念、企业标语和口号、企业歌曲、企业座右铭等。

3. 企业理念识别系统测试

对企业理念识别要素和内容进行设计之后，不能马上投入实施，还需要在企业内外进行适当的测试并最终达成共识。

4. 企业理念和企业精神的表达

企业理念的表现形式有标语、口号、企业歌曲、企业座右铭、企业条例、企业守则等应用系统，在表达上采用的方法如下。

厂名命名法：如"大庆精神""松下精神"等。

人名命名法：如大庆油田的"铁人精神"。

概括命名法：如日本佳能公司的"三自精神"（自发、自治、自觉）。

5. 企业理念识别系统的实施

企业理念识别系统的实施过程本质上包括两个方面：第一，将理念渗透到组织与员工的行为中，即行为识别系统策划；第二，将理念渗透到企业的视觉标志中，即视觉识别系统策划。

任务总结

陈刚团队经过一段时间的学习，对企业的理念识别系统的知识有了初步的掌握。他们确定了校园超市发展的理念与愿景，对校园超市下一步的经营和网站的建设打下了基础。他们对学习的知识总结如下。

（1）企业理念识别系统是企业形象策划的灵魂，主要包括企业精神、企业宗旨、经营方针、行为准则、座右铭等具体内容。

（2）在企业理念识别系统的策划中，必须正确掌握策划的要素与流程，包括分析企业形象现状、确立企业理念识别要素、企业理念识别系统测试、企业理念和企业精神的表达、企业理念识别系统的实施。

思考与讨论

（1）什么是理念识别系统？
（2）设计理念识别系统的作用是什么？

案例分析

梅赛德斯-奔驰的经营理念和价值观念

一、企业精神——核心价值

作为一个拥有百年历史的著名汽车品牌，奔驰已形成了一个核心企业精神：公平、尽责。"公平"是指公平竞争、公平经营。这是每个企业必须遵循的游戏规则，梅赛德斯—奔驰在产品质量、花色品种、技术水平、市场销售和售后服务等各方面凭借自身的实力来力争上游。"尽责"是指在梅赛德斯—奔驰的经营范围——汽车行业，尽到自己作为一个顶级品牌的责任，不仅为了自己的经济利益，也要兼顾社会认同，成为同类企业的楷模。

二、经营理念

核心理念是很抽象的，往往是企业经营管理者经过多年的经验积累总结出来的企业精华，并以此为中心和基础提炼出来的经营理念。

1. 传统理念

梅赛德斯-奔驰发明者创立起来的汽车企业的发展充分反映了整个汽车工业的发展，其经营更趋向于采用传统和高效的规则。企业的经营者首先要确保这一理念为广大员工、合作伙伴和外界环境所承认，这是几代奔驰人不断努力才营造出的立身之本。

2. 快乐感理念

人们的需求不会局限在马斯洛的某一需求层次上，随着科技、社会经济和市场的发展，人们的生活水平提高了。人们更进一步追求汽车外观优美、内部豪华、驾驶舒适，从而尽显自身价值。根据这一趋势，奔驰近年来将能满足消费者自身的快乐感作为经营理念的一部分，并随着时间的推移，重视程度和投入不断增加。

3. 共同责任理念

人类社会的发展为我们周围的环境带来了不可估量的负面影响。汽车排出的废气造成了大气污染，形成酸雨；大量化学合成材料的使用、乱砍滥伐、污水排放等行为造成生态失衡。人类要继续生存下去必须重视环保，保护我们赖以生存的地球是全人类共同的责任。梅赛德斯-奔驰将这个理念作为自身的任务，它不断改进生产技术、降低污染、减少废气排放量、采用可多次循环使用的材料，通过这些手段降低对环境的污染。

三、价值观念

经营理念是思想意识形态，我们还需要用这些理念来支撑一系列能使顾客感觉得到实实在在的价值，才能做到理论与实践相结合。

1. 传统价值——"安全、优质、舒适、可靠"

梅赛德斯-奔驰的工程技术人员从不满足于目前的技术领先，他们充分利用公司提供的研究开发费用，发挥聪明才智，深入细致地研究驾驶者和乘客的需求，预测汽车未来发展的各种趋势。50多年来，专利技术、技术革新改造层出不穷，为汽车工业的发展做出了巨大的贡献。"安全"是奔驰公司最为重视的一方面价值，它在这方面成果显著，推出了多项新技术，如安全气囊、碰撞褶皱区、乘员安全车厢和ABS、ETS、ASR、ESP等大量的电子辅助安全设备，为汽车安全领域的发展做出了极大的贡献。"优质"是企业制胜的法宝。奔驰汽车质量优异举世公认，这依赖于完善的质量控制体系。奔驰产品在满足行业内部和各国相关规定的基础上，还制定了一套更为苛刻的标准，从而确保产品质量万无一失。"舒适"对于驾驶者和乘客来说是极为重要的。驾驶是一种乐趣，乘坐是一种享受。奔驰产品对于舒适的要求已不限于简单意义上的生理舒适感，近年来更强调一种能使人放松心情、消除紧张的感觉。从车内外各种细致入微的设计理念即可反映这种感觉：按照人体动力学设计可自动调整的座椅，充分利用的内部空间，隔音条件良好的车厢等。"可靠"的性能使奔驰汽车的使用寿命普遍比同类产品长。超凡的质量水准、一套完备的售后维修保养措施和专业技术队伍成为其保持长期性能可靠的坚强后盾。

2. 潮流价值

潮流价值着重强调个性特点。当今社会人们极为重视自我实现和个性体现，从服饰到汽车都追求与众不同。梅赛德斯-奔驰在每种产品系列中根据不同客户的需求，将其进一步细分为不同的产品线：标准型车身颜色稳重大方，内饰与外观协调统一，采用标准配备，价格适中；豪华型车身颜色品种繁多，内饰豪华典雅，囊括奔驰各种豪华配备，尽显车主身份地位；运动型车身色泽鲜明抢眼，内饰与外观色彩反差明显，底盘降低并配有更强动力的发动机和各种动感配备。

3. 社会价值

梅赛德斯-奔驰将首创的三滤催化系统作为欧洲车型的标准配备，成为一个里程碑，各大汽车厂商纷纷效仿，推动了汽车环保事业的蓬勃发展。此后奔驰的工程技术人员又不断努力采用新材料、新工艺，降低汽车对人类环境的破坏程度。

奔驰自创建以来，一直努力使自己成为世界汽车工业的领头羊，公司的任何发展都要顺应时代的需求，不断创新，以推动汽车工业的进步。同时，奔驰作为世界顶级汽车制造商，也推出了各类能满足不同阶层消费需求的汽车。针对家庭用车的需求，推出了7座家用V-Class汽车；针对路况的不同，推出了吉普车M-Class等。

案例思考：

1. 奔驰的经营理念和价值观念与其成功有哪些联系？
2. 从本案例中总结和归纳现代企业的经营理念。

实训项目

实训项目　企业理念识别系统策划

【训练目标】

（1）掌握企业理念识别系统策划的要素。

（2）能够根据企业的经营状况提炼企业的使命与愿景。

【内容与要求】

为校园超市进行 BI 形象设计，提炼其愿景，制定相应的规章制度。

【组织与实施评价】

（1）全班学生划分 6～8 人的小组，组成项目团队。

（2）建立沟通协调机制，团队成员共同参与协作完成公司任务。

（3）在教师的指导下熟悉校园超市的运营，并根据实际情况确定其使命和愿景。

（4）评价与总结：各项目团队提交成果。

【实训成果】

校园超市理念识别系统策划

※ 经营理念：实惠、热情、奉献、学习

实惠——利用我们的优势，让同学们在我们商城里购买到质优、量多、价格便宜的商品。

热情——我们积极、主动地参与各项工作，始终保持对工作的激情；我们友好、真诚地服务同学，一定要保持热情的态度。

奉献——我们经营实训商城，付出劳动是不计报酬的，我们只为了"服务同学，锻炼自我"。

学习——在接手经营商城的过程中，我们怀着学习的态度，通过与同学们相互学习，来锻炼自己，同时与同学们相互交流我们所学的知识。

※ 服务宗旨：服务同学，锻炼自我。

※ 市场定位：提供低价、实惠、高质量的商品，以满足全校的师生。

※ 经营的使命：

对学校——应用我们所学的知识，展现商贸系人的风貌；利用我们的优势和积极参与的态度，为广大师生服务；

对同学——提供实惠的商品和热情的服务；

对自己——团结同学，享受生活，共同参与，锻炼自我；

对商城——赢取回头客，为商城长远发展而谋利；

对伙伴——追求合作，追求共赢，互相学习，共同成长。

※ 商城的文化：

保持热情的态度，服务我们的同学；

营造和谐的氛围，团结我们的班集体；

展示激情的一面，共同享受我们的生活；

通过积极的参与方式，让自己在快乐中成长。

我们每个人有着自己的个性，所以在我们商城经营过程中，需要我们班集体组成一个平等、民主、和谐、团结、责任、互助、信任、包容、成长、快乐的大家庭。

※ 商城的精神：

奉献精神——我们利用所学的知识，为广大师生提供优质的服务；利用自己的劳动，为广大师生无私地奉献，我们只为了"服务同学，锻炼自我"；

团队精神——通过"民主决策，平等沟通"方式，发挥团队精神；

创新精神——面对商城不利的环境，利用我们所学习的知识，发挥我们的主观能动性，敢于冒险，勇于创新。

※ 经营的价值观：

实惠——在面对商城的不利环境因素时，"商品的实惠"是我们最大的经营优势；我们只有坚持通过提供低价、实惠、高品质的商品，才能吸引更多的同学来购买我们的商品，享受我们无偿服务的标准；

成功界定——以是否已达到预先制定的目标和计划的总体效果，作为我们判断成功与否的标准，这要求我们不以业绩的多少来衡量我们的成功，不盲目地追求销售量；

大局为重，民主决策——凡事"以人为本，大局为重，积极参与，履行责任"。在涉及整体利益的问题上，应征求全班同学的意见，再采取多方案选择，最终民主表决，少数服从多数；同时要求我们积极参与每一项工作，履行自己的责任，以大局为重。

任务三　企业行为识别系统的策划

【任务引入】

陈刚团队经过一段时间的学习与探索，确定了校园超市的经营理念与经营思想，这时他们意识到要使校园超市日常管理步入常规化和规范化，必须在理念识别的指引下对行为识别系统进行策划，制定管理制度与日常的行为准则。那他们又该怎么操作呢？

任务1：根据陈刚团队的需要掌握企业行为识别系统基本构成。

任务2：根据陈刚团队的需要掌握制度制定的基本技能。

【任务分析】

企业理念要得到有效的实施，必须先要科学构建企业行为主体，包括确定企业组织形式、建立健全企业组织机构、合理划分部门、制定有效的管理制度等。企业主体架构完善，企业的运行机制才能完善，企业的行为才能有基础保证，企业的理念才能真正贯彻执行。

知识链接

如果说理念识别系统是企业形象识别系统中的"想法"，那么行为识别系统是企业形象识别系统中的"做法"，它使得"想法"在具体的经营活动中得以贯彻与体现。企业行为识别系统主要包括两部分：一是企业内部行为系统，包括企业管理制度、企业员工行为规范等；二是企业外部行为系统，主要包括市场调研、营销战略、产品开发、促销安排、广告活动、公共关系等经营管理行为。本部分内容主要介绍企业内部行为系统。

一、企业管理制度策划

企业的行为识别系统就是行为识别系统在企业内部、外部对员工和公众的传播行为。企业经营管理制度和管理方法是企业行为识别系统策划的基本内容，主要包含以下两个方面的内容。

第一，企业宏观管理制度，包括企业管理体制、企业领导制度、企业规章制度、企业责任制度。

第二，企业各职能部门管理制度，如计划管理制度、财务管理制度、人力资源管理制度、生产管理制度、技术管理制度、营销管理制度、行政管理制度。

> **案例链接**
>
> 麦当劳公司是依靠餐厅经理和员工把企业的经营理念传递给顾客的，该公司对餐厅经理和员工的培训极为重视。所有的经理都从员工做起，也就是说没有当过战士不能当指挥员。经理必须高标准地掌握所有岗位操作并通过 SOC 考评。麦当劳的《管理发展手册》是麦当劳公司专门为餐厅经理设计的一套手册，一共四本。手册采用单元式结构，循序渐进。《管理发展手册》中介绍各种麦当劳管理方法，也布置大量作业。与《管理发展手册》相配合的还有一套经理训练课程，如基本营运课程、基本管理课程、中级营运课程、机器课程、高级营运课程。餐厅第一副经理在完成《管理发展手册》第三班学习后，将有机会被送到美国麦当劳总部的汉堡包大学学习高级营运课程。上一级经理将对下一级经理和员工实行一对一的训练。通过这样系统的训练，麦当劳的经营理念和行为规范深深地渗透到麦当劳员工的行为之中。

二、企业员工行为规范策划

员工是企业的主体，也是与社会接触最频繁的企业个体。从现实情况看，员工的行为还是表现为不自觉，因此，企业必须确立员工的行为规范和准则，使员工的行为变得自觉和统一。只有这样，才能提高整个企业的运转效率，才能向社会展示企业风貌，树立健康的企业形象。一般来说，员工的行为规范策划包括以下几项内容。

1. 员工行为准则设计

员工行为准则是企业员工必须共同遵守的行为准则，具体内容包括素质与修养、岗位纪律（主要包括作息时间、请假制度、工作状态要求以及一些行业的特殊纪律等）、工作程序要求（主要包括接受和执行上级要求、及时请示和汇报、参加会议、独立工作、与他人协作、尊重同事等）。

2. 员工个体工作环境设计

员工的个体工作环境，就是要给员工足够的工作空间，从目标、岗位、技能等方面设计出能够使每一个员工发挥最大潜能的激励机制，充分调动员工的工作积极性。

3. 群体工作环境设计

企业通过制定合理的规章制度和民主、和谐的工作环境来增强组织成员的归属感、认同感、荣誉感，提高群体的亲和力、凝聚力、战斗力，使组织群体既能适应外部环境的变化，又能够化解内部的冲突。

> **案例链接**
>
> 近年来，一个名为"真功夫"的中式快餐连锁店从本土快餐业中异军突起，响亮的招牌、动感十足的形象设计与独特而深厚的中餐"蒸"功夫，一下就挑起了大众消费的欲望。它以绿色、营养、原汁原味的蒸品系列与洋快餐展开了全面较量。在短短的时间内成为本土快餐业中的佼佼者。真功夫是如何走出一条独具特色的发展之路的？其与洋快餐进行较量的"秘籍"之一是在标准化管理上着实下了一番"真功夫"。据介绍，1999 年真功夫就制定了 9 本厚厚的标准手册，对每个运营细节及岗位操作都制定了详细的标准，每个员工都要按步骤严格执行。经过多年标准化工业生产的推行，"真功夫"积累了大量经验，现在标准手册已增至 10 本，堪称最完善的中餐标准化宝典。同时，真功夫标准化的执行及培训由专门的一个

部门去管理。每推一个新品，除了要做口味测试外，标准化可行性也是重要的指标之一；而新品上市必然伴随一个详细的标准，并做层层推进的培训。正因为"真功夫"的标准化非常完善，所以才能保证顾客从点餐到领取食物只需花80秒。"真功夫"巧妙地利用了"蒸"解决了中餐的标准化问题，能做到和洋快餐一样工业化生产，保证食物品质的绝对一致。

三、企业员工的礼仪规范

员工每天都代表企业进行对外交往，每名员工都代表了企业形象，因此，很多企业都把员工礼仪规范作为员工行为规范的第一部分内容，具体内容包括以下两个方面。

第一，仪容仪表。主要有服饰规范、外表形象规范、姿态规范和神态规范等。

第二，商业礼仪。主要有礼貌用语、见面礼节、欢送礼节、宴请要求、电话礼仪、登门拜访等。

任务总结

陈刚团队在"学中做、做中学"的过程中，掌握了行为识别系统策划的知识与技巧，他们将其总结如下。

（1）行为识别系统是企业形象识别系统中的"做法"，是企业的经营理念在具体的经营活动中的贯彻与体现。

（2）企业行为识别系统主要包括两部分：一是企业内部行为系统，包括企业管理制度、企业员工行为规范等；二是企业外部行为系统。

（3）企业内部行为的设计与策划主要包括企业管理制度、企业员工行为规范和企业员工礼仪规范三方面的策划。

思考与讨论

（1）什么是行为识别系统？它包括哪些基本要素？

（2）企业行为识别系统的内部行为系统包括哪些内容？

案例分析

海尔大学的"新人"培训

海尔大学是在海尔集团提出的以市场链为纽带的业务流程再造背景下，在新经济的浪潮中为满足海尔集团国际化战略转移而成立的，始建于1999年12月26日。海尔大学是海尔集团培养员工管理思路创新的基地。随着时间的推移，在应对企业业务流程再造给全体员工带来的思想观念冲击下，今天的海尔大学已经成为员工观念创新的发源地、海尔集团战略创新的推广地、海尔集团培养中高级管理人才的摇篮。

海尔大学位于海尔集团高科技工业园——海尔信息产业园西南一隅，依地而建，成不等边三角形。建筑全部采用仿明清苏州古典园林风格，占地12 000平方米，总建筑面积3 600平方米。有各类教室12间，其中有多媒体教室、语音室、计算机室、学术报告室等，可供500人同时学习、互动、研讨使用。依据功能，海尔大学主体建筑分A、B两座，与中心位置的"勺海"相簇拥，四周零星分布着日新轩、镂金舫、源头瀑布、曲水流觞、扇厅、致远亭等，一草一木、一亭一阁、一山一水，处处都散发出浓郁的海文化气息。

创建伊始，海尔集团首席执行官张瑞敏就提出了海尔大学的定位：不在于有多少好的设施和硬件条件，关键在于其内涵和软件，要成为海尔员工思想锻造的熔炉和能力培训基地，要以GE管理培训中心为榜样，成为中国企业界的"哈佛大学"。在这种理念的指导下，"创新、求是、创新"成为海尔大学的校训，也就是要求每位学员都带着创新的动机和现有的创新成果来到海尔大学，通过互动、学习，寻求事物发展的普遍性规律并总结成模块，然后再回到实践中，在新的创新模块平台上进行更高水平的创新，从而形成不断循环、螺旋上升的过程。

回报社会是海尔大学培训工作的延伸，培训对象已由海尔内部员工延伸到海尔的分供方、专卖店，并扩展到国内金融、保险、电力、电信、服务、制造等行业和领域。现在每个月到海尔大学接受培训的国内外各类企业、机关单位的中高级管理人员已达700余人，参观、交流及调研编写案例的人员每月也超过400人。

海尔作为一个世界级的名牌企业，每年招录上千名大学生，但是离职率一直很低，那么海尔大学是如何来培训新员工的呢？

首先海尔会努力让新进入公司的员工把心态放平，对于新员工顾及的待遇和条件等问题，海尔会给予一定的满足，让新人把心放下，做到心里有底。

"新老大学生见面会"是接下来的重要环节，学校里曾是师兄师姐的老员工用自己在海尔的工作经历讲述对海尔的感受，使新员工尽量客观地认识海尔。同时，一些部门的领导也会出席，他们努力解决新人心中的疑问，在面对面的沟通中不回避海尔当前阶段存在的问题并鼓励新员工也发现和提出问题。这种沟通和交流使新员工真正把心态端平放稳，认识到没有问题的企业是不存在的，企业就是在发现和解决问题的过程中发展的，关键是认清这些问题是企业发展过程中的问题还是机制本身的问题，让新员工正视海尔内部存在的问题，不走极端。

另外，海尔还鼓励新员工说出自己的想法——不管是否合理。让员工把话说出来是最好的解决矛盾的办法，如果你连员工在想什么都不知道，解决问题就没有针对性。海尔给新员工每人都发了"合理化建议卡"，员工有什么想法，无论制度、管理、工作、生活等任何方面都可以提出来。对合理化的建议，海尔会立即采纳并实行，对提出人还有一定的物质和精神奖励。而对不适用的建议也给予积极回应，因为这会让员工知道自己的想法已经被考虑过，他们会有被尊重的感觉，以后还会敢于说出自己心里的话。

当一个员工真正认同并融入企业当中，企业就该引导员工树立职业信心，让他们知道怎样去创造和实现自身的价值。海尔大学对新员工的培训除了开始的导入培训，还有拆机实习、部门实习、市场实习等一系列的培训。海尔花费近一年的时间来全面培训新员工，目的就是让员工真正成为海尔"躯体"上的一个健康的细胞，与海尔同呼吸、共命运。

案例思考：

1．怎样理解海尔大学的"新人"培训？

2．海尔大学的"新人"培训对我们有何启发？

实训项目

实训项目　企业行为识别系统的策划

【训练目标】

（1）掌握企业行为识别系统的要素。

（2）能够制定企业员工规章制度。

【内容与要求】

根据学校超市现有的实际情况，为其制定管理制度和具体的岗位规章制度，使超市的运营具有良好的制度约束。

【组织与实施评价】

（1）全班学生划分 6～8 人的小组，组成项目团队。

（2）建立沟通协调机制，团队成员共同参与协作完成公司任务。

（3）在教师的指导下完成校园超市内部行为制度的制定。

（4）评价与总结：各项目团队提交行为制度文件。

【实训结果】

校园超市行为识别系统策划
——各部门的职责与工作制度

一、财务部

1. 每天认真核对账本，点清现金。

2. 不准挪用公款，借条必须要有 CEO 的签名。

3. 销售人员不得私吞公款。

4. 财务在哪个环节出现问题，由当天的负责人负责。

5. 会计必须在每天上午的 9:45 分之前到商场点帐。

二、人力资源部

1. 主持人事部工作，组织布署全场人员的业务学习和工作检查，考核各项岗位职责的执行情况。

2. 负责草拟全场人员编制和员工培训、培养计划；组织办理员工的招收、任免、调配、培养、工作考核、奖惩等项工作；组织整理、保管人事档案。

3. 负责组织管理全场员工的考勤工作，按规定权限审批、检查员工请假、销假。

4. 负责对全场员工、劳动分配提出改革方案，供总经理参考。

5. 负责对全场工作进行计划、安排、检查，以及质量核定和审核。

6. 协调好与其他部门的工作关系，办理总经理交办的其他有关人事工作。

三、采购部

1. 提出物资采购计划，报财务部批准后组织实施，并确保各项采购任务的完成。

2. 对各部门物资需求及消耗情况进行调查研究，熟悉各种物资的供应渠道和市场变化情况。

3. 认真监督检查各采购员的采购进程及价格控制。

4. 采购人员在从事采购业务活动中，讲信誉，不索贿、受贿，并与供货单位建立良好的关系，在平等互利的原则下进行合作。

5. 与供应商建立良好的供求关系，确保以最合理价格购到符合标准的物品。

6. 合理安排工作班次，全面安排采购计划，保证采购工作的顺利进行。

7. 了解市场信息，比值论价，降低费用开支。

8. 掌握财务部及采购部对各种物资成本及采购资金控制情况，熟悉各种物资的采购计划。

9. 经常到柜台和仓库了解商品销售情况，以销定购；积极组织适销对路的货源，防止盲目进货；尽量避免积压商品，提高资金周转率；经常与仓库保持联系，了解库存情况，全面掌握库存商品的情况，有计划、有步骤地安排好各项工作。

10. 进货后，要按物品的毛利率，根据进价决定售价，但对不同的物品可根据它们的销售情况和毛利率、品质，决定价格的下浮或上浮。

四、公关部

（一）职能：处理、协调、发展商城与社会公众和班集体内部公众关系。

（二）目标：联结商城与同学、老师、学校之间的桥梁。

（三）具体工作

1. 设立顾客意见簿及员工留言簿，收集顾客及员工对商城的意见和建议，及时反馈相关信息，为商城决策及改进提供信息渠道。

2. 组织部门活动，加强各部门联系，并通过活动释放员工身心，减缓工作压力，提高工作积极性及凝聚力。

3. 协调商城与学校各部门和老师的联系，并在有需要时做好营销前的公关工作；为学校争取更多的权益空间。

4. 组织内部"优秀部门""优秀员工"评比活动，提高员工的积极性和工作热情。

5. 部门制度

（1）部门成员必须坚持少数服从多数、下级服从上级的原则。

（2）按时完成上级安排的任务。

（3）可以合理地对上级提出意见或建议。

（4）严格执行部门工作。

（5）工作时不得衣衫不整，要注意维护商城形象。

（6）与外界进行公关活动时，不得穿拖鞋，要注意仪容仪表，要文明用语，维护商城形象。

五、市场调查部

（一）人员要求：

1. 调查部成员要掌握基本的市场调查方法，能完成基本的市场调查工作；

2. 能进行基本的数据分析和撰写调查报告；

3. 要有吃苦耐劳、敢于奉献和勇于创新的精神；

4. 有较强的组织性和纪律性，服从管理；

5. 要有良好的语言表达和书面表达能力；

6. 要有较强的组织能力和协调能力。

（二）工作细则：

1. 调查部成员要认真学习商城的章程，熟悉商城的基本运作流程；

2. 谨记调查部的具体工作职能和服务宗旨；

3. 要与商城各部门紧密联系，保持信息的迅速及时传递；

4. 要了解商城的具体产品特点及其价格；

5. 要对被调查者文明礼貌，态度友好诚恳，并对被调查者的配合表示感谢；

6. 不得泄露任何涉及商城经营秘密的信息和数据；

7. 要严格控制每次调查工作的相关费用并合理安排调查时间（自身上课时间不能调查，学校规定休息时间不能调查）；

8. 数据分析要图文并茂，每一个分析都要附有具体数据和相应图表及说明；

9. 数据分析要就事论事，实事求是，不得随意添加个人主观意见，做到真实可靠；

10. 每一次调查完成后都要在指定的时间内提交调查报告；

11. 要尊重数据，不要随意放弃或更改任何一个有效信息，尊重事实；

12. 每份（次）调查问卷都要同时制作电子版和纸质版，一同存档；

13. 办公垃圾要按指定程序销毁清理；

14. 时刻保持严谨细致的工作态度，不能马虎大意，不能将情绪带到工作中来；

15. 坚持用数据说话，用事实说话。

六、策划部

1. 负责商城整体形象的策划与营销方案的制定，并具体组织实施，对营销活动的结果进行总结分析；

2. 依销售计划，按时、按量、按价完成商品的预售、销售任务；

3. 负责商城广告、店内设计及宣传资料的制作；

4. 部门资料的管理；

5. 负责本部门的人员的培训、考核、奖惩等管理工作；

6. 及时完成 CEO 下达的任务。

七、销售部

（一）职能：

1. 与采购部配合，将其每次采购回来商品进行清点、上架，跟采购部或其他部门讨论定价，这是销售部必须做的事情；

2. 负责每天商品的补货，及时清点货物以便补货，通知采购部进行商品的采购，为采购部提供采购清单；

3. 协助策划部进行各类促销活动。

（二）目标：使整个销售过程能够顺畅。

（三）销售部内部制度：

1. 组员必须服从部长的安排，接受部长的调配，认真完成每一项任务；

2. 每次的部内会议必须准时参加，而且要做好部内重要会议的记录；

3. 对于销售部的成员必须按时调整市场，了解顾客的需求，为顾客提供更为优质的服务；

4. 销售部门成员必须始终保持积极向上的奋战态度，以保证部门业绩的提升，以及个人能力的提升；

5. 销售部成员必须与各部门的成员保持良好的沟通，这样才能确定交易的正确实施。

（四）销售准则：

1. 销售员服装仪容的检查包括：制服是否整洁，发型、仪容是否清爽整洁，是否正确佩戴工牌；

2. 销售员熟记并确认当日特价商品、当日调价商品、促销活动、重要商品所在位置及各商品调价后的价格；

3. 销售员必须始终微笑面对顾客；

4. 销售员面对顾客必须说"欢迎光临"，当顾客走出商城时必须说"欢迎下次光临"；

5. 销售人员在销售空闲时必须把已销售的产品补充上去，而且要整理杂乱的商品；

6. 销售员在较少顾客来时可做适当的放松，但必须在商城内。此外在放松过程中必须有人集中精力工作，不可两人同时看电影、玩游戏等。

任务四　企业视觉识别系统的策划

【任务引入】

陈刚团队经过一段时间，终于使超市的经营步入正轨。这时他们想落实原有的计划——加强企业的形象宣传并将网站建立起来。那么，如何将企业的理念用视觉识别系统体现出来呢？陈刚团队觉得又遇到了新的难题。

任务1：根据陈刚团队的需要掌握企业视觉形象策划基础要素。

任务2：根据陈刚团队的需要确定公司色和标准字体。

【任务分析】

企业的视觉识别系统（VIS）是企业理念的具体化和视觉化，也称为企业的脸面，是静态的识别符号。企业有再好的理念但不能传递给目标市场并产生良好的视觉效果，则企业的其他营销策略也会大打折扣。

知识链接

企业的视觉形象（VI）是企业整体形象系统的子系统，它是最直接地向消费者传递企业信息的企业形象组成部分。企业形象设计是以商标造型与企业色彩设计为核心，将企业的营销理念、企业管理、产品特色及广告宣传融为一体的视觉沟通技术。企业视觉形象设计的内容包括对企业视觉形象基本要素的设计和6大应用系统要素的设计。如图4-4所示。

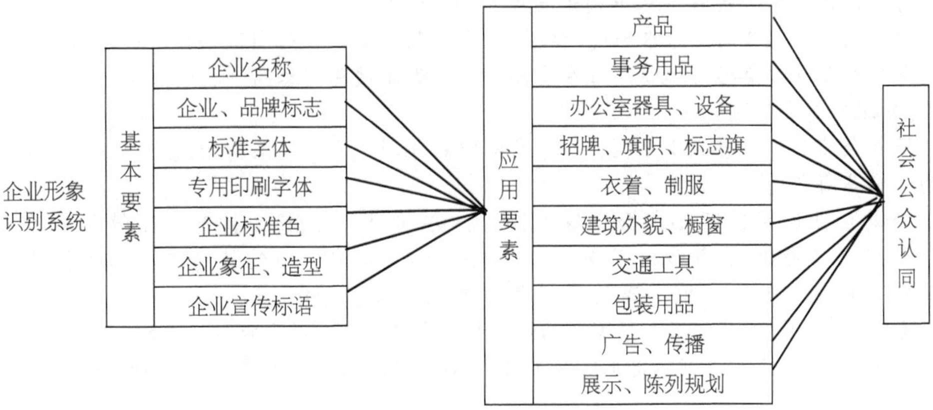

图4-4　企业形象设计要素

一、视觉识别系统的基本要素策划

（一）企业标志

企业标志是企业的文字名称、图形及其组合的设计，是企业形象识别设计系统的核心和基础，目的是通过简练的造型、生动的形象将企业的理念、具体内容、产品特性等信息传达给利益相关者。因此，企业标志的设计不仅要有强烈的视觉冲击力，而且要表达出独特的个性和时代感。企业标志被广泛应用于广告、产品、包装以及视觉识别系统中。

企业标志按照其表示的方式不同，可以分为文字标志（包括中外文字和阿拉伯数字的组合）、图形标志（包括再现图形、象征图形、几何图形）、综合表现（包括图形与文字的结合应用）3个方面，企业标志要以固定不变的标准原型在企业形象识别设计形态中应用。

案例链接

统一企业标志由英文字"PRESIDENT"之字首"P"演变而来。如图4-5所示。

翅膀三条斜线与延续向左上扬的身躯，一方面代表"三好一公道"的品牌精神（即品质好、信用好、服务好、价格公道）；另一方面也象征以爱心、诚心、信心为基础，为消费者提供商品及服务，以及产品中创新突破的寓意。

底座平切的翅膀，则是稳定正派诚实的表征。

整个造型象征超越、翱翔、和平以及飞向健康快乐的未来。

色彩意义：

"红色"代表热诚的服务、坚定的信心、赤诚的关注；

"橙色"代表勇于创新、敢于突破，以及与食品联想的满足感、丰盛感；

"明黄"富有温馨、明快、愉悦的感情，代表该品牌的期望。

图案整体明朗愉悦的暖色系，象征健康快乐的未来与新鲜活力的期许。

图4-5　统一企业标志

（二）企业标准字

企业标准字包括中文、英文或其他文字字体，是根据企业名称、品牌名称和广告口号等，经过对字体的选择和搭配、对背景颜色等设计和处理而形成的表现方式。企业标准字借助不同形式的视觉识别，增强文字的表现力，进而形成形象差异，直接传达企业、品牌的名称并强化企业形象和品牌诉求力。

案例链接

海尔商标的演变是海尔从中国走向世界的见证。

海尔创业刚起步时，电冰箱生产技术从德国利勃海尔公司引进。当时双方签订的合同规定，海尔可在德国商标上加注厂址在青岛，于是海尔便用"琴岛—利勃海尔"作为公司的商标。（琴岛，青岛的别称）

随着企业品牌声誉的不断提升，原商标中的地域性影响了品牌的进一步拓展，于是过渡成为"琴岛海尔"。

随着企业进军国际化市场步伐加快，1993年5月，集团将产品品牌与集团名称均过渡到中文"海尔"，并设计了英文"Haier"作为标志。新的标志更与国际接轨，设计上简洁、稳重、大气，被广泛用于产品与企业形象宣传中。

2004年12月26日，海尔集团开始启用新的海尔标志。新的标志由中英文（汉语拼音）组成，与原来的标志相比，新的标志延续了海尔20年发展形成的品牌文化，同时更加强调了时代感（见图4-6）。

英文（汉语拼音）每笔的笔画比以前更简洁，共9画。"a"减少了一个弯，表示海尔人认准目标不回头；"r"减少了一个分支，表示海尔人向上、向前决心不动摇。英文（汉语拼音）海尔新标志的设计核心是速度，因为在信息化时代，组织的速度、个人的速度都要求更快。风格是简约、活力、向上。英文（汉语拼音）新标志整体结构简约，显示海尔组织结构更加扁平化，每个人更加充满活力，对全球市场有更快的反应速度。

汉字海尔的新标志是中国传统的书法字体，它的设计核心是动态与平衡，风格是变中有稳。这两个书法字体，每一笔都蕴含着勃勃生机，视觉上有强烈的飞翔动感，充满了活力，寓意着海尔人为了实现创世界名牌的目标，不拘一格，勇于创新。

图 4-6 海尔商标

《孙子兵法》上说："能因敌变化而制胜者谓之神。"信息时代全球市场变化非常快，谁能够以变制变，先变一步，谁就能够取胜。

海尔在不断打破平衡的创新中，又要保持相对的稳定，所以在"海尔"这两个字中，每个字都有一个笔画在整个字中起平衡作用——"海"字中的一横，"尔"字中的一竖。"横平竖直"的设计使整个字在动感中保持平衡，寓意变中有稳，企业无论如何变化都是为了稳步发展。

从"琴岛—利勃海尔"到"琴岛海尔"，再到"海尔"，从商标的演变可以看出海尔塑造品牌形象、逐步走向国际化品牌的发展历程。海尔，正在努力成为真正的国际化品牌。

（三）企业标准色

标准色是通过移动的色彩或一组色彩系统的视觉刺激和心理反应来传递企业理念和产品特质的识别要素。标准色又叫公司色，象征着独特的企业形象。企业标准色的选择包括单色标准色、复色标准色及标准色+辅助色 3 种色彩表示方式。

企业的标准色彩是用来象征企业并应用在视觉识别设计中所有媒体上的特定色彩。透过色彩具有的知觉刺激与心理反应，可表现出企业的经营理念和产品内容的特质，体现出企业属性和情感。标准色在视觉识别符号中具有强烈的识别效应。企业标准色的确定要根据企业的行业属性，突出企业与同行的差别，并创造出与众不同的色彩效果。标准色的选用是以国际标准色为基础的。企业的标准色使用不宜过多，通常不超过 3 种颜色。

| 营销小知识 |

红色——热烈、辉煌、兴奋、热情、青春
绿色——春天、健美、安全、成长、新鲜
蓝色——安详、理智、科技、开阔、冷静
黄色——富贵、光明、轻快、香甜、希望
橙色——华丽、健康、温暖、快乐、明亮
紫色——高贵、优越、优雅、神秘、细腻
白色——明亮、高雅、神圣、纯洁、坚贞
黑色——严肃、庄重、坚定、深思、刚毅
灰色——雅致、含蓄、谦和、平凡、精致

（四）企业吉祥物

企业吉祥物是为了强化企业形象而设计的企业造型和具体图案，通过幽默、滑稽的设计，以平易可爱的人物或拟人化形象来唤起社会大众的注意和好感，引起社会关注，有助于企业与社会公众之间的沟通。

| 案例链接 |

麦当劳（McDonald's）取其英文名称的第一个字母 M 为标志。标准色采用金黄色，标志用寓意和象征图形相结合的方法，"M"既是公司英文名称的第一个字母，又设计成象征双臂打开的黄金双拱门，表示欢乐与美味，象征着麦当劳以"Q，S，C&V"像磁石一般不断地把顾客吸进这座欢乐之门。如图 4-7 所示。

麦当劳叔叔是麦当劳的吉祥物，他亲切幽默，

图 4-7 麦当劳标志

99

象征着祥和、友爱和欢乐，象征着麦当劳叔叔永远是顾客的朋友和社区的一分子，他时时刻刻为儿童和社区的发展贡献自己的一份力量。

总之，麦当劳识别标志——金黄色双拱门"M"，简洁、醒目，麦当劳叔叔的形象喜庆、友善、可爱、可亲，这首先从视觉识别上、心理上吸引住了顾客，给人们留下深刻而良好的印象，如图 4-7 所示。

二、视觉识别系统的应用要素策划

视觉识别的应用要素是指基本要素组合应用的传递媒体，主要包括办公用品、员工制服、交通工具、建筑外观、标志招牌、产品造型设计、包装装潢策划等。

（一）办公用品

办公用品包括信封、信纸、便笺、名片、徽章、工作证、请柬、文件夹、介绍信、账票、备忘录、资料袋、公文表格等。办公用品的设计制作应充分体现出强烈的统一性和规范化，表现出企业的精神。

（二）员工制服

员工制服具有传递企业的建议思想、行业特点、工作风范、精神面貌的作用，并且能够使员工明确自己工作岗位的性质、特点，区分各自的职责和义务，成为员工思想观念、言行举止的规范。

（三）交通工具

交通工具是流动的形象展示平台，如果与企业标志、标准字以及标准色配合使用，将会产生很强的视觉冲击力。设计时应具体考虑它们的移动和快速流动的特点，用标准字和标准色来统一各种交通工具外观的设计效果。交通工具主要包括轿车、中巴、大巴、货车、工具车等。

（四）建筑外观

企业外部建筑环境设计是企业形象在公共场合的视觉再现，是一种公开化、有特色的群体设计和标志着企业面貌特征的系统。在设计上借助企业周围的环境，突出和强调企业识别标志，并贯穿于周围环境当中，充分体现企业形象统一的标准化、正规化和企业形象的坚定性，使观者在眼花缭乱的都市中获得好感。它主要包括建筑造型、旗帜、门面、招牌、公共标识牌、路标指示牌、广告塔等。

任务总结

陈刚团队在"学中做、做中学"的过程中，对企业视觉形象策划有了深刻的认识并成功地为超市确定了标准色、标准字体等，网站的视觉效果也得到老师和同学的好评。他们将学习结果归纳如下。

（1）企业的视觉形象（VI）是企业整体形象系统中最直接地向消费者传递企业信息的企业形象组成部分，是直接面向消费者的重要的一环。

（2）企业视觉形象设计的内容包括对企业视觉形象基本要素的设计和 6 大应用系统要素的设计。

（3）在企业视觉形象基本要素的设计中包括企业标志、企业标准字、企业标准色和企业吉祥物等内容。

（4）在企业视觉形象应用系统要素的设计中包括办公用品、员工制服、交通工具和建筑外观等诸因素。

思考与讨论

（1）企业视觉识别系统包括哪些要素？

（2）怎样才能设计好企业视觉识别系统？

案例分析

谭木匠商标设计及其标志设计释义

"谭木匠"这一商标，配以木工作坊劳作图，极具中国传统文化特色。木匠作为中国传统木工手艺人称呼，本身就有一股浓浓的乡土味，它是勤劳与智慧的象征。"木匠"前冠以"谭"字，符合中国传统商号的取名习惯，给人一种沧桑厚实的历史感。同时，檀木在中国民间是吉利的象征物，有避邪驱邪的功用，"谭"与"檀"谐音，正好兼取此意。

作为"谭木匠"商标的文化由来和内涵，"我善治木"以及木匠正在作坊锯木头的场景构成了谭木匠商标图案。"我善治木"体现出谭木匠人充满自信，超越自我，以每天进步百分之一的精神不断进取。谭木匠商标图案已经成为公司的企业标志，被广泛应用于多个方面，实现了公司内在个性与外在包装的高度统一。

图4-8 谭木匠商标

同时，这件商标形象背后还渗透着谭木匠公司的企业文化。作为谭木匠公司的企业理念，"诚实、劳动、快乐"已经深刻表现在商标的每一个细节上。如图4-8所示，"谭木匠"商标的"谭"字为隶书，"木"字为木工推刨和木工角尺的巧妙结合，"匠"字为象形字，可隐约看出一位木匠在简陋的作坊间正俯下身子在木凳上用力推木料的情景。该商标是申请人独立创作并长期使用的公司形象标志，具有非常强的象征性。商标脱颖而出，并成功地在消费者心目中占据一定位置，成为商标形象成功定位的关键所在。

案例思考：

1. "谭木匠"logo设计的成功体现在哪里？

2. 结合本案例思考中小企业在设计企业形象时如何建立自己的特色。

实训项目

实训项目 视觉形象系统的确立

【训练目标】

（1）掌握企业视觉形象系统策划的要素。

（2）掌握企业视觉形象系统策划的技巧。

【内容与要求】

为校园超市设计一个具有视觉冲击力的标志，并确定其标准字与标准色。

【组织与实施评价】

（1）全班学生划分6～8人的若干个小组，组成项目团队。

（2）建立沟通协调机制，团队成员共同参与协作完成公司任务。

（3）在教师的指导下熟悉校园超市的经营理念和行为制度，在此基础上设计超市的标志，并确定其标准色和员工制服。

（4）评价与总结：各项目团队提交设计成果。

【实训成果】

校园超市视觉识别系统策划

广东科贸职业学院商贸系实训商城的标志，分别由象征热情和激情的红色、寓意奉献的橙色、象征品质和实惠的绿色以及三种颜色的字母"S"组成。

字母"S"代表了我们学校"School"和学生"Student"。字母"S"也是商贸系、实训商城、市场营销拼音首字母如图4-9所示。

图4-9　广东科贸职业学院商贸系实训商城的标志

代表着我们系颜色的橙色"S"是指商贸系；

象征着为广大师生提供优质、实惠商品的绿色"S"代表实训商城；

充满热情与激情的红色"S"代表了09市销2班；

整个商城的标志展现了我们"实惠、热情、奉献、学习"的经营理念，同时包含了我们经营商城所追求的服务宗旨、市场定位和文化氛围。

图4-10　广东科贸职业学院商贸系实训商城胸卡

图4-11　广东科贸职业学院商贸系实训商城工作服装

项目五

企业产品策划

学习目标

- 掌握整体产品的层次
- 掌握单一产品策划的内容
- 掌握产品组合策划的内容与要求
- 掌握新产品策划的程序与步骤

技能目标

- 具备新产品上市前的调研、分析、评估、预测的能力
- 初步具备对企业单一产品进行规划的能力
- 初步具备对企业产品服务项目进行规划的能力
- 初步具备对企业产品线及产品项目进行有效组合的能力
- 初步具备新产品上市推广、上市计划制定的能力
- 能通过团队合作、互相协作解决相关问题并完成任务
- 具有团队合作精神、完成个人任务和协调组内人际关系的能力

任务一 单一产品的策划

【任务引入】

陈刚团队经过一段时间的努力，对校园超市进行了定位和 CI 形象导入，并建立了超市的网站。但在经营中他们发现了很多问题，其中，在战略规划后如何通过 4P 战术实施是他们遇到的新问题。他们知道扎实地经营好每一个产品是企业成功的基础条件。那么，陈刚团队应该怎么做呢？

任务 1：根据陈刚团队的需要掌握产品的整体概念。

任务 2：根据陈刚团队的需要掌握单一产品策划的技巧。

【任务分析】

产品是市场营销组合中最重要也是最基本的因素。企业在制定营销组合策略时，首先必须决定发展什么样的产品来满足目标市场需求。同时，产品策略还直接或间接地影响到其他营销组合因素的管理。从这个意义上说，产品策略是整个营销组合策略的基石。就单一产品而言，任何一种产品都是多因素的组合体，形成整体产品，以满足企业市场营销活动的需要。

下面，我们将对产品的层次及其要素、产品的质量、包装及服务策划进行研究。

> 知识链接

一、产品的层次与要素

产品是市场上可供购买、使用或消费以满足欲望或需求的东西，如一台计算机、在音乐厅听一次音乐、一次旅游、一套家居装修设计等，都可以称之为产品。美国市场学家西奥多·李维特教授说："未来竞争的关键，不在于工厂能生产什么产品，而在于其产品能提供的附加利益。"在现代市场营销学中，产品概念具有极其宽广的外延和深刻的内涵。产品是指能够通过交换满足消费者或用户某一需求和欲望的任何有形物品和无形服务。

> **案例链接**
>
> 何阳大学毕业后被分配到北京一家化工厂，1988 年，32 岁的他辞职下海，成为了一个"知识个体户"。一家灯具工厂的台灯卖不出去，何阳想起海湾战争中大显神威的爱国者导弹，便建议工厂设计一种爱国者导弹形台灯，样品拿到香港的博览会上居然脱销，何阳收到 6 万元酬金。浙江的金华火腿已有 800 年历史，但近年销路不畅，何阳出点子说，为何不把火腿开发成罐头食品呢？就这一句话，何阳收到 10 万元的点子费。这一事例表明，正确把握产品的整体概念，对于企业为市场设计、供应适销对路的产品，取得预期收益至关重要。产品概念已经远远超越了传统的有形实物的范围，思想、策划、主意作为产品的重要形式，也能卖钱。

菲利普·科特勒等营销学者认为，5 个层次的表述方式能够更深刻和更准确地表述产品整体概念的含义。这 5 个层次是核心产品、形式产品、期望产品、附加产品和潜在产品。

（一）核心产品

核心产品又称为实质产品，是指向顾客提供的产品的基本效用或利益。从根本上说，每一种产品实质上都是为解决问题而提供的服务。例如，人们购买空调机不是为了获取装有某些电器零部件的物体，而是为了在炎热的夏季满足凉爽舒适的需求；又如，电视机产品的核心是通过图像和音响使消费者获得各种信息与娱乐享受，而不是为了使消费者获得装有某些机械、电器零部件的一只箱子。任何产品都必须具有反映顾客核心需求的基本效用或利益，核心产品是系统产品概念中最基本、最主要的部分。

（二）形式产品

形式产品是指核心产品借以实现的形式，如一个旅馆的房间应包括床、浴巾、毛巾、桌子、衣橱、卫生间等。形式产品由 5 个要素构成，即品质、式样、特征、商标及包装。即使是纯粹的服务产品，也具有与此类似的 5 个特征。产品的基本效用必须通过特定形式才能实现，市场营销人员应努力寻求更加完善的外在形式以满足顾客的需要。

（三）期望产品

期望产品是指购买者在购买该产品时期望得到的与产品密切相关的一整套属性和条件。例如，旅客在寻找一家旅馆时期望干净的床、新的毛巾、台灯和相对的安静。由于大多数旅馆能满足这最低的期望，所以，旅客通常没有什么偏好并且找最方便的旅馆留宿。

（四）附加产品

附加产品是指顾客购买产品时所获得的全部附加利益与服务，包括安装、送货、保证、提供信贷、售后服务等。例如，旅馆能增加它的产品，包括电视机、洗发香波、鲜花、结账快捷、美味晚餐和良好房间服务等。如今的竞争主要表现在附加产品的层次，这正如美国学者西奥多·莱维特指出的："现代竞争的关键，并不在于各家公司在其工厂中生产什么，而在于它们能为其产品增加些什么内容。"

> **案例链接**
>
> 青岛"海尔"空调推出了"为您量体裁衣"活动，根据用户的房型、居住面积和朝向等方面，上门为用户设计最符合用户需求的空调，并且凭借强大的技术优势，先后设计出了嵌入式、卡式、吊顶落地式、风管式等十几种样式，室内机可安装在卫生间或储藏室的天花板内，丝毫不占房间的有效空间，而且极易与室内装修浑然一体。由于此举最大限度地满足了用户个性化的需求，尽管该空调价格不菲，仍然成为市场上最受消费者宠爱的品牌，销售一路攀升，创造了家电市场的又一个亮点。

（五）潜在产品

潜在产品是指最终可能实现的全部附加部分和新转换部分，或者说是指与现有产品相关的未来可发展的潜在性产品。潜在产品指出了产品可能的演变趋势和前景，如彩色电视机可发展为录放影机、计算机终端机等。

许多成功的公司在它们的产品和服务中增加了额外的优惠和好处，这样不仅让顾客满意，而且令顾客愉悦。愉悦是指对提供物表现出乎意料的惊喜。如旅馆客人在枕下发现了糖果，或发现了一束花，或互联网服务等。

产品整体概念的 5 个层次，十分清晰地体现了以顾客为中心的现代营销观念。这一概念的内涵和外延都是以消费者需求为导向的，由消费者的需求来决定，可以说忽视产品整体概念的企业不可能真正贯彻现代营销观念。

> **营销小知识**
>
> 著名营销学专家菲利普·科特勒在《市场营销原理》一书中举了一个例子来说明这个道理。他说，有一家办公用具公司生产了一种文具柜，十分结实耐用，但销路却不佳。经理抱怨说："我们的文具柜这样结实，从楼上摔下去也坏不了，为什么买的人很少呢？"问题在于，没有一个人买文具柜是为了从楼上往下摔的。你提供的产品并不是顾客所需的，再结实也没有用。

二、产品的质量策划

产品质量是指产品适应社会生产和生活消费需要而具备的特性，它是产品使用价值的具体体现。它包括产品内在质量和外观质量两个方面。

（一）产品内在质量

产品的内在质量是指产品的内在属性，包括性能、寿命、可靠性、安全性、经济性五个方面。

（1）产品性能指产品具有适合用户要求的物理、化学或技术性能，如强度、化学成分、纯度、功率、转速等。

（2）产品寿命指产品在正常情况下的使用期限，如房屋的使用年限，电灯、电视机的使用时数，闪光灯的闪光次数等。

（3）产品可靠性指产品在规定的时间内和规定的条件下使用，不发生故障的特性，如电视机使用无故障，钟表的走时精确等。

（4）产品安全性指产品在使用过程中对人身及环境的安全保障程度，如热水器的安全性、啤酒瓶的防爆性、电器产品的导电安全性等。

（5）产品经济性指产品经济寿命周期内的总费用的多少，如空调器、冰箱等家电产品的耗电量，汽车的每百公里的耗油量等。

产品质量应建立在消费者需要、又愿意支付相应价格的水平上。质量水平超过有支付能力的需求，成本及价格过高，也会导致产品无人问津。为此，产品内在质量策划应考虑以下问题。

1. 产品使用质量的适用性

产品使用质量的适用性是指产品性能与顾客需要或实际用途相适应的程度，主要由性能项目及具体标准来反映。适用性是由那些用户认为对他有益的产品特点所决定的，比如，新烤好面包的味道、无线电节目供人清晰收听的能力、公共汽车的准时来到、鞋子的寿命、一幅油画的美好等。

> **营销小知识**
>
> 美国著名质量管理大师朱兰提出："质量是一种适用性。而所谓'适用性'是指使产品在使用期间能满足使用者的需求，是对一个公司要实现其质量目标所需进行的活动的确定和实施过程"。朱兰分析道，所有人类团体，无论是工业公司、学校、医院、教会或是政府等，都从事于对人们提供产品或服务。只有当这些货物和服务在价格、交货日期以及适用性上适合用户的全面需要时，这种关系才是建设性的。在这种全面需要中，当一个产品在使用时能成功地适合用户目的和程度时，我们可以说它是"适用"的。

2. 产品质量的可靠性

产品质量的可靠性指产品性能在一定时间、一定条件内按规定要求工作而无故障的能力，可用一定的尺度衡量。如某企业规定其生产的冰箱连续运行 80 000 小时无故障，这 80 000 小时就是用来衡量化学成分、纯度、功率、转速、抗压度、耐磨度等。企业应根据具体产品来策划其质量特征。

3. 质量标准化的整体性

现代营销视产品为核心产品、形体产品、附加产品的总合。传统销售只满足于核心产品即产品的效用、功能达到一定的技术标准；现代营销则要求产品的式样、规格、包装、附件以及以服务形式出现的送货、安装、保证、维修等均应达到一定的标准。产品质量的达标是产品整体及所属各部分均应达标。标准化的要求就是要求产品的整体不属伪劣假冒，是真实完好的。

4. 产品质量的竞争性

从市场角度来看，产品质量是在竞争中为消费者判别的。产品质量的竞争性是通过品牌活力和品牌优势体现的。品牌的差别化、特色化与适度形成品牌活力；品牌在消费者中的知名度、美誉度和亲近感是品牌优势的体现。产品质量的竞争是以品牌竞争来表现的。市场竞争不是单一的行为，而是产品力、促销力、形象力的综合较量。消费者对产品质量的评估是从市场上感受到的，消费者购买行为的非专业性以及从众心理决定了消费者依据品牌竞争势头来判断产品的质量。

案例链接

宝船公司原先全靠人工用锅子和小竹板来做豆馅馒头和糕饼，现在改用机器做了，这是一种革命，但也非常冒险。做糕饼是一种名人手艺，所以规模太大就会倒闭，然而宝船公司做糕饼，却是名人手艺的品质，又不靠名人的手艺制作，而靠机器生产，因此价格就便宜，这样当然畅销。这种革新开始时是很困难的，因为既要好吃又要有产量，确实不容易，但宝船公司的经营者一直深信肯定会成功，最终他们成功了。由于方法是首创的，产品的质量好且产量高，当然无人能与之竞争。

他们有做好吃的糕饼的信念，并一直坚持去做，即使是改用机器，也要保证糕饼的质量，必须做到味道可口，卫生，外形好看才行。因此没有产品的质量，再热忱也卖不出去，信念必须以值得信赖的产品为基础。

（二）产品外观质量

产品的外观质量指产品的外部属性，包括产品的外形、美学、造型、装潢、款式、色彩、包装等。产品外观质量策划包括以下内容。

1. 产品形态

产品形态是指产品以何种物理属性提供其效用。在设计产品时，既要考虑技术水平、工艺要求和原材料性质，又要考虑市场需求和顾客需求。如棒棒糖，可制成条状，也可制成板块状的。

2. 产品式样、颜色和口味

产品的造型设计及色彩是激发消费者购买欲望的重要因素，必须符合目标市场喜好与需求的特点。

3. 产品体积和重量

产品实体及包装的体积大小、分量多少，应考虑便于消费者或用户使用、保管和包装。

4. 品牌

品牌既要区别于竞争者的产品，又要便于吸引消费者和用户购买。

5. 产品包装与装潢

包装能够保护产品，若与装潢相结合，更能促进销售并增加利润。

（三）产品质量体系认证中关于质量策划研究

1. 质量策划的含义

质量策划是质量管理的一部分，致力于制定质量目标并规定必要的运行过程和相关资源以实现质量目标。

质量策划包括以下几项内容（见图 5-1）。

（1）产品策划：对质量特性进行识别、分类和比较，并建立其目标、质量要求和约束条件。

（2）管理和作业策划：对实施质量体系进行准备，包括组织和安排。

（3）编制质量计划并做出质量改进规定。

2. 质量策划的范围

任何一项质量管理活动，不论其涉及的范围大小、内容多少，都需要进行质量策划。GB/T 19000—2000 族标准所要求的质量策划包括以下几项内容（见图 5-1）。

（1）有关质量管理体系的策划。

（2）有关质量目标的策划。

（3）有关过程的策划。

（4）有关质量改进的策划。

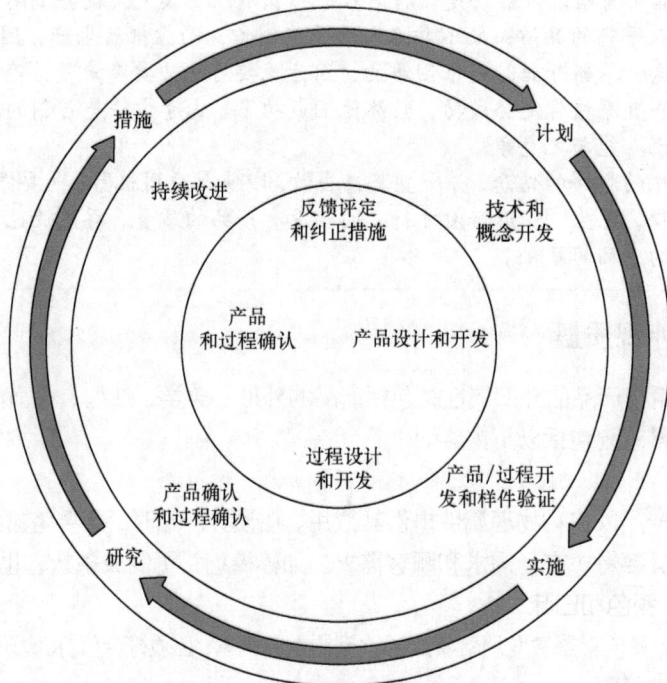

图 5-1　质量策划循环示意

3. 质量策划的内容

不管采用何种形式，质量策划的内容必须包括以下几项内容（见图 5-1）。

（1）设定质量目标。

（2）确定达到目标的途径。

（3）确定相关的职责和权限。

（4）确定所需的其他资源。

（5）确定实现目标的方法和工具。

（6）确定其他的策划需求。

案例链接

一年实施 2 200 多千米公路的大中修工程,所有工程需在 7 月底奥运会开幕前全部完工。工期紧,工艺要求高,工程质量如何保证?

陕西省公路局为充分落实"质量策划",实现陕西省交通厅在全行业开展的以养护工程为重点的"养护质量年"活动目标,要求从政府监督、行业监管、法人负责,到社会监理、企业自检、设计监控都必须结合各自的职责和项目特点开展"质量策划";策划以行业监管的质量目标为基本目标,按照不低于这个基本目标的要求进行目标细化分解;各自的"质量策划"要保持一致和衔接,形成一个有机统一的"质量策划"体系。要求项目开工前必须形成书面"质量策划"文件,包括质量目标、进度目标、投资目标、施工组织计划、质量安全责任书、关键工序和特殊工艺质量控制、雨季施工措施等;完善制度,制定公路大中修工程项目管理办法,确保管理科学化、运行规范化。

此外,陕西省公路局加强质量监督检查,要求各市质量监督机构要定期抽查工程质量,加强对质量工作的监督指导,通报检查结果,发布质量信息。各市要继续贯彻养建工程质量月报制度,每月将结果报送省公路局。省公路局将根据质量工作状况,及时采取监管措施,加强工作指导,促进"质量策划"的落实和质量管理水平的提高,从上到下共同努力,确保工程质量目标的实现。

109

三、产品的包装策划

(一)包装概念及其作用

1. 包装的概念

包装在整体产品中占有重要位置,通常是指产品的容器或包装物及其设计装潢。美国包装学会对包装的定义是:符合产品之需求,依最佳之成本,便于货物之传送、流通、交易、储存与贩卖,而实施的整体系统的准备工作。

产品包装一般分为 3 个层次:第一,内包装,是指产品的直接容器或包装物,如牙膏皮、酒瓶等;第二,中层包装,是指保护内包装的包装物,因此又称为间接包装,如酒瓶外的包装纸盒、每条香烟的包装盒等;第三,储存运输包装,是指为了便于储存、运输以及识别,在中层包装外的包装,如装运香烟的纸箱、整箱汽水的包装纸盒等。

2. 包装的作用

包装的作用表现在三个方面,即保护商品、方便使用和促进销售。

(1)保护商品。这是产品包装首要的基本功能。它是指保护被包装的商品,防止风险和损坏,如渗漏、浪费、偷盗、损耗、散落、掺杂、收缩、变色等。在产品包装时,要注意对产品包装材料的选择以及包装的技术控制。

(2)便于运输和携带。产品包装既要起到保护商品的作用,也要方便运输和携带。特别是液态、颗粒或粉末状产品对包装要求更加严格。不方便运输或携带的包装,正逐渐被现在的小包装所取代,这也使得消费者采购和携带更加方便。

(3)美化产品,促进销售。包装是形成产品差异从而提高产品竞争力的重要工具。好的包装可以美化产品,烘托产品的特性,兼具广告与推销的功能,是"无声的推销员"。在自选商店里,美观大方的产品包装吸引着顾客的注意力,并能把他的注意力转化为兴趣。良好的包装能够提高新产品的吸引力,同时,包装本身的价值也能引起消费者购买某种产品的动机。此外,提高包装的吸引力要比提高产品单位售价的代价要低。

营销小知识

商品的包装被称为"无言的推销员"，是品牌视觉形象设计的一个重要部分。一项市场调查表明：家庭主妇到超级市场购物时，由于精美包装的吸引而购买的商品通常超过预算的45%左右，足见包装的魅力之大。

（二）包装策划

1. 产品包装策划要素

产品包装策划是从包装对促销的角度进行的策划。在进行产品包装策划之前，应了解产品包装策划的要素。

（1）包装的形状与结构。主要是从产品的运输、储存、陈列、销售等角度来考虑，在对包装的形状与结构策划时要求做到结构合理、运输方便、节省包装材料和仓储费用。

（2）包装的图案。在包装策划中，包装的图案设计一般包括摄影图案、绘画图案和抽象图案三种。在对包装的图案进行策划时，要求突出产品的特色，正确表达包装的主题。

（3）包装的文字。文字是产品包装画面的重要组成部分之一，它不仅在画面中起着装饰作用，更重要的是达到宣传产品、介绍产品的目的。在对包装的文字进行策划时，要求做到精练、鲜明、易于识别、便于记忆。

（4）包装的色彩。色彩是装潢中一种先声夺人的艺术语言，色彩运用得当，能起到宣传产品、美化产品的作用。在对产品的色彩进行策划时，要注意色彩的搭配，以奇取胜。

（5）包装标签。包装标签是指附着在包装上的文字、图形、雕刻及印刷说明，用以标明生产者或销售者的名称、地址、产品成分、品质特点、包装内数量、使用说明、生产日期、有效期限、产品编号等内容。企业在对其策划时，要力求真实、详尽、完整，以增进消费者对产品的信任。

2. 包装策划的内容

（1）品类单调、产品线不宽的企业的产品策划。这类企业产品种类比较少，产品之间在质量等各个方面差别不太悬殊，如果包装式样太多的话，所起的效果将适得其反。因此，这类企业包装策划应以简单、统一为主。

（2）产品项目丰富的企业产品包装策划。按照产品质量价值的不同采用不同等级包装，使不同等级产品特征明显，把产品内在质量的差别体现在包装上，以便于区分。

（3）激发连带购买的产品包装策划。在日常生活中，消费者在选购商品时一般具有比较明显的共同特征，即连带性的购买行为。根据消费者购买习惯，在商品包装中可以把几种有关联的不同商品集中在一个包装袋中，如学习用品、洗涤用品等。通过这种组合包装方式，既可以方便消费者购买，又可以促进商品销售，特别是在企业推出新品时，可以用老产品来带动新产品的销售，效果非常理想。

营销小知识

产品包装设计"五忌"：一是没有凸显产品的销售主张；二是图案与产品内涵南辕北辙；三是华而不实；四是不符合行为习惯；五是与潮流格格不入。

---

3. 包装策略策划

包装要素的不同使用与组合，形成了不同的包装策略。归纳起来，大致有以下6种：统一包装、配套包装、再使用包装、附赠品包装、等级包装、改进包装。

（1）统一包装策略（又称类似包装策略）。企业对其生产的各种不同产品，在包装上采用相同的图案、色彩或其他共同特征，使顾客很容易发现是同一家企业的产品。这种策略可以树立企业的形象，扩大企业的影响，促进销售。但仅适用于质量相同的产品，对于品种差异大、质量水平悬殊的产品则不宜采用。

（2）配套包装策略。配套包装策略是指把多种相关的商品配套包装在同一包装物内，这种包装形式，一般以一种商品为主，然后配以相关联的产品。如常见的女性化妆品按套销售（每套商品中包括粉底、粉霜、香粉、香水、口红等多种化妆品），高级名酒包装内附带有银质小酒杯等。

（3）再使用包装策略。再使用包装策略是指产品的包装物还可以有其他用途，这样，顾客购买产品后也顺便获得了包装所带来的利益。这种策略可用于产品的促销，例如某些药品的包装还可以用来做水杯。

（4）附赠品包装策略。附赠品包装策略，指的是为了刺激顾客的购买欲望，除核心产品外，包装物内还附有图片、实物、奖券等其他与核心产品无关的东西，赠送给消费者。

（5）等级包装策略。等级包装策略是指对同一种商品按等级的不同进行不同的包装。高档商品用高档包装，中档商品用中档包装，低档商品则用低档包装；也可以是同一等级产品用不同等级的包装，以适应不同顾客的需求。

（6）改进包装策略。探索包装方式的创新是全世界都在做的事情，诸如充填式、二次利用式、易开启式、易存储式、气泵式、喷雾式、可微波透射式等不同包装方式，真是五花八门。

四、产品的服务策划

（一）产品服务的概念

所谓产品服务，是指以实物产品为基础的行业，为支持实物产品的销售而向消费者提供的附加服务。如果用产品整体概念来解释，产品服务就是指整体产品中的附加产品、延伸产品部分，也称产品支持服务。其目的是保证消费者所购产品效用的充分发挥。产品服务过程包括售前服务、售中服务和售后服务。

（二）产品服务的内容

（1）售前服务。售前服务是指产品销售之前向顾客提供的服务，如提供样品、产品目录、使用说明、导购服务等，以激发顾客购买欲望，强化顾客购买动机。

（2）售中服务。售中服务是指产品在销售过程中提供的服务，如热情接待、为顾客精心挑选产品、解答消费者提出的有关产品的各种疑虑、操作使用的示范表演等，以影响顾客心理感受，增强信赖感，促成交易。

（3）售后服务。售后服务是指产品售出后向消费者提供的服务，如送货上门、安装、调试、维修保证、技术培训、提供信贷、定期保养、保证更换、实行"三包"、按合同提供配件等，以保证顾客所购商品价值的充分发挥，解除后顾之忧，提高满意程度，促进重复购买。

（三）产品服务的特点及市场营销策划思路

1. 产品服务的不可触知性（形态的无形性）

产品服务的不可触知性是产品服务的最基本的特点。服务是不可感知的，无形、无声、无味，在购买以前是看不见也摸不着的，它只能被消费而不能被占有。根据这一特点，市场营销策划应将重点放在减少不可触知性，方法有以下几点。

（1）提供有形证据。

（2）增加有形要素。

（3）营造现场气氛。

（4）利用人员形象。

营销小知识

铁路部门优质的服务可通过以下几方面表现出来：一是环境，宽敞明亮的候车大厅，干净整洁的车厢铺位；二是人员，全体工作人员着装整齐，面带微笑；三是设备，现代化的硬件设施。

---

2. 产品服务的不可分离性（产销的同时性）

由于服务的不可存储性，所以服务的生产和消费一般是同时进行、不可分离的。如果服务是由人提供的，那么提供服务者也成为服务的组成部分。有时提供服务还需要被服务者在场，如指导顾客使用、维护产品等。所以，要求企业在市场营销策划中从以下几个方面入手。

（1）配备较多的分支机构，增设网点，并尽可能在地理位置上接近顾客，以克服产品服务在生产和消费上的时间、空间限制。

（2）实行上门服务，以减少企业在客源不足时，人员和设备闲置所造成的浪费。

（3）如无法通过推的促销策略进行市场传播，可采用拉的促销策略来弥补。

3. 服务的不可存储性

服务的价值只存在于服务进行之中，不能储存以供今后销售和使用。所以，企业在提供服务的过程中，必须始终与顾客保持紧密的联系，按照顾客的要求提供服务，并及时了解顾客对服务的意见和建议，按需提供，及时消费。

针对这一特点，企业在市场营销策划时应从以下几方面入手。

（1）实行预约服务。

（2）在最高峰期提供补充性服务，供等待的顾客选择。

（3）建立服务质量保障体系，以消除顾客因担心无法"退货"而产生的忧虑和疑虑。

4. 质量的波动性

服务质量是由人来控制的，而人的素质又是千差万别的。所以，服务质量取决于由谁来提供服务、在何时何地提供服务以及谁享受服务，服务质量会因人、因时、因地而存在差异。

针对这一特点，企业在市场营销策划时应从以下几方面入手。

（1）培训和鼓励员工为顾客提供优质服务，克服由于员工素质低、缺乏工作热情和积极性而造成的质量差别。

（2）实行服务质量标准化，从整体上控制产品服务质量的不稳定性。

（3）对服务质量与服务效果进行跟踪管理，并建立监督制度，对影响质量的关键性指标不断地检查。

（四）产品服务策划的内容

1. 服务项目策划

服务项目策划即企业拟为该产品的购买者提供哪些有关内容和形式的服务，如企业对已销售的产品是否实行包退包换政策，以及在什么情况下包换等。

2. 服务收费策划

服务收费策划即企业提供有关服务后，是否向顾客收费，依据什么标准收费。顾客在购买产品时总是期望能得到较多的免费服务，但是，企业由于市场营销能力的限制，所能提供的服务不仅有限，而且需要酌情收费。有的则把预期费用摊入产品售价，不论顾客是否要求服务，均不另外收费。一般来说，收费标准由产品性能、顾客要求及竞争者服务水平、本企业服务能力等因素决定。

3. 服务人员策划

在决定服务项目收费以后，还要决定由谁承担服务任务。例如，本企业设点或派有关人员到顾客指定地点提供服务，或委托当地促销商从事服务工作。

任务总结

（1）产品是市场营销组合中最重要也是最基本的因素。它是指能够通过交换满足消费者或用户某一需求和欲望的任何有形物品和无形的服务。产品的构成包括核心产品、形式产品、期望产品、附加产品、潜在产品。

（2）产品质量是指产品适应社会生产和生活消费需要而具备的特性，它是产品使用价值的具体体现。它包括产品内在质量和外观质量两个方面。质量策划是质量管理的一部分，致力于制定质量目标并规定必要的运行过程和相关资源以实现质量目标。

（3）包装通常是指产品的容器或包装物及其设计装潢。包装策划要素包括包装的形状与结构、标签、文字、色彩和图案。包装要素的不同使用与组合，形成了不同的 6 个包装策略，即统一包装、配套包装、再使用包装、附赠品包装、等级包装、改进包装。

（4）产品服务是指以实物产品为基础的行业，为支持实物产品的销售而向消费者提供的附加服务。产品服务过程包括售前服务、售中服务和售后服务。产品服务策划的内容包括服务项目策划、服务人员策划和服务收费策划。

思考与讨论

（1）如何进行单一产品策划？
（2）产品质量策划的内容是什么？
（3）产品包装策划的要素及内容是什么？
（4）如何进行产品服务策划？

案例分析

案例分析一：海底捞的颠覆服务

海底捞火锅是饮食界的服务模范。许多业界都掀起了一股向海底捞"学管理""学营销""学服务"的热潮，争相学习参考他们的经营模式。论品质，海底捞重诚信、保新鲜。论服务，海底捞绝对是餐饮业的龙头老大！显然"海底捞"已经不仅仅是一个火锅店的代名词，更是上升成为一种服务现象，如图5-2所示。

图 5-2　海底捞火锅

海底捞是一个理念先行、项目随后的企业。最让人惊讶的是，你在这里消费时会体会到，你消费的不是餐饮，而是对方热忱的心！这个叫海底捞的火锅企业，完全颠覆了人们对"服务"的既有认识。在海底捞，顾客能真正找到"上帝的感觉"，甚至会觉得"不好意思"。

如果是在饭点，几乎每家海底捞都是一样的情形：等位区里人声鼎沸，等待的人数几乎与就餐的相同。这就是传说中的海底捞等位场景。等待，原本是一个痛苦的过程，海底捞却把这变成了一种愉悦：手持号码等待就餐的顾客一边观看屏幕上打出的座位信息，一边接过免费的水果、饮料、零食；如果是一大帮朋友在等待，服务员还会主动送上扑克牌、跳棋之类的桌面游戏供大家打发时间；或者趁等位的时间到餐厅上网区浏览网页；还可以来个免费的美甲或擦皮鞋。即使是提供的免费服务，海底捞一样不曾含糊：一个女孩不停地更换指甲颜色，反复地折腾了大概5次，一旁的其他顾客都看不下去了，而为其服务的阿姨依旧耐心十足（见图5-3）。

待客人坐定点餐的时候，围裙、热毛巾已经一一奉送到顾客眼前了。服务员还会细心地为长发的女士递上皮筋和发夹，以免头发垂落到食物上。戴眼镜的客人则会得到擦镜布，以免热气模糊镜片。服务员看到你把手机放在台面上，会不声不响地拿来小塑料袋装好，以防油腻……

如果你带了小孩子，服务员还会帮你喂孩子吃饭，陪他们在儿童天地做游戏；抽烟的人，他们会给你一个烟嘴，并告知烟焦油有害健康；为了消除口味，海底捞在卫生间中准备了牙膏、牙刷，甚至护肤品；过生日的客人，还会意外得到一些小礼物……如果你点的菜太多，服务员会善意地提醒你已经够吃；随行的人数较少，他们还会建议你点半份。餐后，服务员马上送上口香糖，临走时所有服务员都会向你微笑道别。

"只打了一个喷嚏，服务员就吩咐厨房做了碗姜汤送来，把我们给感动坏了。"很多顾客都曾有过类似的经历。孕妇会得到海底捞的服务员特意赠送的泡菜，分量还不小；如果某位顾客特别喜欢店内的免费食物，服务员也会单独打包一份让其带走……

这就是海底捞的粉丝们所享受的——"花便宜的钱买到星级服务"的全过程。毫无疑问，这样贴身又贴心的"超级服务"，经常会让人流连忘返，一次又一次不自觉地走向这家餐厅。

海底捞的案例再一次向人们证明了这一点：我们以前所倡导的标准化尽管规范而严谨，实际上却是冰冷而缺乏人情味的。而发自一线员工内心的个性化服务，才是能够留住人心的"最顶尖的服务"。

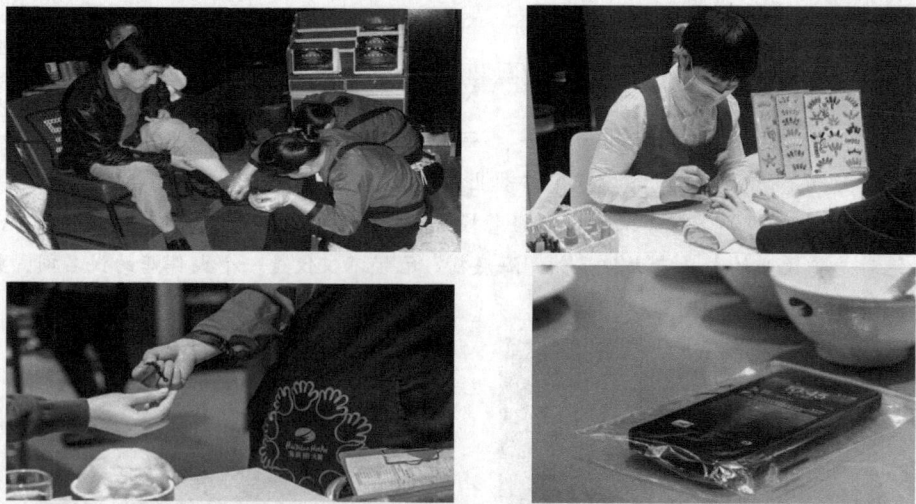

图5-3 海底捞等候区的免费服务

资料来源：根据3158财富广州资料整理

【案例思考】

1．海底捞火锅如何体现其整体产品的理念？

2．简述海底捞火锅的产品观。

案例分析二：罗林洛克啤酒的独特包装策略

随着竞争的加剧和消费的下降，美国啤酒的竞争变得越来越残酷。像安豪斯·布希公司和米勒公司这样的啤酒业巨人正在占据越来越大的市场份额，从而把一些小的地区性啤酒商排挤出了市场。

出产于宾夕法尼亚洲西部小镇的罗林洛克啤酒在20世纪80年代后期勇敢地进行了反击。营销专家约翰·夏佩尔通过他神奇的经营活动使罗林洛克啤酒摆脱了困境，走上了飞速发展之路。而在夏佩尔的营销策略中，包装策略发挥了关键作用。

包装在重新树立罗林洛克啤酒的形象时，扮演了重要角色。夏佩尔为了克服广告预算的不足，决定让包装发挥更大的作用。他解释道："我们不得不把包装变成牌子的广告。"该公司为罗林洛克啤酒设计了一种绿色长颈瓶，并漆上显眼的艺术装饰，使包装在众多的啤酒中很引人注目。夏佩尔说："有些人以为瓶子是手绘的，它跟别的瓶子都不一样，独特而有趣。人们愿意把它摆在桌子上。"事实上，许多消费者坚持认为装在这种瓶子里的啤酒更好喝。公司也重新设计了啤酒的包装箱。"我们想突出它的绿色长颈瓶，与罗林洛克啤酒是用山区泉水酿制的这个事实。"夏佩尔解释道："包装上印有放在山泉里的这些瓶子。照片的质量很高，色彩鲜艳，图像清晰。消费者很容易从30英尺外认出罗林洛克啤酒。"

夏佩尔喜欢用魅力这个词来形容罗林洛克啤酒的新形象："魅力，这意味着什么呢？我们认为，瓶子和包装造就了这种讨人喜欢的感觉。看上去它不像大众化的产品，而是有一种高贵的品质感。而且这种形象在很大程度上也适合啤酒本身。罗林洛克啤酒出产于宾州西部的小镇。它只有一个酿造厂，一个水源。这和安豪斯·布希啤酒或库尔斯啤酒完全不同。我们知道，并非所有的库尔斯啤酒都是在科罗拉多州的峡谷中酿造的。"

包装对增加罗林洛克啤酒的销量有多大作用呢？夏佩尔说："极为重要。那个绿瓶子是确立我们竞争优势的关键。"

【案例思考】

1．罗林洛克啤酒的包装发挥了什么作用？

2．罗林洛克啤酒的包装策略符合哪一条设计原则？有哪些好处？

实训项目

实训项目　产品整体概念的认识

【训练目标】

（1）培养学生认识产品的概念。

（2）培养学生对产品质量策划、包装策划和服务策划重要性的认识。

【内容与要求】

各项目团队在某一特殊的节日里在校园超市中挑选一种产品，运用整体产品的概念和质量策略、服务策略、包装策略进行策划后再销售，以提升超市的销售业绩。

【组织与实施评价】

（1）以项目团队为学习小组，选出项目负责人。

（2）建立沟通协调机制，团队成员共同参与协作完成公司任务。

（3）各项目团队讨论分析研究某公司应采取的质量策略、服务策略和包装策略，形成较一致的意见。

（4）评价与总结：各项目团队提交策划报告，并根据报告进行评估。

任务二　产品组合策划

【任务引入】

陈刚团队在校园超市开业时根据自身资源条件和顾客需求确定了他们经营产品的种类。在经营过程中，他们发现必须根据销售数据及时地调整他们的产品组合才能满足顾客的需求，那么市场营销的专业知识又可以怎样帮助他们呢？

任务1：根据陈刚团队的需要掌握产品组合的有关概念和内容。

任务2：根据陈刚团队的需要掌握对企业全部产品的组合策划的技巧。

【任务分析】

产品组合是企业营销工作中的一个重要问题，它是实现经营目标和经营战略的具体规划。为了更好地满足消费者需要，不仅要求企业对所提供的产品的品种选择上要做到适销对路，而且还要有利于企业生产条件的充分利用和提高经济效益。为此，必须合理确定产品组合。

知识链接

一、产品组合的分析

企业为了进行正确的产品决策，除了要用"产品整体"概念研究产品外，还要对企业生产营销的全部产品的组合情况进行分析和选择。

（一）产品组合、产品线和产品项目

（1）产品组合是指企业全部产品线和产品项目的组合或结构，即企业的业务经营范围。

（2）产品线是指产品组合中的某一产品大类，是一组密切相关的产品。例如，以类似的方式发挥功能，售给相同的顾客群，通过同一销售渠道出售，属于同一价格范畴等。

（3）产品项目是衡量产品组合各种变量的一个基本单位，指产品线内不同的品种以及同一品种不同的品牌。例如，某商场经营家电、百货、鞋帽、文教用品等，这就是产品组合；而其中"家电"或"鞋帽"等大类就是产品线；每一大类里面包括的具体品牌、品种为产品项目。

（二）产品组合的宽度、长度、深度与关联度

产品组合包括四个衡量变量：宽度、长度、深度和关联度。

（1）产品组合的宽度是指产品组合中所拥有的产品线数目。产品组合的宽度越大，说明企业的产品线越多；反之，宽度越窄，则产品线越少。

（2）产品组合的长度是指产品组合中产品项目的总数。以产品项目总数除以产品线数目即可得到产品线的平均长度。

（3）产品组合的深度指产品项目中每一品牌所含不同花色、规格、质量的产品数目的多少。如"佳洁士"牌牙膏有 3 种规格和 2 种配方（普通味和薄荷味），其深度就是 6。通过统计每一品牌的不同花色、规格、质量的产品的总数目，除以品牌总数，即为企业产品组合的平均深度。产品组合的深度越大，企业产品的规格、品种就越多；反之，深度越浅，则产品就越少。

实际上，一般公司的产品组合总长度要长得多，深度也要深得多，例如童帽作为一个品种，可以有几个、十几个品牌，其中一个品牌不同花色、规格、质量的产品可以有几十个甚至几百个，因此有的公司经营的产品如按花色、规格、质量统计可达几万种以至几十万种。

（4）产品组合的关联度是指各条产品线在最终用途、生产条件、分配渠道或其他方面相互关联的程度。例如，某家用电器公司拥有电视机、收录机等多条产品线，但每条产品线都与电有关，这一产品组合具有较强的相关性。产品组合的深度越浅，宽度越窄，则产品组合的关联性越大；反之则关联性越小。

产品组合的宽度、深度和关联性对企业的营销活动会产生重大影响。通常，增加产品组合的宽度，即增加产品线的数目、扩大经营范围，可以使企业获得新的发展机会，更充分地利用企业的各种资源，分散企业的投资风险；增加产品组合的深度，会使各条产品线具有更多规格、花色、型号的产品，更好地满足消费者的不同需要和偏好，增强企业的竞争力；增加产品组合的关联性，可以发挥企业在其擅长领域的资源优势，避免进入不熟悉的领域可能带来的风险。因此，企业根据市场需求、竞争态势和企业自身能力，对产品组合的宽度、深度和关联性进行选择是非常必要的。

> **┃ 案例链接 ┃**
>
> 海尔集团现有家用电器、信息产品、家居集成、工业制造、生物制药和其他 6 条产品线，表明产品组合的宽度为 6。产品组合的长度是企业所有产品线中产品项目的总和。根据标准不同，长度的计算方法也不同。例如，海尔现有 15 100 种不同类别、型号的具体产品，表明产品组合的长度是 15 100。产品组合的深度是指产品线中每一产品有多少品种。如海尔集团的彩电产品线下有宝德龙系列等 17 个系列的产品，而在宝德龙系列下，又有 29F8D-PY、29F9D-P 等 16 种不同型号的产品，这表明海尔彩电的深度是 17，而海尔宝德龙系列彩电的深度是 16。产品组合的关联度是各产品线在最终用途、生产条件、分销渠道和其他方面相互关联的程度。例如，海尔集团所生产的产品都是消费品，而且都是通过相同的销售渠道，就产品的最终使用和分销渠道而言，这家公司产品组合的关联度较大；但是，海尔集团的产品对消费者来说有各自不同的功能，就这一点来说，其产品组合的关联度小。

二、产品组合策划要点

产品组合策划是指企业根据市场状况、自身资源条件和竞争态势对产品组合的宽度、长度、深度和关联度进行不同的搭配和调整。概括起来包括三种策略：扩大产品组合、缩减产品组合、产品延伸。

（一）扩大产品组合

扩大产品组合是指扩大产品组合的宽度和深度，增加产品系列或项目，扩大经营范围，生产经营更多的产品以满足市场需要。它主要有增加产品线、扩大经营范围、增加新的产品项目几种方式。例如，某家电企业推出智能型的新款洗衣机；TCL 在生产电视的同时生产计算机、手机、洗衣机等。

（二）缩减产品组合

缩减产品组合是指降低产品组合的宽度或深度，删除一些产品系列或产品项目，集中力量生产经营一个系列产品或少数产品项目，提高专业化水平，力图从生产经营较少的产品中获得较多的利润。例如，IBM公司将个人计算机业务卖给联想。

（三）产品延伸

1. 产品延伸的主要方式

每一个企业的产品都有其特定的市场定位。产品延伸策略指全部或部分地改变公司原有产品的市场定位，具体做法有以下三种。

（1）向下延伸。向下延伸是指企业原来生产高档产品，后来决定增加低档产品。

（2）向上延伸。向上延伸是指企业原来生产低档产品，后来决定增加高档产品。

（3）双向延伸。双向延伸是指原定位于中档产品市场的企业掌握了市场优势以后，决定向产品大类的上下两个方向延伸，一方面增加高档产品；另一方面增加低档产品，扩大市场阵地。

2. 产品延伸的利益

一般来说，产品延伸有下列四个好处。

（1）满足更多的消费者需求。

（2）迎合顾客求异求变的心理。

（3）减小开发新产品的风险。

（4）适应不同价格层次的需求。

3. 产品延伸的弊端

正是因为产品延伸具有上述优越性，许多企业对此很感兴趣。但是，产品延伸也会带来如下不良影响。

（1）品牌忠诚度降低。

（2）产品项目的角色难以区分。

（3）产品延伸引起成本增加。

综上所述，产品延伸有利亦有弊，所以把握延伸的"度"至关重要。管理人员应当审核利润的情况，并集中生产利润较高的品种，削减那些利润率低或者亏损的产品。当需求紧缩时，缩短产品大类；当需求旺盛时，延伸产品大类。

案例链接

进入20世纪90年代后，沃尔沃公司从企业未来发展战略出发，适时做出了重大的战略调整。1999年，沃尔沃公司将原来轿车的股权以520亿元人民币的价格全部出让给了美国的福特公司，以15%的股权购买了法国雷诺MACK/VI公司100%的股权。经过全面的战略调整和内部的整合后，沃尔沃卡车公司在1999年就实现了年产重型卡车8.1万辆，加上与MACK和雷诺VI合作生产的卡车，仅比世界第一大卡车生产厂奔驰公司少3.7万辆。在欧洲的市场占有率达到了28%，而在美国、加拿大市场上，其占有率分别为24%和17%。在亚洲，沃尔沃卡车公司除继续发展中型卡车贸易外，已开始与日本三菱公司合作生产重型卡车。在北非也拥有巨大的市场份额。1999年沃尔沃卡车公司重型柴油机的产量也有大幅度提高，达到12.4万台，位居世界第三位。资产重组使得沃尔沃卡车公司成了产品更加专业化的制造厂商，并着力开拓世界卡车市场。它所生产的卡车不仅有从8吨到100吨的全部系列，而且从拖车、翻斗车、油罐车、平板车、搅拌车、垃圾车到消防车各类车型一应俱全。此外，遍布全世界的约1 500个授权服务中心，保证所有的客户都能得到满意的维护与服务。

三、产品差异化策划

（一）产品差异化概念

产品差异化是指企业在提供给顾客的产品上，通过各种方法造成足以引发顾客偏好的特殊性，使顾客能够把它同其他竞争性企业提供的同类产品有效区别开来，从而达到使企业在市场竞争中占据有利地位的目的。

产品差异化是相对于同质化或者成本优势而言的一种竞争手段或者产品定位。成本优势是指提供具有基本相同的使用价值的产品，通过生产成本或销售价格更低的办法取得竞争优势。与同质化办法相对，是通过产品差异实现消费群体差异。具体有以下几种不同表现。

（1）产品价格定位差异化。

（2）技术差异化。

（3）功能差异化。

（4）文化差异化。

（二）产品差异化原因

产品差异化的原因可以概括如下。

（1）质量或设计方面的原因。

（2）信息闭塞或不完整的原因。即消费者对所要购买的产品的基本性能和质量不了解（例如，不是经常购买的或设计复杂的耐用品）引起的差异。

（3）由销售者推销行为，特别是广告、促销和服务引起的牌号、商标或企业名称的差异。

（4）同类企业地理位置的差异。

（三）产品差异化策划

大体来说，企业可通过以下策略实现产品差异化。

（1）研发策略。企业为使自己的产品区别于同类企业的产品并建立竞争优势，就要大力开展研究和开发工作，努力使产品在质量、式样、造型等方面发生改变，不断推出新产品，满足顾客需要。

（2）地理策略。企业对产品的生产地和销售地的选择均以地理便利为基础，由此带来位置和运输上的好处。这种地理差异对于企业节省成本、广揽顾客有着重要作用。

（3）促销策略。产品差异对消费者的偏好具有特殊意义，尤其是对购买次数不多的商品，许多消费者并不了解其性能、质量和款式，所以，企业应通过广告、销售宣传、包装吸引力以及公关活动给消费者留下偏好的主观形象。

（4）服务策略。在现代市场营销观念中，服务已成为产品的一个重要组成部分。企业可通过训练有素的职员为消费者提供优质服务、缩短结账过程等，满足消费者的合理的差异需求。事实上，许多消费者不仅乐意接受优质服务，而且愿意为产品中包含的信息和训练支付费用。

案例链接

Z药业建厂已经50多年，以生产、销售国药标准（OTC）中成药为主，处方药销售依靠招商代理模式，市场基本上限于省内。由于各种原因，企业在品牌建设、研发与技术、市场网络、队伍建设等方面一直没有大的突破，企业规模长期徘徊在3 000万~5 000万元。经过仔细筛选，Z药业发现治疗结石的产品T生产厂家较少，具有一定的产品卖点，即纯中药制剂，效果较好。同时具有一定的区域优势：虽然开发的医院较少，但有几家的科室主任认同度较高。此外，当地结石病发病率较高，但还没有出现突出的强势品牌。因此，企业决定加大学术推广力度，优先做大产品T。

企业依托区域性专业学会的专家，与代理商密切配合，通过积极参加省级学术会议、医院推广会、科室会、临床观察、论文发表、专业杂志刊登广告等形式，使原有医院的销量有了较大提高，并开发出一批较高质量的医院。目前产品T的销量在省内同类品种中名列前茅，销售额由原来的2 000多万元上升到近5 000万元。

由于资源和能力的限制，招商代理模式是很多中小企业的无奈选择。但大部分企业除了拼价格外，忽视了代理商管理、学术推广等其他市场管理的策略与方法。而事实证明，单纯拼价格鲜有成功者。Z企业通过加强学术推广，不但密切了与代理商的合作关系，还大大提高了市场占有率。

Z药业的成功之处，就是将差异化战略（营销模式由简单的招商代理扩展为学术推广、公共关系，实际上属于服务差异化战略）和集中化战略（集中资源于一个产品、一种策略和一个区域性市场，是产品集中化战略、地区集中化战略外加策略集中化战略）有机结合，即差异化聚集战略。

任务总结

（1）产品组合是一个企业经营的所有产品的总称，通常它由若干产品线和产品项目所组成，即企业的业务范围。它包括两个概念——产品线、产品项目，4个衡量变量——宽度、长度、深度和关联度。

（2）产品组合策略是指企业根据市场状况、自身资源条件和竞争态势对产品组合的宽度、长度、深度和关联度进行不同的搭配和调整。概括起来包括3种策略：扩大产品组合、缩减产品组合、产品线延伸。

（3）产品差异化是指企业在提供给顾客的产品上，通过各种方法造成足以引发顾客偏好的特殊性，使顾客能够把它同其他竞争性企业提供的同类产品有效区别开来，从而达到使企业在市场竞争中占据有利地位的目的。产品差异化策略包括4种：研发策略、地理策略、促销策略、服务策略。

思考与讨论

（1）什么是产品组合？产品组合策略有哪些？

（2）说明产品组合的宽度、长度、深度和关联度对企业经营的意义，并就你了解的一个企业的产品组合进行分析和评估。

（3）如何用产品差异化策略实施企业自主创新战略？

案例分析

吉列的产品决策

美国吉列公司生产的蓝吉利刮胡刀片已享誉世界几十年，它的成功离不开吉列公司出色的产品决策。

1891年，有人向吉列公司创始人吉列先生建议：集中精力去开发顾客必须反复购买的产品是一条成功的捷径。

这一观点虽然激起了吉列的兴趣和好奇心，但一直缺少具体设想，直到1895年一个夏日之晨，他要刮胡子时发现其刮胡刀很钝不能使用，只有等磨刀师磨利后才能再用，为此他很生气。突然，开发另一种新刮胡刀的设想浮现于眼前。他想到一系列的零件和若干组装方式，总之，得有一个很薄的非常锋利的刀片……他觉得非常兴奋，因为这种产品可以实现顾客的反复购买，这正是他几年来梦寐以求的新产品。

在吉列先生把设想变成设计，并付诸行动的过程中，他信心十足，努力工作，期望其新产品能更加完美，但结果却经常成为朋友取笑的话柄。然而，最使他不安和气馁的是，当他去请教那些机械工具的专家和学者时，他们都认为他的新产品设想是不切实际的应当立即放弃。1901年他的好友将吉列刮胡刀的设想告诉了麻省理工学院毕业的机械工程师尼克逊，尼克逊同意研究吉列的设想。数周后，尼克逊成为吉列的合伙人。为了筹措所必需的5 000美元生产设备费用，1902年，公司的名称改为美国安全刮胡刀公司。

公司在芝加哥物色了一家代销机构，并规定其安全刮胡刀套件（一支刀架和20片刀片）的售价为每套5美元，刀片每20片为一包，每包1美元。当年10月，首次广告提供30天退款保证，在《系统》杂志上刊登，至1903年年底的两年期间共售出51万套安全刀架和168万片刀片。

公司在1906年首次发放股票。在以后的十年中继续以每年30万至40万套的销量出售安全刮胡刀，刀片的销售从45万包增加到7亿包。至1911年，公司的南波士顿厂雇用了1 500个员工，三年后，由于尼克逊发明了全自动刃磨机，其生产能力迅速增加。这些新设备比尼克逊以前发明的机器，大大地降低了生产成本且提高了刀片的质量。

原型的安全刮胡刀的专利权于1921年10月满期，吉列公司管理层早就为此做了准备。在当年5月，令其竞争对手吃惊的是，吉列推出了两种新产品：一种按原价出售的新型改进吉列安全刮胡刀和另一种售价1美元的Sliver Brownie安全刮胡刀。1923年公司再推出镀金刮胡刀，售价仍为1美元。当妇女盛行短发的时候，吉列又推出称为Debutante的女用安全刀，而售价仅为79美分。

到了20世纪30年代初期，安全刀片的竞争变得非常激烈，数百家公司以低价刀片充斥着整个市场并广泛受到公众的欢迎，严重地侵蚀了质量和价格都较高的吉列刀片的市场占有率。因此，从1931年年初起公司采用了多种市场营销策略。在其所谓"社会意识型"广告中，吉列强调"刮干净与成功的关系"。其他的广告则直接针对竞争产品，提醒消费者劣质刀片的经常刺激将导致严重的皮肤病。公司也进行了降价以争取更多消费者。比如那时推出的Probak和Valet两种刀片都减价至5片25美分与10片49美分。尽管如此，1933年的利润仍比1932年减少了两亿美元。

1934年，公司推出第一种单面安全刮胡刀和Probak Junior刀片，售价为4片10美分或10片25美分，至1936年公司推出安全刀系列以外的产品：吉列无刷刮胡膏，售价为98美分。

1938年秋，公司又推出吉列薄刀片，吉列电动刮胡刀也于当年圣诞节问世。电动刮胡刀是在数年前发明的，但直至30年代后期才被接受。对公司来说，这一年的最重要发展是史攀（Joseph Spang）出任公司的总经理。在他的领导下，开始推行许多新的管理政策。公司仍然保持低价策略，但十分强调产品质量，以保持产品的信誉。公司采用了本企业研究人员开发的新制造工艺，以便在制造过程中严格检查刀片的质量。在1939～1945年间，公司没有推出新产品，这是由于战争的缘故。尽管如此，公司的研究开发人员仍研制成了第一台双刃刀片分配机，从而改进了过去的包装工作。1946年公司的经营状况很好，其年销售额约为52 000万美元，这时，吉列的名字已享誉全世界。

第二次世界大战后，吉列公司开始实行对外兼并和内部创新以便成为世界性的多样化经营企业。经过认真分析之后，公司于1948年决定扩大市场。同年购进托尼家用烫发器制造公司，1955年兼并在加利福尼亚生产圆珠笔和刮胡膏的梅特公司。

1960年，公司又推出超级蓝吉利刀片，即全世界第一种涂层刀片。1964年公司重新调整了产品组合，形成两大类产品并由两个事业部分管：吉列产品组合——负责刮胡刀产品和男用品；多样化产品组合——负责其他所有产品。自吉列产品组负责人吉格勒（Vincent Ziegler）升任公司总经理后的十年，是公司销售和产品发展最迅速的年代。在他领导下的前几年，公司连续推出盒式刮胡刀组、多笔尖圆珠笔、Hot-One刮胡膏、可调盒式刮胡刀、超级不锈钢刀片、增塑刀片、微孔笔和几种止汗剂，这些产品的市场投放都取得了成功。

虽然公司的多样化经营主要是靠内部产品开发来实现，但是，在1967年也购进了一家制造电动刮胡刀、家用电器和照相器材的西德公司。1971年，公司重新调整了产品组合和管理机构。

这样，公司在20世纪70年代初期开发和营销了许多新产品。1974年以前公司一半以上的销售额来自近五年内的新产品。安全刮胡刀部在推出TracⅡ型刮胡刀系列之后，迅速成为市场上的最畅销品，继而又推出女用Daisy削发刀及男用Good News刮胡刀。保健用品部也营销了多种新产品，如柠檬洗发精、无碱洗发精。公司于1972年进入个人用具市场，如开发和营销Max手提式烘发机。

自1971年吉列公司购进一家服务行业公司后，便正式开始了服务的社会营销。公司的兼并虽然涉及了范围广泛的行业，但强调高质量和具有好的消费形象却是其共同之处。至此，吉列已成为名副其实的多样化跨国公司。

案例思考：

（1）吉列先生构思的刮胡刀采用的是哪一种构思方法？

（2）刮胡刀上市后采用什么产品策略？

（3）举例说明吉列公司在扩大产品组合决策时，增加了产品组合中的长度、宽度、深度和关联度中的哪一种或哪几种？为什么？

实训项目

实训项目　企业产品组合策略确定

【训练目标】

明确产品组合的内容，掌握产品线决策的各种策略内容。

【内容与要求】

（1）登录"七十一便利店"官网，分析其产品组合策略。

（2）到校园附近的超市进行实地调研，了解其产品组合策略及消费者需求。

（3）对校园超市现有产品组合进行分析，对照"七十一便利店"等小型超市的产品组合策略调整现有的产品组合，提高销售业绩和销售利润。

【组织与实施评价】

1. 以项目团队为学习小组，选出项目负责人。

2. 建立沟通协调机制，团队成员共同参与协作完成公司任务。

3. 每个小组成员都通过访问相关网站或到超市进行市场调研，收集市场信息，对各公司的产品组合策略进行分析讨论。

4. 对现有校园超市的产品组合策略进行分析评价。

5. 在讨论的基础上，各项目团队拟写产品组合策略分析报告。

6. 评价与总结：各项目团队提交策划报告，并根据报告进行评估。

任务三　新产品开发与推广策划

【任务引入】

陈刚团队清楚地认识到，新产品是企业的生命力，但他们对如何进行新产品的开发与推广感觉无从入手，他们该怎么办呢？

任务1：根据陈刚团队的需要掌握新产品的市场开发策略。

任务2：根据陈刚团队的需要掌握新产品的推广策略。

【任务分析】

改革无止境，创新无止境。科技进步日新月异，文明发展一日千里，各种新知识、新产品、新技术不断产生，一些旧观念、方法和技术，不是被淘汰，就是被大幅度地改进。产品生命周期迅速缩短，已成为当代企业不可回避的现实。正是这种现实迫使每个企业不得不把开发产品作为关系企业生死存亡的战略重点。

知识链接

一、新产品开发策划步骤与要点

（一）新产品的含义

新产品是指对产品整体概念中的任何一部分进行变革或创新，并能给消费者带来新的利益和满足的产品。新产品策划是使企业开发的新产品与消费者的需求进行动态适应的市场开发过程。

案例链接

创建于1902年的美国明尼苏达采矿制造公司从生产砂纸开始，逐步发展并进入卫生保健、电力、运输、航空、航天、通讯、建筑、教育、娱乐与商业这些行业。在它100多年的发展中，始终保持着锐意创新的精神，比其他公司更快、更多地开发出新产品。它曾气度非凡地推出一份引人注目的产品目录，从不干胶贴纸到心肺治疗仪器，竟达6万多种。据统计，公司年度销售额的30%左右来自近5年内开发的新产品。正因为如此，明尼苏达公司在美国500家大企业中位居第28位，销售额为140多亿美元，利润达到12亿美元。

新产品从不同角度或按照不同的标准有多种分类方法。常见的分类方法有以下几种。

1. 从市场角度和技术角度分类

可将新产品分为市场型和技术型新产品两类。

市场型新产品，是指产品实体的主体和本质没有什么变化，只改变了色泽、形状、设计装潢等外观的产品，不需要使用新的技术。其中也包括因营销手段和要求的变化而引起消费者"新"的感觉的流行产品。如某种酒瓶由圆形改为方形或其他异形，它们刚出现也被认为是市场型的新产品。

技术型新产品，是指由于科学技术的进步和工程技术的突破而产生的新产品。不论是功能还是质量，它与原有的类似功能的产品相比都有了较大的变化，如不断翻新的手机或电视机，都属于技术型的新产品。

2. 按新产品新颖程度分类

可分为全新新产品、换代新产品、改进新产品、仿制新产品和新牌子产品。

全新新产品是指采用新原理、新材料及新技术制造出来的前所未有的产品。

换代新产品是指在原有产品的基础上采用新材料、新工艺制造出的适应新用途、满足新需求的产品。它的开发难度较全新新产品小，是企业进行新产品开发的重要形式。

改进新产品是指在材料、构造、性能和包装等某一个方面或几个方面，对市场上现有产品进行改进，以提高质量或实现多样化，满足不同消费者需求的产品。它的开发难度不大，也是企业产品发展经常采用的形式。

仿制新产品指对市场上已有的新产品在局部进行改进和创新，但保持基本原理和结构不变而仿制出来的产品。

新牌子产品指在对产品实体微调的基础上改换产品的品牌和包装，带给消费者新的消费利益，使消费者得到新的满足的产品。

案例链接

马年春节最快乐的事之一莫过于"抢"微信红包。少则几分钱，多则不过几十块钱，微信搭建的抢红包平台，不费一枪一弹，却让全国微信用户为之"疯狂"，实在有些令人始料不及，被马云称为"宛如珍珠港偷袭"。

过年送"红包"又出新花样。自 2014 年 1 月 26 日悄悄上线后，微信"抢红包"迅速流行开来，其火爆程度，不亚于此前的"打飞机"小游戏。而收到红包后想要提现，就必须绑定银行卡，这样一来，绑定微信支付的用户数量大增。腾讯数据显示，从除夕至大年初一16 时，参与抢微信红包的用户超过 500 万，总计抢红包 7 500 万次以上。领取到的红包总计超过 2 000 万个，平均每分钟领取的红包达到 9 412 个。

---

3. 按新产品的区域特征分类

可分为国际新产品、国内新产品、地区新产品和企业新产品。

国际新产品指在世界范围内首次生产和销售的产品。

国内新产品指在国外已经不是新产品，但在国内还是第一次生产和销售的产品。它一般为引进国外先进技术，填补国内空白的产品。

地区新产品和企业新产品指国内已有，但本地区或本企业第一次生产和销售的产品。它是企业经常采用的一种产品发展形式。

案例链接

3D 打印的飞机、枪支和化石骨骼已经变为现实，但美国华盛顿国家儿童医学中心的儿科心脏病专家最近利用 3D 打印技术打印了第一份真实人类的心脏。该 3D 打印心脏样本是由塑料制成，是患有不寻常并发症病人的心脏的精确解剖副本。心脏副本对于练习复杂手术来说是非常理想的对象，它使得手术外科医生能够看清他们要进行手术的精确解剖情景。

（二）新产品开发的过程

新产品开发过程由 8 个阶段构成，即寻求创意、甄别创意、形成产品概念、制定营销策略、营业分析、产品开发、市场试销、批量上市。

1. 寻求创意

新产品开发过程是从寻求创意开始的。所谓创意，就是开发新产品的设想。

案例链接

麦片有很多好处：富含营养，有益健康。希洛公司（Hero）生产各种食物，但在早餐麦片市场占有的份额却不高。公司如何在麦片市场提高占有率？麦片市场早已饱和了，希洛公司不打算在这个市场里碰运气。它们想到的出路是重新定义麦片的使用价值。它们选择了把麦片当作任何时候都能食用的健康点心，而不是当作通常的早餐。如果把当点心的麦片用袋装，顾客也许只能用手吃了。它们采用一种顾客熟悉的产品形状——巧克力条。麦片加上巧克力条就出现了新的类别——麦条。

> 这种现在看来平常的产品，在当时却是一个突破。它是一种真正的新事物，并由此创造了新的消费场合。如今该公司是欧洲市场麦条类产品的"领头羊"之一。
>
> 这个创意究竟是怎么产生的呢？其创新在于跳出了"早餐麦片"的常规市场定义。希洛公司没有在通常感知的麦片类市场寻求新的定位。它将麦片的若干积极特征融入了另一个概念之中——条形巧克力，从而带来了新的便利和新的类别。这种水平营销过程将麦片市场拓展到了一个新的领域。

2. 甄别创意

取得足够的创意之后，要对这些创意加以评估，研究其可行性，并挑选出可行性较强的创意，这就是甄别创意。

3. 形成产品概念

经过甄别后保留下来的产品创意还要进一步发展成为产品概念。在这里，首先应当明确产品创意、产品概念和产品形象之间的区别。

4. 制定营销策略

形成产品概念之后，需要制定营销策略，企业的有关人员要拟定一个将新产品投放市场的初步营销策略报告书。

5. 营业分析

新产品开发过程的第五个阶段是进行营业分析。

6. 产品开发

如果产品概念通过了营业分析，研究与开发部门及工程技术部门就可以把这种产品概念转变成产品，进入试制阶段。

7. 市场试销

如果企业的高层管理者对某种新产品开发试验的结果感到满意，就着手用品牌名称、包装和初步营销方案把这种新产品装扮起来，把产品推上真正的消费者舞台进行实验。市场试验的规模决定于两个方面：一是投资费用和风险，二是市场试验费用和时间。

8. 批量上市

在这一阶段，企业高层管理者需要做出以下几个决策。

（1）何时推出新产品：是指企业要决定在什么时间将新产品投放市场。

（2）何地推出新产品：是指企业要决定在什么地方推出新产品。选择市场时一般要考察以下几个方面。

① 市场潜力。

② 企业在该地区的声誉。

③ 投放成本。

④ 该地区调查资料的质量高低。

⑤ 对其他地区的影响力以及竞争渗透能力。

（3）向谁推出新产品，是指企业要把它的分销和促销目标面向最优秀的顾客群体。

（4）如何推出新产品，是指企业管理部门要制定开始投放市场的营销策略。

（三）新产品开发策略

企业的新产品开发策略主要有以下几种。

1. 抢先策略

抢先策略即是抢在其他企业之前，将新产品开发出来并投入市场中去，从而使企业处于领先地位。这是进攻型的新产品开发策略。抢先策略实质上是以攻取胜、出奇制胜。采用抢先策略的企业，必须要有较强的研究与开发能力，要有一定的试制与生产能力，还要有足够的人力、物力和资金，要有勇于承担风险的决心。

2. 紧跟策略

紧跟策略即企业发现市场上的畅销产品，就不失时机地进行仿制进而投放市场。采用紧跟策略的企业，必须随时对市场信息进行收集、处理，而且要具有较强的、高效率的研究与开发能力。大多数中小型企业都可以采取这一策略。

3. 引进策略

引进策略即把专利和技术买过来，组织力量消化、吸收和创新，变成自己的技术，并迅速转变为生产力。它可分为3种情况：将小企业整个买下；购买现成的技术；引进掌握专利技术和关键技术的人才。

┃ 营销小知识 ┃

日本在1945～1970年花费60亿美元引进国外技术，而这些技术的研制费高达2 000亿美元，从而使日本付出的代价不到研究费用1/30。这些技术的研制时间一般为12～15年，而日本掌握这些技术只用了2～3年，只相当于研制时间的15%～25%。"先引进，后改进，不发明"已成为日本一些企业的主要开发策略。

（四）产品线广度策略

产品线广度是指一个企业拥有的产品系列的数目。产品线广度策略按选择宽窄程度，分为宽产品系列策略和窄产品系列策略。宽产品系列是指企业生产多个产品系列，每个系列又有多个品种，它是一种多样化经营策略，许多大型跨国公司和企业集团一般采用这一策略。窄产品系列策略指企业只生产一两个产品系列，每个产品系列也只有一两种产品。市场补缺者往往采用这一策略。宽产品系列策略是一种多样化经营策略。

二、新产品推广策划

（一）影响顾客接受新产品的主要因素

在新产品的市场扩散过程中，由于社会地位、消费心理、产品价值观、个人性格等多种因素的影响与制约，不同顾客对新产品的反应具有很大的差异。

（1）创新采用者。也称为"消费先驱"，通常富有个性，勇于革新冒险，性格活跃，消费行为很少听取他人意见，经济宽裕，社会地位较高，受过高等教育，易受广告等促销手段的影响，是企业投放新产品时的极好目标。

（2）早期采用者。一般较年轻，勇于探索，对新事物比较敏感并有较强的适应性，经济状况良好，对早期采用新产品具有自豪感。这类消费者对广告及其他渠道传播的新产品信息很少有成见，促销媒体对他们有较大的影响力，但与创新者比较，持较为谨慎的态度。

（3）早期大众。这部分消费者一般较少思想保守，接受过一定的教育，有较好的工作环境和固定的收入；对社会中有影响的人物特别是自己所崇拜的"舆论领袖"的消费行为具有较强的模仿心理；不甘心落后于潮流，但由于特定的经济地位所限，购买高档产品时持非常谨慎的态度。他们经常是在征询了早期采用者的意见之后才采纳新产品。

（4）晚期大众。指较晚地跟上消费潮流的人。他们的工作岗位、受教育水平及收入状况往往比早期大众略差，对新事物、新环境多持怀疑或观望态度，往往在产品成熟阶段才加入购买。

（5）落后的购买者。这些人受传统思想束缚很深，思想非常保守，怀疑任何变化，对新事物、新变化多持反对态度，固守传统消费行为方式，在产品进入成熟期以至衰退期才能接受。

新产品的整个市场扩散过程，从创新采用者至落后购买者，形成完整的"正态分布曲线"，这与产品生命周期曲线极为相似，为企业规划产品生命周期各阶段的营销战略提供了有力的依据。

（二）新产品推广策划思路

1. 确定新产品推广的目标受众

在新产品的推广过程中，由于消费者受其性格、收入、文化背景、受教育程度等因素的影响，在接受新产品时表现出来的接受程度和快慢是有区别的。为此，企业应对消费者采用接受新产品的类型进行分析，从而确定新产品推广的目标受众。

2. 建立独特的产品形象

新产品能否推广成功的关键因素是该产品能否给消费者带来独到的利益和超值的享受。这要求厂家通过差异化策略给消费者一个购买产品的理由。

3. 选择最佳的推广时机

推广时机的选择对新产品来说至关重要。某大酒店研制出的一种套餐，在选取推广时机上非常高明。他们在人类登月成功后马上推出该套餐，并命名为"登月套餐"。同时，餐饮佳肴的名称均使用登月术语，立刻引得消费者争相前往就餐。

> **营销小知识**
>
> 选择最佳的上市时机其实就是我们常说的"抢点"。上市时"点"抢得好，不仅可以使产品易于被消费者所接受，而且能让企业以较少的投入获得较大的回报。2000年1月1日0时0分，伴随新年钟声的敲响，圣泉集团推出了零点啤酒。零点啤酒在"零点奇迹夜"于合肥各大迪厅、酒吧的推广上市无疑对消费者产生极强的冲击力，并给人们留下深刻印象，从而为该产品的成功推广增加了砝码。

4. 进行强大的宣传造势

新产品推广上市前，厂家可以通过各种媒体进行产品宣传，旨在制造神秘感，造成一种"犹抱琵琶半遮面"的感觉。例如，曲美减肥药上市前三个月就大力宣传，造成市场饥渴感，引起了轰动效应。

5. 运用有效的促销手段

当消费者已经习惯了某个啤酒的产品时，要改变消费者的消费习惯是很困难的。这就要求厂家采取一些让利促销手段，先给消费者一些甜头，让他们去尝试你的产品。

> **营销小知识**
>
> 圣泉集团首先推出情趣卡，每月一期不同版别的情趣卡除具有可读性，还标注"收集此卡有意外惊喜"的字样。国庆节期间，圣泉集团"零点缤纷世界游"活动更是满足了部分消费者假日出游的实际需要。一波高过一波的促销活动的连续推出，不断地带动和提高了人们购买零点啤酒的热情。

6. 建立顺畅的产品通路

产品通路指的是产品由生产厂家到最终消费者这一流动过程中所涉及的所有环节。顺畅的通路来源于两个方面：一是销售渠道是否通畅，二是终端理货是否科学。销售渠道的通畅主要涉及销售渠道的合理选择，而终端理货工作主要包括产品上架、布置焦点广告、营业人员培训、及时补货、帮助终端促销、及时退换不合格产品等。渠道和终端工作是否扎实、完善，对销售有很大的影响。

7. 进行科学的计划和管理

新产品推出上市的整个过程一定要有周密的计划，包括销售计划、广告计划、费用预算、铺货量预算、回款计划、促销计划、公共关系计划、市场拓展计划和服务计划等，然后根据目标管理的原则，对每一计划的实施、监督、评估进行严格科学的管理。

8. 采取科学的推广策略

新产品推广要求公司具备组织、策划、控制促销宣传活动的能力与水平，以最小的投入形成最大的推广宣传效果。

案例链接

果汁型饮料市场以中低档的果汁饮料、果味饮料为主。在高端市场上，纯果汁的品牌不多，影响较大的只有百事公司的"都乐"100%鲜榨果汁等少数几家。经过综合考虑，我们将产品定位于"100%纯果汁"，并命名为"纯真年代"，寓意亲情、友情、爱情真挚如一，不掺杂任何"水分"。

产品的包装设计体现"纯真"的主题，塑料瓶、易拉罐、玻璃瓶及纸盒包装都要有。500毫升以下的包装方便饮用与携带，1升以上的大包装可供家庭饮用或聚会时分享。在价格上比纯果汁市场领导者"都乐"稍低，以形成价格优势。

营销要点：一是功能诉求与情感诉求的完美统一；二是"纯真故事"征集；三是"绝对纯真"演示；四是关系营销。

任务总结

（1）新产品是指在产品整体概念中的任何一部分进行变革或创新，并能给消费者带来新的利益和满足的产品。新产品策划是使企业开发的新产品与消费者的需求进行动态适应的市场开发过程。按新产品新颖程度分类，可分为全新新产品、换代新产品、改进新产品、仿制新产品和新牌子产品。

（2）在新产品的市场扩散过程中，由于社会地位、消费心理、产品价值观、个人性格等多种因素的影响与制约，不同顾客对新产品的反应具有很大的差异。如创新采用者、早期采用者、早期大众、落后的购买者、晚期大众。

（3）新产品推广策划思路：确定新产品推广的目标受众、建立独特的产品形象、选择最佳的推广时机、进行强大的宣传造势、运用有效的促销手段、建立顺畅的产品通路、进行科学的计划和管理、采取科学的推广策略。

思考与讨论

（1）简述新产品开发的程序。
（2）简述新产品推广的策略。

案例分析

湖南郴州酒厂厂长在《华夏酒报》上看到一则消息说："名优好酒将会在市场上走俏。"当时，正在为销售不畅而发愁的厂长对此特别敏感，他心里想，这些年来，他们厂生产的几乎都是低档酒，没有一个在市场是叫得响的"拳头"产品，因而不能引起社会各界的关注。其实，他们厂已有30多年的酿造历史，有生产名优酒的能力，只是由于前段在生产经营上抓重点不突出，创优意识不太强，才造成这种被动局面。要改变这种状况，显然平均使用力量是不行的。只有先集中力量创立一个"拳头"产品，才能惊动四周，招徕百客。主意打定后，他们厂在经济极为困难的情况下，先后两次派出20多名生产骨干和技术人员赴贵州学习，同时，还请来了贵州食品研究所的技术人员帮助厂里改造酿造技术，集中力量开发一种新产品，千方百计提高它的质量。经过精心配方制作，终于酿出麸酱型的优质白酒。俗话说得好："好马要配好鞍"，好酒也要取一个有特色的牌名，才能使消费者过目不忘，留下深刻印象，为此，该厂向厂内外人士广泛征名。有人说，郴州是宋代文化名人秦观遭贬后居住过的地方，宋哲宗绍圣四年（公元1097年）秦观还在此写下流传千古的著名词作《踏莎行·郴州旅舍》。后经苏轼作跋，米芾书写，在郴州苏仙岭留下了著名的"三绝碑"。此酒为何不借秦观之名为牌，使它更带有地方文化色彩呢？厂领导听了觉得言之有理，便把这种新酒命名为"秦观酒"。

"秦观酒"问世后，他们邀请了30多位知名人士和40多位业务单位的代表品尝秦观酒。没想到来宾们一杯下肚，便赞不绝口，都说秦观酒近似茅台酒的风格，浓香醑甜，回味悠长，当场就有十几家单位订货，金额达200多万元，大大超过了预期效果。

"秦观酒"的问世，在社会上产生了轰动效应，来厂买酒的人络绎不绝，每天门庭若市、车水马龙。

案例思考：

"秦观酒"的诞生说明了什么？其策划对企业搞好市场营销有何借鉴意义？

实训项目

实训项目　产品推广方案

【训练目标】

1. 掌握推广方案的类型/编制程序和方法。

2. 能够根据实际情况独立完成销售方案的编制。

【内容与要求】

（1）在任务二产品组合策划的实训项目中，根据提交的策划方案给新增加的产品制定一份新产品推广方案。

（2）推广方案要做到：分析客观，目标任务明确，资源配置合理，措施具体可行。

【组织与实施评价】

（1）以项目团队为学习小组，选出项目负责人。

（2）建立沟通协调机制，团队成员共同参与协作完成公司任务。

（3）各项目团队进行讨论独立完成销售方案编制。

（4）评价与总结：各项目团队提交策划报告，并根据报告进行评估。

项目六

企业品牌策划

学习目标

- 掌握品牌策划的基础要素
- 掌握品牌建设的步骤
- 掌握品牌战略规划的内容

技能目标

- 初步具备对企业品牌进行战略规划的能力
- 初步具备对企业品牌进行建设的能力
- 能通过团队合作、互相协作、解决相关问题并完成任务
- 具有团队合作精神、完成个人任务和协调组内人际关系的能力

任务一 掌握品牌策划的基础要素

【任务引入】

驾驶一辆 Lotus 跑车似乎比驾驶丰田皇冠更具魅力，品味哈根达斯的冰激凌比品味阿波罗更有趣，持有 iPhone 的感觉比持有三星手机更显独特，为什么会有这样的感觉？陈刚团队也在设想，如果校园内出现一个更强的竞争者他们该怎么办？他们现在该如何强化校园超市的品牌形象？

任务1：请找出任意一个行业中最具代表性的 3 个品牌，用最合适的一个词语来形容它们。

任务2：请分析 Lotus 跑车与丰田皇冠、哈根达斯与阿波罗、iPhone 与三星这三组品牌的区别，以及这些区别产生的原因。

任务3：根据陈刚团队的需要掌握品牌策划的基础要素。

【任务分析】

一杯水、一块石头、一座城市是一个人，任何事物都能够被品牌化。每一个品牌都有自己独特的核心价值，因此，表面看起来差不多的产品，骨子里却存在着本质区别。品牌还具有塑造人们如何认识产品的能力，品牌既能提升一个产品的价值，也能降低一个产品的价值。

知识链接

营销大师科特勒（Phillip Kotler）说：成功的品牌，它应该不仅仅是商标与符号，也不仅仅是产品与形象，它应有良好的外在形象，又包括丰富的内涵，它存在于产品、消费者与生产者之中。

一、品牌的内涵

完整了解品牌的内涵是创建、发展品牌的第一步。

"品牌"一词源于古挪威语的"brandr"，意思是"打上烙印"。最初，人们用这种方式来标记家畜等需要与其他人相区别的私有财产。到了中世纪的欧洲，手工艺匠人用这种方法在自己的手工艺品上烙下标记，以便顾客识别产品的产地和生产者，这就产生了最初的商标，并以此为消费者提供担保，同时向生产者提供法律保护。由此看来，品牌的产生最初是基于它的标志功能。但是今天，"品牌"一词历经几百年的历史演进，无论其内涵与外延都已经大大地扩展了。

许多中外学者对品牌内涵有过精彩的论述，但由于他们的视角不同，对于品牌内涵的理解也各有差异。我们可以将这些论述归纳为 4 大类，每一类别都有助于我们更好地理解品牌内涵的真谛。

（一）品牌标志论

品牌标志论强调的是品牌的功能属性，这类理论突出强调品牌是商标、名称、标志、标记中的一种，它是从最直观、最外在的表现出发，将品牌看作是一种张扬产品个性的区别。

营销小知识

美国市场营销协会（AMA）将品牌定义为：用以识别一个或一群产品和劳务的名称、术语、象征、记号或图案设计，或者是他们的不同组合，以此同其他竞争者的产品和劳务相区别。

《牛津英语词典》称：品牌是证明供应者的一种"去不掉的标志"设计。

> 著名营销大师菲利普·科特勒认为：品牌是一种名称、名词、标记、符号或设计，或是它们的组合运用，其目的是借以辨认某个销售者或者某群销售者的产品或劳务，并使之同竞争者的产品和劳务区别开来。
>
> 国内学者韩光军等在《打造品牌》一书中指出：品牌是指能够体现产品个性，将不同产品区别开来的特定名称、标志物、标志色、标志字以及标志性包装等的综合体，它是消费者记忆商品的工具，是有利于消费者回忆的媒介。

以上关于品牌内涵的表述各有差异，但都认为，品牌是一种名称、名词、标记、符号、设计或它们的组合，其主要功能是将自己的产品和劳务与竞争对手的产品和劳务相区别。

（二）品牌形象论

品牌形象论是大卫·奥格威（David Ogilvy）于20世纪60年代中期提出的，由此开创了广告创意策略理论中的一个重要流派。

> **营销小知识**
>
> 大卫·奥格威认为："品牌是多种要素的综合体，是一种错综复杂的象征，是品牌的属性、名称、包装、价格、历史、声誉、广告风格的无形组合。"他还认为，每一则广告都应是对构成整个品牌的长期投资，每一品牌、每一产品都应发展和投射一个形象。形象经由各种不同的推广技术传达给顾客及潜在顾客。消费者购买的不止是产品，还购买承诺的物质和心理的利益。在广告中诉说的产品的有关事项，影响购买决策比产品实际拥有的物质上的属性更为重要。

品牌形象论强调的是品牌的心理属性，它将品牌从符号的层面拓展开来，超出了功能的利益，突出了心理上的感受，从而更完整地揭示出品牌的内涵。品牌形象理论也存在缺陷，它是从生产者的角度出发设计和塑造品牌形象，忽视消费者的感知和认同。

（三）品牌个性论

形象只造成认同，个性可以造成崇拜。品牌个性论是广告创意策略中一种后起的、充满生命力的新策略流派，它强调的仍然是品牌的心理属性。但从某种意义上来说，它是在品牌形象论的基础上对品牌内涵进行的更深层次的挖掘。其代表理论有：美国 Grey 广告公司提出的"品牌性格哲学"；大卫·奥格威的品牌个性尺度理论；海伦（Heylen）、道森（Dawson）、桑普森（Sampson）综合弗罗伊德维度与阿德勒维度，构建的品牌个性二维模型（简称 Heylen 模型）。

品牌个性理论在回答广告"说什么"的问题时，认为广告不止是说利益、说形象，更要说个性。由品牌个性来促进品牌形象的塑造，通过品牌个性吸引特定人群。这一理论强调品牌应该人格化，以期给人留下深刻的印象，应该寻找和选择能代表品牌个性的象征物，如使用核心图案和特殊文字造型表现品牌的特殊个性。

（四）品牌价值论

品牌价值论认为，品牌是一种无形资产，能给企业带来利润和财富，企业应将品牌当作一种获利的资产来对待。

> **营销小知识**
>
> 大卫·艾克（David A.Aaker）指出，对于大多数企业而言，品牌名称以及其所代表的含义是企业最重要的无形资产，是企业竞争优势的基础、未来利润的源泉。
>
> 美国 S&S 公关公司总裁乔·马克尼（Joe Marconi）认为："品牌是个名字，而品牌资产

则是这个名字的价值，品牌资产的重要性不论对本地方或全球各地企业，都越来越重要。企业界为了建立品牌价值，不惜投注几十亿美元的资本，随之而来的是有些公司转手出让，买主旋即放弃这些公司旗下的产品，因为他们要的是这些卖方公司的名字，而不是产品。"

品牌价值论的理论要点是品牌忠诚创造回报，与品牌标志论、品牌形象论、品牌个性论相比，它最大的改变在于将消费者的感知和认同概括进来，而且将其放在品牌理论的核心位置。

二、品牌核心价值

品牌核心价值是品牌的灵魂和精髓，是品牌最核心、最独一无二的要素。它代表着品牌对消费者的终极意义和独特价值，是考验品牌强势程度的重要标志。品牌核心价值是品牌的"身份证"，有了核心价值，品牌才真正成为品牌。

在品牌实践中，我们常常把品牌核心价值分为 3 大价值主题：功能性价值、情感性价值和象征性价值。每一种价值主题都可以成为寻找品牌核心价值的方向，每一个成功的价值主题都可以使品牌脱颖而出，每一次品牌的成长都是价值主题的进一步综合，强势品牌常常兼具以下 3 层价值主题。

（一）功能性价值

功能性的品牌核心价值着眼于功能性利益或者相关的产品属性，包括功效、性能、质量、便利等，如防晒霜的防晒功效、洗衣粉的去污渍能力、电脑的运行快速、手机的通话清晰等。功能性价值是绝大多数品牌在发展初期的安身立命之本，如表 6-1 所示。

表 6-1　　　　　　　　　　宝洁旗下洗发水品牌的核心价值

品　牌	功能性价值
飘柔	头发更飘、更柔顺
潘婷	健康亮泽
沙宣	专业美发
海飞丝	有效去除头屑
伊卡璐	草本精华

（二）情感性价值

情感性的品牌核心价值着眼于顾客在购买和使用的过程中产生的某种感觉，这种感觉为消费者拥有和使用品牌赋予了更深的意味和营造了密切的关系，很多强势品牌的识别在理性价值之外往往包含情感性价值。情感性价值主要表达品牌的情感内涵，如真情、关爱、友谊、温暖、牵挂等，品牌的情感性价值常常将冷冰冰的产品带到了有血有肉的情感境界，赋予产品生命力和感染力，让消费者拥有一段美好的情感体验。

尽管品牌关系常常是难以琢磨的，但依旧有 7 种典型的品牌关系可资借鉴，如表 6-2、表 6-3 所示。

表 6-2　　　　　　　　　　　　7 种典型的品牌关系

熟　悉　关　系	我对这个品牌知之甚详
怀旧关系	这个品牌让我想起生命中某个特别的阶段
自我概念关系	这个品牌与我非常相符
合伙关系	这个品牌会非常看重我
情感结合关系	如果找不到这个品牌我会非常沮丧
依赖关系	一旦我不使用这个品牌，我感到有什么东西正在消失
承诺关系	不管生活好坏我都会继续使用这个品牌

133

表6-3　　　　　　　　　　　　成功的品牌与消费者之间的关系示例

可 口 可 乐	依 赖 关 系
麦当劳餐厅、美的	熟悉关系
苹果电脑、动感地带	自我概念关系
南方黑芝麻糊	怀旧关系

（三）象征性价值

象征性的品牌核心价值主要诠释品牌所蕴含的人生哲理、价值观、审美品位、身份地位等，人们往往通过使用这样的品牌产品，体验人生追求，张扬自我个性，寻找精神寄托。

象征性的品牌核心价值是品牌成为顾客表达个人主张或宣泄情感的方式。有个性的品牌就像人一样，有血有肉，令人难忘。近年来品牌个性在品牌核心识别中的地位越来越重要，以至于不少人认为品牌个性就是品牌的核心价值，品牌个性已经成为一种神奇的力量。

> **█ 营销小知识 █**
>
> 不同品牌的产品体现出不同的象征性价值：奔驰车体现着"权势、财富、成功"；百事可乐张扬"青春活力和激情"；香奈尔香水演绎"时尚、浪漫"情怀；劳力士让消费者体验"尊贵、成就、完美、优雅"的感受；哈利·波特展示"神奇的童年"；哈雷摩托车则主张"无拘无束"的个性等。

总之，品牌核心价值既可以是功能性价值，也可以是情感性价值或象征性价值，还可以是三者的和谐统一。每种模式都不乏成功的案例，如"中药滋养"成就了夏士莲，"科技、以人为本"成就了诺基亚，"滋润、高贵"成就了力士。

那么，品牌核心价值究竟选择哪种模式最好呢？事实上，它是以品牌核心价值能否对目标消费群体产生最大感染力，并同竞争品牌形成差异为原则的。

> **█ 营销小知识 █**
>
> 不同类别的产品，其品牌核心价值具有不同的选择模式。
>
> 例如，使用洗涤、洗发用品，消费者更关注产品的使用功效，所以这类品牌大都选择了功能性品牌核心价值，如霸王洗发水的"中药养发"，汰渍的"领干净、袖无渍"等。
>
> 使用汽车、手表、服饰、香水、酒等产品，消费者更希望借此体现自己的身份，寻找精神寄托，所以这类品牌大都定位于情感性或象征性品牌核心价值，如宝马的"驾驶乐趣"、欧米茄手表的"代表成就与完美"，登喜路服饰的"贵族的、经典的"，人头马XO"人头马一开，好事自然来"等。
>
> 保健品、药品主要体现关怀，强调功效，所以在这类品牌核心价值中，功能性和情感性兼而有之，如静心口服液"买静心，送给妈妈一个心"，三精葡萄糖酸液的"聪明的妈妈会用锌"，斯达舒的"胃酸、胃痛、胃胀，请用斯达舒胶囊"等。

毋庸置疑，在产品日益同质化的今天，产品的物理属性已经相差无几，通过产品的功能性价值战胜竞争对手的几率越来越小，这就要求品牌更多地依赖情感性或象征性的品牌核心价值才能与竞争对手形成差异。而且，随着社会进步，人们生活水平不断提高，消费者选择品牌往往更注重情感或精神感受，情感性或象征性的品牌核心价值日益成为消费者认同品牌的驱动力。

> **█ 案例链接 █**
>
> 早期阿迪达斯非常强调品牌的功能性价值，然而随着市场的发展，阿迪达斯的竞争优势越来越弱化。20世纪90年代，阿迪达斯为品牌注入新的个性和情感元素，提炼出"没有什么不可能的（Nothing is impossible）"的核心价值，阿迪达斯重新焕发了生命力。

功能性价值是情感性价值和象征性价值的基石，情感性价值和象征性价值只有建立在坚实可靠的功能性价值之上，才更有说服力和感染力。

三、品牌的作用

（一）品牌对企业的作用

（1）识别产品。识别功能是品牌最基本的功能，其目的是区分产品、建立差异。以简明扼要的方式，告知消费者品牌或产品的特点，将自己的产品与其他竞争者的产品区分开来，并逐渐形成固定的消费群体。

（2）维护权益。企业的品牌一经注册，就取得了商标的专用权，可以受到法律保护，防止他人非法盗用品牌。

（3）增值效应。品牌是企业的无形资产，它所包含的个性、品质等特征都能给产品带来重要的价值。即使是同样的产品，贴上不同的品牌标志，也会产生悬殊的价格。

（4）降低成本。品牌可以通过与顾客建立品牌偏好，实现顾客对品牌产品的持续购买，从而有效降低宣传成本。同时，企业还可借助成功品牌，扩大产品组合或延伸产品线，降低新产品开发成本。

（二）品牌对消费者的作用

（1）导购功能。品牌可以帮助消费者迅速找到所需要的产品，从而减少消费者在搜寻过程中花费的时间和精力。此外，品牌还有助于消费者避免购买风险，降低购买成本。

（2）保护权益。品牌可以保护消费者的购买权益，如选购时避免上当受骗，购买后获得更换零部件、免费维修等服务，出现问题时便于索赔和更换等。事实上，品牌也是产品质量的承诺，代表着企业交付给消费者的产品特征、利益和服务的一贯性的承诺。

（3）契约功能。品牌为消费者提供稳定优质的产品和服务的保障，消费者则用长期忠诚的购买回报制造商，双方最终通过品牌形成一种相互信任的契约关系，实现利益上的双赢。

（4）精神满足。每一个品牌都有其独特的个性和丰富的内涵，消费者可以通过购买与自己个性气质相吻合的品牌来展现自我，找到一种归属感、自豪感和认同感，从而获得更高层次的精神享受。

135

表 6-4		全球品牌价值最新调查结果		
2013 年排名	2012 年排名	品牌	国家	品牌价值（百万美元）
1	1	苹果	US	87,304
2	6	三星	South Korea	58,771
3	2	Google	US	52,132
4	3	微软	US	45,535
5	5	沃尔玛	US	42,303
6	4	IBM	US	37,721
7	7	通用 GE	US	37,161
8	10	亚马逊	US	36,788
9	8	可口可乐	US	34,205
10	12	Verizon	US	30,729

任务总结

（1）品牌是给拥有者带来溢价、产生增值的一种无形的资产，增值的源泉在于消费者心智中形成的关于其载体的印象。

（2）品牌核心价值决定了品牌与品牌之间的差距，强势品牌与弱势品牌的区别、卓越的品牌战略和平庸的品牌战略的落差均来源于此。它包括功能性价值、情感性价值、象征性价值 3 个层面，消费者对品牌的取舍是以品牌核心价值为重要依据的。

（3）品牌需要塑造个性，并以此独特的个性吸引特定的消费人群。

思考与讨论

（1）品牌和商标的区别是什么？

（2）品牌就是产品，这种说法正确吗？

（3）提起麦当劳品牌，你能想起什么？

（4）你选择或者使用一种品牌的理由是什么？

案例分析

"可口可乐并购汇源"一案的思考

2008年9月3日，香港联交所发布一则公告：可口可乐旗下的荷银亚洲将代表可口可乐全资附属公司大西洋公司，就收购汇源果汁全部股份、全部未行使可换股债券并注销汇源全部未行使购股权，提出自愿有条件现金收购建议。按照公告，这单涉及金额24亿美元，约合179.2亿港元的天价交易若能完成，将成为当时中国食品和饮料行业最大的一笔收购案。然而，时隔6个月后的2009年3月18日，中国商务部发布2009年第22号公告，认为可口可乐收购汇源果汁具有排除、限制竞争等效果，将对中国果汁饮料市场的有效竞争和果汁产业健康发展产生不利影响。因此，根据中国《反垄断法》，禁止可口可乐收购汇源。这是我国自《反垄断法》实施以来，首个未通过的"经营者集中"的案例。

商务部具体阐述了未通过审查的3个原因，如果收购成功，第一，可口可乐有能力把其在碳酸饮料行业的支配地位传导到果汁行业；第二，可口可乐对果汁市场的控制力会明显增强，使其他企业没有能力再进入这个市场；第三，可口可乐会挤压国内中小企业的生存空间，抑制国内其他企业参与果汁市场的竞争。

原本这是一桩你情我愿的交易。一家成功的中国果汁饮料生产商，在吸引了诸多的"追求者"之后，最终相中一位情投意合的"伴侣"，而这位"合意人选"恰好是全球最大的软饮料制造商。对于中国的企业主而言，这意味着一份价值24亿美元的丰厚"嫁妆"，国外饮料制造商则通过收购成功买通了走向快速发展的、潜在的巨大市场的道路。然而，随着中国商务部这则明令禁止的公告，这桩交易只能就此打住。中国商务部的忧虑是否杞人忧天？让我们一起来看看过去几年中被收购的民族品牌的现状。

美加净：该品牌原来占有国内化妆品市场近20%的份额。1990年，上海家化与庄臣合资，"美加净"商标被搁置。上海家化于1994年以5亿元收回美加净商标，但已失去了宝贵时机。

中华牙膏：1994年年初，联合利华取得上海牙膏厂的控股权，并采用品牌租赁的方式经营上海牙膏厂"中华"牙膏，如今，中华牙膏在市场上的份额已少得可怜。

活力28：1996年，与德国美洁时公司合资后，双方规定的合资公司洗衣粉产量的50%使用"活力28"品牌的承诺没有兑现，前3年共投入1.84亿元用于"活力28"宣传的广告费用也成了一纸空文。"活力28"这个知名品牌从人们的记忆中渐渐消失了。

南孚电池：自1999年9月起，通过数次转让，2003年，72%的股权落入吉列手中。吉列的金霸王电池进入中国市场10年，市场占有率不及南孚的10%，而南孚被吉列控制后即退出海外市场，一半生产能力被闲置。如今这一曾经占领了大半个中国市场，排名中国第一的电池品牌已经不属于民族品牌。

乐百氏：2000年，乐百氏被达能公司收购，现在乐百氏品牌已基本退出市场。此外，达能还在中国收购了上海梅林正广和饮用水公司50%的股权、汇源果汁22.18%的股权，还在乳业收购了蒙牛50%股权、光明20.01%股权。这些企业都拥有中国驰名商标，是行业的排头兵。

小护士：法国欧莱雅2003年收购小护士。5年后的今天，小护士在市场上也几乎销声匿迹。

苏泊尔：苏泊尔品牌销售额曾经占压力锅市场的40%，评估品牌价值16.248亿元。2006年8月，法国SEB（世界小家电头号品牌）获得苏泊尔控股权。

大宝：2008年7月30日，强生宣布完成对大宝的收购。至此，中国化妆品市场的竞争已形成外资主导的局面。

案例思考：

（1）近年来，外资品牌收购民族品牌的事件屡屡发生，有专家甚至将其影响上升到"危害国家安全"的程度，你是否认同这一观点？

（2）为什么政府近年来大力推进实施名牌战略？

实训项目

实训项目　品牌核心价值提炼

【训练目标】

（1）掌握品牌核心价值的内容。

（2）掌握品牌核心价值的提炼技能。

（3）为掌握定位理论打下基础。

【内容与要求】

某品牌婚纱影楼，其主营业务是为新人提供婚纱油画照。请依据其产品及业务特色为其提炼品牌核心价值，包括理性价值、感性价值、象征性价值。

【组织与实施评价】

（1）以项目团队为学习小组，选出项目负责人。

（2）建立沟通协调机制，团队成员共同参与协作完成公司任务。

（3）各项目团队充分讨论，完成对品牌核心价值的提炼，并阐述其理由支持。

（4）评价与总结：各项目团队提交报告，并根据报告进行评估。

任务二　品牌战略规划

【任务引入】

陈刚团队经营的校园超市已经步入正轨并取得不俗的业绩。这时策划老师给他们布置了新的任务——结合超市的网站建设的需要制定超市长远发展的品牌建设规划。那么陈刚团队应该怎样做呢？

任务1：根据陈刚团队的需要掌握品牌战略规划的内容。

任务2：根据陈刚团队的需要掌握品牌战略规划的方法与步骤。

任务3：根据陈刚团队的需要对制定校园超市的品牌战略规划。

【任务分析】

任何一家企业都是以追逐最大化利润为最终目的，但企业在经营活动中，不仅要创造利润，更要创造竞争优势。如果一个企业失去竞争优势，必将失去市场地位，其利润也将不复存在。品牌战略能引领企业的经营方向，通过正确的战略，有效地进行资源配置，创建强势品牌，提升企业的竞争力。

知识链接

品牌战略的内容包括品牌化决策、品牌归属决策、品牌模式选择、品牌延伸规划与品牌愿景设立5个方面的内容。

一、品牌化决策

品牌化决策就是帮助企业决定是否利用品牌的战略。

这是一个品牌喧嚣的时代，政府不遗余力推广名牌战略，号召企业从"中国制造"向"中国创造"转变；企业花费巨资培育自主品牌；消费者越来越浓的品牌情结……在这样一个"不品牌，毋宁死"的环境下，是不是每个企业都需要为自己的产品建立品牌并实施品牌化经营？答案是未必！

品牌是一把双刃剑，建立品牌能为企业和产品带来许多好处，如识别产品、保护权益、降低成本等。但同时，培育和推广品牌也意味着昂贵的成本和巨大的风险。那么，什么样的情况下企业和产品可以不必使用品牌呢？

（1）部分农副产品。虽然大多数超市出售的蔬菜、瓜果、大豆、猪肉等都开始标识品牌，但当我们在农贸市场选购这些产品时，它们仍然是不使用品牌的。

（2）差异性小的原料产品、零配件产品，如矿砂、钉子等。

（3）本地产销的小商品。这类产品一般都有其稳定的消费群，而且，无品牌推广的方式可以帮助企业节省成本。

（4）临时性或一次性生产的商品。

> **案例链接**
>
> 　　这是一个品牌无处不在的时代。
>
> 　　劣质的录音带反复播放"走过路过不要错过，所有产品一律3元……"店内摆满琳琅满目的低端日常生活用品，如果你愿意，还真能淘出一些你需要买的产品，这样的景象是否熟悉？你一定见过，这就是街边常见的1元均价店、3元均价店。
>
> 　　今天，"1元均价""3元均价"都已经拥有了自己的品牌。2007年，一家名叫希艺欧的公司将自主品牌"希艺欧""超值均一价"等系列产品带进了全国36个省份的市场，成为供应给全国代理商的第一个专业均价品牌。如今，在新一佳、华益等许多大型连锁卖场，我们都能看到"希艺欧"的1元均价、3元均价、9.9元均价系列产品的身影。依靠高档的卖场环境、专柜产品展示、统一的品牌形象、可靠的产品质量，希艺欧在消费者心目中塑造了"质优价廉"的专业均价产品形象。

139

二、品牌归属决策

　　企业在完成品牌化决策后，接下来就要进行品牌归属决策，即解决品牌属性的问题。在这个阶段，企业要选择的是制造商品牌还是经销商品牌？是自创品牌、加盟品牌还是获得其他品牌的授权？不同的品牌归属决策，在不同行业与企业所处的不同阶段有其特定的适应性。

　　1. 制造商品牌

　　制造商品牌也称全国性品牌，是指由制造商建立并拥有的品牌。这类品牌非常普遍，如美的、海尔、汇源、康师傅、三星等。历史上，制造商品牌一直在工业经济中占据支配地位，尤其是在卖方市场时代，产品的设计、功能、价格都是由制造商决定。然而近年来，经销商的品牌正在日益增多。

　　2. 经销商品牌

　　经销商品牌，是经销商自己创立并拥有的品牌。可以直接采用经销商的公司品牌名，也可以是自己独立拥有的品牌名。著名的经销商品牌有美国的沃尔玛、英国的马狮百货、法国的家乐福等，我国则有国美、苏宁、屈臣氏、万宁等。

> **案例链接**
>
> 　　屈臣氏起源于1828年，时至今日已发展成国际性的零售及制造业机构，业务遍布全球36个市场。至2009年，在中国100多个城市拥有超过600家分店及11 000多名员工，是中国目前最大规模的保健及美容产品零售连锁店。屈臣氏个人用品商店以"健康、美态、欢乐"为经营理念，目标顾客锁定18～45岁的时尚都市白领一族，商品涵盖化妆品、护肤品、时尚饰物、保健品、休闲食品及礼品等类别。今天，开店拓展以及自有品牌商品开发已经成为其两大核心任务。
>
> 　　屈臣氏旗下自有品牌产品覆盖肌肤护理类、沐浴类、头发护理、造型类、女士护理产品、男士护理产品以及保健品等，种类超过2 000种。据统计，屈臣氏自有品牌的销售约占整体销售的17%，如皮肤护理品类40%的销售都来自自有品牌，卫生护理品类更是高达50%的比例。总体来看，自有品牌的利润贡献占到屈臣氏总利润的40%。从这一长串令人美慕的数字可以看出，屈臣氏成功的秘诀并不在于自有品牌可观的利润空间，也不在于严格的成本控制，而是其颇具特色的自有品牌行销策略。
>
> 　　第一，利用大量的销售数据指导产品开发，以消费者的真实需求来引导自有品牌的发展。

第二，颇具特色的店铺优先陈列。屈臣氏能吸引 18～45 岁的时尚都市白领一族，其明亮舒适、利于选购的店铺环境功不可没，而它的自有品牌都有特殊的陈列架且放在明显位置。第三，灵活多变的市场促销活动。任何时间，只要走进一家屈臣氏的终端店铺，你都能感受铺天盖地的促销信息。"近百款精选商品加 1 元多 1 件"这样的促销主题是不是很熟悉？屈臣氏还通过季节性的产品目录介绍新品，在每个月的海报里面夹放插页，在所有的插页里会提示屈臣氏重点品牌。同时，屈臣氏也有专门的新产品手册在店铺发放给消费者。第四，大规模的自有品牌推广。尽管促销活动铺天盖地，屈臣氏并未带给消费者"低价无好货"的印象，而且，今天的屈臣氏在目标消费者心中，已不仅仅是一个零售商品牌，这些都得益于其周密的、大规模的自有品牌推广活动。屈臣氏会在中国香港地区著名时尚杂志中推荐其自有品牌，还会邀请权威专家推荐自己的品牌，以鉴证自有品牌的质量和权威。屈臣氏还联合媒体开展诸如"挚爱品牌选举"等公关活动，塑造旗下自有品牌的知名度。

3. 混合使用制造商品牌和经销商品牌

一部分产品采用本公司的品牌，另一部分采用经销商的品牌，这种混合使用两种品牌的情形在 IT 零配件行业较为常见，IT 制造商一边销售采用本公司品牌的产品，一边又以 OEM 的身份为其经销商提供产品，并以经销商品牌的形式进行销售。由于 IT 产品更新换代的速度过快，通过这种方式，制造商可以用更快的速度最大程度地赚取产品利润。

4. 品牌授权

品牌授权又称品牌许可，是指授权者将自己所拥有或代理的商标或品牌等以合同的形式授予被授权者使用，被授权者按合同规定从事经营活动并向授权者支付相应的费用即权利金，同时授权者给予人员培训、组织设计、经营管理等方面的指导与协助。

通过品牌授权，被授权商通过使用一个成功运营多年的品牌，使自己的商品能够立刻获取该品牌知名度带来的好处，迅速地被消费者知晓，并且更易于被分销渠道接纳。对于品牌授权商来说，以这些容易被消费者识别的品牌作为有效投资授权出去意味着品牌扩展，不用投入厂房、设备、办公、库存、人员等繁琐事宜就可以进入一个新的市场，增加了消费者与品牌形象直接接触的机会，有效地扩大品牌宣传并延伸品牌生命。

当然，品牌授权也存在风险，授权后的品牌经营不善可能波及授权品牌的全部业务。而对被授权商而言，授权而来的品牌终究不是"亲生子"，到头来可能是一个"为他人做嫁衣裳的"结局。

案例链接

迪士尼是品牌授权方面的典范，尽管近几年来它在中国市场的运营广受诟病，但其单是米老鼠这块金字招牌，每年依靠品牌授权就会为迪士尼带来 50 亿美元的销售进账。目前，迪士尼将旗下儿童内衣系列授权三枪，运动产品授权特步，家居产品授权罗莱……划分细腻的品牌授权为它赢取了高额利润。

5. 品牌加盟

品牌连锁加盟经营在全世界获得普遍欢迎。实施品牌加盟后，品牌总公司必须为品牌加盟店提供一项独特的品牌商业特权，并加上人员培训、组织结构、经营管理及商品供销的协助；而品牌加盟店也需付出相应的报偿，即通常所说的品牌加盟费。这种品牌经营方式对于那些资金有限、缺乏经验而又想投资创业的人具有较强的吸引力，通过加盟品牌连锁店，可以利用一个已得到实践检验成功的商业经验和做法，得到品牌连锁总公司的帮助和指导，从而大大减小不成熟的投资创业的风险。

品牌加盟经营的方式很普遍，如服装品牌几乎都采用品牌加盟的形式，还有大家熟悉的麦当劳、肯德基品牌等。

三、品牌模式选择

品牌模式选择解决的是品牌的结构问题。品牌模式虽无好坏之分，但却有一定的行业适用性与时间性。

1. 统一品牌战略

统一品牌战略又称综合品牌战略、家族品牌战略，是指企业对所生产的多种产品使用同一品牌。运用统一品牌战略的根本前提是，品牌核心价值能兼容各种产品。典型案例有三星、索尼、佳能、东芝等。

统一品牌战略具有以下一系列的优点。

（1）有利于企业集中优势资源传播一个品牌，带动旗下所有产品的销售。

（2）有利于新产品进入目标市场，无需为培育新品牌而花费大量的推广费用。

（3）每一种产品美誉度的提升都有利于品牌价值的总体提升。

统一品牌战略并非万能，它同样存在不可避免的劣势，在品牌经营中应尽量规避。

（1）统一品牌旗下的产品太多，可能模糊每类产品的个性。

（2）面对专业品牌的传播占位优势，消费者在选购产品时更倾向于选择专业品牌。

（3）一荣俱荣、一损俱损。统一品牌旗下任何一种产品的信誉有损，都将伤害其品牌信誉。

2. 多品牌战略

多品牌战略是指企业对旗下不同产品分别使用不同的品牌名称。

它的优点如下。

（1）多种品牌可使产品深入不同的细分市场，占领更广大的市场空间。

（2）多种品牌可以吸引那些求新好奇的品牌转换者，为低品牌忠诚度的顾客提供更多选择。

（3）相比统一品牌战略，多品牌战略不会因某一品牌信誉下降而承担较大的风险。

多品牌战略最大的缺点是需要庞大的品牌传播费用，来维系旗下众多品牌的运营推广。表6-5为欧莱雅集团多品牌战略内容。

表6-5　　　　　　　　　　　　　　欧莱雅集团多品牌战略内容

产 品 类 别	品 牌 名
顶级化妆品	赫莲娜
二线化妆品	兰蔻、碧欧泉
三线化妆品	巴黎欧莱雅、契尔氏、卡尼尔、羽西、美体小铺等
彩妆品牌	植村秀、美宝莲等
香水品牌	阿玛尼、卡夏尔等
药妆品牌	薇姿、理肤泉等

3. 主副品牌战略

企业采用一个成功品牌作为主品牌，涵盖企业制造的各系列产品，同时又给不同产品赋予一个更切合特性的副品牌。这样，以主品牌展示系列产品的社会影响力，而以副品牌凸显各个产品的不同个性形象，这种主副品牌战略，正被当今越来越多的企业巧妙地运用。例如，娃哈哈——营养快线，喜之郎——水晶之恋，松下——画王等。

4. 背书品牌战略

又称担保品牌战略，强调公司总品牌和独立品牌之间的关系。在担保品牌战略下，总品牌只对独立品牌起担保、背书或支持的作用，告知消费者背书品牌是独立品牌的制造商、核心技术与元器件的供应商或投资者，以取得消费者的信任。

采用这种战略的优点是：既可以使新产品享受公司总品牌的声誉，节省广告费用，又可以使各品牌保持自己的特点和相对独立性。

> **案例链接**
>
> 美国通用汽车公司生产多种类型的汽车，所有产品都采用 GM 两个字母所组成的公司品牌，而对各类产品又分别使用凯迪拉克（Cadillac）、别克（Buick）和雪佛兰（Chevrolet）等不同的品牌。每一个别品牌都具有不同的个性和利益点，如雪佛兰是普及型轿车，凯迪拉克则是豪华型轿车。

四、品牌延伸规划

（一）品牌延伸

品牌延伸又称品牌扩展，是指企业将某一知名品牌或某一具有市场影响力的成功品牌扩展到与成名产品或原产品不尽相同的产品上，以凭借现有成功品牌推出新产品的过程。品牌延伸在20 世纪初就得到广泛的应用，世界许多著名企业大多是靠品牌延伸实现其快速扩张的。美国著名经济学家艾·里斯说："若撰述美国过去 10 年的营销史，最具有意义的趋势就是延伸品牌线。"据统计，过去 10 年中，美国新崛起的知名品牌，有 2/3 是靠品牌延伸成功的。现在一些国内企业在推出新产品、进入新领域时，也广泛采用这种策略。

（二）品牌延伸的优势

品牌延伸具有几大可直接实现的竞争优势。第一，有利于提高品牌家族的投资效应，实现低成本扩张。第二，产生家族品牌伞效应。消费者由于对原有品牌的认识，会缩短对导入期"产品认知"的过程，即"品牌伞"效应。这样，品牌延伸下的产品就更容易为消费者认可和接受。第三，成功的品牌延伸能为消费者提供更多的选择，能为企业提高产品的市场占有率。第四，具有品牌活力创新效应。品牌延伸有利于消费者认识企业品牌的创新性，同时又强化了品牌与消费者之间的关联性，增强了品牌的整体竞争力。娃哈哈、康师傅、海尔等都是通过品牌延伸发展成为一流企业的。

要成功实现品牌延伸，还必须综合考虑所涉及各方面的因素，如品牌核心价值与品牌个性、延伸产品与原有产品的属性、延伸产品的市场前景、延伸产品的竞争状况、企业财力与品牌推广能力等。而上述众多因素中，是否符合原品牌的核心价值是最关键的因素。

（三）品牌延伸的形式

品牌延伸具有产业上延伸、产品质量档次上延伸和其他相关延伸三种形式。

1. 在产业上延伸

一种是基于产业链上下游的延伸，这种延伸方式为材料来源、产品销路提供了很好的延伸方式。另一种是产业平行延伸，一般适应于具有相同或相近的目标市场和销售渠道、相同的储运方式、相近的形象特征的产品领域，这种延伸既有利于新产品的行销又有利于品牌形象的巩固。

2. 在产品质量档次上延伸

（1）向上延伸，即在产品线上增加高档次产品生产线，使商品进入高档市场。

（2）向下延伸，即在产品线中增加较低档次的产品。利用高档品牌产品的声誉，吸引购买力水平较低的顾客慕名购买这一品牌中的低档廉价产品。如果原品牌是知名度很高的名牌，这种延伸极易损害名牌的声誉，风险很大。

（3）双向延伸，即原定位于中档产品市场的企业掌握了市场优势以后，决定向产品线的上下两个方向延伸，一方面增加高档产品；另一方面增加低档产品，扩大市场阵容。

3．其他相关延伸

可以是单一品牌扩散延伸到多种产品上去，成为系列品牌；可以是一国一地的品牌可扩散到世界，成为国际品牌；也可以是一个品牌再扩散衍生出另一个品牌等。

案例链接

皮尔·卡丹时装品牌，曾经一度与香奈尔香水、路易·威登皮包齐名，以高贵的品质和昂贵的价格成为社会上层人物身份和体面的象征。然而，为了吸引更多的消费者和追逐更丰厚的利润，皮尔·卡丹品牌从时装延伸到饰物、香水甚至日常生活用品上，从家具到灯具，从钢笔到拖鞋，甚至包括廉价的厨巾、劣质丝袜毛巾、仿皮钱夹等都贴上了皮尔·卡丹的商标，这样漫无边际的品牌延伸最终导致皮尔·卡丹在大多数市场上丧失了高档名牌的形象，也丢掉了追求独特的品牌忠诚者。

任务总结

（1）品牌模式虽无好坏之分，但却有一定的行业适用性与时间性。它包括统一品牌战略、多品牌战略、主副品牌战略、背书品牌战略。

（2）品牌归属企业要选择的是制造商品牌还是经销商品牌？是自创品牌、加盟品牌还是获得其他品牌的授权？不同的品牌归属决策，在不同行业与企业所处的不同阶段有其特定的适应性。

（3）品牌模式的选择包括统一品牌战略、多品牌战略、主副品牌战略和背书品牌战略。

思考与讨论

（1）任何产品都需要采用品牌吗？

（2）请评析品牌授权的优势和劣势。

（3）你认为品牌延伸的关键是什么？

案例分析

时代华纳的延伸之道

仅仅就时代华纳的影视娱乐业务而言，它是延伸模式的典范：首先，从生产环节来看，它在故事片、电视、家庭录像以及动画等制作业务方面一直居于全球领先地位，旗下华纳兄弟电影公司和华纳唱片公司世界闻名，影片《黑客帝国》《蝙蝠侠》以及获得11项奥斯卡奖项的《指环王：王者归来》都是出自华纳兄弟电影公司。华纳唱片是20世纪全球5大唱片集团之一，在世界各地拥有30多家分公司和40个以上加盟品牌。旗下歌手包括麦当娜、保罗·西蒙和老鹰乐队等世界级歌坛巨星。其次，从媒体本身来看，时代华纳媒体业务包括有线电视新闻频道CNN；有线电视电影频道HBO、Cinemax、特纳经典电影；有线电视娱乐频道TBS Superstation、TNT、The WB、Cartoon Network。最后，从发行或者销售环节来看，时代华纳旗下拥有多个发行公司，如New Line Cinema、Turner Entertainment Company,Inc等，负责时代华纳的电影、电视、卡通等媒体的全球发行业务。从2003年开始，时代华纳还将触角延伸至中国影院业，投资1 396.5万元人民币购入上海永乐影院49%的股权，联合大连万达共同投资兴建连锁华纳万达国际影院等。

案例思考：

（1）时代华纳的延伸模式是属于哪种类型的延伸？

（2）时代华纳的品牌延伸取得了巨大成功，你认为其主要原因是什么？

实训项目

实训项目　品牌模式的选择

【训练目标】

（1）掌握品牌模式的类型。

（2）掌握不同品牌模式的优势、劣势及应用技能。

【内容与要求】

（1）一家生产低端化妆品的企业，在过去几年时间内成功塑造了"平民化妆品"的品牌形象。近期它将推出面向高端市场的系列新品，请你和你的团队针对其新产品设计合理可行的品牌模式。

（2）制定校园超市的品牌战略规划。

【组织与实施评价】

（1）以项目团队为学习小组，选出项目负责人。

（2）建立沟通协调机制，团队成员共同参与协作完成公司任务。

（3）各项目团队完成新产品的品牌模式选择，并阐述自己的理由。

（4）评价与总结：各项目团队提交总结报告，并根据报告进行评估。

任务三　品牌基础建设

【任务引入】

陈刚团队按照老师的要求完成了校园超市的品牌战略规划后，老师要求他们根据规划的内容着手品牌基础建设，以提升校园超市的知名度，增加销售业绩。陈刚团队应该怎么做呢？

任务1：根据陈刚团队的需要掌握品牌基础建设的步骤、原则与方法。

任务2：根据陈刚团队的需要掌握进行校园超市的品牌基础建设。

【任务分析】

品牌能为消费者带来何种利益，是消费者对品牌价值认同的关键所在。

品牌建设日益受到企业的重视，是企业核心竞争力的要素之一。品牌建设不能一蹴而就，它是一项长期的工程，品牌建设也不能朝令夕改，必须保持一贯的稳定性。

知识链接

一、品牌建设的步骤

品牌建设的步骤主要包括十个方面的内容。

（1）分析产业环境，决定"核心"生意

企业在进行品牌建设前，必须进行详尽的调研分析，在掌握产业环境的基础上进行 SWOT 分析，确定企业优势并进行定位，进而确立自己的核心产业。

（2）确立企业长远的发展目标。企业需要制定一个 5～10 年的长远目标，这个目标还应该是成熟的、可执行的。比如迪士尼在建立之初，就确立了其目标是把欢乐带给世界。索尼在刚成立时就确立了清晰的目标——要把产品卖到世界各地去，改变西方对日常产品品质的印象。而耐克最初的目标是要打败阿迪达斯，实际上在 10 年之内它真的超过了阿迪达斯。

> **案例链接**
>
> 2001 年，蒙牛的年销售额刚刚过 7 亿元，然而牛根生却提出了一个 5 年过 100 亿元的大目标，在当时被很多人认为是一个"神经病式的梦想"。公司很多高管都极力反对，牛根生力排众议，并开始为这一远大目标积极整合资源。2002 年，蒙牛销售额突破 16 亿元，很多人开始觉得这个大梦想也许并不遥远。2004 年，蒙牛销售额超过 72 亿元，公司所有的高管都觉得当时的"100 亿目标"定小了。2005 年，蒙牛销售额蹿升到 108 亿元，提前一年实现了目标。如今，蒙牛已经稳坐乳品行业老大的位置。如果当年没有确立成熟、可执行的长远发展目标，也许就没有今天的蒙牛。

（3）形成完整的企业识别的维护管理系统需要经常思索的问题如下。

- 现有的员工是否了解企业长远的目标？
- 企业的价值观是什么？
- 供应商或经销商知道我们是什么样的公司吗？
- 顾客怎么看待我们的企业形象？

（4）确认品牌与消费者的关系。确认品牌能为消费者带来何种利益，品牌和目标消费者之间的关系如何。

（5）品牌策略与品牌识别。企业是打造国际品牌还是全国性品牌？或者是地区性品牌？是采用企业品牌还是产品品牌？明确这些品牌策略后，再确立品牌的识别系统。

（6）品牌责任归属与组织运作。很多企业都出现了组织运作不清晰、品牌责任不明确的问题，有些企业将品牌责任放在新闻中心或者广告公司，有些企业将行销或者是业务跟传播的功能进行分离，显然都是不合理的。企业应该具有清晰的决策流程、明确的岗位责任制，将行销和传播的功能有机结合，同时还要有强有力的培训系统。

（7）整合行销传播计划及执行。整合行销传播包括广告、公共关系、促销、直效行销四个方面内容。未来，企业之间的竞争能否取胜，关键在于掌握了多少有信誉度的顾客，这些顾客不止是一份名单，而是要深入地了解他们的生活与价值观，以及与我们品牌的关系是什么。

（8）建立品牌忠诚度。大多数的产品类别是由 20% 的顾客创造 80% 的销量，所以我们的挑战就是如何获取这 20% 的顾客的资料库。同时，越来越多的数据证明：获得新客户的成本比维持一个老客户的成本高很多，所以一对一的传播变得越来越重要。

（9）建立评估系统，追踪品牌资产。确立一个持续性的调查方法，时时了解品牌资产的变化，并针对变化做出相应的调整。

（10）保持投资品牌持续性。建立品牌并非一朝一夕的工夫，它是一项持久性的工程。那种换了一个领导人就换了一个品牌策略，或者是换了一个广告公司就换了一个品牌形象的做法是不可取的。

二、品牌命名

一个贴切而绝妙的品牌名称，能激发顾客美好的联想，增强顾客对品牌的亲和力和信赖感，并可大大节省品牌推广的费用。相反，一个艰深晦涩、容易误解的品牌名称则会增加品牌推广的阻力。一个好的品牌名称，首先，能吸引消费者的注意力和兴趣，引导消费者购买；其次，能体现产品的功能个性，易于识别，有利于节省产品或品牌的推广费用；第三，有利于塑造良好的品牌形象；第四，易于识别和编织品牌故事，塑造品牌的美誉度。

一个好的品牌名称，其品牌命名必须遵循一系列的原则。

1. 可保护性原则

品牌命名的前提是合法，能从法律上得到保护。当一个品牌名新鲜出炉时，首先应通过商标局或者具有商标查询功能的专业网站，查询该品牌名能否成功注册。否则，再好的品牌名称，如果不能顺利进行商标注册，就不能在市场上合理流通，也得不到法律保护。

> **案例链接**
>
> 1975 年，以市场细分策略而屡次创造奇迹的米勒公司（Miller）推出一种淡啤酒并为其取名为 Lite，即"淡"字的英文 light 的变异。看到其生意兴隆，其他啤酒厂纷纷仿效，也推出以 Lite 命名的淡啤酒。由于 Lite 是直接描绘某类特定产品的普通词汇，法院判决不予保护，因此，米勒公司失去了对 Lite 的商标专用权。

2. 市场通用原则

由于世界各国、各地区的历史文化、风俗习惯、价值观念等存在一定差异，使得不同地区的消费者对同一品牌的看法也会有所不同。某个品牌名称在一个国家是非常美好的意思，可是到了另一个国家其含义可能会完全相反。可见，品牌命名不但要考虑它所具有的积极意义，而且要考虑产品销售市场的国情、民情、民俗与民风，做到"入乡随俗"，千万不能冲撞了当地的风俗禁忌。

> **案例链接**
>
> 南京长江机械厂生产的"蝙蝠"牌电扇，在国外市场不得不改为"美佳乐"。国内著名的"大象"牌电池，在欧美国家备受冷落。"狗不理"在北方久负盛名，在港澳地区不得不改为"喜盈门"。

3. 可记忆性原则

品牌名称一旦启用，该名称就会反复出现在与品牌相关的电视广告、海报、包装、人员推销和媒体宣传中，成为消费者头脑中汇聚该品牌相关信息的"交汇枢纽"。一个消费者能否记住品牌名称，决定了他能否将这个品牌的各路信息联系起来思考，形成整体印象。因此，品牌名称是否容易记忆，将会影响营销信息的汇聚，进而影响消费者头脑中品牌整体形象的形成。因此，品牌命名应该遵循可记忆性原则，避免采用晦涩、难记和雷同的名称，以便给消费者留下深刻印象。

> **案例链接**
>
> IBM 是世界上最大的电脑制造商，它被誉为"蓝色巨人"，其全称是"国际商用机器公司"（International Business Machines）。这样的名称不但难记忆，而且不易读写，在传播上首先就给自己制造了障碍。于是，国际商用机器公司设计出了简单的 IBM 的字体造型，对外传播，终于造就了其高科技领域的领导者形象。
>
> 而另一个世界知名品牌，汽车制造商丰田为了统一全球消费者对丰田汽车的称呼，对旗下品牌名称进行了一系列改动。LEXUS 原来的品牌名称是"凌志"，现在改为"雷克萨斯"，LANDCRUISER 原来的品牌名称是"陆地巡洋舰"，现在改为"兰德酷路泽"。很显然，"凌

志"和"陆地巡洋舰"的称呼在汉语交流中具有更好的正面联想,而"雷克萨斯"和"兰德酷路泽"读起来既拗口又难以记忆。

4. 积极联想性原则

品牌名称可以采用一些亲切、浪漫具有或时尚色彩的感性字眼,含蓄表现品牌形象,表达品牌带给消费者的美妙感觉。品牌名称触发的美妙联想和心理感受可以有效地促进消费者对品牌的感性认知,增进消费者对品牌的亲切感。

> **案例链接**
>
> "可口可乐"一直被认为是广告界翻译得最好的品牌名之一,它保持了英文的音译,而且比英文名称更具积极的、丰富的联想。可口可乐4个字生动地展示出产品带给消费者的感受——好喝、清爽、快乐——可口亦可乐。也正因如此,可乐逐渐成为品类的代名词和行业标准。据说,PEPSI在进入中国时也被迫翻译成"百事可乐",而不是"百事"。
>
> 全球最大的中文搜索引擎百度同样如此。从其中文互动问答平台的"百度知道"、社区"百度贴吧"到聊天工具"百度Hi",再到网络交易平台"百度有啊",其品牌命名恰到好处地体现了积极联想性原则。

5. 有意义性原则

有些品牌命名是从产品的功能效用出发,让品牌名称能够体现产品的基本用途,消费者无需看任何介绍,看到品牌名称即可直接了解产品的用途,联想到产品的效用。比如"泻立停""克咳",单看品牌名称,就知道它们是解决什么问题的药品。需要指出的是,与产品属性紧密联系的品牌名称,大多实施专业化策略。如果一个品牌需要实施多元化战略,则其品牌名称与产品属性联系越紧密,对其今后的发展越不利。

> **案例链接**
>
> 当一个品牌最早进入一个新的市场并取得成功,并且它所采用的品牌名称与产品的功能效用联系十分紧密时,这个品牌极有可能成为同类产品的代名词。比如商务通,它几乎成为掌上电脑的代名词,当消费者去购买掌上电脑时,大多数人会直接指名购买商务通,甚至以为商务通即掌上电脑,掌上电脑即商务通。

三、品牌识别

品牌识别是品牌营销者从产品、组织、人、符号等层面定义能引起人们对品牌美好印象并区别于竞争者的联想物,这些联想物暗示着企业对消费者的某种承诺。品牌识别通过营销传播活动有效传达给消费者后就形成了实态的品牌联想。因此,品牌识别也可以称为品牌营销者希望品牌留在消费者头脑中的联想。

根据大卫·艾格1996年提出的品牌识别理论,品牌识别系统的建设分为3个步骤。

1. 品牌的战略分析

(1)顾客分析。内容包括市场趋势、市场区隔、消费动机、未满足的需要等。

(2)竞争者分析。包括品牌形象、品牌识别、品牌战略以及优劣势等。

(3)自我分析。包括品牌形象、品牌历史、品牌价值等。

2. 设计品牌识别系统

从深度来讲,品牌识别结构包括品牌精髓、品牌核心识别与品牌延伸识别3个部分。

从广度来讲,品牌识别结构是由品牌作为产品、品牌作为组织、品牌作为个人和品牌作为象

147

征符号4个角度构成。

（1）品牌的产品识别。包括品牌涵盖的产品范围、产品属性、产品品质、产品用途、产品使用者、产品产地等，这些都能直接或间接地影响顾客的感受，由此产生一些好的或不好的品牌联想。

（2）品牌的组织识别。包括组织文化、组织的创新性、组织的领导人、组织的成长性、组织的社会责任感、组织的本土化或全球化战略等方面，都将影响顾客对品牌的情感。

（3）品牌的人格识别。包括品牌人格化的个性形象、品牌与消费者的关系等。

（4）品牌的符号识别。包括品牌的视觉标识、品牌名称、品牌精神、品牌传统等。

3. 品牌识别的实施

首先是更形象化地诠释品牌识别，进行品牌定位，积极向目标受众传播品牌识别和它的价值取向，然后是品牌创建的一系列具体的活动，最后是效果追踪和评价。

案例链接

诺基亚的品牌识别系统

1. 诺基亚品牌的产品识别

产品技术：先进的无线语音传输、数据传输技术，智能性移动电话技术，未来无线通信技术，2.5G、3G、WiMAX以及I-HSPA网络解决方案。

产品发展方向：以人为本；更智能型设计、更易使用；技术领先。

产品使用者：面向各种消费层次，覆盖所有用户的不同需要。

产品原产地：诺基亚是全球性的产品，在全球生产，全球销售，人类共享。

2. 诺基亚品牌的组织识别

组织愿景：完全移动生活（Life Goes Mobile）。

组织战略目标：成为领先的移动解决方案提供商

保持全球第一移动终端品牌的领先优势

拓展新领域，赢得新增长

组织的社会责任：兼顾"环保"和"创造商业价值"。

3. 诺基亚品牌的人格识别

人性化的，有智慧的。

灵性的，有创造力的。

友善的，自信的。

可靠的，有现代感的。

4. 诺基亚品牌的符号识别

品牌名称：诺基亚NOKIA

视觉标识：

品牌精神：通信先锋

任务总结

（1）品牌利益包括两个层面：功能性利益和情感性利益。品牌利益也反映了品牌和消费者之间的关系。

（2）品牌建设遵守十大步骤：确立"核心"业务；确立企业长远的发展目标；形成完整的企业识别维护管理系统；确认品牌与消费者的关系；建立品牌策略与品牌识别；建立品牌责任归属与组织运作；推行360度整合行销传播计划及执行；建立活的客户资料库，不断建立品牌忠诚度；建立评估系统，追踪品牌资产；投资品牌持续一致，不轻易改变。

148

思考与讨论

（1）新、奇、特的品牌命名一定是好的命名吗？

（2）品牌识别包括哪些内容？

（3）如何理解品牌建设是一项长期工程？

案例分析

读不懂人心的黄金酒

黄金酒卖不动了，为什么呢？——在谈黄金酒品牌之前，我们先来看看"同胞兄弟"脑白金的成功。脑白金是第一个喊出送礼的保健品，不仅让人刮目相看，也让史玉柱名利双收，脑白金也成为了中国品牌运营最成功的经典案例。原因如下。

第一，脑白金定位准确，"年轻态"可谓是脑白金成功的基石，试想谁不愿意返老还童呢？假如没有这个看似无用的物理定位，没有了"年轻态"的价值（利益）支持，脑白金可能昙花一现也未可知。第二，脑白金不是奢侈品，价格不高，容易接受，拥有相当广泛的群众基础。第三，脑白金很洋气，退休的老人谁都可以洋一把。为了年轻态，他们可以持续消费。第四，脑白金很神秘，谁也不知道它的配方是什么。因此在消费者眼中，它高贵而不昂贵，而又非所有消费者都能承受，因此深得一部分富足中老年人的青睐。从整体来看，脑白金制造了一个相当有效的心理区隔，它单成一个品类，从定位到价格，再到产品诉求，建立了一道强有力的防火网！因此成就了脑白金令人惊叹的优异战绩。

"黄金酒"诞生——明眼人一看便知，它更像是脑白金的同胞兄弟。史玉柱以五粮液为品牌背书，在分享五粮液品牌光环的同时，也引起了消费者的诸多疑问。

其一，史玉柱和他的巨人集团投入钱来做这个产品，它会用最好的五粮液吗？如果是这样，那为什么不卖五粮液原酒呢？那不是利润更高吗？

其二，黄金酒的功效如何？它有六味补品吗？到底是哪六味呢？人们对于中药药材太熟悉了，这个概念老掉牙了，谁都为之不屑。

其三，消费者觉得太浪费了，浪费酒，浪费钱！在我国，很多人家都有自泡药酒的传统和习惯，而且在他们的潜意识中自家泡的药酒，应该比黄金酒的价值高多了。

国人好面子，但不重虚面子，特别是在一个不明不白且毫无诱惑力的商品之下，他们更害怕花钱买笑话——"一个炒作出来的东西，值得你花那么多钱去享受吗？"这种"常见的"却看不见价值的东西，人们总不愿甘心接受。

案例思考：

（1）黄金酒卖不动的原因有哪些？

（2）如果你是史玉柱，你将如何进行黄金酒品牌的规划和建设？

实训项目

实训项目　品牌命名

【训练目标】

（1）掌握品牌命名的原则。

（2）理解品牌命名的作用。

【内容与要求】

结合校园超市的市场定位、形象设计等内容，完成校园超市及核心产品或核心业务的品牌建设任务，强化超市的对外宣传，扩大校园超市的社会影响力。

【组织与实施评价】

（1）以项目团队为学习小组，选出项目负责人。

（2）建立沟通协调机制，团队成员共同参与协作完成公司任务。

（3）各项目团队完成品牌命名任务，并充分阐述理由。

（4）评价与总结：各项目团队提交品牌命名，教师根据报告进行评估。

项目七

企业价格策划

任务一　掌握定价的方法

【任务引入】

陈刚团队在经营中发现，他们经营的商品支出费用既包括进货成本，也包括日常的水、电、租金及人工等各项成本费用，如果价格制定得太高则影响销售，如果制定得太低又担心亏损，他们希望掌握正确的定价方法给经营中的各种商品制定合理的价格。

任务1：根据陈刚团队的需要掌握产品定价的方法。

任务2：根据陈刚团队的需要掌握影响产品定价的主要因素。

【任务分析】

定价在企业营销中居于十分重要的地位，掌握企业定价的基本原理和方法对提高企业营销管理水平具有重要意义。定价方法，是指企业在特定的定价目标指导下，依据对影响价格形成各因素的具体研究，运用价格决策理论，对产品价格进行测算的具体方法。定价方法的选择和确定是否合理，关系到企业定价目标能否实现和定价决策的最终成效。

知识链接

一、掌握产品定价的方法

制定价格应综合考虑成本、供求和竞争这三个基本因素。但在实际定价时，往往又侧重于某一因素，于是便形成了需求导向定价法、竞争导向定价法和成本导向定价法这三种类型的基本方法。

案例链接

位于美国加州的一家珠宝店专门经营由印第安人手工制成的珠宝首饰。几个月前，珠宝店进了一批由珍珠质宝石和白银制成的手镯、耳环和项链。该宝石同商店以往销售的绿松石宝石不同，它的颜色更鲜艳，价格也更低。很多消费者还不了解它。对他们来说，珍珠质宝石是一种新的品种。副经理希拉十分欣赏这些造型独特、款式新颖的珠宝，她认为这个新品种将会引起顾客的兴趣，形成购买热潮。她以合理的价格购进了这批首饰。为了让顾客感觉物超所值，她在考虑进货成本和平均利润的基础上，为这些商品确定了销售价格。

一个月过去了，商品的销售情况令人失望。希拉决定尝试运用她本人熟知的几种营销策略。例如，希拉把这些珠宝装入玻璃展示箱，摆放在店铺入口醒目的地方。但是，陈列位置的变化并没有使销售情况好转。

在一周一次的见面会上，希拉向销售人员详细介绍了这批珠宝的特性，下发了书面材料，以便他们能更详尽、更准确地将信息传递给顾客。希拉要求销售员花更多的精力来推销这个产品系列。不幸的是，这个方法也失败了。希拉对助手说，"看来顾客是不接受珍珠质宝石。"希拉准备另外选购商品了。在去外地采购前，希拉决定减少商品库存，她向下属发出把商品半价出售的指令后就匆忙起程了。然而，降价也没有奏效。

一周后，希拉从外地回来。店主贝克尔对她说："将那批珠宝的价格在原价基础上提高两倍再进行销售。"希拉很疑惑，"现价都卖不掉，提高两倍会卖得出去吗？"

资料来源：http://scyx.ribs.cn/content.asp?id=261

（一）基于顾客的需求导向定价法

需求导向定价法，是从买方的角度出发，主要考虑到购买者的接受程度，依据购买者对商品价格的反应和能力制定价格的方法。

（1）理解价值定价法。也称觉察价值定价法，是指企业以消费者对产品价值的理解为定价依据，运用各种营销策略和手段，影响消费者对产品价值的认知，形成对企业有利的价值观念，再根据产品在消费者心目中的价值地位来制定价格的一种方法。

（2）需求差异定价法。这种定价方法以不同时间、地点、产品及不同消费者的消费需求强度差异为定价的基本依据，针对每种差异决定在基础价格上是加价还是减价。

实行差异定价一般应具备以下条件。

① 市场能够根据需求强度的不同加以细分，需求差异较为明显。

② 细分后的市场之间无法相互流通，即低价市场的消费者不可能向高价市场的消费者转手倒卖产品或劳务。

③ 在高价市场中用低价竞争的可能性不大，企业能够垄断所生产经营的产品和劳务。

④ 市场细分后所增加的管理费用应小于实行需求差异定价所得到额外收入。

⑤ 不会因价格差异而引起消费者的反感。

（二）基于竞争者的竞争导向定价法

竞争导向定价法是以市场上竞争对手的价格作为制定企业同类产品价格主要依据的方法。这种方法适合于市场竞争激烈、供求变化不大的产品。它具有在价格上排斥对手，扩大市场占有率，迫使企业在竞争中努力推广新技术的优点。一般可分为以下几种具体方法。

（1）随行就市定价法。即与本行业同类产品价格水平保持一致的定价方法。简单地说，别人定多高的价格，本企业也定多高的价格。这种"随大流"的定价方法，既可避免挑起价格竞争，减少市场风险，又可补偿平均成本相互信任而获得适度利润，而且易为消费者接受。如果企业能降低成本，还可以获得更多的利润。因此，这是一种较为流行的定价方法，尤其为中小企业所普遍采用。

（2）竞争价格定价法。即根据本企业产品的实际情况及与竞争对手的产品差异状况来确定价格。这是一种主动竞争的定价方法，一般为实力雄厚或产品独具特色的企业所采用。定价时，首先，将市场上竞争产品价格与企业估算价格进行比较，分为高于、等于、低于三种价格层次；其次，将本企业产品的性能、质量、成本、产量等与竞争企业进行比较，分析造成价格差异的原因；再次，根据以上综合指标确定本企业产品的特色、优势及市场地位，在此基础上，按定价所要达到的目标，确定产品价格；最后，跟踪竞争产品的价格变化，及时分析原因，相应调整本企业的产品价格。

（3）投标定价法。即在投标交易中，投标方根据招标方的规定和要求进行报价的方法。一般有密封投标和公开投标两种形式。主要适用于提供成套设备、承包建筑工程、设计工程项目、开发矿产资源或大宗商品订货等。

▌ 案例链接 ▐

美国太麦克斯韦公司原是一家生产军用信管计时器的小公司，第二次世界大战后军火生意越来越难做，便从1950年开始涉足手表制造业。但是，在当时的手表市场上强手如林，竞争十分激烈，像太麦克斯韦公司这样一个知名度不大的小公司，要在竞争激烈的手表市场上站住脚，开辟和扩大自己的市场，的确不是一件容易的事。该公司的策略是，不断地以低价向市场推出自己的新产品。20世纪50年代，它们的男式手表售价仅为7美元，比当时一般低档手表的价格要低得多；1963年，首次生产电子手表，以30美元推向市场，仅为当时同类产品价格的一半；20世纪50年代，世界主要手表制造商推出1 000美元以上的豪华型石英手表，1972年年初，日本、瑞士和其他手表厂的石英手表也以400美元或更高价格推出，而该公司1972年4月上市的石英表，售价才125美元。

正确的定价策略，使该公司从20世纪50年代一个知名度很低的企业，转变成60年代站稳脚跟，70年代世界闻名的公司，年销售额达2亿美元。美国市场上每出售2块手表，就有1块是该公司的手表。

（三）基于企业的目标收益导向定价法和成本导向定价法

1. 目标收益定价法

目标收益定价法又称目标利润定价法或投资收益率定价法，是根据企业的总成本和计划的销售量（或总产量）及按投资收益率确定的目标利润而制定的产品销售价。其公式为

$$单位产品销售价格=（总成本+目标利润总额）÷总产量$$

2. 完全成本定价法

完全成本定价法是指以产品的全部生产成本为基础，加上一定数额或比率的利润和税金制定价格的方法。生产企业的完全成本是单位产品生产成本与销售费用之和，经营企业的完全成本则是进价与流通费用之和。

价格中的利润一般以利润率计算。利润率有以成本和销售价为基数计算这两种方法，因而销售价格也有外加法和内扣法两种计算方法。

（1）外加法。其计算公式为

$$产品价格=\frac{完全成本×（1+成本利润率）}{1-税率}$$

（2）内扣法。其计算公式为

$$产品价格=\frac{完全成本}{1-销价利润率-税率}$$

完全成本定价法具有计算简便，能保证企业生产经营的产品成本得到补偿，并能取得合理利润的优点。但这种定价方法缺乏对市场竞争和供求变化的适应能力，同时还有成本和利税重复计算，定价的主观随意性较大的缺点。

3. 盈亏平衡定价法

盈亏平衡定价法即保本点定价法，是按照生产某种产品的总成本和销售收入维持平衡的原则来制定产品的保本价格的定价方法。其公式为

$$单位产品销售价格=（固定成本+可变成本）÷总产量$$

（四）基于产品原有的价格折扣

为了鼓励顾客及早付清货款、大量购买、淡季购买，酌情降低其基本价格，这种价格调整叫做价格折扣。价格折扣往往是把双刃剑，运用得好能为企业创造利益和知名度，提升销售力；把握不好，也容易使产品陷入折价过后销售难行的困境。

　　商家打折大拍卖是常有的事，人们绝不会大惊小怪。但有人能从中创意出"打1折"的营销策略，实在是高明的、枯木抽新芽的创意。

　　日本东京有个银座绅士西装店，这里就是首创"打1折"销售的商店，曾经轰动了东京。当时销售的商品是"日本GOOD"。

　　具体的操作是这样的：先定出打折销售的时间，第一天打9折，第二天打8折，第三天、第四天打7折，第五天、第六天打6折，第七天、第八天打5折，第九天、第十天打4折，第十一天、第十二天打3折，第十三天、第十四天打2折，最后两天打1折。

　　商家的预测是：由于是让人吃惊的销售策略，所以，前期的舆论宣传效果会很好。抱着猎奇的心态，顾客们将蜂拥而至。当然，顾客可以在这打折销售期间随意选定购物的日子，如果你想要以最便宜的价钱购物，那么你在最后的那两天去买就行了，但是，你想买的东西不一定会留到最后那两天。

　　实际情况是：第一天前来的客人并不多，如果前来也只是看看，一会儿就走了，从第三天就开始一群一群地光临，第五天打6折时客人就像洪水般涌来开始抢购，以后就连日客人爆满，当然等不到打1折，商品就全部卖完了。

　　那么，商家究竟赔本了没有？你想，顾客纷纷急于购买到自己喜爱的商品，就会引起抢购的连锁反应。商家运用独特的创意，把自己的商品在打5、6折时就已经全部推销出去了。"打1折"只是一种心理战术而已，商家怎么能亏本呢？

二、影响产品定价的主要因素分析

（一）市场需求

　　市场需求、成本费用、竞争产品价格对企业定价有着重要影响，而需求又受价格和收入变动的影响。因价格与收入等因素而引起的需求的相应的变动率，就叫做需求弹性。需求弹性分为需求的收入弹性、价格弹性和交叉弹性。

1. 需求的收入弹性

　　需求的收入弹性是指因收入变动而引起的需求的相应的变动率。

2. 需求的价格弹性

　　价格会影响市场需求。在正常情况下，市场需求会按照和价格相反的方向变动。价格提高，市场需求就会减少；价格降低，市场需求就会增加。所以，需求曲线是向下倾斜的。需求的价格弹性反映需求量对价格的敏感程度，以需求变动的百分比与价格变动的百分比之比值来计算，亦即价格变动百分之一会使需求变动百分之几。

　　在以下条件下，需求可能缺乏弹性。

　　（1）市场上没有替代品或者没有竞争者。

　　（2）购买者对较高价格不在意。

　　（3）购买者改变购买习惯较慢，也不积极寻找较便宜的东西。

　　（4）购买者认为产品质量有所提高，或者认为存在通货膨胀等，价格较高是应该的。

3. 需求的交叉弹性

　　产品线中的某一个产品项目很可能是其他产品的替代品或互补品，同时，一项产品的价格变动往往会影响其他产品项目销售量的变动，两者之间存在着需求的交叉价格弹性。交叉弹性可以是正值也可以是负值。如为正值，则此二项产品为替代品；如为负值，则此二项产品为互补品。

所谓替代性需求关系，是指在购买者实际收入不变的情况下，某项产品价格的小幅度变动将会使其关联产品的需求量出现大幅度的变动。而互补性需求关系，则是指在购买者实际收入不变的情况下，虽然某项产品价格大幅度地变动，但其关联产品的需求量并不发生太大变化。

（二）成本费用

成本核算是定价行为的基础。企业要保证生产经营活动，就必须通过市场销售收回成本，并在此基础上形成盈利。产品成本是企业制定价格时的最低界限，即所谓成本价格。低于成本出售产品，企业不可避免地要产生亏损，时间一长，企业的营销就难以为继。在市场竞争中，产品成本低的企业拥有制定价格和调整价格的主动权和较好的经济效益；反之，就会在市场竞争中处于不利地位。产品的成本因素主要包括生产成本、销售成本、储运成本和机会成本。

（三）竞争产品的价格水平

为便于研究市场经济条件下的企业定价，有必要将市场结构进行划分。划分依据主要有 3 个：一是行业内企业数目，二是企业规模，三是产品是否同质。市场结构可划分为完全竞争、垄断竞争、寡头竞争、纯粹垄断 4 种类型。

1. 完全竞争
完全竞争的市场必须具备以下条件。

（1）市场上有许多卖主和买主，他们买卖的商品只占商品总量的一小部分。

（2）他们买卖的商品都是相同的。

（3）新卖主可以自由进入市场。

（4）卖主和买主对市场信息尤其是市场价格变动的信息完全了解。

（5）生产要素在各行业之间有完全的流动性。

（6）所有卖主出售商品的条件都相同。

如果只具备前 3 个条件，这种市场形势叫做"纯粹竞争"；如果完全具备上述 6 个条件，才能叫做完全竞争。在完全竞争条件下，企业只能按照市场价格出售其产品。

2. 垄断竞争
垄断竞争是一种介于完全竞争和纯粹垄断之间的市场形势，它既有垄断倾向，同时又有竞争成分，因而垄断竞争是一种不完全竞争。在不完全竞争的条件下，卖主定价时广泛地利用心理因素。

3. 寡头竞争
寡头竞争是竞争和垄断的混合物，也是一种不完全竞争。

4. 纯粹垄断
纯粹垄断（或完全垄断）是指在一个行业中某种产品的生产和销售完全由一个卖主独家经营和控制。纯粹垄断有两种：一种是政府垄断，即政府独家经营的业务；另一种是私人垄断，即私人企业控制的业务。

（四）其他相关因素

企业的定价策略除受成本、需求以及竞争状况的影响外，还受到其他多种因素的影响。这些因素包括政府或行业组织的干预、消费者心理、企业或产品的形象等。

任务总结

陈刚团队将定价方法的要点总结如下。

（1）产品定价的方法：需求导向定价法，包括理解价值定价法、需求差异定价法；竞争导向定价法，包括随行就市定价法、竞争价格定价法、投标定价法；目标收益导向定价法、成本导向定价法和基于产品原有的价格折扣等。

（2）企业定价时应综合考虑成本、供求和竞争3个基本因素及政府或行业组织的干预、消费者心理、企业或产品的形象等其他因素。

思考与讨论

（1）影响企业定价的因素主要有哪些？

（2）产品定价的方法主要有哪些？各有什么优缺点？

案例分析

麦当劳"降"了一年"涨"得突然

从2010年11月17日零时起，去麦当劳就餐的杭城顾客至少得多花5角钱了。记者从杭州的麦当劳餐厅了解到，本次餐品将集体提价0.5～1元。

记者来到河东路上的麦当劳餐厅，餐厅还在热推促销活动。从餐厅见习经理处证实，2.5元/份的甜筒已经从昨日开始悄悄涨到3元/份，其余餐品均有0.5～1元的涨幅。

本次调价悄无声息。记者随机采访了一些在麦当劳就餐的顾客，他们都表示"对此不知情"。一位姓徐的顾客说，平时用惯了打折券、优惠卡，对麦当劳餐品的正价都记不清楚了。

其实，日前已有媒体唤出麦当劳涨价是必然趋势，称其双层牛肉汉堡、特制酱料、生菜、奶酪、泡菜以及洋葱，所有配料都在涨价，麦当劳将通过涨价来应对成本上升。

有业内人士也认为，涨价可能会使企业短期内的销售受到影响，但这也是不得已而为之。此前的中小餐饮、洋快餐企业已经开始涨价，预计未来会有更多的餐饮企业加入涨价的队伍。

2013年在北京，记者再次从麦当劳得到证实，该公司从1月1日起再次在全国范围内调涨部分套餐和单品价格，提价幅度为0.5元至1.5元，涉及主食、饮料和甜品等。此外，麦当劳网上商城"麦乐送"产品价格也有所上调，快递费也从7元调整至8元。

麦当劳相关负责人对记者说，此次调价并不只针对北京市场，而是全国市场一同调价，涨价涉及主食、饮料和甜品等，调整幅度基本在0.5元到1.5元之间。至于提价原因，麦当劳则表示是"由于运营及人力成本的增长"。

事实上，从2012年年初至今，麦当劳已经多次提价。2012年1月，全国范围内麦当劳餐厅部分食品（包括主食、饮料和甜品等）价格调整的幅度在0.5元到2元之间，当时企业给出的涨价理由是"食品及其他结构性成本的持续增长"。同年5月，麦当劳又对1月份未提价的产品进行调价。从2012年10月31日开始，"天天超值早餐"组合进行了部分调整，更换部分饮料需补0.5元到1元左右的差价。

资料来源：http://www.ecm.com.cn/NewsView.asp?id=2011 & http://business.sohu.com

案例思考：

（1）麦当劳为什么要涨价？

（2）为什么"有业内人士也认为，涨价可能会使企业短期内的销售受到影响，但这也是不得已而为之"？

实训项目

实训项目　某公司产品定价方案设计

【训练目标】

1. 熟悉企业定价目标、影响企业定价的主要因素。
2. 掌握定价方法和定价的技巧。

【内容与要求】

结合校园超市新产品的推广，设计一个科学合理的定价方案，在设计方案中要求体现：

1. 明确定价目标；
2. 阐述影响本公司产品定价的因素；
3. 确定具体的定价方法；
4. 明确该产品定价的策略。

【组织与实施评价】

1. 全班学生划分6～8人的小组，组成项目团队。
2. 建立沟通协调机制，团队成员共同参与协作完成公司任务。
3. 在教师的指导下熟悉项目团队人员要求及分工合作要求。
4. 以项目团队为单位讨论并设计定价方案。
5. 评价与总结：各项目团队提交撰写的策划书，并根据结果进行评估。

任务二　制定产品价格策略

【任务引入】

陈刚团队通过学习掌握了定价的基本方法，并从众多成功和失败的案例中认识到价格在竞争中的重要性。他们通过长期的实践终于掌握了"灵活"运用的原则——即对不同产品线、不同的产品项目、不同的时段都必须有灵活的方法，那么他们该怎样对校园超市的各种商品制定具体的价格呢？

任务1：根据陈刚团队的需要掌握定价程序。

任务2：根据陈刚团队的需要选择定价策略。

【任务分析】

定价策略与定价方法是有区别的。一般来说，定价方法具体地确定产品的价格，而定价策略则是提供了一种思想，或一种技巧。例如，格兰仕欲以低价把产品打入某国市场时，低价渗透的思想就是一种定价策略。但具体定价则还是要考虑产品的成本及竞争者的产品价格等多种因素才行。这是先有定价策略，再有定价方法的例子。但也可以是先有定价方法，再用定价策略。例如，先用某种方法确定了产品价格为20元，为了吸引顾客，再用零数定价策略把价格调整为每个19.9元，就属于这种情况。

知识链接

一、价格策划的程序

企业在制定价格时一般包括价格策划环境的分析、价格策划目标的确定、价格策划方案的制定和价格策划方案的选择等四个步骤。

（1）价格策划环境的分析。

价格策划环境是指作用于企业生产经营活动的一切外界因素和力量的总和，包括经济环境、市场环境和企业经营环境等，对这些环境的认真分析和研究是制定价格策略的基本要求。

（2）价格策划目标的确定。

定价目标是企业在价格策划时有意识要达到的目的。定价目标是企业经营目标在价格策划中的表现，它是企业策划方案首先要解决的问题。

（3）价格策划方案的制定。

制定价格策划方案是价格策划内容的具体体现，它包括产品成本估计和需求的测算以及竞争者的价格、产品的分析等。

（4）价格策划方案的选择。

根据企业规模的大小、营运能力和产品的特点，选择符合自己发展目标的价格策划方案。

二、定价策略的选择

（一）新产品定价策略

一般来讲，新产品定价有两种策略可供选择。

1. 撇脂定价

撇脂定价即高价策略。它是指在新产品投入市场时，将其价格尽可能定高，以攫取最大利润。企业之所以能这样做，是因为有些购买者主观认为某些商品具有很高的价值。从市场营销实践看，在以下条件下企业可以采取撇脂定价。

（1）市场有足够的购买者，他们的需求缺乏弹性，即使把价格定得很高，市场需求也不会大量减少。

（2）产品的质量与高价格相符。

（3）竞争者在短期内不易打入该产品市场。

案例链接

2001年，世界范围内的PC机生产量下降了4%，而同时，微软的管理者却设法把他们的视窗产品的销售量提高16%。视窗操作系统和微软办公软件继续吸引着大量的资金。分析家们一致认为，多数的消费者实际上在桌面软件上别无选择。虽然分析家们很少把微软描述成一个"垄断者"，但他们经常把微软说成是"具有独一无二的市场地位"或"巨大的安装基础"。微软发现有几种方法可以提高价格。微软公司已停止要求各公司为自己的每个员工购买个人软件。它现在提供的是一个长期的网站许可，人们可以从这个站点上直接下载软件到自己的个人计算机上。有了这个许可，各种组织每年交给微软公司一定的年费，就可以使用微软的软件而不必为个人复制付费了。一位来自Gartner公司的分析家，阿尔文·帕克斯评论这种新的定价策略时说："最终对每一个人都意味着涨价。"一位Banc One的分析家沃尔特·凯西说："虽然他们说的可能是'鼓励'，而实际上他们在迫使人们升级。"

资料来源：R. Buckman（2002），"Microsoft Sprints On as Tech Sector Plods," The Wall Street Journal（August 8），C1-C3.

2. 渗透定价

渗透定价即低价策略。它与撇脂策略相反，是将投入市场的新产品价格定得尽量低，使新产品迅速为顾客接受，以迅速打开和扩大市场，在价格上取得竞争优势。从市场营销实践看，企业采取渗透定价需具备以下条件。

（1）市场需求显得对价格较为敏感。因此，低价会刺激市场需求迅速增长。

（2）企业的生产成本和经营费用会随着生产经营经验的增加而下降。

▎**案例链接** ▎

1979年，广东顺德人梁庆德带领10多个乡亲成立了广东顺德桂洲羽绒厂，以手工操作洗涤鹅鸭羽毛供外贸单位出口。当时谁都不会想到，这个再普通不过的乡镇小厂，会成为震惊世界的"微波炉大王"。

格兰仕成功的原因到底在哪里？这绝不是用一句话就能回答的，其中有企业体制方面的原因、企业领导人素质方面的原因和企业经营战略决策方面的原因等。特别是价格策略运用上的独到之处，揭示了其成功的奥秘。

在微波炉市场的发展过程中，格兰仕成功地运用价格因素，经历"三大战役"，在市场中确立起霸主地位。

（1）1996年8月，格兰仕集团在全国范围内打响微波炉的价格战，降价平均幅度达40%，带动中国微波炉市场从1995年的不足100万台增至200多万台。格兰仕集团以全年产销量65万台的规模，占据中国市场的34.7%，部分地区和月份的市场占有率超过50%，进而确立市场领先者地位。

（2）1997年格兰仕看到了市场形势的变化，趁洋品牌尚未在中国站稳脚跟，国内企业尚未形成气候之际，抓住时机，于春节后发起了微波炉市场的"第二大战役"——阵地巩固战。这次是变相的价格战。格兰仕采用"买一送一"的促销活动，发动新一轮的让利促销攻势，凡购买格兰仕任何一款微波炉均赠送一个豪华高档电饭煲。1997年5月底，格兰仕进一步"火上加油"，突然宣布在全国许多大中城市实施"买一赠三"，甚至"买一赠四"的促销大行动。品牌消费的高度集中使得格兰仕的产销规模迅速扩大，1997年格兰仕已经成为一个年生产能力达260万台微波炉的企业，市场占有率节节攀升，1998年3月最高时达到58.69%，史无前例地创了行业新记录。到1997年年底，市场上的价格激战无疑极大地促进了整个市场潜在消费能力的增长，市场容量快速扩大，格兰仕也因此成为全球最具规模的微波炉生产企业之一。

（3）在取得市场的绝对优势后，格兰仕并没有因此而停滞，反而乘胜追击，加紧了对市场的冲击力度，发动了微波炉市场的"第三大战——品牌歼灭战。"

1997年，东南亚爆发了金融危机，韩国企业受到重创，政府下令要调整亏损外资企业，这再度给格兰仕创造了一个绝好的市场契机。1997年10月，格兰仕凭借其规模优势所创造的成本优势，再度将12个品种的微波炉降价40%，全面实施"薄利多销"的策略，以抑制进口品牌的广告促销攻势。"格兰仕"微波炉在全国的市场占有率始终保持在50%左右，最高时达到58.9%。1998年6月13日，微波炉生产规模已经跃居全球第一的格兰仕企业（集团）公司，在国内微波炉市场又一次实施"组合大促销"：购买微波炉除了可获得高档豪华电饭煲、电风扇、微波炉饭煲等赠品外，又有98世界杯世界顶级球星签名的足球赠品和千万元名牌空调大抽奖。这种以同步组合重拳打向市场的策略，被同行业称为"毁灭性的市场营销策略"，再度在全国市场引起巨大震动。

格兰仕靠着规模优势所创造的成本优势连续几次大降价，获得了微波炉的霸主地位，同时也加速了微波炉这一产业的价格下降趋势。通过降价，格兰仕成功地为这个行业竖起了一道价格门槛：

如果想介入，就必须投巨资去获得规模。但如果投巨资做不过格兰仕的盈利水平，就要承担巨额亏损。即使做过格兰仕的盈利水平，产业的微利和饱和也使对手无利可图。凭此，格兰仕成功地使微波炉变成了鸡肋产业，并成功地使不少竞争对手退出了竞争，使很多想进入的企业望而却步。

目前，格兰仕垄断了国内 60%、全球 35% 的市场份额，成为中国乃至全世界的"微波炉大王"。全球微波炉市场中每卖出两台微波炉就有一台是格兰仕生产的。格兰仕用 11 年的时间让自己完成了从一家乡镇羽绒制品厂到全球最大的微波炉生产商的转变。

资料来源：http://jpkc.ywu.cn/2008/yxch/UploadFiles/20084316313133.doc

（二）心理定价策略

1. 尾数或整数定价

定价时保留小数点后的尾数，使消费者产生价格较低廉的感觉，还能使消费者留下定价认真的印象，从而使消费者对定价产生信任感。这种方法多用于需求弹性较大的中低档商品。如 9.99 元，而不是 10 元。相反，有的商品不定价为 9.9 元，而定为 10 元，同样使消费者产生一种错觉，迎合消费者"便宜无好货，好货不便宜"的心理。

2. 招徕定价

利用部分顾客求廉的心理，特意将某几种商品的价格定得较低以吸引顾客。某些商店随机推出降价商品，每天、每时都有一至两种商品降价出售，吸引顾客经常来采购廉价商品，也因此推动正常价格商品的销售。

┃ 案例链接 ┃

北京地铁有家每日商场，每逢节假日都要举办"一元拍卖活动"，所有拍卖商品均以 1 元起价，报价每次增加 5 元，直至最后定夺。但这种由每日商场举办的拍卖活动由于基价定得过低，最后的成交价就比市场价低得多，因此会给人们产生一种卖得越多，赔得越多的感觉。殊不知，该商场用的是招徕定价术，它以低廉的拍卖品活跃商场气氛，增大客流量，带动了整个商场的销售额上升。这里需要说明的是，应用此术所选的降价商品，必须是顾客都需要而且市场价为人们所熟知的才行。

3. 声望定价

声望定价指企业利用消费者仰慕名牌商品或名店的心理来制定商品的价格，故意把价格定成整数或高价。质量不易鉴别的商品的定价最适宜采用此法，因为消费者有崇尚名牌的心理，往往以价格判断质量，认为高价代表高质量。但也不能定得过高，使消费者不能接受。

┃ 案例链接 ┃

卡特匹勒公司为其拖拉机定价 10 万美元。尽管其竞争对手同类的拖拉机售价只有 9 万美元，卡特匹勒公司的销售量却超过了其竞争者。一位潜在顾客问卡特匹勒公司的经销商，买卡特匹勒的拖拉机为什么要多付 1 万美元。经销商回答说："90 000 美元是拖拉机的价格，与竞争者的拖拉机价格相比，+7 000 美元是最佳耐用性的价格加乘，+6 000 美元是最佳可用性的价格加乘，+5 000 美元是最佳服务的价格加乘，+2 000 美元是零件较长保用期的价格加乘，11 万美元是总价值的价格，−1 万美元折扣，10 万美元是最终价格。"顾客惊奇地发现，尽管他购买卡特匹勒公司的拖拉机需多付 1 万美元，但实际上他却得到了 1 万美元的折扣。结果，他选择了卡特匹勒公司的拖拉机，因为他相信卡特匹勒拖拉机的全部使用寿命操作成本较低。

资料来源：http://iclass.nbtvu.net.cn/kecheng/072103/9title520041015143720/preview.htm.

（三）差别定价策略

所谓差别定价，就是根据交易对象、交易时间、地点等方面的不同，定出两种或多种不同价格，以适应顾客的不同需要，从而扩大销售，增加收益。差别定价有以下 4 种形式。

1. 按不同顾客差别定价

按不同顾客差别定价即企业按照不同的价格把同一种产品或劳务卖给不同的顾客群。例如，某汽车经销商按照价目表价格把某种型号汽车卖给顾客 A，同时按照较低价格把同一种型号汽车卖给顾客 B。这种差别定价在有些国家要受到法律限制，即限制"价格歧视"。

2. 按产品不同形式差别定价

按产品不同形式差别定价即企业对不同型号或形式的产品分别制定不同的价格，但是，不同型号或形式产品的价格之间的差额和成本费用之间的差额并不成比例。

| 案例链接 |

书的定价

企业可以根据多种特征对消费者进行分组，然后根据其价格弹性的不同，对每一组确定不同的价格。图书出版商用来区分不同市场的一个方法就是时间。当新书上市时，通常只出硬皮封面的版本，而且价格也较高。随后再出纸皮封面的版本，价格也大幅度降低。那些对本书需求较强的消费者（因此价格弹性也较低）会等不及纸封面版本的出版就付高价购买这本书。那些需求较弱的消费者会等到便宜的版本上市再去购买。在纸皮版本上市之后，出版商一般会继续供应硬皮的版本。硬皮书比纸皮书可能更加适合做礼物。还有一些消费者会为了他们的藏书而购买硬皮书。因此，这两种类型的书都有市场。2002 年下半年，亚马逊网站销售由罗琳编写的系列畅销书中的第四本《哈利波特与火焰杯》，其中有多种版本：硬皮版本的售价是 18.17 美元；纸皮版本的售价是 5.39 美元；大开本的硬皮版本售价是 25.95 美元；CD 的价格是 48.97 美元；录音磁带的价格是 27.97 美元；盲文版的价格是 25.95 美元；硬皮版本和纸皮版本的还有一个四册一套的盒子包装进行销售。当该书刚一上市时，只销售硬皮版本。同样，2002 年年底，亚马逊网站在为即将出版的《哈利波特 5》所做的广告中只宣传了其硬皮版的书。

---

3. 基于地点的差别定价

基于地点的差别定价基于地点的差别定价的一个典型例子是剧院或体育馆的前后排座位票价不同。但是，更有现实意义的是这样一个例子：同一瓶饮料在街头的食品店里和在咖啡店里价格相差甚大。显然，咖啡店里的饮料就像冠有"豪华"字样的产品，能自动吸引那些愿出高价的顾客前来花钱。

4. 按不同销售时间差别定价

按不同销售时间差别定价即企业对于不同季节、不同时期甚至不同钟点的产品或服务也分别制定不同的价格。例如，对首轮放映的影片定一个高价，然后在出品一年以后，再降低价格。此外，实行高峰价格（Peak-load pricing）是另一种形式的差别定价。

| 营销小知识 |

电话收费标准因打电话的时间不同而不同，通话次数较少的非高峰区段定价较低。

北京至天津的城际列车按一天当中客流量的分布制定了三档票价：20 元、25 元、30 元。早晚上下班时间票价较高，中午票价最低，在一天中票价成"U"型变化。

旅游经营者在淡季和旺季分别制定不同的价格。

卡拉 OK 厅根据不同时段制定不同的价格。

（四）价格折让策略

企业为了鼓励顾客及早付清货款、大量购买、淡季购买，还可以酌情降低其基本价格。这种价格调整叫做价格折扣和折让。价格折扣和折让有以下 5 种类型。

1. 现金折扣

现金折扣是企业给那些当场付清货款顾客的一种减价。例如，顾客在 30 天内必须付清货款，如果 10 天内付清货款，则给予 2%的折扣。

2. 数量折扣

数量折扣是企业给那些大量购买某种产品的顾客一种减价，以鼓励顾客购买更多的产品。因为大量购买能使企业降低生产、销售、储运、记账等环节的成本费用。

> **营销小知识**
>
> 顾客购买某种商品 10 单位以下，每单位 7 元；购买 10 单位以上，每单位 5 元。这就是数量折扣。数量折扣可按每次购买量计算，也可按一定时间的累计购买量计算。在我国通常称为"批量差价"。

3. 功能折扣

功能折扣又叫贸易折扣。功能折扣是制造商给某些批发商或零售商的一种额外折扣，促使他们愿意执行某种市场营销功能（如推销、储存、服务）。

4. 季节折扣

季节折扣也称季节差价。制造商为保持均衡生产、加速资金周转和节省费用，鼓励客户淡季购买。

5. 折让

折让是另一种类型的减价。例如，某高压锅标价为 500 元，顾客以旧锅折价 50 元购买，只需付 450 元。这叫做以旧换新折让。以旧换新是生产厂家向顾客，特别是具有节俭习惯的顾客推销产品的一种有效手段。如果经销商同意参加制造商的促销活动，则制造商卖给经销商的货物可以打折扣。这叫做促销折让。

> **案例链接**
>
> #### 苹果定价策略揭秘：永不打折
>
> 为了保持各零售商之间的价格不变，苹果公司采用了一种叫做"价格维护"的策略。绝大多数商品都是由分销商到达零售商的，拥有一个"生产商建议零售价"（MSRP 价格），但各零售商有权设定其自己的出售价格。举例来说，一台零售价为 500 美元的笔记本付出了 250 美元的成本，零售商将其价格标为 350 美元且打上 7 折的名号。其他的零售商可能会卖得贵一点，或者便宜一点。产生这些价格差别的原因就是"建议零售价"和经销商拿货价格之间的巨大差距，零售商可以在这之间拥有价格变化的空间。而苹果产品的"建议零售价"则和拿货价格相差很小，具体的数字受到保密协议的保护而无从考究，但它们之间大概只有几个百分点的差距。零售商很难在提供折扣的同时获得可观利润。
>
> "价格维护"策略有着两方面的影响，即利润很低，零售商将很少有动力把珍贵的广告空间留给苹果的产品。另外，大型的连锁店有时会故意降低薄利润的畅销产品的价格，牺牲一些成本来吸引客流，从而提升利润率更高产品（如配件和线材）的销售。
>
> 苹果零售策略的第二步就在这个时候发挥作用了，苹果会在薄利润的基础上向零售商提供更多的资金奖赏，但前提是零售商为苹果产品做了广告，并且售价在苹果的"最低广告价格"之上。这种策略让苹果零售商们获得更多的利润，并且防止了苹果产品拥有各异的价格。
>
> 这一政策让苹果受到了许多好处。首先，公司从直接销售产品中获得了更多利润，因为它们无需和自己零售商的折扣价比拼。因为苹果自己的零售系统是全世界最赚钱的零售系统之一，削价来争取更广泛的分销网络会对盈利带来负面作用。
>
> 最重要的是，减价空间小让零售商无法建立起足以和苹果抗衡的市场地位。像沃尔玛之类的大型零售商最擅长的就是利用它们的市场地位从生产商处获得更低的进价，其程度之大几乎影响到了后者的生存。

163

苹果 iPhone 手机的销售有所不同。在美国和加拿大，客户除了可以用零售价购入手机之外，绝大多数客户在购买时捆绑了两到三年的手机通讯服务，每月支付 70 美元或以上。在这类交易中，电讯运营商自己补贴零售商，这笔补贴对于零售商来说是更重要的利润来源。这就是为什么许多 iPhone 零售店的折扣价只有在客户实施"店内运营商激活"之后才可以享受。这也可以解释为什么有时候有些零售商可以打折销售苹果的手机。沃尔玛就在过去的假期里以 127 美元的价格销售原价为 199 美元的 iPhone，在市场上引起了轩然大波。

苹果所采取的定价技巧是合法的，而且其中绝大多数在行业中被普遍采用。苹果只是凭借消费者对苹果产品源源不断的渴望将这些技巧发挥到了极致。

苹果定价策略对于消费者的影响很难估量。首先，消费者失去了在自由市场里起到正面作用的价格竞争机制。你或许可以买到一台很划算的笔记本电脑，但想买到一台低过市价的苹果笔记本则难得多。然而在另一方面，消费者买到质量稍差的苹果笔记本的几率也大大降低了。丰厚的利润率以及对于其分销渠道的严密控制使苹果仅用略高于对手的售价就制造出质量方面优势巨大的产品。所以顾客所花费的每一分钱都是物有所值的。

资料来源：网易财经 http://money.163.com/13/0118/17/8LH4NTNE00253B0H.html.

（五）产品组合定价策略

在日常生活中，我们使用的许多产品都是相关商品，如照相机与胶卷，计算机与打印机，汽车与汽车收音机等。产品组合定价策略的特点是在消费者所购买的相关商品的价格问题上做文章。常用的产品组合定价策略有如下两种。

1. 选择产品定价

选择产品定价的特点是，在顾客购买相关商品时，提供多种方案以供顾客挑选，但总的来说，各种选择的定价是鼓励顾客更多地购买商品。例如，计算机与打印机的出售，可以有 3 种组合方式以及相应的价格供顾客选择。

（1）只买计算机，每台 8 000 元。

（2）只买打印机，每台 2 500 元。

（3）计算机与打印机一起买，每套 10 000 元。

显然，上述定价是鼓励顾客把计算机与打印机一起买。鼓励顾客多买的目的是为了赚取利润。

案例链接

来自小米科技的小米手机从 2011 年 8 月发布至今创造了一个奇迹，高配置、低价格让小米迅速占领市场，取得了极大的成功。自诞生以来，小米手机一直都在打破行业的价格底线，价格在 2 499 元～699 元区间，随配置不同而定价。红米更谱写了千元神机的传奇。

小米手机 M1	售价 1 999 元
小米手机青春版	售价 1 499 元
小米手机 1S	售价 1 499 元
小米手机 1S 青春版	售价 1 299 元
小米手机 2	16GB 售价 1 999 元/32GB 售价 2299 元
小米手机 2S	16GB 售价 1 999 / 32GB 售价 2 299 元
小米手机 2A	售价 1 499 元
红米手机	双卡双待售价 799 元
小米手机 3	16GB 售价 1 999 元/64GB 售价 2 499 元

小米科技在 2012 年 11 月发布了小米电视机顶盒：小米盒子。这款电视机顶盒针对普通用户价格为 399 元，而针对小米手机用户特惠价为 299 元。这款电视机顶盒非常类似苹果的 Apple TV，借助于它，用户能在电视上观看移动设备上的视频、音频、照片以及书籍等。比

如说你正在手机或者平板电脑上看一部电影，想要获得一个更好的大屏体验，就可以直接将手机上的电影映射到电视上。具体来说，只要在同一个 WiFi 网络路段下，打开手机时会自动发现小米盒子，点击这个小米盒子就可以将视频等内容映射到电视播放。除此之外，小米盒子还可以支持下载各种应用，并且第三方开发者可以在上面开发各种应用。

在 2013 年 9 月，小米科技推出了全新的产品线小米电视，顶配 47 英寸 3D 智能电视，而价格仅需 2 999 元。小米电视有着较高的性价比，它搭载了骁龙 MPQ8064 处理器，2GB RAM+8GB ROM，能够满足年轻人的第一台电视。

消费者们在小米的网站上能够买到各种手机配件，如后盖与个性化配件、保护套与贴膜等，此外还有小米旗下的移动电源、电尺、耳机、存储卡、随身 wifi、路由器等。但这些产品的价格相对较贵，性价比较低。

资料根据"顶级配置最低价格，小米 3/小米电视发布"整理 http://www.cnmo.com/news/287987.html.

2. 俘虏产品定价

所谓俘虏产品定价，就是把相关产品中的一种商品的价格定得较低以吸引顾客（这种商品称为"引诱品"），而把另一种商品的价格定得较高以赚取利润（这种商品称为"俘虏品"）。当顾客以低价买了引诱品后，就不得不出高价来买俘虏品。一般来说，引诱品应当是使用寿命较长的商品，而俘虏品则应当是易耗品，例如，可以把一分钟照相机的价格定得较低，而把胶卷的价格定得较高；把剃须刀架的价格定得较低，而把配套的刀片的价格定得较高等。当然，这里的一个前提条件是产品的不可替代性。

3. 地区定价策略

地区定价策略，是根据买卖双方地理位置的差异，考虑双方分担运输、装卸、仓储、保险等费用而分别制定不同价格的策略。主要有产地交货价格、运费津贴价格、统一交货价格、区域价格、目的地交货价格几种形式。

【营销视野】

星巴克的定价

靠认知价值定价：认知定价是指消费者对产品价值的主观判断。星巴克的经营理念是：致力于为顾客提供世界顶级咖啡和消费体验。为此，星巴克所使用的咖啡豆都是来自世界主要咖啡豆产地的极品，并在西雅图烘焙。星巴克根据不同产地的咖啡豆，配上不同的酿造工艺和手法而产生不同的口味，品种有几十种之多。员工要经过三个月的严格且系统的培训，因为对于咖啡知识及制作咖啡饮料的方法，都有严格的标准。在星巴克还可以买到与咖啡制作有关的器具及相关的小商品，这在一般的咖啡店是很难得见到的。在塑造咖啡馆气氛方面，星巴克所有分店的店面设计都来自其总部的专业设计团队。星巴克所精心营造的特殊空间，成为许多人在家庭与工作地点之外的"第三个最佳去处"。这使星巴克咖啡成为了最专业的、与众不同的、味道与服务质量永恒不变的、具有巨大品牌价值的产品，被消费者认为是"时尚、成功、地位的象征"，其产品的认知价值进而得到了极大的提升，消费者对价格的敏感度自然就降低了。据星巴克在上海所做的一次调查，虽然一杯中杯咖啡的价格高达 22 元，但大多数星巴克客户对此表示满意。而实际上，其品牌价值可能占到价格的一半左右。无疑，认知价值为星巴克营造了巨大的利润空间。

靠产品线定价：产品线定价策略就是合理确定一个产品线里不同产品之间的价格差异，力求实现整体产品组合的利润最大化。星巴克向消费者提供了一系列令人眼花缭乱的饮品选择，还有各式美味新鲜的糕点。配合着季节的变化，以及不同国家、不同地区消费者的需求，其花色品种还在不断地更新。极为丰富的品种展现了全球咖啡连锁品牌的形象。与此同时，产品线定价策略也利于吸引顾客，扩大产品的销售。2005 年 9 月，星巴克开拓中国西部市场的首家专卖店在成都开业，刚开业就有 30 多种口味的咖啡上市。出人意料的是最低价位的一款只需 12

元。最贵的咖啡焦糖马奇朵每杯32元，摩卡的售价在23~30元不等，卡布奇诺每杯19~26元不等，拿铁每杯为17元。消费者根据自己的预期并与其他品牌咖啡的价格做比较，往往会认为星巴克并不比其他品牌贵多少，有的甚至比其他品牌咖啡价格更便宜，从而很容易接受。

反向互补定价：按一般的定价逻辑，在餐馆或类似的营业场所，主打的招牌食品，往往很便宜，但相关的其他食品就很贵，这是典型的互补品定价策略。但星巴克的做法却截然相反。在星巴克，各式新鲜、美味的糕点也在默默地诠释着咖啡的范畴，这些食品非常适合一边喝咖啡一边品尝，从而构成了与咖啡的完美味觉搭配。品种繁多、风味独特的糕点对顾客很有吸引力，但其价格与顾客在商场购买的价格接近。星巴克赚的是咖啡钱！因为有人可能不买蛋糕，只喝咖啡，但是没有人只吃蛋糕不喝咖啡。星巴克异乎寻常的互补品定价的好处还有，由于在咖啡中已经获得了丰厚的利润，所以其服务员不会强烈暗示消费者还"应该"另点一些食品，没了服务员"多余"的热情，顾客会倍感其轻松舒适的氛围与真情的服务。

针对性促销定价：促销定价策略是指企业暂时性地将产品的价格调到正常价目以下，有时甚至低于成本，以创造购买的热情和紧迫感。星巴克除了常规的做法，如赠送限期15日内使用的5元现金券以外，还特别重视老顾客以及口碑效应。星巴克2006年元月推出的"熟客俱乐部"，除了固定通过电子邮件发新闻信，还通过手机传简讯，或是在网络上可以下载游戏，一旦过关就可以获得优惠券。很多消费者就将这样的信息，传递给其他朋友，造成一传十、十传百的效应。上海星巴克还率先推出电子发票，在发票的最下端被设计成优惠券，发票背后有咖啡教室，介绍各种咖啡的特色。此外，收银员除了品名、价格外，还要在收银机键入顾客的性别和年龄段，否则收银机就打不开。这样，POS机就会在不知不觉中将顾客的性别、大致年龄、消费时间、购买物品以及消费数目等数据即时传回总部。通过其先进的后勤管理系统，星巴克可以准确把握目标客户，甚至可以对每小时的"咖啡流行"都了如指掌。这就是一种体验，一种氛围。而这些恰恰是星巴克增值的主要因素。星巴克以差异化为基础，成功地做到了以最好的咖啡卖出最高的价格，使企业同时具备了巨大的竞争优势和利润空间。在星巴克之前，让人们购买3美元一杯的咖啡是难以想象的，但今天已经很平常了。在市场运作中，定价是一种技巧，要想在市场竞争中站稳脚跟，必须有鲜明的价格定位和定价技巧。星巴克的咖啡虽然价格高，但是却有其实在的产品价值。星巴克十分善于挖掘产品的价值空间，赋予咖啡更多的文化体验，借助高超的定价技巧，获得丰厚的回报。

资料来源：http://www.cnki.com.cn/Article/CJFDTotal-QIGL200612025.htm.

三、价格策略的调整

产品的价格并不是一成不变的。当企业的内部环境或外部环境发生变化时，企业必须对产品的价格进行调整。企业的价格调整可以分为以下几种情况。

1. 主动提价

所谓主动提价，是指竞争者的价格没有变化时，企业主动进行的提价。主动提价不外乎两个原因：一是产品的成本上升，二是产品的需求增加。

在成本上升的情况下，若价格不变，利润就要下降；为了保持利润不受影响，就必须提价。但是，提价会使产品的销售量减小，这也会影响利润。因此，提价的幅度不能过大。在需求增加的情况下，提价可以扩大销售，因而能增加利润。但是，价格过高将导致竞争者进入市场。因此，在需求增加的情况下，提价的幅度也不宜过大。若有可能，应当增加生产能力，牢固地占领和扩大市场。

2. 主动降价

主动降价不外乎3个原因：一是产品成本下降；二是产品需求减少；三是成本与需求都未发生变化，但企业欲以进攻的姿态夺取竞争者的阵地。但是，在这三种情况下，降价都要谨慎行事。

当成本下降时，降价固然会使消费者感到高兴，但同时有些消费者也会因价格下降而怀疑产品质量是否下降。当需求减少时，若这种减少是由于价格过高而引起的，则降价是对症下药；若需求减少是由于产品已进入生命周期的衰退期，则降价无补于事，及时转产才是上策；若需求减少是由于内部管理不善、服务工作做得不好而引起的，则应对症下药地做好工作，而不能指望以降价来扩大需求；若企业想以进攻的姿态夺取竞争者的阵地而主动降价，则更要慎重。轻率地以降价来扩大需求，有可能给企业带来灾难性的后果。

> **┃ 案例链接 ┃**
>
> 麦当劳部分套餐降价超 3 成，低于 10 年前价格。2013 年 7 月 1 日，麦当劳宣布，从今起，中国内地范围内推出 4 款 "天天超值套餐"，售价 16.5 元，优惠幅度最高达 32.6%，甚至比十年前的售价还低。在解释 "变相降价" 促销的原因时，麦当劳中国有限公司副总裁缪钦表示，由于本土采购量增加，以及规模效应令成本降低，为降价提供了可能。优惠套餐计划执行 5 周，如果反馈效果好将持续推广。
>
> 记者注意到，自去年年底国内各大快餐企业纷纷降价促销，力度超过以往任何时候。昨天，中式快餐真功夫也表示，在全国 308 家真功夫餐厅同步推出 "一起牛¥17.6 超值套餐" 活动，这次活动最高优惠幅度达 33%。而此前，洋快餐肯德基对外宣布，消费者点双份或者更多香辣劲脆鸡腿堡、新奥尔良烤鸡腿堡等 5 款快餐，将可享受 20% 折扣。
>
> 资料来源：中国食品科技网 http://www.tech-food.com/news/2013-7-2/n1003590.htm.

3. 竞争者提价后的价格调整策略

竞争者的产品提价，一般不会对企业造成威胁。这时，企业可采取两种策略：一是保持价格不变，从而扩大自己的市场份额；二是适当提价，但提价幅度小于竞争者的提价幅度。这样，既能适当地增加利润，又能适当地增加市场份额。

> **┃ 案例链接 ┃**
>
> **跟进麦当劳涨价，肯德基将现同城不同价**
>
> 继麦当劳去年底涨价后，2011 年 1 月 30 日肯德基也宣布，全国范围内（不包括港澳台）的部分餐厅的部分产品将实行新价格，2011 年 1 月 31 日正式生效，单项产品涨幅控制在 0.5 ~ 1 元，而且允许同种食品在不同的餐厅执行不同的价格。
>
> 肯德基方面称，这是 2008 年 8 月以来，在全国范围内的首次调价。之前通过内部调控、加强成本管理等办法，一直努力保持价格平稳。此次涨价包括早餐、24 小时餐厅的夜间时段，但大多数餐厅涉及的品项不超过一半，单项产品涨幅控制在 0.5 ~ 1 元。
>
> 谈到这次调价原因，肯德基称之为无奈之举。继上次调价动作以来，这两年多时间里，市场环境变化很大，劳动力成本和副食品、原材料、能源等价格都有大幅度攀升。但此次肯德基调价与以往统一调整的方法不同。在不同城市、不同商圈，依据当地的租金、营业状况等因素，容许少数同一品项在不同餐厅有些许差异。肯德基对此解释，这种更细密的做法近年来在国外已获得普遍采用，可以让定价更科学地符合商圈细化及消费者的不同需求。肯德基也强调，相对于 CPI 的增幅，此次调整还是比较温和的。由于采取细分化的新措施，小部分餐厅的价格甚至维持不变。
>
> 资料来源：http://business.sohu.com/20110201/n279189337.shtml.

4. 竞争者降价后的价格调整策略

对企业来说，竞争者产品降价是一种最难应付的情况，弄不好，将会出现竞相削价、两败俱伤的局面。因此，当竞争者产品降价时，简单地以降价相回敬并非上策。一般来说，应采用加强售后服务等非价格竞争来对抗。对竞争者的低价攻势，若应对得当，是可以逢凶化吉、遇难成祥的。

案例链接

　　《沈阳晚报》报道了一篇新闻："你是不是找错钱了？"2月4日中午，当市民孙强在中街麦当劳点餐时惊奇地发现，自己最常吃的麦辣鸡腿堡套餐竟从21元降为16.5元，一下子便宜4.5元。其实，并不是服务员收错了钱，而是从当天起，麦当劳在沈阳乃至全国的餐厅重磅推出16.5元"天天超值套餐"。与十年前相比，麦当劳有五成食品的价格均保持不变甚至更加优惠，优惠幅度最高达32.6%，无论是促销规模还是幅度，都堪称麦当劳进入中国市场以来之最。

　　记者在该店看到，四款16.5元"天天超值套餐"分别包括：搭配中号薯条或玉米杯及可乐或零度可乐饮料的麦香鱼套餐、双层吉士汉堡套餐、麦辣鸡腿堡套餐及麻辣猪堡包套餐。此次"天天超值套餐"活动将从即日起一直持续到3月10日结束，每天上午10点起供应。记者注意到，在此之前，麦香鱼套餐为19.5元，双层吉士汉堡套餐的售价是18.5元，麦辣鸡腿堡套餐售价则是21元。除了"天天超值套餐"外，麦当劳还推出了6元起"天天超值选"和10元"天天超值早餐"，优惠品种涉及麦当劳的多数核心产品。

　　麦当劳相关负责人表示，此次推出的超值产品印证了麦当劳多年来始终坚守对消费者的超值承诺。而据统计，与十年前相比，此次有五成麦当劳产品的销售价格均保持不变甚至更加优惠，最高优惠幅度可达32.6%。

　　事实上，麦当劳在沈阳的老对手肯德基，早在2012年12月25日就在沈阳40余家肯德基餐厅推出了5款"结伴过冬"特惠套餐，最高优惠幅度20%。巧合的是，该活动在2013年2月3日刚刚结束。而对于麦当劳在沈的大手笔促销活动，百胜餐饮沈阳有限公司相关人士表示，由于让利促销活动刚刚结束，目前，还尚未接到总部相关跟进促销通知。

　　据了解，2012年前10个月，由于物价持续上涨，洋快餐麦当劳、肯德基先后实施多轮涨价。但到下半年，尤其是2012年10月份以后，国内食品原材料价格明显回落，快餐成本降低，再加上全球经济形势并不乐观，为刺激消费，不少餐饮店采取优惠促销手段拉拢顾客。

　　"要是在5年前，如果你想花20多元钱吃得卫生又舒适，那只能是在肯德基和麦当劳。而现在，答案就多得数不清了。"当天，沈阳大学金融系主任姜伟认为，肯德基、麦当劳等洋快餐及沃尔玛这样的洋超市纷纷采取历史最大幅度让利，是国内同类市场竞争加剧的结果。姜伟告诉记者，近几年来，通过引入先进的管理理念和经营手段，本土快餐业已一改昔日档次低、服务差、环境差的形象，给原本一枝独秀的洋快餐带来巨大的挑战。而洋快餐要在金融海啸下保住市场份额并稳定客户群，大力促销也是一项明智之举。

　　资料来源：中国食品科技网 http://www.tech-food.com/news/2013-7-2/n1003590.htm.

任务总结

　　陈刚团队将他们在价格策划过程中的要点总结如下。

　　（1）完整的定价程序由以下7步组成：确定定价目标，估计需求，估计成本，了解国家有关物价的政策法规，了解竞争者的产品和价格，确定定价方法和面向顾客的价格。

　　（2）公司要根据市场条件的变化来调整价格。第一种是新产品定价，可以采取撇脂定价和渗透定价两种方式；第二种是价格折扣和折让，公司可提供现金折扣、数量折扣、功能折扣、季节折扣和折让；第三种是差别定价，公司针对不同的顾客细分市场、产品类型、品牌形象、地址和时间来制定不同的价格；第四种是产品组合定价，公司可为一种产品大类中的几种确定价格范围，也可为选择品、补充品、副产品和产品群定价；第五种是心理定价，整数、尾数、奇数、偶数的运用都成为价格影响消费者心理的有效定价技巧。

思考与讨论

（1）什么叫撇脂定价法，什么叫渗透定价法？各自适用于什么情况？

（2）企业在采取降价策略时，经常遇到的问题与挑战有哪些？面对竞争对手的提价或降价，企业应如何应变？

（3）影响企业定价的因素主要有哪些？

案例分析

汽车定价策略全解析

汽车定价策略很重要，价格是市场营销组合中的重要因素。除了要考虑竞争、成本、需求等基本要素制定价格外，还要注意在实际的定价过程中，要根据实际情况，采取灵活多变的定价技巧，使企业更加有效地实现营销目标。作为新车上市，可以采取不同的价格策略。

汽车定价策略之高价策略，也叫"撇脂策略"，就是为新产品定一个高的价格，以期在短期内获取高额利润，尽快收回投资。采取高价策略的理由首先是新产品刚刚投放市场，需求弹性小，竞争力弱，以高价刺激客户有助于提高产品地位和开拓市场，其次，一旦发现高价产品难以推销时，容易改变策略，降低价格。若一开始实行低价，以后再提价，就会影响销量。另外，当产品的款式、性能比较新颖独特时，也可以采取"撇脂策略"。该定价策略的缺点是新品刚投入市场，产品声誉还没有建立，就以高价投入，不利于市场的开拓，甚至因为价格过高，不能被消费者所接受。除此之外，高价带来高利润，很快吸引竞争对手进入。所以，"撇脂策略"是一种短期策略。

汽车定价策略之"渗透策略"就是以较低的价格投放市场的策略。这种策略的优点就是产品很快就被市场接受，有利于打开新产品的销路。由于价格低廉，能有效排斥竞争者进入市场，使企业能较长时间占领市场。"渗透策略"的缺点是利润较低，投资回收期长，当产品需要调高价格时，会引起顾客的不满意。由于低价销售时，会使顾客认为质量不高，影响购买。渗透价格策略是一种长远的价格策略，适用于需求弹性大、竞争对手多、竞争者进入市场和企业在成本方面有一定优势的产品。例如北京现代的悦动，就是以渗透策略提高销量和市场占有率的。悦动在旧款伊兰特的基础上对发动机、底盘、车身尺寸等做了重大改进，使得整车的性价比有较大的提升，如今伊兰特的销量较以前有很大的提升了。

汽车企业可以利用消费者心理因素进行定价，以满足消费者在购车过程中的心理需求。常见的方法有整数定价、尾数定价、声望定价法和招徕定价法。整数定价法是指在给汽车定价过程中往往把价格定成整数，凭借整数价格给消费者带来汽车属于高档消费品的印象，以提高汽车品牌形象，满足消费者的心理需求。通常高档汽车的定价都采用整数定价法。

"尾数定价法"与"整数定价法"刚好相反，是在汽车的定价整数后加上尾数，从而在直观上给消费者一种便宜的感觉，从而激发消费者的购买欲望。如悦动定价99 800元，消费者会感觉汽车价格低廉，还不到10万元。另外，采用尾数定价时，最好要考虑消费者对数字的偏好和禁忌。如中国和日本对"4"的忌讳和西方国家对"13"的忌讳。

"声望定价法"是根据汽车产品在消费者心目中的声望和社会地位来确定汽车价格的一种定价策略，它可以满足某些消费者的特殊欲望，如地位、身份、财富等，还可以通过价格来显示汽车的高品质。

"招徕定价"是指将某几种商品的价格定得要么较高，要么较低，以引起消费者的好奇，来带动其他汽车产品销售的一种汽车定价策略。如某些汽车企业在某一段时期推出某一款车型降价销售，以此来吸引顾客。其中的策略也经常为汽车经销商使用。通过对某一款车型降价，吸引顾客光顾，不仅促进降价产品的销售，同时也可以带动其他汽车产品的销售。

"折扣定价"是指对基本价格做出一定的让步，直接或间接降低价格。具体来说，有几种常见的定价方法：①数量折扣，是指按照购买数量的多少，分别给予不同的折扣，购买数量越多，折扣越多，这主要应用在集团购买中。②现金折扣，是指对给予立即付清货款的客户或经销商的一种折扣。③功能折扣，又称贸易折扣，是指根据产品分销过程中所处的环节不同，其所承担的功能、责任和风险也不同，企业据此给予不同的折扣。④季节折扣，是指与时间有关的折扣，这种折扣多发生在销售淡季。客户或经销商在淡季购买时，可得到季节性优惠。采取季节性折扣的目的是对在淡季购买汽车的顾客给予一定的优惠。⑤价格折让，是指当客户或经销商为厂商带来其他价值时，厂商为回报这种价值给予客户或经销商的一种利益。

"地区定价策略"分为：

（1）"原产地定价"，就是按照厂家购买某种产品，企业只负责将这种产品运到产地的某种运输工具上。

（2）"统一交货定价"，是指企业对于卖给不同地区顾客的某种产品，都按照相同的运费定价。

（3）"分区定价"，这种形式介于前两者之间，企业把全国分为若干价格区域，某些产品卖给不同价格区域时，分别制定不同的地区价格。

（4）"基点价格"，是指企业选定某些城市作为基点，然后按照一定的出厂价从基点城市到顾客所在地的运费来定价。

（5）"运费免收定价"，指有些企业为了能促成交易，会采取负担全部或部分实际运费。

"价格调整策略"是指当公司经营环境或企业经营战略发生变化时面临的提价或降价策略。降价策略通常应用于当生产能力过剩、市场占有率下降、经济不景气时，企业可能进行的主动降价。汽车市场使用较多的产品组合式降价策略主要有如下几种。

（1）"同系列汽车产品组合降价策略"就是要把一个企业生产的同一系列汽车作为一个产品组合来降价。如长安福特的蒙迪欧致胜，去年11月上市，价格区间为18.18万～23.98万元。如今在激烈的市场竞争环境下，宣布官方降价，价格区间为16.98万～22.38万元，最高降价幅度为2万元。其实，在终端渠道致胜的降价幅度更大，达到3万～3.5万元。官方降价虽然能拉动销量，但是这样做的后果就是伤害了品牌，消费者觉得车子不保值。降价是一把双刃剑，利用得好，就起到好的作用；用得不好，就会伤害品牌并流失忠诚客户。从长远来看，增加产品的核心竞争力（如增加产品的舒适化和人性化配置和安全系统配置）和提高售后服务才是王道。同一产品，款式和配置不同，价格就会相差很大。在其中确定某一款车型的较低价格，它可以在该系列汽车产品中充当价格明星，以吸引消费者购买这一系列的其他车型，同时又保持这一系列的某些高价位车型或高利润车型降价较少或者不降价，或者通过增加配置以维持高价位车型的较高价格。

以致胜为例，低配车型，2.0L舒适版16.68万元（终端优惠到15万元多），暂时无车，购买需要订车。一般经销商都会推荐购买高配的车型，如2.3L豪华版和2.3L豪华运动版。这个才是厂家的真正目的。低配的车也可能慢慢停产。此策略经常为汽车企业所运用，往往以低价产品吸引消费者注意，而重点销售的却不是低价产品。本人认为这种策略是营销的下策。再看看广丰为应对新车上市的冲击而做出的营销策略：增加安全配置，小幅度降价，既保住了利润，又提高了产品的竞争力。在2.4l这个黄金排量上，广丰是花了一番心思的。2.4l是凯美瑞的销售主力，而一直以来，消费者对日系车的最大诟病就是安全性，如今加装了vsc（电子车身稳定系统）、trc（牵引力控制系统）、倒车雷达，既大大提高了产品的竞争力，又满足了消费者的需求。再如广本，增加了2.4l ex navi版。此次上市的2.4l ex navi版在同级别车型中率先配备了带40g硬盘的影音导航系统，可存储3000首歌曲，不仅免除读取导航光盘的不便，而且可以自动录取播放过的CD歌曲。本人觉得这个配置是一个亮点，可以有效地吸引消费者购买2.4l的车型。可以说，广本有效地巩固了其在中高级车市场的王者地位，且其手法比长安福特高明得多，让人不得不佩服广本的营销策略。

（2）"全线降价重点突破的组合策略"是指企业对旗下的不同级别的全线汽车产品进行组合降价，以提高企业下属产品的整体竞争力，提高产品的市场占有率。全线产品降价，并非"一刀切"。根据消费者对价格的敏感程度，对消费者比较敏感的产品，可以选择为降价的重点；对消费者价格不甚敏感的车型可以选择少降价、不降价或者增配以继续维持高价。一般来讲，知名度较高、消费者对价格不太敏感的高级轿车，降价一般很难取得好的效果。

（3）"不同生命周期的产品组合降价"针对的是同一级别产品中不同生命周期产品的降价而言。市场成长期实行低端产品降价，低端的用户数量是最多的，也是对价格最敏感的，用低端产品来吸引消费者，维持销量；用高端产品来维持产品形象。在市场成熟期实行高端产品降价。低端产品基本没有降价的空间了，企业用低端产品保持销量，分摊一些固定费用；中高档产品是公司的命脉，还可以给公司贡献一部分利润。

（4）"整车产品与服务产品捆绑销售"是指汽车企业在整车降价的同时，开始向汽车服务要利润，以通过良好的售后服务来弥补整车价格下降带来的损失。广本雅阁上市提出"3年10万公里保修"和"零配件价格整体下调6%"，铂锐上市也提出"星月服务"等都是这种营销策略的体现。

提高定价策略，当成本上升，产品供不应求，或通货膨胀发生时，企业往往采取提价策略，如最近的消费税的调整，不少进口车纷纷调高了价格。

资料来源：中国产业投资决策网 http://www.cu-market.com.cn/hgjj/2010-11-8/16333612.html.

【案例思考】

1. 汽车公司怎样灵活运用各种定价方法？
2. 当市场环境发生变化时，如何调整价格策略？

实训项目

实训项目一　价格调整策略的制定

【训练目标】

1. 了解影响定价的主要因素；
2. 掌握产品定价的基本方法，能够根据市场情况运用价格变动策略、系列产品定价策略和心理定价策略为产品确定价格，实现企业的营销目标。

【内容与要求】

分析校园超市各种商品的销售数据，挑选出滞销商品，结合超市的促销安排制定一套价格调整方案。

【组织与实施评价】

1. 全班学生划分 6～8 人的小组，组成项目团队；

2. 建立沟通协调机制，团队成员共同参与协作完成公司任务；

3. 在教师的指导下熟悉项目团队人员要求及分工合作要求；

4. 以项目团队为单位讨论、分析、研究超市应采取的策略，形成较一致的意见；

5. 评价与总结：各项目团队提交撰写的策划书，并根据结果进行评估。

实训项目二　企业产品价格策略制定

【训练目标】

1. 了解影响定价的主要因素。

2. 掌握产品定价的基本方法，能够根据市场情况运用价格变动策略、系列产品定价策略和心理定价策略为产品确定价格，实现企业的营销目标。

【内容与要求】

假如你是王海，根据鄂尔多斯公司的实际情况和羊绒行业的市场状况，公司应采取何种价格策略？怎样做才能保持公司在行业中的领先地位？

【组织与实施评价】

1. 全班学生划分为 6～8 人的小组，组成项目团队。

2. 建立沟通协调机制，团队成员共同参与协作完成公司任务。

3. 在教师的指导下熟悉项目团队人员要求及分工合作要求。

4. 以项目团队为单位分析鄂尔多斯公司应采取的策略，形成较一致的意见。

5. 评价与总结：各项目团队提交撰写的策划书，并根据结果进行评估。

【实训背景资料】

1998 年 6 月的一天，在鄂尔多斯公司北京总部的办公楼内，主管公司经营的副总经理王海正静静地坐在那里，目光集中在文件上。根据这份报告，1998 年上半年，公司的主营业务收入比去年同期增长 19.19%，净利润反而减少了 43.26%。作为公司经营的主管，他知道这是受了羊绒行业无序竞争影响的结果。20 世纪 90 年代以来，大量羊绒加工企业产销量降低，产品积压。1997 年，国内市场的羊绒衫是普遍打折降价趋势，在这样的情况下公司利润减少也就不足为怪了。但是，怎样才能在不景气的行业背景下阻止公司利润下滑呢？

当天下午，王副总主持召开公司部门经理级会议，以共同商讨公司在目前情况下的经营策略。有关羊绒行业困境的资料和上午王副总手中的那份报告都作为会议资料分发给每一个与会人员。看过报告，会场上一片寂静，让人感到隐隐的沉重。

会场上出现片刻宁静之后，市场部经理首先发了言："我认为现在由于行业内生产厂家增多，我们的竞争也就比较激烈。那些小厂家为保存生产，大打价格战，以成本价甚至是低于成本的价格销售，市场上平均的降价率为 20%～30%，个别品牌已达 50%～60%，这严重地影响了我们公司的销售。个别厂家的降价不足为怪，但面对目前这种行业性降价，如果我们原有的价格不打折、不降价，我们的市场占有率就势必会下降，利润当然也就会减少。所以，我建议公司制定一个合理降价幅度，这样才能保住我们的市场份额，保证利润。"

公司企业发展与规划部（企划部）经理提出了不同的看法："我认为在全行业普遍降价的形势下，我们公司的确面临着很大的降价压力，竞争是市场经济的基本属性，价格竞争是最基本的竞争形式，这很正常，关键是只有正当的价格竞争，才能促进社会的进步和企业的发展。而目前的这种恶性竞争，只能造成资源的浪费，两败俱伤。我想，我们公司作为行业的佼佼者，不应参与到这种竞相降价中来。相反地，我们应该采取行动，倡导羊绒行业实行行业自律，尽快结束这种不正当竞争的局面。目前其他企业的降价行为的确使我们公司的市场份额受到威胁，但我认为市场占有率并不等于利润率，有些厂商企图通过降价来扩大市场份额，这只能满足其市场份额扩大的心理。从长期来看，任何企业都很难以低价或是低于成本价销售，那样会不战而败。现在市场环境已经发生了变化，只靠降价来提高市场占有率是有限的，这促使我们思考如何进行多种竞争策略的综合运用，如何根据不同的市场环境采取不同的方法，只有这样想并这样做了，我们才能始终保持行业领先地位。"

面对不同的意见，王副总陷入了沉思：两位经理的分析各有道理，公司到底应该怎么做呢？

项目八

企业营销渠道策划

学习目标

- 了解营销渠道的基础知识
- 掌握营销渠道策划的基本技能
- 掌握营销渠道选择的方法
- 掌握营销渠道管理的基本技巧

技能目标

- 初步具备进行营销渠道策划的方法与能力
- 初步具备掌握营销渠道合作关系的能力
- 能通过团队合作、互相协作解决相关问题并完成任务
- 具有团队合作精神、完成个人任务和协调组内人际关系的能力

任务一　企业营销渠道的构建与管理

【任务引入】

陈刚团队在经营校园超市时不断地开发出一些富有创意的小商品并深受"90 后"大学生的喜爱，他们利用专业知识的优势已经成功地拥有了自己的品牌。现在，随着经营规模的扩大和社会知名度的提高，他们计划将这些小商品向社会推广，但他们不知如何寻找合作方以及建立自己的销售网络，那么陈刚团队应该怎么做呢？

任务 1：根据陈刚团队的需要掌握企业营销渠道的构建。

任务 2：根据陈刚团队的需要掌握运用科学的渠道管理方法进行营销渠道管理。

【任务分析】

面对越来越激烈的商业竞争，营销渠道已经越来越成为决定企业能否在商战中胜出的战略性资源。它能够使企业的产品顺利送达消费者，实现自身价值，完成"最后惊险的一跃"。而渠道的构建与管理对企业来说是在市场上站稳脚跟和走向稳定发展的重要一步。如何构建和管理营销渠道是企业的关键课题。

知识链接

一、营销渠道的作用

营销渠道是市场营销 4PS（即产品、价格、渠道和促销策略）的要素之一，对企业的营销决策起着关键性的作用。除了将产品或服务扩散到客户或消费者手中这一基本功能之外，营销渠道还具有以下几个方面的作用。

1. 营销渠道减少了市场中交易的次数

在交易中，通过营销渠道的中间商（如批发商、零售商等）实现集中采购与配送，从而减少了市场中交易的次数，提高了交易的效率。中间商存在的必要性在于解决生产商与消费者之间的数量、品种、时间、地点等方面的矛盾，把商品从生产者那里转移到消费者手中。专业生产商的数目越大，中间商的优势越明显，如图 8-1 所示。这表明一个厂商在卖给顾客少量产品时，可以通过中间商来持续地降低营销费用和物流成本。

在图 8-1 中，10 个顾客直接从 4 个供应商处购买产品，交易次数为 40 次，如果通过 1 个中间商间接销售，则交易次数降为 14 次，比直接方式的交易次数降低了 65%。显然，供应商和顾客的数目越多，中间商的作用越明显。

2. 专业化的营销渠道设置使分销成本最小化，交易规范化

专业化是提高分销效率最基本的驱动力。在实际业务中，某些专业企业（如第三方物流组织）因为能比其他企业更好地承担基本功能，从而能提高营销渠道中的物流运作效率。同时，对交易的规范化处理可以加强渠道成员的合作，提高渠道效率。

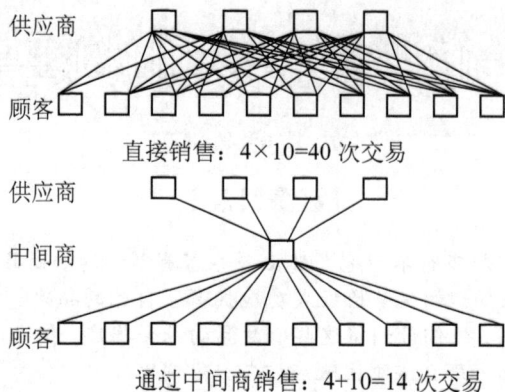

直接销售：4×10=40 次交易

通过中间商销售：4+10=14 次交易

图 8-1　中间商减少交易次数

3. 营销渠道为买卖双方搜索市场资源提供了便利

在市场环境中，买方试图满足自己的消费需求，而卖方（如制造商）则想要预测并抓住这些需求信息，如果这一双向"搜索"过程能成功进行，需求信息能适时高效地流动，那么对买卖双方都是有利的。营销渠道中的中间商分别按不同的行业进行组织，并向各自的市场提供相关市场信息，从而为买卖双方提供了便利，并降低了营销渠道中的相关成本，如销售成本（因为充足的市场信息降低了交易次数）、运输成本、库存成本、订单处理成本、顾客服务成本等。

二、营销渠道的结构与类型

营销渠道结构是指营销渠道中所有渠道成员所组成的体系，亦称为营销渠道模式。营销渠道的结构可以分为长度结构（即层级结构）、宽度结构以及广度结构 3 种类型。3 种渠道结构构成了渠道设计的三大要素或称为渠道变量。进一步来说，渠道结构中的长度变量、宽度变量及广度变量完整地描述了一个三维立体的渠道系统。

1. 长度结构（层级结构）

营销渠道的长度结构，又称为层级结构，是指按照其包含的渠道中间商（购销环节），即渠道层级数量的多少来定义的一种渠道结构。

通常情况下，根据包含渠道层级的多少，可以将一条营销渠道分为零级、一级、二级和三级渠道等。

（1）零级渠道，又称为直接渠道，是指没有渠道中间商参与的一种渠道结构。零级渠道，也可以理解为是一种分销渠道结构的特殊情况。在零级渠道中，产品或服务直接由生产者销售给消费者。零级渠道是大型或贵重产品以及技术复杂、需要提供专门服务的产品销售采取的主要渠道。在 IT 产业链中，一些国内外知名 IT 企业，比如联想、IBM、惠普等公司设立的大客户部或行业客户部等就属于零级渠道。

营销小知识

Dell的直销模式

个人计算机产业最根深蒂固的惯例之一，就是通过一支日益壮大的分销商大军进行产品销售。然而，戴尔公司却打破传统，另辟蹊径，通过"直销"这种独特的策略进行计算机销售。由此戴尔公司脱颖而出，其业务获得了迅速的增长。戴尔公司的理念非常简单，就是"直接最好！和客户彼此间建立的直接关系令我们能够推进我们所做的一切"。即按照客户要求制造计算机，并向客户直接发货。这使戴尔公司能够更有效和更明确地了解客户需求，继而迅速做出回应。

迄今为止，在中国，客户可按其配置和软件要求，通过在全国 258 个城市中设立的 720

条免费电话直接联系到每一位戴尔公司的销售代表，订购个人计算机、笔记本电脑或服务器产品，也可直接通过互联网在 www.dell.com.cn 网站购买。戴尔公司提供的现场服务和技术支持可直接覆盖 2 569 个城市。

（2）一级渠道包括一个渠道中间商。在工业品市场上，这个渠道中间商通常是一个代理商、佣金商或经销商；而在消费品市场上，这个渠道中间商则通常是零售商。

（3）二级渠道包括两个渠道中间商。在工业品市场上，这两个渠道中间商通常是代理商及批发商；而在消费品市场上，这两个渠道中间商则通常是批发商和零售商。

（4）三级渠道包括 3 个渠道中间商。这类渠道主要出现在消费面较宽的日用品中，如肉食品及包装方便面等。在 IT 产业链中，一些小型的零售商通常不是大型代理商的服务对象，因此，便在大型代理商和小型零售商之间衍生出一级专业性经销商，从而出现了三级渠道结构。

2. 宽度结构

渠道的宽度结构，是根据每一层级渠道中间商的数量的多少来定义的一种渠道结构。渠道的宽度结构受产品的性质、市场特征、用户分布以及企业分销战略等因素的影响。渠道的宽度结构分成如下 3 种类型。

（1）密集型分销渠道，也称为广泛型分销渠道，是指制造商在同一渠道层级上选用尽可能多的渠道中间商来经销自己的产品的一种渠道类型。密集型分销渠道，多见于消费品领域中的便利品，如牙膏、牙刷、饮料等。

（2）选择性分销渠道，是指在某一渠道层级上选择少量的渠道中间商来进行商品分销的一种渠道类型。在 IT 产业链中，许多产品都采用选择性分销渠道。

（3）独家分销渠道，是指在某一渠道层级上选用唯一的一家渠道中间商的一种渠道类型。在 IT 产业链中，这种渠道结构多出现在总代理或总分销一级。同时，许多新品的推出也多选择独家分销的模式，当市场广泛接受该产品之后，许多公司就从独家分销渠道模式向选择性分销渠道模式转移。比如东芝的笔记本电脑产品渠道、三星的笔记本电脑产品渠道等就是如此。

▌案例链接▐

2004 年年初，东芝笔记本电脑终于下定决心，将与自己 9 年来"心心相印"的唯一总代理商神州数码（原联想科技）放在一边，把新推出的两款迅驰笔记本电脑交给了两个新的总代理：翰林汇和佳杰科技。

准确地说，神州数码和东芝之间并没有太多"恨"，更没有"仇"，倒是"情"很深。1995 年，联想科技（现神州数码）成为东芝笔记本电脑在国内的唯一总代理，双方长达 9 年的合作从此开始了。当年，东芝笔记本在中国市场占有率就从不到 1%跃升至 8%，排名从第九一举跃入前三甲。1997 年，东芝笔记本市场占有率更是跃居市场第一，直到 2000 年才被联想超越。9 年来，东芝笔记本电脑在中国市场取得了巨大的成功。当时的市场情况是，东芝在全球市场也是傲视群雄。而东芝在中国市场的成功与神州数码的贡献密不可分。同时，神州数码的快速发展，也与成为东芝的唯一总代理有直接关系。在许多年里，联想科技的最主要利润来源就是代理东芝笔记本电脑的业务。但是，联想发展起来以后，"店大欺客"的现象经常出现，不少经销商颇有怨言。神州数码"一言堂"严重影响了东芝的进一步发展。2000 年后，东芝笔记本电脑在中国市场的占有率开始逐渐下降。

在国内笔记本电脑市场上，采用独家代理制的企业只有东芝。IBM、惠普等企业都采用多家代理制。采取独家代理制一般应具备几个条件：产品专业性非常强，用户相对集中；产品处于市场导入期，需要对用户进行引导，才能拉动市场需求；厂商在当地处于发展初期，实力较弱。但是，进入 2003 年后，这些条件基本上都已不复存在，因此，东芝改变渠道策略也是必然的。

资料来源：http://www.doc88.com/p-95927778792.html.

3. 广度结构

渠道的广度结构，实际上是渠道的一种多元化选择。也就是说许多公司实际上使用了多种渠道的组合，即采用了混合渠道模式来进行销售。比如，有的公司针对大的行业客户，公司内部成立大客户部直接销售；针对数量众多的中小企业用户，采用广泛的分销渠道；针对一些偏远地区的消费者，则可能采用邮购等方式来覆盖。

营销渠道结构的概念在营销管理文献中通常没有清晰定义，人们谈到渠道结构总是侧重于讨论渠道的长度——渠道中中间商的级数。图 8-2 给出了某行业渠道结构的示意图。

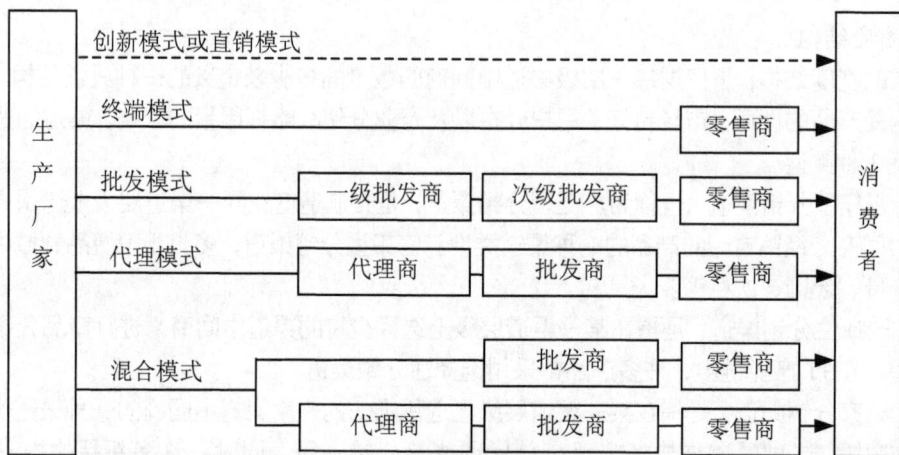

图 8-2　某行业营销渠道结构示意图

营销渠道有下列几种基本结构。

（1）制造商——消费者或用户。

（2）制造商——零售商——消费者或用户。

（3）制造商——批发商——零售商——消费者或用户。

（4）制造商——代理商——消费者或用户。

（5）制造商——代理商——零售商——消费者或用户。

（6）制造商——代理商——批发商——零售商——消费者或用户。

博斯（Burce）提出了较权威的渠道功能和渠道结构的定义，他认为渠道功能是渠道成员所从事的各种类型的作业任务，这些作业任务可以以不同的组合分配给渠道成员。而渠道结构是指拥有一定作业任务的渠道成员间的关系。因此，营销渠道结构涉及许多方面的问题，例如每一个市场区域设置多少销售网点？营销渠道由哪几个层级构成？每一个层级又由哪些类型的渠道成员组成？渠道成员各自应承担什么功能？渠道功能如何在渠道成员之间分配或安排？渠道一体化程度需要达到什么水平？图 8-3 所示为传统渠道与垂直营销体系的比较。

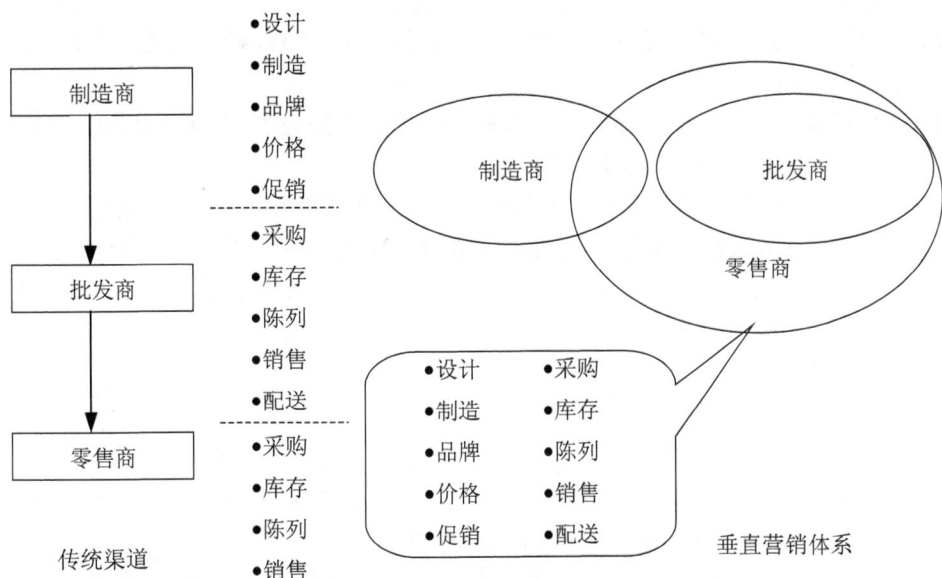

图 8-3　传统渠道与垂直营销体系的比较

　　在实际营销中，许多公司实际上使用了多种渠道的组合，即采用了混合渠道模式来进行销售。渠道结构可以笼统地分为直销和分销两个大类。其中直销又可以细分为几种，如制造商直接设立的大客户部、行业客户部或制造商直接成立的销售公司及其分支机构等。此外，还包括直接邮购、电话销售、公司网上销售等。分销则可以进一步细分为代理和经销两类。代理和经销均可能选择密集型、选择性和独家等方式。

案例链接

　　与绝大多数的化妆品公司进驻商场和开设独立专卖店的方式不同，DHC 在进入中国市场的前期采用以网络销售、电话销售、目录销售为主的模式运行，6 大类、400 多种产品直接从日本总部运到上海的仓储物流中心，然后再直接送到消费者手中。DHC 在自己的网站为会员和非会员提供了操作非常简易的电子商务平台，消费者可以通过网站输入自己的用户名和密码，选择自己需要的产品代码和数量，就可以进行轻松购物；"800" 免费电话的开通，使消费者不仅可以咨询美容信息和产品信息，也可以打电话下订单购物。在北京、上海等十几个城市，DHC 实行速递配送，货到付款。同时，DHC 还开通了邮购服务，消费者可以在邮局通过邮购获得自己需要的产品。DHC 拓展多种销售渠道，为消费者提供了产品获得的便利性。2007 年，DHC 第一家实体店在北京正式营业，得到众多消费者的青睐。虽然只有几平米大的地方，但是人性化的设计与贴心的问候，足以让消费者感到温暖。之后，随着消费者群体的增多，DHC 的实体店越来越多，遍布全国各地。DHC 借助直营专营店树立形象，后凭借百货专柜铺开销售网络，进而进军数量庞大的专营店系统。不得不说，DHC 在中国市场的渠道谋变颇具眼力。在百货店数量有一定积累之后，DHC 试图提高开柜门槛，缩紧网点开发，大力提高单柜产出，网点开发优中选优，由"数量"向"质量"转变。

　　　　　　资料整理来源：http://www.360doc.com/content/09/1127/10/135371_9847047.shtml.

三、影响营销渠道构建的因素

　　影响渠道构建的因素很多，我们在此只讨论一些比较基本的影响因素：市场因素、产品因素、公司因素、中间商因素、环境因素和行为因素。

1. 市场因素

市场因素在渠道策略中起着举足轻重的作用，其对渠道的影响主要通过以下三个方面来实现。

（1）市场规模：也就是市场的潜在顾客数目。市场规模直接决定着渠道的长度和宽度。一般而言，规模越大，渠道的长度和宽度会相对更大一些。

（2）市场在地理上的分散程度：市场在地理上的分散程度是由每单位区域面积上的销售量决定的。市场的地理分散程度越高，渠道的控制越难，费用也相应较高。

（3）市场的主要购买方式：市场上的消费者习惯于哪种购买方式对于渠道的结构也是十分重要的。例如，中国的顾客就习惯于在商店里购买商品。如果制造商采用直接上门推销的方法，就可能事倍功半。

2. 产品因素

产品因素是另一个在渠道结构中十分重要的因素，下面是一些主要的产品因素。

（1）产品的价值和重量。笨重的、价值高的商品往往意味着高的装运成本和高的重置成本，因此，高价值、笨重的商品往往采用较短的渠道结构。

（2）产品的耐腐性。产品是否会迅速腐烂是一个在实体运输和储存中非常关键的问题。如果产品十分容易腐烂，那么渠道就不宜太长，而应该采用短而迅速的渠道结构。鲜活产品的渠道一般都较短就是这个道理。

（3）产品标准化程度。一般而言，渠道的长度和宽度是与产品的标准化程度成正比的。产品的标准化程度越高，渠道的长度也越长，宽度也越大。

（4）单位产品的价值。如果是低单位价值的产品（如方便面、零食等），它往往会通过中间商来进行销售，以便让中间商承担部分销售成本。另外，只有通过大量的中间商，方便食品才有可能最大程度地覆盖整个市场。

（5）产品的技术特性。一个高技术的产品往往会采用公司的销售员向目标顾客直接销售的方法。因为中间商可能对产品的各项性能不是很了解，有可能对顾客产生误导，为以后埋下隐患。

（6）产品的创新程度。许多新产品进入市场都需要进行广泛而深入的宣传促销活动，而且需要公司随时掌握市场的变化情况。因此，在实际销售工作中，短渠道被视为是产品进入市场时期最好的渠道结构。

3. 公司因素

渠道的设置需要与公司的整体情况相一致。因此，在渠道的设计中，我们也必须将公司的因素考虑在内。最主要的影响渠道结构的因素包括：

（1）公司的规模。不同渠道结构的选择范围受到公司本身规模大小的限制。这是由于小的公司往往难以获得理想的中间商的支持，而大的公司则不必担心没有中间商加入他们的渠道。

（2）公司的基本目标和政策。公司的政策和目标在很大程度上决定了公司在渠道结构策略中所采取的政策和态度。如果公司追求的是严格控制，那么公司就会要求减少中间商的数目，以加强自身的权力集中程度。

（3）管理的专业水平。有一些公司缺乏必要的进行渠道活动的能力，在这种情况下，寻找一个能够提供良好服务和配合的中间商就显得十分重要。尤其是在进行国际市场的贸易时，由于面临的可能是一个完全不同的市场体系，因此，寻求一个良好的中间商就显得格外重要。假以时日，当管理者已经获得了足够的管理经验时，可以再进行对渠道的改进工作。

4. 中间商的因素

作为渠道中的主要成员，中间商自然对渠道的结构产生举足轻重的影响。与渠道结构有关的中间商的影响因素包括以下几方面。

（1）中间商的能力。中间商的能力在很大程度上影响着渠道策略。如果中间商的能力不能令公司感到放心，那么公司宁可增加成本进行直接销售，也不愿采用中间商来进行销售。

（2）利用中间商的成本。如果公司认为中间商进行销售或向公司提供的服务小于公司的付出，那么公司对渠道的选择就有可能偏向于减少中间商的数目。毕竟公司采用渠道的目的是降低自己的成本与不便。

（3）中间商的服务。公司总是希望能用最为"合理"的价格获得最多的来自于中间商的服务，但评价中间商服务的优劣往往是从公司的直观感觉出发的，带有较强的主观性，所以在渠道结构的设计中这是一个需要谨慎对待的问题。

5. 环境因素和行为因素

渠道的活动属于组织的运作，这就不可避免地受到经济、社会文化、法律、竞争、技术等环境因素的影响。这些因素中，有的是直接对渠道的结构造成影响，有的则通过对市场、对顾客产生影响而反映到渠道结构上。

| 案例小知识 |

计算机网络的发展使得企业可以通过网络直接与异地顾客交易，然后通过当地的中间商送货上门，减少了在各个地区设立门市网点的成本。对顾客而言，通过网络直接与制造商交易也能够获得较低的购买成本。电子商务的发展必将对营销渠道的任务性质产生重大影响。

四、营销渠道面临的问题

1. 信任的误区

在谈判中，双方都从自身利益出发，尽可能使合作对自己有利；在签订合同时，条件苛刻、导致制造商与经销商之间不信任的情况经常发生。制造商因不信任经销商，往往要求对方支付高额预付款，否则不予发货。这种不信任将直接影响双方的合作并可能造成很大的损失。

2. 渠道策略缺乏个性

一个良好的渠道策略应该具有难模仿性，并根据消费者的需求个性、产品特性、外界环境、中间商特性、企业特性、竞争特性、企业过去的经验和政策等因素进行设计，并具有强烈的个性特征，这也是渠道建设的一个发展趋势。个性化的渠道设计使渠道建设具有异质性、独特性，较难被竞争对手模仿。即使企业在营销渠道中的专业知识、品牌忠诚度、沟通能力、市场控制力等方面的独特能力可以为其他企业熟知和了解，但无法在短时间内被效仿，从而为企业赢得宝贵时间。

3. 渠道形式单一

单一渠道形式不利于企业整合中间渠道的优势。单一渠道的弊端是使信息流、物流、资金流受到限制，阻碍渠道功能的发挥。企业在选择渠道时要充分考虑营销环境的现状和未来发展趋势，结合自己的战略意图选择委托中间商、自行建立销售机构或者两者兼而有之的策略。

| 案例链接 |

手机终端业务已经成为华为当前发展的一大引擎。2011年，华为全球消费者业务销售收入达到446亿元，同比增长44.3%；2012年，华为销售给终端用户的智能手机总量为2 720万部，较上一年增长73.8%，并在第四季度首次跻身全球三大智能手机制造商行列。

华为终端从其母公司华为技术分拆出来运作几年来，截至2012年年底，运营商渠道的出货量仍占华为终端出货总量的80%，只有20%属于电商等社会渠道。因为营销渠道是短板，尽管出货量巨大，在消费者的心目中华为手机仍然是一个弱势品牌。例如，2006年华为为沃达丰提供的3G手机V 710，甚至没打上华为的LOGO。

运营商渠道的好处在于稳定的出货量和高额补贴，但当运营商补贴越来越少时，手机企业的利润自然也就越来越少。目前，国内三大运营商的补贴呈逐年下降趋势。因此，尽管华为终端的出货量在增长，利润率却不高。华为的利润增长仍主要来自于通信设备。相反，社会渠道虽规模不大，但利润率偏高，且相比前者对华为终端自有品牌的提升帮助较大。

因此，华为未来要进行营销渠道多元化发展，做深运营商渠道，拓展社会化公开渠道和电商网络渠道。由于电商消费群体在口碑上对华为高端手机的认可度和接受度较高，华为高端手机主要选择电商平台操盘。

1. 单一的运营商渠道

2010年以前，华为基本上是在为运营商生产手机，与3G网络设备一起，捆绑式销售给运营商。手机是网络设备的"添头"，不直接卖给消费者，很少进行推广宣传，并且手机定位是运营商终端定制，因此华为手机没有独立的市场营销渠道。手机终端的"添头营销"是华为辅助销售通信设备的重要筹码。

过分依赖运营商渠道，不仅导致高销量、低利润，还对华为手机品牌建设十分不利。截至2012年年底，运营定制依旧占到华为手机出货量的80%。由于缺少直面消费者的机会，常年缺乏个人消费者基因，华为手机被认为"在产品设计上软肋尽显"，难以在越来越追求用户体验和差异化的智能手机市场得到消费者认可。

2. 拓展电商渠道

"华为的渠道策略是做深运营商渠道，加速拓展社会化公开渠道，同时大力发展新兴的电商网络渠道。华为的渠道多元化发展，意味着华为要与产业链上更多的合作伙伴携手前行。同时在内部团队上，要引进更多渠道人才。"徐宇翔说，目前华为正尽力开拓社会化渠道。

2013年，被冠以"C2B手机"头衔的华为手机Mate发布，可以视为华为布局电商渠道的一个里程碑。华为Mate是与天猫联合推出的一款手机，产品从研发之初，就利用天猫平台海量的用户数据进行消费需求匹配，锁定目标消费者，围绕他们做了大量的调研与访谈，调研涉及CPU、核数、内存、屏幕材质等，最终推出售价2 688元的Mate手机。事实上，它是以消费者需求为导向开发的一款手机，即以消费者需求决定生产什么样的手机，所以华为把它叫做"C2B手机"。

之所以说Mate手机具有里程碑意义，是因为这是华为手机由面向运营商到面向消费者的一次勇敢转身。由于长期制造运营商定制手机，难以与消费者沟通，不了解市场需求，让华为手机在用户体验和产品差异化的过程中，很容易"看走了眼"。因此，Mate手机的C2B模式，被华为视为"一次史无前例的商业模式创新"。Mate手机的推出也意味着华为要另辟蹊径，开拓电商渠道。

"我们针对不同的产品会采取不同的营销策略，会结合电商的消费群体特征以及产品的特点而定。一般来看，电商消费群体在口碑上对华为高端产品的认可度与接受度较高，这对华为高端产品的规模化推广可以提供很好的支持。"徐宇翔表示，华为的电商渠道布局将从高端手机开始，并且产品渠道差异化，也可以减少运营商渠道与社会化（电商）渠道的矛盾。"对品牌而言，不同的产品策略、不同的营销政策，都能达到平衡渠道的效果。对华为来说，目前华为的电商渠道与传统渠道及运营商渠道之间的关系不是对立关系，而是互补关系。目前通过电商渠道销售的主要产品，如荣耀四核等，是为电商渠道特别定制的，与其他渠道的产品不形成冲突。后来荣耀四核在线下渠道和运营渠道销售时，价格高出线上渠道很多。"

华为通过组织结构调整、人才引进等一系列大的战略举措加强渠道建设。6月中旬，澳大利亚人赵科林（一度被奉为中国手机行业的教父级人物，他曾把诺基亚中国区的业绩提升到鼎盛期），从诺基亚离职近一年后将加入华为，主抓B2C渠道工作。除此之外，近来华为还从三星、摩托罗拉、诺基亚等手机企业挖来一拨业务骨干，从产品、品牌、软件、渠道、销售等方面进行优化。比如华为中国区终端市场部品牌执行部部长胡红莲，就是从三星跳槽到了华为。

在直面消费者的电商渠道，一向沉默无语的华为也不得不试着大声吆喝。去年，华为选择和奇虎360合作，网络营销老道的奇虎360却利用华为的名气打压小米，最后给自己的特供机做广告，结果爽了奇虎360惨了华为，原本稳健、低调的华为被贴上了"浮躁"的标签。华为交出了"高调"的第一笔学费。

资料来源：http://www.cs360.cn/shichangyingxiao/yxqd/glal/2125472/

4. 激励与约束不足

激励与约束不足是企业渠道管理的另一误区。一般而言，企业在选择好营销渠道之后，应该经常对中间商进行指导和激励，使中间商能够真诚合作，尽职尽责。为了做好激励和约束工作，制造商要了解中间商的基本情况，主要包括他们的需求和利益。一方面，采取推动中间商的策略，如提高中间商可得的毛利率，价格上给予较大的优惠，根据销量返利或给予其他奖励等。另一方面要建立渠道成员之间的约束机制，并将约束机制看成是维护交易双方密切关系以及渠道成员之间密切关系的重要前提。

5. 渠道建设缺乏品牌意识

一个具有品牌意识的企业在渠道决策中往往会考虑与一个重视品牌建设的经销商合作，以便使品牌和企业形象得以建立和维护。在渠道决策中，如果不注重考察经销商的品牌意识、品牌价值以及它维护制造商品牌价值的诚意、具体措施与方案等，只是考虑经销商的盈利能力和资金实力，其结果是经销商不仅不能维护自己的品牌形象，而且还会毁坏制造商在品牌建设方面的长期努力。品牌形象作为企业的无形资产一旦毁坏，恢复的代价将远远大于建立的代价。因此渠道决策一定要与企业品牌建设联系起来，使渠道成员成为制造商品牌运营与管理的忠诚合作伙伴。

6. 渠道功能不全

在信息时代，营销渠道除了传统的载体功能、媒介功能以外，还承当生产者和最终消费者之间的信息收集和传递的功能。这些功能包括调研、促销、联系潜在购买者、收集和分散资金、承担风险等。随着信息经济、网络经济及市场竞争的加剧，制造商日益关注市场，希望能直接面对顾客，掌握市场信息，进行更积极的营销。营销渠道的功能也随之复杂化和综合化，其中信息传递功能在企业渠道决策中上升到重要地位，并对制造商整体经营业绩产生重要影响。

五、营销渠道的管理

（一）渠道成员

渠道成员是独立并且追求个体利益最大化的经济组织。通过制造商、批发商、零售商和其他对成功的分销起重要作用的专业公司的合作而形成的渠道可以看做是一个关系系统。在这个系统中，根据各个企业在整个分销过程中的作用，可以把渠道成员分为两组——基本渠道成员和特殊渠道成员。

1. 基本渠道成员

基本渠道成员指拥有货物的所有风险的企业以及作为分销终点的消费者，对整体销售起着关键的作用。在营销渠道中承担转移货物所有权的基本成员包括制造商、批发商和零售商。

（1）制造商。制造商是指创造产品的企业。作为品牌产品的创造者，制造商广为人知并被认为是渠道的源头和中心。像通用电气、通用汽车、索尼、飞利浦这样成功的制造商在各自的分销渠道中占据着举足轻重的位置。但事实上，许多服务于工业领域的制造商并不广为人知，并不是所有的制造商在各自的销售渠道中都占据着主导地位。

（2）批发商。批发商在分销渠道中的作用并不像制造商和零售商那样明显可见。批发商曾经是渠道的主导，它们通过设计和发展渠道将许多零售商和制造商的活动联结起来。但最近几年，由于许多零售商和制造商之间的纵向一体化，批发商的作用似乎在减弱，批发商被认为是在分销渠道中不必要的一环。但实际上，批发商远没有被排除在分销渠道之外，许多著名的批发商仍主导着其各自的分销渠道。

（3）零售商。与制造商直接相对的是零售商，它们是分销渠道中最靠近消费者的一环。零售商利用各种购物环境把不同制造商的产品提供给消费者。在许多渠道中，零售商是主导力量，就像沃尔玛、西尔斯和玛西那样，它们决定了如何组织和运作整个分销过程。实际上，信息技术的高速发展已经使得零售商在分销渠道中的作用越来越重要。

（4）消费者。消费者是整个分销渠道的终点。制造商、批发商、零售商的诸多努力都是为了满足消费者的需要，实现商品的销售，从而最终实现各自的盈利。因此，消费者的类型、购买行为、购买特征都是它们关注的焦点。

2. 特殊渠道成员

特殊渠道成员，也称专业渠道成员，是指为整个分销过程提供重要服务但不承担货物所有者风险的企业。它可以分成两种类型：一是功能型的特殊渠道成员，二是支持型的特殊渠道成员。前者包括运输业、仓储业、装配企业和提供促销支持的企业，后者包括金融业、信息业、广告业、保险业和咨询与调研业等。

案例链接

啤酒行业的渠道划分是依照产品档次进行的，产品档次则依据价格标准而划分。在啤酒行业中，产品分为高中低三档，渠道也大致分为餐饮直供渠道、商超零售渠道、流通批发渠道三大类。不同档次的产品对应着不同的终端，而终端又对应着不同的渠道。啤酒产品较强的适销性，造就了终端网络复杂的特点，因此啤酒企业对终端网络的选择、管理就显得十分重要。

啤酒业普遍适用的两种营销渠道。

1. 中高档餐饮终端营销渠道。中高档餐饮终端是啤酒企业竞争的焦点，其管理的重点主要是在促销人员的规范管理上，促销人员是促进其产品销售的关键。设计有效的管理办法并经常性地对促销人员进行培训，是提高促销人员素质和规范管理的主要手段。雪花啤酒在这一领域占领了各地区的大部分餐厅，形成非常好的局面。

2. 商超零售终端，雪花的营销渠道。商场超市这类零售终端以销售罐啤、礼品装等一些高档啤酒为主，对此类终端的管理，需要建立专门的销售队伍。其工作重点集中在终端维护上，如产品的陈列和展示，终端宣传等，这些都需要建立终端维护的标准，要求销售人员周期性地开展终端寻访。目前，在我国的各大超市都可以看到华润雪花的身影，而在消费者身边的小商店也可以购买到雪花啤酒。

据了解，在雪花啤酒的销售期间，在各大歌厅和饭店都有销售。在高档次的场所有销售，而在低档餐饮终端和社区也有零售终端。低档餐饮终端和社区零售终端是低端产品销售的主要终端，华润雪花非常重视对这类终端的维护与沟通工作。在管理工作中，除了需要企业安排人员定期巡访外，还要重视与经销商的沟通工作，及时了解他们的需求。同时，针对这类终端可以设计较长周期促销政策，调动他们的销售积极性。

总结评价：对于建立低端销售终端的必要性，雪花啤酒在很久之前就已经预料到了。因为对于我国目前的经济来说，中产阶级的市场是巨大的，而一般中产阶级的家庭也都会选择在离家最近的小店去选择啤酒。雪花把握住了这一点，在恰当的宣传手段之下，稳稳地把握住了消费者的消费心理，从而增加了市场竞争力，促进了发展。

资料来源：http://www.cs360.cn/shichangyingxiao/yxqd/glal/2121511/

（二）市场营销渠道管理的具体内容

（1）对经销商的供货管理，保证供货及时，在此基础上帮助经销商建立并理顺销售子网，分散销售及库存压力，加快商品的流通速度。

（2）加强对经销商广告、促销的支持，减少商品流通阻力；提高商品的销售力，促进销售；提高资金利用率，使之成为经销商的重要利润源。

（3）对经销商负责，在保证供应的基础上，对经销商提供产品服务支持。妥善处理销售过程中出现的产品损坏变质、顾客投诉、顾客退货等问题，切实保障经销商的利益。

（4）加强对经销商的订货处理管理，减少因订货处理环节中出现的失误而引起发货不畅。

（5）加强对经销商订货的结算管理，规避结算风险，保障制造商的利益，同时避免经销商利用结算便利制造市场混乱。

（6）其他管理工作，包括对经销商进行培训，增强经销商对公司理念、价值观的认同以及对产品的认识。还要负责协调制造商与经销商之间、经销商与经销商之间的关系，尤其对于一些突发事件，如价格涨落、产品竞争、产品滞销以及周边市场冲击或低价倾销等扰乱市场的问题，要以协作、协商的方式为主，以理服人，及时帮助经销商消除顾虑，平衡心态，引导和支持经销商向有利于产品营销的方向转变。

（三）营销渠道管理的过程

渠道管理的过程可以分为以下几个主要步骤。

（1）渠道的调查与分析。

（2）渠道目标的确定。

（3）渠道策略的确定。

（4）渠道策略的实施。

（5）渠道的控制。

（6）渠道效率的评估。

（7）渠道的调整或重建。

（四）营销渠道管理的设计

设计一个渠道系统要求分析消费者的需要，建立渠道目标及限制因素，确立主要的渠道替代方案和评价方法。

（1）营销渠道的设计者必须了解目标顾客需要的服务产出水平。

（2）确定渠道目标和限制条件，不同类型的企业都会根据限制条件来确定它的渠道目标。

（3）确定渠道模式。

① 直接销售渠道。直接销售渠道是指生产者将产品直接供应给消费者或用户，没有中间商介入。直接分销渠道的形式是：生产者—用户。企业直接分销的方式比较多，但概括起来有订购分销、自开门市部销售和联营分销。

② 间接分销渠道。间接分销渠道是指生产者利用中间商将商品供应给消费者或用户，中间商介入交换活动。间接分销渠道的典型形式是：生产者—批发商—零售商—个人消费者。

③ 长渠道和短渠道。分销渠道的长短一般是按流通环节的多少来划分的，具体包括以下4

层：零级渠道；一级渠道；二级渠道，或者制造商—代理商—零售商—消费者；三级渠道，或者制造商—代理商—批发商—零售商—消费者。

④ 宽渠道与窄渠道。渠道宽窄取决于渠道的每个环节中使用同类型中间商数目的多少。企业使用的同类中间商多，产品在市场上的分销面广，称为宽渠道；企业使用的同类中间商少，分销渠道窄，称为窄渠道。

⑤ 单渠道和多渠道。当企业全部产品都由自己直接开设的门市部销售，或全部交给批发商经销，称为单渠道。多渠道则可能在本地区采用直接渠道，在外地则采用间接渠道。

（五）渠道管理的方法

制造商可以对其分销渠道实行两种不同程度的控制，即高度控制和低度控制。

1. 高度控制

生产企业能够选择负责其产品销售的营销中介类型、数目和地理分布，并且能够支配这些营销中介的销售政策和价格政策，这样的控制称为高度控制。根据生产企业的实力和产品性质，绝对控制在某些情况下是可以实现的。一些生产特种产品的大型生产企业，往往能够做到对营销网络的高度控制。

| 营销小知识 |

　　日本丰田汽车公司专门把东京市场划分为若干区域，每一区域都有一名业务经理专门负责，业务经理对于本区域内的分销商非常熟悉，对每一中间商的资料都详细掌握。通过与中间商的紧密联系关注市场变化，及时反馈用户意见，保证中间商不断努力。绝对控制对某些类型的生产企业有着很大的益处，对特种商品来说，利用绝对控制维持高价格可以维护产品的优良品质形象，因为如果产品价格过低，会使消费者怀疑产品品质低劣或即将淘汰。另外，即使对一般产品，绝对控制也可以防止价格竞争，保证良好的经济效益。

2. 低度控制

如果生产企业无力或不需要对整个渠道进行绝对控制，企业往往可以通过对中间商提供具体支持协助来影响营销中介，这种控制的程度是较低的，大多数企业的控制属于这种方式。

低度控制又称为影响控制，这种控制包括如下一些内容。

（1）向中间商派驻代表。大型企业一般都派驻代表到经营其产品的营销中介中去亲自监督商品销售。生产企业人员也会给渠道成员提供一些具体帮助，如帮助中间商训练销售人员，组织销售活动和设计广告等，通过这些活动来掌握他们的销售动态。生产企业也可以直接派人支援中间商，比如目前流行的厂家专柜销售、店中店等形式，多数是由企业派人开设的。

（2）与中间商多方式合作。企业可以利用多种方法激励营销中介网员宣传商品，如与中介网员联合进行广告宣传，并由生产企业负担部分费用；支持中介网员开展营业推广、公关活动；对业绩突出的中介网员给予价格、交易条件上的优惠，对中间商传授推销、存货销售管理知识，提高其经营水平。通过这些办法，调动营销中介成员推销产品的积极性，达到控制网络的目的。

| 营销案例 |

　　目前中国的饮料行业，主流的渠道模式有三种，一种是以可口可乐为代表的直控终端模式；另一种是以娃哈哈为代表的渠道控制模式，即所谓"联销体"结构的渠道模式；第三种则是以健力宝为代表的批发模式。

　　所谓直控终端，说得通俗一点儿，就是企业直接对终端销售、管理的干预与控制，从而省略了中间一些不必要的渠道流通环节，通过强化对终端的掌控力度，加强对终端的管理，来达到销售最大化的最终目的。

相比其他更多地借力于中间商的渠道模式而言，直控终端需要企业更大的投入和付出，包括人力、财力、物力上的投入。

作为饮料企业来说，如何达到最大的终端覆盖率、铺市率非常关键。"决胜终端"对于饮料行业来说一点也不过分。对于饮料厂家来说，最重要的事情就是要做到尽可能地占据一切可以占据的销售终端网点，做好产品的陈列、展示和宣传，这是扩大销售的最佳途径。

只有实现了直控终端，才能把握市场信息的真实性。从业务员直接得到的一手市场信息，比从那些中间代理商得到的信息更接近于真实、确切、可靠，既有利于生产的执行，当然也利于销售决策的正确制定和执行。

实现终端直控，企业能够掌握更多的主动。减少了不必要的中间环节，势必能够形成更高的价格差，为实施产品价格战术扩大了空间，增加了灵活性和机动性。

可口可乐的主要目标市场是中国的城市市场。城市市场一个最大的特点是人口高度密集，同时终端网点非常密集。这样就为它实施直控终端提供了客观的可能和条件。那么，可口可乐是如何实施它的直控终端模式的呢？

可口可乐将渠道类型划分为 22 种之多，但是，归纳起来，可口可乐的渠道系统可以划分为四条：批发渠道、ka（大型商超、专业连锁）渠道、101 渠道和直营。

可口可乐重点客户部专门负责 ka 渠道的运营；销售部负责 101 渠道和批发渠道的运营。101 渠道和批发渠道的区别在于，可口可乐公司业务员是能够直接掌控 101 客户下属的终端的，而不能掌控批发渠道下属的终端网络。直营渠道，则是由可口可乐直营餐饮渠道、学校渠道、旅游景点等组成。

（六）渠道管理中存在的问题及解决路径

1. 渠道不统一引发厂商之间的矛盾

企业应该解决由于市场狭小造成的企业和中间商之间所发生的冲突，统一企业的渠道政策，使服务标准规范。比如有些厂家为了迅速打开市场，在产品开拓初期就选择两家或两家以上总代理，由于两家总代理之间常会进行恶性的价格竞争，因此往往会出现虽然品牌知名度很高，但市场拓展状况却非常不理想的局面。当然，厂商关系需要管理，如防止窜货应该加强巡查，防止倒货应该加强培训，建立奖惩措施，通过人性化管理和制度化管理的有效结合，培育最适合企业发展的厂商关系。

2. 渠道冗长造成管理难度加大

应该缩短货物到达消费者的时间，减少环节，降低产品的损耗，厂家有效掌握终端市场供求关系，减少企业利润被分流的可能性。在这方面海尔的海外营销渠道可供借鉴：海尔直接利用国外经销商现有的销售和服务网络，缩短了渠道链条，减少了渠道环节，极大地降低了渠道建设成本。现在海尔在几十个国家建立了庞大的经销网络，拥有近万个营销点，海尔的各种产品可以随时在任何国家畅通地流动。

3. 渠道覆盖面过广

厂家必须有足够的资源和能力去关注每个区域的运作，尽量提高渠道管理水平，积极应对竞争对手对薄弱环节的重点进攻。

▍营销案例▍

海尔与经销商、代理商合作的方式主要有店中店和专卖店，这是海尔营销渠道中颇具特色的两种形式。海尔将国内城市按规模分为五个等级，即一级是省会城市，二级是一般城市，三级是县级市及地区，四级和五级是乡镇和农村。在一、二级市场上以店中店、海尔产品专柜为主，原则上不设专卖店；在三级市场和部分二级市场建立专卖店；四、五级网络是二、三级销售渠道的延伸，主要面对农村市场。同时，海尔鼓励各个零售商主动开拓网点。

187

4. 企业对中间商的选择缺乏标准

在选择中间商的时候，不能过分强调经销商的实力，而忽视了很多容易发生的问题，比如实力强的经销商同时也会经营竞争品牌，并以此作为讨价还价的筹码；实力强的经销商不会花很大精力去销售一个小品牌；厂家可能会失去对产品销售的控制权等。厂商关系应该与企业发展战略匹配，不同的厂家应该对应不同的经销商。对于知名度不高、实力不强的公司，应该在市场开拓初期进行经销商选择和培育，既建立利益关联，又有情感关联和文化认同；对于拥有知名品牌的大企业，有一整套帮助经销商提高实力的做法，使经销商可以在市场竞争中脱颖而出，产生忠诚感。另外，其产品经营的低风险性以及较高的利润，都促使二者形成合作伙伴关系。总之，选择渠道成员应该有一定的标准，如经营规模、管理水平、经营理念、对新生事物的接受程度、合作精神、对顾客的服务水平、其下游客户的数量以及发展潜力等。

5. 企业不能很好地掌控并管理终端

有些企业自己经营了一部分终端市场，抢了二级批发商和经销商的生意，使其销量减少，逐渐对本企业的产品失去经营信心，同时他们会加大对竞争品的经销量，造成传统渠道堵塞。如果市场操作不当，整个渠道会因为动力不足而瘫痪。在"渠道为王"的今天，企业越来越感受到渠道里的压力，如何利用渠道里的资源优势，如何管理经销商，就成了决胜终端的"尚方宝剑"了。

6. 忽略渠道的后续管理

很多企业误认为渠道建成后可以一劳永逸，不注意与渠道成员的感情沟通与交流，从而出现了很多问题。就整体情况而言，影响渠道发展的因素众多，如产品、竞争结构、行业发展、经销商能力、消费者行为等，渠道建成后，仍要根据市场的发展状况不断加以调整，否则就会出现大问题。

7. 盲目自建网络

一些中小企业不顾实际情况自建销售网络，但是由于专业化程度不高，致使渠道效率低下，给企业造成了很大的经济损失。厂家自建渠道必须具备一定的条件：高度的品牌号召力、影响力和相当的企业实力；稳定的消费群体、市场销量和企业利润；企业经过了相当的前期市场积累，已经具备了相对成熟的管理模式等。自建渠道的关键是要讲究规模经济，必须达到一定的规模，厂家才能实现整个配送和营运的成本最低化。

8. 新产品上市的渠道选择混乱

任何一个新产品的成功上市，都必须最大限度地发挥渠道的力量，特别是与经销商的紧密合作。选择的经销商应该与厂家有相同的经营目标和营销理念、有较强的配送能力、良好的信誉、较强的服务意识和终端管理能力，在同一个经营类别的经销商要经销独家品牌、有较强的资金实力及固定的分销网络等。

任务总结

（1）营销渠道是产品由生产者向最终消费者或用户流动所经过的途径或环节。营销渠道由众多承担营销功能的中介机构所组成。由于这些营销中介机构的存在，缓和了产需之间在时间、地点、商品数量和种类方面的矛盾，也使得市场上总体交易的次数减少，交易费用降低并且大大提高了产品流通的速度和效率。

（2）企业在构建营销渠道时，必须确定是选择长渠道、宽渠道还是联合渠道。通过这些策略，企业可以搭建出自己所需的营销渠道的框架。

（3）影响渠道结构的基本因素：市场因素、产品因素、公司因素、中间商因素、环境因素和行为因素。

（4）营销渠道管理是管理活动在营销渠道领域中的体现，同一般管理最大的区别在管理对象的不同，营销渠道管理是以营销渠道为对象的管理活动。由于渠道涉及组织间活动和关系，因此营销渠道管理更为复杂，有着与一般管理活动不同的特点。渠道管理的过程可以分为以下几个主要步骤。

① 渠道的调查与分析。

② 渠道目标的确定。

③ 渠道策略的确定。

④ 渠道策略的实施。

⑤ 渠道的控制。

⑥ 渠道效率的评估。

⑦ 渠道的调整或重建。

其中，前三步主要对应于渠道的设计职能，渠道策略的实施主要对应于渠道组织和激励职能，后三步则主要对应于渠道的控制职能。

思考与讨论

（1）渠道营销有什么作用？

（2）试述渠道营销的结构与类型。列举你所你熟悉的企业或行业的营销渠道结构。

（3）影响营销渠道构建的因素有哪些？

（4）渠道管理的具体内容有哪些？从影响渠道管理设计的因素看，如何为产品选择合适的销售渠道？

案例分析

太阳能热水器行业营销渠道建设

在现代营销模式中，渠道是商品流通最为关键的环节，经过渠道经销商对产品进行增值，诸如技术支持、售后服务、物流配送等工作，产品通过渠道以一个真正意义的商品服务于社会。通过商品流通，经销商获得了应有的价值回报，同时将市场变化多端的状况及时反馈到企业，有利于企业进行准确分析、判断，快速调整市场战术，将更有竞争力、更符合市场需求的产品和服务交予经销商去操作，经销商手中便有了更有利的武器去抵御风险和竞争，赢得更大的市场份额和更高的经济利益。作为整个商品流通链中的渠道建设和维护，已经是和厂家在产品研发和技术服务方面同等重要的日常工作。

作为一个纯粹靠销售来启动市场的制造产业，太阳能热水器对渠道的依赖性就显得更为明显了。从太阳能产品本身的特点来看，由于产品属于半成品，即产品生产出来后，更大的一部分工作是体现在安装与售后服务上。另外，太阳能热水器还有体积庞大不易放置，需配备较大的仓储等特点，因此在选择销售渠道及销售网点的布局上就有了很多的限制。

1. 产业规模决定企业细化营销渠道建设

全球范围内对能源和环境问题的担忧和重视以及我国制造业的特殊地位，为中国太阳能热水器进入国际市场提供了良好的契机。近年来出口量猛增，年增长幅度在50%以上。《可再生能源中长期规划》中也明确指出，太阳能利用将作为主要的可再生能源加以推广，到2010年太阳能热水器保有量必须达到1.5亿平方米，2020年保有量必须达到3亿平方米。由此，我们可以预测5～10年内我国太阳能热水器的产业规模将达到每年800亿元左右，并且随着社会经济的发展和应用领域的拓展，太阳能热水器行业将进入更大的发展空间。

太阳能热水器如此大的产业发展潜力，使得太阳能热水器行业近年来在产品、技术、装备、研发、标准、认证、品牌、政策等方面取得了长足的发展和进步，产业体系日趋完善，产业发展思路更为清晰。但是太阳能热水器行业在产品营销渠道模式和建设方面却还是迷惘的，所以，我们有必要对行业渠道方面的问题进行研究和分析，以便更好地促进太阳能热水器行业持续稳健地发展。

2. 太阳能行业多种销售渠道并存

目前，太阳能热水器在国内的销售渠道主要有厂家直销、经销商代理、进驻建材商场和家电卖场、建筑工程、电子商务等。上述渠道模式在帮助太阳能热水器企业实现销售目标的同时，也为太阳能热水器行业的迅猛发展做出了巨大贡献。

其一，厂家直销式。在这种模式的推行中，一般有个前提，那就是销售区域在厂家周边地区。厂家直接走终端渠道，面对最终客户，基本上不设立经销商。这种模式的优点就是可以省去经销商这一中间环节，降低流通成本，从而在售价上可以取得一定的优势。

其二，总代理、经销商的方式。这主要是企业开拓外地市场所采取的销售方式，也是目前行业里最主要的销售模式。在这种模式中，总代理通常集中进货以降低成本，然后再批发给当地的销售商，赚取中间的批零差价。

其三，建材市场与家电商场超市。这种模式最大的优点是受众面比较广，对品牌的展示及形象的提升有很大的帮助。

其四，太阳能热水工程是一个不容忽视的销售渠道。它的客户群主要是宾馆、食堂、学校、医院等公共场所。其特点是出货量相对较大，利润率较高。从品牌的选择来看，由于使用量大，一般要求产品质量以及售后服务要过得硬，因此在行业性售后服务缺失的现实情况下，一般在工程渠道中，客户会选择中高档品牌及机型。随着房地产市场以及一些公众设施的普及推广，工程市场将是一个非常看好的渠道。

随着产业的逐渐规模化以及市场培育的逐渐成熟，一些新的模式也逐渐被一些厂商尝试，如电子商务等。

3. 行业渠道建设障碍众多

首先，经销商代理的销售渠道运行效率不高，且由于人为原因容易脱节。代理商和经销商在销售厂家产品的过程中往往缺乏系统的经营管理理念，再加上他们片面追求短期利润，这就导致厂家的销售渠道效率不高，厂家也难以控制或者规范代理商，存在一定的管理风险。另外，一部分带有强烈投机意识的经销商进入渠道以后，在利润降低时往往会选择退出市场，这就导致厂家的营销渠道出现断裂现象。对于经销商来说，"积极建立渠道，消极维护渠道"的厂家屡见不鲜。很多经销商在打款、提货、建店后由于得不到生产厂家的后续支持，再加上促销方法和终端规划不甚合理，产品在渠道中被积压的现象屡屡发生，从而使销售渠道受阻。

其次，建材商场和家电卖场并非太阳能产品销售的热土。由于体积庞大，无论太阳能热水器被放在哪个角落，都会让人产生不伦不类的感觉。在很多人看来，它既不属于建筑材料，也不完全属于厨卫产品。而对于众多建材商场来说，卖太阳能热水器不如卖地板、瓷砖等产品更容易、更省心。同样，很多专业的家电卖场都没有出售太阳能热水器产品。这一方面由于太阳能热水器产品的体积过大，会占据商场更多的空间，给商场管理和经营增加负担；另一方面是因为数目不菲的进场费使太阳能热水器企业望而却步；此外，电热水器、燃气热水器等替代性产品同台竞争的压力以及消费者的购买习惯也影响了太阳能热水器在大型专业家电卖场的进入和销售。

对于当前业界普遍看好的太阳能热水器与建筑一体化的营销模式，由于受到城建规划和行业壁垒等因素的影响，这种模式在操作中也存在着很大的难度。同时这个渠道面临的最大问题是竞标和售后服务的问题，这需要企业在产品质量以及品牌宣传方面下足工夫。

因此，太阳能热水器的渠道模式应该是以企业具有自主、自控能力的自建渠道模式为主，这里所谓的"自建"是指太阳能企业对渠道具有完全的掌控力而不是全资去建渠道。这是一种和区域代理制相结合的渠道建设，由生产企业和代理商（渠道商）共同出资，分步完成、完善渠道建设。当然这其中包含了相应的激励措施和约束机制，以保证企业渠道商能始终共进退，并保证渠道的排他性（对竞争对手）、专业性（对其他产品）、唯一性（区域代理商）。

4. 自建渠道模式促进太阳能行业健康发展

从目前太阳能热水器行业国内的销售渠道来看，真正产生销售及效益的主要还是代理商的专卖店、零售店和太阳能工程，而商场销售和建材市场搭售，盈利能力很有限，这一现实情况足以说明太阳能热水器销售渠道体系自建、自控已初见成效。但目前这种自建渠道建设体系的掌控力、营销能力、规模、规范程度、机制科学性等还远远不能适应太阳能热水器行业蓬勃发展的趋势，有待于企业和渠道商进一步建设和完善。

随着行业的高速发展、高速整合，我们完全有能力将自建渠道事业进行到底。良好的行业发展前景将吸引众多的人才，尤其是营销精英聚集到太阳能行业中来，未来的太阳能热水器行业将诞生一批数十亿甚至上百亿销售额的企业，创出一批具有影响力的知名品牌。这些都将为我们进一步做好渠道建设提供必要物质保障和人才支撑。那么我们的自建渠道模式就成功了，同时厂、商、用户三者共赢。特别值得注意的是，在自建渠道模式建设和完善的过程中，行业中某些企业无法抵御诱惑或迫于竞争压力而背弃行业销售模式，转投其他渠道销售，其行为无异于饮鸩止渴，最后只会丧失主动权，被他人渔翁得利，于人于己于行业有百害而无一利。

5. 太阳能行业销售渠道要走国际化之路

随着太阳能热水器行业的不断发展和成熟，产能将越来越大，竞争将会越来越激烈，再加上世界经济一体化的潮流，我国的太阳能热水器行业走国际化之路是必然选择。有专家表示，在太阳能热水器渠道国际化进程中应该着重考虑和研究以下几个方向：第一是如何有计划地释放产能，以免过早地遭遇反倾销问题。第二是如何与国外竞争者合作，以保证利润并规避贸易风险和壁垒。第三是如何重视技术创新和知识产权保护从而掌握主动权。第四是如何打造中国的国际知名太阳能热水器品牌，从而在国际销售渠道中拥有充分的话语权。

太阳能行业是一个潜力巨大、发展迅猛的朝阳产业。太阳能热水器的销售渠道模式应该是以企业具有较强自主掌控能力的自建渠道体系模式为主，其他形式的渠道为辅。太阳能热水器企业要把国际化之路走好，使行业有更大的持续发展。全行业应形成共识，共同努力，把营销渠道建设做好，行业就能充分掌握自己的命运，也将得到稳定的发展，中国太阳能销售模式必将成为营销界一道独特的靓丽风景线。

案例思考：

（1）影响太阳能行业营销渠道构建的因素有哪些？面临的问题又是什么？应如何解决？

（2）太阳能行业营销渠道管理中存在什么问题？解决的办法是什么？

实训项目 营销渠道构建与管理

【训练目标】

掌握影响分销渠道因素的分析方法、分销渠道的选择模式及管理方法。

【内容与要求】

对校园超市的小创意（如小植物盆景）进行品牌命名策划，并制定营销渠道构建方案。

【组织与实施评价】

（1）以项目团队为学习小组，选出项目负责人。

（2）建立沟通协调机制，团队成员共同参与协作完成任务。

（3）各项目团队讨论营销渠道模式的构建与管理并撰写报告。

（4）评价与总结：各项目团队提交实训报告，并根据报告进行评估。

任务二 企业营销渠道的策划

【任务引入】

陈刚团队经过一段时间的学习和探索，掌握了企业营销渠道构建的基本原理和方法，对拥有自主品牌的小商品营销渠道的构建与管理也形成了初步的想法，但在具体操作时却无从下手。要设计并实施合适的营销渠道，陈刚团队应该怎么做呢？

任务1：根据陈刚团队的需要掌握企业营销渠道策划的理念与方法；

任务2：根据陈刚团队的需要掌握运用现代营销渠道策略进行具体的营销渠道策划的技能。

【任务分析】

对企业的营销管理者来讲，企业营销渠道策划极为重要，它是提高企业营销市场占有率的重要途径。通过营销渠道策划，企业可以以更为恰当的方式去选择、拓展、管理销售渠道，解决渠道冲突，从而创造出更高的销售业绩，扩大市场占有率。

知识链接

一、营销渠道设计策划的程序

企业在进行渠道设计时必须明确渠道是企业的战略性要素，同时渠道对企业的成功与否具有全局性和长远性的影响。企业营销渠道设计包括确认渠道目标、明确渠道任务、制定可行的渠道结构、评估影响渠道结构的因素和选择渠道结构五个步骤，如图8-4所示。

1. 确认渠道目标

在制定渠道目标时必须遵循以下原则。

（1）畅通高效原则。

（2）稳定性原则。

（3）发挥优势原则：渠道建设必须有利于企业利用竞争优势。

（4）协调平衡原则：渠道建设必须考虑其他渠道成员的利益。

此外，确定渠道目标时，要注意目标的一致性。

2．明确渠道任务

明确渠道任务时必须对渠道环境、渠道需求、渠道供给和渠道竞争进行分析。

（1）渠道环境分析：人口环境、经济环境、社会文化环境、政治与法律环境（通过政策和法规影响渠道）、技术环境（促进渠道基础设施改善，经营销售方式，物流系统，新的渠道模式）的分析。

（2）渠道需求、供给和竞争分析。

3．制定可行的渠道结构

在确定渠道目标及任务之后，需要制定可行的渠道结构方案，并且对影响渠道结构的相关因素进行评价，最后根据评价结果选出最优的渠道结构。制定可行的渠道结构需要对如下 3 个关键变量进行决策。

（1）渠道的长度——中间商的层数。

（2）渠道的宽度——同级中间商的数量。

（3）渠道中中间商的类型——不同的商业形态。

4．评估影响渠道结构的因素

评价渠道结构有两个重要的问题：评价标准，评价因素。

5．选择渠道结构

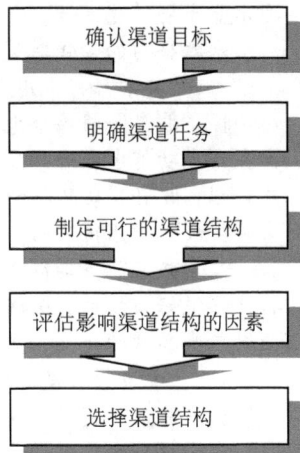

图 8-4　企业营销渠道设计流程

案例链接

分析当前净水器企业面临的问题：

一、净水器经销层次多，交易成本高，效率低，渠道推广不足。

1．面对当前的净水器行业形势问题做出推断，由于当前的净水器市场刚刚萌芽，市场的空间广阔，所以蛋糕越大，越有人想一起来瓜分，导致市面上净水器产品繁多，目前净水器市场混乱不堪。

2．当前净水器企业面临着分销渠道层次太多，导致交易成本大大提高的问题。而且为了拓展市场，经销商通常以传统模式经营——价格战。这种做法就像一家人在起内讧一样，到头来"鹬蚌相争，渔翁得利"。这样相争到头来只会让自己两头不讨好，钱也赚不到，也白费力气。

3．为什么会产生以上的现象呢？当前的净水器企业一味地追求低成本，忽视了净水产品的质量和品牌效应。办事效率低，市场的渠道推广不足，产品只靠店面销售，因而很难维持下去。

二、净水器企业当前的营销手段落后，对自身渠道的控制力弱，战略缺乏理性。

净水器企业对自身机制的管理问题存在着一定偏差。首先我们要认识到代理商是消费者采购净水器的代理人，然后才是净水器厂家的销售代理人。我们知道一个企业要做的不单单是生产，而且还要考虑销售。这一点是关键，很多企业就是因为做不到多方面的兼顾，导致现在市场的混乱，竞争压力越来越大，也就让企业面临着生存的问题。

三、净水器企业的资金链在营销渠道中脱节甚至中断的可能性高。

虽说这是一个新生行业，但是绝大部分企业仍然采用传统的营销模式进行经营，而传统的生意最难摆脱的就是资金链的持续问题，很有可能导致企业资金周转不灵，让企业很难做到持续发展。

因此，根据以上现象，永源公司制定出一套行之有效的办法，就是树立井泉净水器的品牌形象，严格把好井泉净水器的质量关。对于井泉净水器市场的渠道进行严格管理，维护好净水器市场的稳定性。

永源公司的营销对策：

一、"井泉"将采用扁平化的营销渠道策略。

1. "井泉"将结合电子商务的应用。目前正处于21世纪，网络技术正迅猛发展，电子商务信息功能也在逐步完善。我们应当利用好现有的网络资源，结合永源公司对经销商的推广计划，做好井泉品牌的宣传与推广，一步步树立起永源公司的井泉品牌形象，让广大消费者买得放心，用得安心。

2. "井泉"将实行"逆向渠道"策略，重视终端经营。针对目前市场的情况，永源公司将严格把好市场关，保证市场的稳定性。这样既保证了永源经销商的利润空间，也有利于企业对自身品牌的树立，更能稳定消费者的心理。

二、"井泉"将发挥传统渠道的优势，再造供应链。

1. "井泉"将做好对永源公司经销商的选择。

要发挥传统渠道的稳定优势，最重要的就是经销商的选择。永源公司要树立井泉品牌形象就必须选择具有一定的经济实力和良好的商业信誉并具备一定的终端推广能力和市场操作经验的经销商。

2. "井泉"将经常推行支持和鼓励政策。

永源公司对各地区经销商要采取合理的监督措施，对好的"井泉"经销商要进行适当的鼓励，例如：站在"井泉"经销商的角度考虑"井泉"经销商的难处，适当地给予各种奖励、合作广告支持或者是根据当地的水质对产品做出适当的调整等，让"井泉"经销商与永源公司能长久地保持合作关系。而对于破坏市场的"井泉"经销商则应当取消其区域代理资格。如此一来便能创造出一种双赢的局面。

"井泉"公司本着"以品质为生命，以服务为根本"的宗旨服务人民，不断满足消费者的需求，并不断地努力，为国内外客户提供更优质的井泉净水器产品和更完善的售后服务，力争在消费者心目中打造一个属于消费者的井泉品牌，在永源公司与经销商之间打造一个诚信、互助、互利的营销大团队。"用芯净化，用心经营"将是永源公司面对大家的承诺。永源与您相约，一起打造高品质的用水生活！

资料来源：http://sony7451.blog.163.com/blog/static/1272230582009848465 6375/?fromdm&fromSearch&isFromSearchEngine=yes

二、分析消费者需要

离开产品谈渠道是毫无意义的。企业渠道设计的第一步便是分析企业产品的最终用户需求，即企业的产品到底是卖给哪些人的，这些人在什么情况下使用。消费者需要分析包括五方面内容。

1. 人口环境

人口环境包括人口的数量与密度、人口的结构（年龄、性别、家庭、社会）和人口的流动性。

2. 经济环境

（1）经济发展水平：一般经济越发达，渠道层次越多，专业店、超市、百货店、农村店越多；批发融资功能越低，批发毛利越大；小商店比例越小，平均规模越大；流动商贩和集市越不重要，零售商毛利越大。

（2）购买力：收入水平；支出模式与消费结构；储蓄与信贷对购买力的影响，从而影响渠道结构。

3. 社会文化环境

（1）教育状况：受教育程度的高低，影响到消费者对商品功能、款式、包装和服务要求的差异性。通常文化教育水平高的消费者对接触购买产品的渠道有一定的要求。因此企业在进行渠道设计时要考虑到消费者所受教育程度的高低，采取不同的策略。

（2）价值观念：价值观念是指人们对社会生活中各种事物的态度和看法。不同文化背景下，人们的价值观念往往有着很大的差异，消费者对购买产品的渠道乃至促销方式都有不同的意见和态度。企业营销必须根据消费者不同的价值观念设计产品分销渠道，提供相应服务。受传统与现代价值观念的影响，消费者需求不同，获取产品的渠道也不相同。

> **案例链接**
>
> 在现今的互联网时代，购买家具家居产品的渠道不局限于大卖场、市场、专卖店，还有很多看不见的渠道，如媒体是一个渠道，设计师算一个渠道，协会本身也是一个渠道。有很多各种各样的渠道是互联网时代的特点。某传统家具品牌在做互联网方面的尝试和创新时，意识到要占领一个新的渠道，首先要看消费者需求。不管是"80后"还是"90后"的消费者在购买家具家居产品时都有安全感的需要，他们一定会去现场体验产品。线上可能会变成销售以前的一个了解的要素，真正去购买还是在线下完成，或者通过现场体验产品后，在线上完成最终的订购，甚至个性化的设计订购。为此，该传统家具家居品牌站在消费者的需求角度来拓展渠道，不但保有传统的线下渠道，还创新开设线上渠道。

（3）消费习俗：指人们在长期经济与社会活动中所形成的一种消费方式与习惯。不同的消费习俗，具有不同的商品要求。研究消费习俗，不但有利于组织好消费用品的生产与销售，而且有利于正确、主动地引导健康的消费。企业通过了解目标市场消费者的禁忌、习惯、避讳等，进而根据消费者的消费习俗设计渠道。

4. 生活方式

生活方式是指不同的个人、群体或全体社会成员在一定的社会条件制约和价值观念指导下所形成的满足自身生活需要的全部活动形式与行为特征的体系。消费者的生活方式不同，购物习惯也会受到影响，获得产品的渠道也会随之有所差异。例如，以前电影上映，想要尝鲜的消费者得在电影上映期间到电影院去看，或者过一段时间买 VCD/DVD 看，或者等半年甚至一年后在电视上的电影频道看。而随着时代的发展，网络传媒技术的进步，电影市场上有一种新的营销渠道，即"院线、网络同步发行"。消费者不但能够到电影院看新上映的电影，还可以在家里、办公室的电脑上同期观看电影，这能在很大程度上满足消费者的观影需求。

> **案例链接**
>
> 随着科技的不断进步，人们的生活方式发生了相应的改变。在产品同质化的今天，橱柜产品的质量和价格将不再是消费需求的首选。当橱柜企业暂时无法在产品上实现突破时，要打开市场就只能依靠营销手段的创新。现在的消费渠道在不断转变。按照传统的消费渠道，从有了意向到购买产品是需要一个过程的。但是互联网出现后，消费者在了解到企业的广告宣传之后，就能够直接在网上下单买东西，省去了逛街花费的时间和精力，加快了消费的速度。而现在的移动互联网的出现，更是一次对营销的大挑战。消费者在看到广告宣传之后，直接可以通过 APP 或者扫扫二维码就能够完成购物。这也就说明橱柜营销的开展必须紧跟消费者的消费渠道的变化。
>
> 资料整理来源：http://home.163.com/14/0108/10/9I2E6RND001048P8.html

5. 消费群体与消费行为

消费群体，指有消费行为且具有一种或多种相同的特性或关系的集体（统称消费群体）。通过对不同消费群体的划分，可以准确地细分市场，从而减少经营的盲目性并降低经营风险。明确了为其服务的消费群体，就可以根据其消费心理，制定出正确的营销策略，提高企业的经济效益。发现不同消费群体的消费需要，有利于制定相应的营销渠道，通过更便利的渠道把产品推广给消费者。

案例链接

食品、日用品、医疗是老年消费群体的三大主要消费需求。与此同时，服装、餐饮、旅游、营养保健、娱乐健身正成为老年消费群体的新增需求点。旅游消费具有较大的市场潜力，一方面可借助老年消费者自主消费意愿的提升；另一方面可借助子女主动购买赠送来拓展需求；此外，与朋友、家人自助旅游和参团旅游作为老年消费者的首选旅游方式有待更多市场挖掘。目前老年人养老形式仍较为传统，基本上是居家养老（包括独居和与子女一起生活），但也有接受新观念（专业养老机构）的意愿。老年人购药需求较高，购买药品时倾向于选择药店和看病所在的医院；保健品消费自主意识增强，传统实体售卖渠道更易受老年消费者青睐。老年人娱乐健身目前消费支出比例不高，但已有较大提升；文艺休闲类是老年人偏爱的活动方式，活动场所仍集中在开放性的公共场所。调查结果显示，我国老年消费市场潜力巨大，老年消费需求向高层次、高质量、个性化、多元化的方向发展。网络对老年消费者的消费观念和行为已经产生了深远的影响：互联网跻身为老年消费者获取消费信息的第三大渠道，影响着老年消费者的消费观念；通过网络订购旅游产品、购买保健品也在老年消费者中悄然流行。随着老年人对互联网需求和使用程度的不断加深，这一影响将进一步加强。而各大行业企业也着手拓展新渠道，来满足老年消费群体的新需求。

资料整理来源：http://www.chinairn.com/print/3173466.html

三、制定营销渠道目标

营销渠道的目标必须和组织的目标以及市场目标保持一致，这是毋庸置疑的。营销渠道的目标一般有以下几项。

1. 提高渗透率

如企业将现有的经销商自 50 家扩充为 100 家。市场精耕要求企业必须依靠经销商。经销商在特定的区域市场有广泛的销售网络，网络中含有一定数量的二级分销商和零售商，同时经销商对这些下游网络成员很熟悉，并且要求经销商有仓储和配送能力，经销商可以达到网络覆盖的范围。企业必须依靠这些网络资源，进行密集性分销，让产品到达尽可能多的终端，通过具有高覆盖率和多种渠道并存的分销网络来接近消费者。

在提高网点渗透率时，企业应注意以下 3 个问题。

第一，确保网点布局合理。不能盲目追求覆盖广度，在占领市场空白点的同时，应该控制网点的数量，确保单个网点的质量。同时要对网点进行动态管理，淘汰无效网点，提升有效网点，强化形象网点，巩固战略网点，打击竞争网点，建立起合理的网络布局。

第二，网点的各种业态应均衡。由于各种消费群体具有不同的消费习惯，同时各个零售业态也是针对不同的目标消费群体而设立的，因此应兼顾各种网点业态，让各种类型的消费者能够便利地接触到产品。

第三，主流渠道和主推网点并重。在渠道建设过程中，主流渠道应优先考虑作为主推场所。如果不能主推，则利用主推网点来补充配合。

案例链接

小米手机超高的性价比使其每款产品成为当年最值得期待的智能手机。小米手机采用线上销售模式为主。据小米官方公布的数字显示，2013 年 10 月 15 日，10 万台"小米手机 3"在 1 分 26 秒（86 秒）内售罄。尽管小米的销售情况一片大好，但其销售模式也备受争议。小米手机主要采取提前一周在网上进行预约，然后在下一个周二中午 12 点进行集中抢购的销售方式。不管抢购活动进行得如何激烈，在淘宝等网站上总有大量商家高价出手小米产品和直接购买所需的 F 码。

线上销售：小米网、天猫的小米官方旗舰店为小米手机官方购买渠道；凡客为小米手机官方唯一授权线上渠道。除此之外，小米网上也可选购相应营业厅合约套餐计划，费用与营业厅办理相同。

运营商：仅电信、联通营业厅是小米手机授权的线下销售渠道。

资料整理来源：http://baike.baidu.com/view/5989132.htm

2. 开辟新的营销渠道

企业开发出新的产品，需要通过新的营销渠道，如药用的香皂或牙膏通过药店销售是一种新营销渠道的选择。美国的 DO-It-Yourself 的工具市场迅速成长时，一些原本以专业技工为客户对象的工具厂商，不得不另辟营销渠道，以广大最终消费者为客户。

案例链接

每个产品都需要对其销售渠道进行分析、策划，而销售渠道可以打破传统。只要可以把产品让消费者接受并购买，在什么地方卖有什么关系呢？电子产品难道就一定要到商场、超市里去卖吗？音响制品也不一定就需要到书店卖。

泡腾钙片是现在大家都非常熟悉的产品，早在 2005 年进入市场时就是采用另类的销售渠道。如果进入广州十几个连锁药店，进场费就是一笔不小的费用。于是商家根据产品的消费人群、消费理念、独特功效，最终选择在咖啡厅卖泡腾钙片。

泡腾钙片的另类渠道推广策略给我们的启发是：产品不要局限在一个地方销售，在药店不能占一席之地，但在别的渠道你可能就是老大。只要有合适的、好的场地，就可以创新渠道通路，通过挖掘产品潜在的卖点和优势，给产品一个更大的生存空间。

很多成功的案例就是在另类的销售渠道中取得成功的。例如，电子烟在电视上卖；聚成培训用电话卖课程；征途在包装网吧卖游戏卡；御米油（罂粟籽油）通过杂志、报纸团购卖产品。下述有 3 个具体的成功案例。

- 好记星启动的时期在报纸上、书店里卖。为什么这样搭配卖？报纸直接卖产品，只要报纸广告策划得好，当天可以把报纸的广告费和产品的成本赚回来。与此同时，书店又是一个没有任何竞争的渠道。只要去书店找好记星的客户，他们都是想买的。书店卖的产品是纯利润了。

- 乐无烟锅远离商超到电视上卖。由于无烟锅最大的神奇之处就是"无油烟"，通过电视购物的方式把炒菜无油烟的过程展示给客户看，使得客户看了就心动，心动就订购。

- 威猫电子驱鼠器远离商超到药店卖。威猫的策划手法采用的是医药保健品方式。在启动的时期正好是禽流感高发期，于是企业对老鼠带来的危害进行恐吓，用报纸整版进行宣传，并且把销售的渠道定在药店，在报纸广告的下面把销售药店的店名和地址打上。客户可以电话直接订购，也可以到指定的药店直接购买。而且药店没有电子产品，威猫没有直接的竞争对手。

资料来源：http://manager.china-ef.com/article/2013-07-25/196161.shtml

3. 设定各种营销渠道的销货比率组合

企业可依据各种营销渠道的获得状况、政策的需要、竞争政策等，设定销货比率组合目标，如百货公司 25%、超级市场 40%、量贩店 15%、特殊营销渠道 20%。

4. 提高销售点的销售周转率

提高销售点的周转率是一项全面挑战性的工作，也是企业提高经营效率的重要目标。它通过提高商品情报回馈的速度及正确性，来及时配送客户所需要的商品，避免商品在配送过程中遭到损坏，并取得较有利的陈列位置。

5. 设定物流的成本及服务品质目标

财务人员往往强调降低物流的成本，但是一味地降低物流成本而忽视了客户的满足度，在市场营销上也不能接受的，因此设定物流的成本及服务品质目标也是营销渠道上的一项重要目标，例如配送的速度是市场成功的重要因素，为了要达到迅速配送的要求，运输费用的增加也是必要的。

6. 设定企业及经销商保有存货的目标

库存控制和促销方案控制。一个中间商一般经营很多品牌的产品，其把资金投入某制造商产品的水平，反映了其对该制造商的重视程度和积极性程度。而反映资金投入大小的一个重要指标就是库存的大小。增大其库存，就会促使其把更多的资源投入本制造商的产品，而这样做的结果一方面促使其扩大销售量，另一方面增大其退出该营销渠道或加入竞争厂商的营销渠道的壁垒。而库存的多少又与促销方案、销售季节、中间商的库存成本等因素有关。促销方案力度大、市场销售旺季、中间商的库存成本低都会促使其扩大库存，而其中促销方案力度的大小是主要的。促销方案力度大，中间商销售积极性高，就会使商品周转较快。在新的促销方案的作用下，又会使其增大库存，这样周而复始，就会使该中间商的库存越来越大。当然，如果处于市场淡季，应尽量减少中间商的库存，因为这时商品周转慢，库存成本很高，不利于发展制造商与中间商的关系。但是如果制造商为中间商较大的库存进行一定的补偿，这时增大其库存又是可行的。如雀巢制造商在入冬之前，就把大量的库存转向经销商，但是这个时候的进货价格特别低，另外还给予其他方面的优惠。总之，对库存的适当控制，也就在一定程度上控制了中间商，但是要以尽量不损害中间商利益为前提。

7. 设定不同营销渠道的投资报酬目标

营销渠道是一系列相互依赖的组织，它不只是一家企业在市场上做得最好——无论这个企业是制造商、批发商还是零售商。相反，营销渠道在典型情况下涉及许多实体，每一个渠道成员都依赖其他成员开展工作。因此，没有成员间的相互合作和贡献，也就不能为终端用户提供服务产出，绩效就根本不能实现。其次是渠道成员本身的绩效，即作为一个单独实体的组织绩效。除了对渠道的整体运作做出应有的贡献外，生存和发展也是各渠道成员的最终目的。为此，依据不同营销渠道设定不同的投资报酬目标，有利于渠道的整体运作，实现共同发展与盈利。

8. 设定流通情报化的目标

企业通过建立情报系统及情报力来把握市场和营销渠道。企业流通或销售体系中，最重要的内容是在流通中的情报体系，因此要在顾客层、商业圈、产业圈和营销队伍与推销员之间，建立情报网络，把情报收集、处理和传递，尽可能地置于"流通""交换"与"消费"现场。另外，情报收集、处理、储存和传递不但是企业高层管理者或情报专家的工作，亦是营销渠道参与者的一种"责任"。通过渠道成员本身工作产生情报，收集情报，处理情报，使用情报和传递情报，使渠道成员既是"情报员"又是"情报源""情报流"。情报力概念的真正价值就在于依靠组织起来的人，以及人的组织，驱使每个工作中的人，围绕着做好工作，去努力收集情报、运用情报。情报力可分为情报采集力、情报汇总力（校正、汇总、编辑）、情报供应力（情报的分析、判断、综合和解释），以及情报运用力。企业通过业务工作定期或不定期收集情报，并以报告的形式逐级上报，形成分散采集、集中使用情报的营销渠道，使市场信息及情报在渠道中流通。

四、确立可供选择的渠道方案

当企业确认需要做出营销渠道设计的决策时，渠道管理者可以建立全新渠道或改进现有渠道来努力创建渠道结果，以实现企业的营销渠道目标。一般来说，要设计一个有效的渠道系统，需要明确渠道目标与限制、确定各种渠道选择方案和对可能方案的评估选择等步骤。

1. 直接渠道与间接渠道的策略选择

直接渠道与间接渠道的选择，实际上就是决定是否采用中间商的决策。

直接渠道通常适用于大多数的生产资料产品；大型机械设备、专用工具；技术复杂、需要提供专门服务的产品；价格高的产品；用户对产品规格、配套、技术性能有严格要求的产品。

间接渠道通常适用于大多数的生活资料产品，如香烟、啤酒、饮料、儿童食品等；一部分应用面广、购买量小的生产资料；一些生产量大、销售面广、顾客分散的产品。

在消费品市场，直接渠道也有扩大的趋势，鲜活商品和部分手工制品、特制品，有着长期的直销习惯。随着计算机的普及和网络技术的发展，网上销售这种直销方式得到迅速发展。

> **案例链接**
>
> 螃蟹穿上"黄金甲"，卖蟹不走寻常路。一款大闸蟹自动售货机现身金陵——南京。通过它，市民可像平日买汽水一样买到鲜活的大闸蟹。南京市的地铁新街口站，有一台醒目的黄色自动售货机，顾客只要塞进纸币按好号码，从取货口出来的，就是选中的大闸蟹。
>
> 大闸蟹自动售货机的货仓里，整整齐齐摆放着上下五排螃蟹，底下一排是吃蟹少不了的蟹醋。螃蟹售价按规格大小分为10元、15元、25元和50元。自动售货机的温度保持在5～10摄氏度，适合螃蟹生存，能确保存活7～10天。吃蟹需姜醋，商家在售货机最下方的一栏放着一瓶瓶食醋，蟹醋每份卖5元。在自动售货机的一侧玻璃上，商家附文承诺："本售货机内皆为新鲜活蟹，如消费者购买到死蟹，请立即与工作人员联系，本公司将及时予以赔偿，死一赔三。"
>
> 大闸蟹自动售货机的创意，来自高淳县一家螃蟹销售商。他们出售的螃蟹都不用绳子捆绑，而是用名为"黄金甲"的塑料盒包装，买回家可直接蒸煮。
>
> 如此卖蟹新招让网友直呼"给力"，地铁乘客也争相尝鲜。现在一台自动售货机一天可卖掉近200只蟹，工作人员每天要补货两次。在这台神奇的自动售货机面前，其他各种自动售货机都相形见绌。
>
> 资料来源：《文汇报》，http://whb.news365.com.cn/jjgc/201011/t20101114_2878421.htm

2. 分销渠道的"长度"策略选择

分销渠道的长度表示中间环节的多少，对生产厂商而言，渠道环节越多，商品流通周期越长，控制就越困难，所以要尽量减少不必要的分销环节，选择短渠道为好；但是，渠道的选择不是绝对的，要视具体的情况来定。分销渠道的"长度"策略选择，必须系统地、综合地考虑多种因素，才能做出决断。

长渠道通常适用于生产与消费的时空距离较大的商品；消费者比较分散、生产和消费之间具有较强的季节性的商品；消费者每次购买数量不多、单价较低的商品；售中、售后服务技术要求不高的商品。

短渠道通常适用于生产者与消费者的距离很近的商品；消费者较多且集中或每次交易量较大的商品；生产者资金雄厚、产销量较大的商品；消费者购买数量少，但单价高的商品；鲜活易腐商品；标准化程度高的商品；商品品种变化快、需求变化大的商品。

3. 分销渠道的"宽度"策略选择

分销渠道的宽度，即市场覆盖面的大小。在分销渠道中，是以企业在分销同一层次上使用中间商的多少表示渠道的宽度。中间商的数目越多，渠道越宽，市场覆盖面越大；中间商的数目越少，渠道越窄，市场覆盖面越小。对渠道中间商数目的选择，根据产品、市场、中间商和企业的具体情况。通常有以下3种选择形式。

（1）密度分销，又称普遍性销售，即生产企业对经销商不加任何选择，经销网点越多越好，力求使产品能广泛地和消费者接触，方便消费者购买。这种策略适用于价格低廉、无差异性的日用消费品，或生产资料中的标准件小工具等。

这种策略除了具有与购买者见面广泛的优点外，还可以通过全国范围的广告，使选择中间商更为方便。但这种渠道策略的缺陷是：经销商数目众多，企业需花费较多精力来保持联系，且不易取得经销商的合作。同时，生产企业几乎负担全部广告宣传费用。

（2）选择性销售，即生产企业选择几家批发商或零售商销售特定的产品，如采取特约经销或代销的形式把经销关系固定下来。这种渠道策略大都适用于一些选择性较强的日用消费品、专用性较强的零配件以及技术服务要求较高的产品。企业选择这种策略可以获得经销商的合作，有利于提高经销商的经营积极性，也可以减少经销商之间的盲目竞争。

营销小知识

某品牌汽车DVD导航设备厂家考虑分销渠道，其选择方案有：

a. 与汽车厂家签订独家合同，为汽车厂家设计生产专属系列的该品牌汽车DVD导航设备产品；

b. 与全国各地的4S店合作销售该品牌的汽车DVD导航设备；

c. 在全国各地开设专卖店、形象店，专门销售其下品牌的汽车DVD导航设备产品；

d. 在各大电商网站上开设旗舰店，直接销售该品牌汽车DVD导航设备给消费者，并与一些皇冠级别的的车载设备网店卖家合作，让其推销该品牌的汽车DVD导航设备，并付给相应的佣金。

（3）独家销售，即生产企业在特定的市场区域内，仅选择一家批发商或代理商经销特定的产品。这种策略一般适用于新产品、名牌产品以及有某种特殊性能和用途的产品。

独家销售对生产者和经销者双方都有利弊。其优点是生产者易于控制市场的销售价格和数量，能够获得经销商的有效协作与支持，有利于带动其他新产品上市。同时，在一个较大市场中的独家经销商，还愿意花一定投资和精力来开拓市场。其缺点是生产者在某一地区过分依赖经销商，易受经销商的支配并承受较高的失败风险。

案例链接

立邦漆是世界著名的涂料制造商日本涂料公司的品牌。今天，立邦漆已经拥有一百多年的历史。自1881年成立至今，立邦机构已经有了迅速的发展，业务横跨11个国家和地区：新加坡、中国、中国香港地区、印度尼西亚、日本、韩国、马来西亚、菲律宾、中国台湾地区、泰国和越南。已拥有二十余家工厂和7 000多名职员。

近几年的全球涂料厂家排名统计显示，立邦漆产量及销售额在亚太地区始终稳居首位。除了对技术不断创新的强烈欲望，对产品质量的高标准严要求和对消费者的高度负责的全球统一的经营理念外，立邦集团独特的自治管理体系，更是保证立邦在东南亚迅猛发展的体系基石。立邦公司在中国营销渠道策略的三个阶段如下。

1. 市场进入阶段（终端铺货）：1992～1998年

1992年，立邦涂料（中国）有限公司、立邦涂料广东有限公司在华成功建立，这是立邦在中国大陆同时建立的两家独资企业，从此立邦将世界领先的涂料技术带到了中国，与中国共享立邦全球的经验和技术成果，也从此掀开了立邦在华业务辉煌的历史篇章。此后，立邦在全国先后建立了4家独资厂、4家合资厂、35家办事机构，几乎覆盖了中华大地的各个角落，足迹遍及大江南北。

在这个阶段，立邦采取的市场营销策略是在所有建材店进行密集铺货，把乳胶漆产品通过数以万计的终端建材店推向市场，让消费者从不知道乳胶漆为何物到装修时使用乳胶漆成为习惯。同时立邦通过各种媒体（主要是电视广告）的大量宣传，让立邦乳胶漆成为装修时乳胶漆的首选品牌。

2. 市场规模扩张阶段（专卖店特许经营）：1999～2005年

这时的立邦在品牌方面已经成熟，在销售终端的布点的第一阶段也已完成。如何巩固自己在零售终端的优势，进一步扩大市场占有率，成为立邦公司的新课题。

受跨国企业的特许经营在国内成功案例的启发，立邦公司决定在中国进行涂料专卖店的建设。通过专卖店计划，立邦收到了两大好处：一是对原有的代理商进行了筛选，把那些不适应公司发展要求的代理商扫地出门，优化了代理商的队伍，选择了忠于立邦品牌，能够和愿意与立邦长期合作下去的战略伙伴，从而为今后的销售工作能更好地开展打下了坚实的基础；二是在涂料市场的销售终端建立了一大批战斗力强、形象统一的立邦可控的专卖店，这是任何一个涂料品牌在国内都难以望其项背的。

3. 品牌提升阶段：2006 年～2010 年

2006 年～2010 年期间，当立邦在中国的涂料专卖店体系运作成功时，其他的国际和国内品牌也争相效仿立邦的做法，在全国各地开展自己品牌的专卖店建设工程。这就迫使领导国内涂料市场的立邦公司为了避免同质竞争，为了再次领先于对手，在 2005 年下半年提出了提升全国专卖店整体水平、建设新型零售网络专卖店的"531"计划，即从 2006 年到 2010 年这 5 年时间，在全国建立 3 000 家网管店，这些店每年零售额达 100 万元人民币。为了达到这个宏伟目标，立邦专门从各部门抽调精英组成零售网络管理部来负责这一项目的实施，并且在各地办事处和当地销售人员中抽调人员专门配合公司进行建店工作，以确保可以如期完成新型网管店的建设计划。

资料来源：http://www.cs360.cn/shichangyingxiao/yxqd/glal/2123911/.

五、对营销渠道进行评价

选择一个最佳营销渠道时，企业必须和既有的营销渠道以及竞争者目前使用的营销渠道做比较评价的工作，评价时最好能订出评价的目标，如营销渠道的营运成本、企业对营销渠道的控制力量的大小、能获得多少的竞争优势和现有营销渠道的整合程度等。一条成功的营销渠道绝不是短期间能建立的，企业必须不断地监控和调整，因为营销渠道存在着太多的不可控因素。可从以下几方面着手。

（一）找出目前营销渠道的问题

1. 掌握业界采用的一般营销渠道

掌握业界采用的营销渠道可从三个方面进行。

（1）营销渠道方式。业界是采用直营式营销，还是采用重点地区直营、其他地区经销、独家代理、选择性配销或经过特殊的营销渠道。

（2）评估地区的涵盖率。评估业界在各地区的涵盖率。

（3）评估各个营销渠道的实力，包括各个营销渠道点的营销人员的数量与素质、坐落的地点、是否专卖或并卖、营销渠道点的忠诚度等。

▎营销小知识▎

2010 年第一季度尚未过完，宗庆后就又一次玩起了娃哈哈渠道魔方。在娃哈哈的发展史上，每一次渠道变阵，它的生意都成倍甚至翻番增长。1991 年娃哈哈果奶一举成名，让娃哈哈跻身亿元俱乐部；之后全国划片，实行大区分片管理，1994 年时娃哈哈的销售额突破 7 亿元；为了让网点更密集，娃哈哈推行闻名一时的联销体，对空白市场进行深度分销，1995 年时销售额达到 8 亿元，而且通过其纯净水单品上升到 10 亿元，随后又借助非常可乐，加之县级渠道下沉，一路过关斩将，到 2003 年娃哈哈销售额突破 100 亿元。2004 年，由于销售低迷，宗庆后砍掉中间环节，将渠道资源向终端倾斜，使终端网点更密集，市场从县级下沉到乡镇级，仅仅用了 5 年时间，销售额就达到了 500 亿元。如今，在娃哈哈向千亿元销售额挺进时，宗庆后同样选择从渠道入手，对渠道再次进行分割。这一次，他要将渠道二批商环节砍掉，迫使渠道进一步下沉，使尚未覆盖的城郊及城乡结合地带的网络更为密集。渠道变革，宗庆后与他的销售管理团队早已驾轻就熟。留心娃哈哈的一举一动，可以发现，从去年甚至前年开始，娃哈哈就在为今天的渠道变革做准备；扩大产能，加大人员招聘和培训力度，升级内部信息管理系统，调整渠道层级的利润与价格体系，加快新产品研发与上市的速度。

2. 与竞争对手采用的营销渠道的差异比较

对于主要竞争厂商做出下列的差异分析，以了解本公司在业界中所处的地位。

3. 明确目前营销渠道的问题

营销渠道的形成是靠着长期且互利的关系建立起来的，对一些多重且数量甚多的经销商、区域代理店等中间产商，企业往往不易控制，导致彼此间的冲突与问题层出不穷。因此明确目前营销渠道的问题点是拟订营销渠道策略、实现营销渠道目标的一个前提条件。营销渠道上的问题点大致有以下几点。

（1）企业与经销商间的冲突。企业与经销商间的冲突，如制造商抱怨批发商销售太多的品牌，无法做好市场情报的回馈；而经销商则抱怨利润低、价格混乱和制造商直接开设零售店等。

（2）经销商与经销商间的冲突。经销商与经销商间的冲突，如经销商之间争夺客户、破坏价格和跨区销售等，都是经常发生的情况。例如，家电量贩店的低价销售使得传统家电经销商无法生存；商场对知名品牌商品的折价销售影响了专卖店的销量。

（3）要选择多少经销商。企业选择营销渠道的策略有四种，即密集配销、选择性配销、独家代理和多重营销渠道等，每种营销渠道都有它的特点，但也都可能产生问题，我们必须明确这些问题点。

案例链接

新近上市的海南伊人生物技术有限公司生产的"伊人净"在上海地区销售渠道结合各方面因素分析如下。

1. "伊人净"的产品特性

"伊人净"是泡沫型妇科护理产品，剂型新颖，使用方便，但与传统的洗液类护理产品不同，首次使用需要适当指导，因此以柜台销售为好；且产品诉求为解决女性妇科问题，渠道应尽量考虑其专业性，如药店和医院。

2. 上海地区健康相关产品的渠道分析

药品、食品、保健品和消毒制品统称为健康相关产品，目前主要的销售渠道为药店、商场、超市（含大卖场）和便利店。其中药店多为柜台销售且营业员有一定的医学知识，目前药店仍然是以国营体制为主，资信好，进入成本低，分布面广。商场、超市和大卖场近几年来蓬勃发展，在零售中处于主导地位，销量大，但进入成本高，结款困难且多为自选式销售，无法与消费者进行良好的沟通。便利店因营业面积小而以成熟产品为主。

3. 未来两年渠道变化趋势分析

目前各大上市公司和外资对中国医药零售业垂涎欲滴，医药零售企业也在不断地变革，加之医保改革使大量的药店成为医保药房，药店在健康相关产品的零售地位将会不断提高，其进入门槛也会越来越高，比起日渐成熟的超市大卖场而言发展潜力巨大。

4. 伊人公司的营销目标

随着上海经济的快速发展，收入的不断提高，人们的观念也在不断更新，对新产品更易于接受，伊人公司希望产品能够快速进入市场，成为女性日用生活的必需品，像感冒药一样随处可购买，从而改变中国女性传统的清水清洗和洗液清洗的习惯。最终，像卫生巾取代卫生纸一样成为女性妇科护理市场的主导产品。这个过程需要很大的广告投入进行引导和时间积累，而在公司成立初期大量的广告费和经营费意味着高度的风险。相关人员的口碑传播可能比较慢，但却是一种更安全和低投入的方式。努力使相关人员如营业员推荐和介绍本产品是优先考虑的方式。

5. "伊人净"上海地区的渠道结构及评价

根据以上分析，伊人公司在上海建立的渠道策略为：

分步完善渠道结构，优先发展传统国营医药渠道。在有限的广告中指定仅在药店销售，保证经销商的合理利润。在产品成熟后发展常规渠道。渠道结构如图8-5所示。

第一年度：

公司 ——→ 区级医药公司 ——→ 药店和医院 ┐ ——→ 消费者
　　　　　　　　　　　　　　　（连锁药店）┘

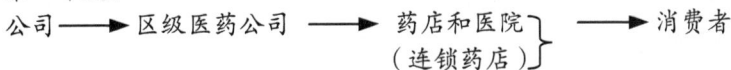

第二年度以后：

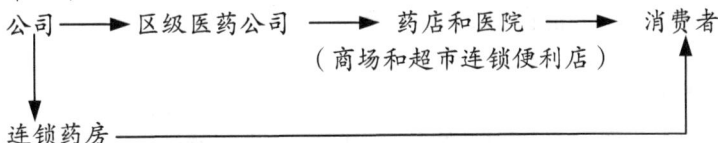

公司 ——→ 区级医药公司 ——→ 药店和医院 ——→ 消费者
　　　　　　　　　　　　　　（商场和超市连锁便利店）

连锁药房 ——————————————————↑

图 8-5　海南伊人生物技术有限分司的渠道结构

伊人公司的渠道结构体现了健康相关产品应有的专业特性，有效克服产品进入市场时在使用指导上的困难，同时又以较低的代价达到了广泛的铺货。因第一年度的渠道选择上的指定性（仅在药店销售），使得现有渠道对公司产品有良好的印象，从而有利于后继产品的快速上市。医药在价格上的稳定性，也使公司在产品价格上易于控制，保证其他区域的招商的顺利进行。

虽然起初的销量未能达到最大化，在零售终端的陈列上也不够活跃，但考虑公司的成本控制和长远发展，公司在成长性的渠道上的良好印象，本方案仍不失为成功的渠道策略。

资料来源：http://www.soidc.net/artic/1192846370427/20040915/1195739347035_1.html

（二）提出解决问题的对策

解决营销渠道问题的第一步，就如其他营销策略一样，我们仍然应该了解我们的客户（使用者及购买者）是谁，他们在哪里，他们会何时购买，为什么会购买。只有对我们的客户了解后，我们才能提出有效的策略，解决目前的问题和开创新的契机，以达成营销渠道的目标。现有的经销问题及其解决对策如下。

1. 经销商对企业产品销售不重视

（1）提供销售奖励办法。

（2）协助经销商进行促销活动。

（3）提供销售管理的专业知识如商品陈列、人员训练、店面管理、库存管理和订货系统等。

2. 解决营销渠道间的利益冲突

营销渠道间的利益冲突在所难免，企业不能视而不见，必须通过有效的管理与控制加以解决，如通过经销商协调会议以提供仲裁的营销渠道，通过营销渠道管理办法的修正与执行以解决营销渠道间的冲突。

3. 向前整合及向后整合策略

向前整合策略指制造商设立与本企业有关的据点，全权掌握下游的营销渠道，如山叶钢琴直营店、施乐文书处理直营店及各大汽车制造厂的直营店等。

向后整合策略指制造商或中间商设立自己的物流中心和配送中心，以提高整体的营运效率和竞争力。

4. 竞争多样化的应对策略

如果竞争者在营销渠道上采用了一些新的营销策略，建立了一些新的渠道，你就必须提出针对竞争者营销渠道多样化策略的应对方法。

5. 营销渠道情报化策略

营销渠道策略的有效执行要靠情报系统的配合，如日本的7-11便利店为了配合连锁店的迅速扩充而设立了一套"综合店铺情报系统"，成功赢取了营销渠道营运上的竞争主动，因此情报化是营销渠道策略上绝对不容忽视的课题。

6. 开创新的营销渠道

开创新的营销渠道也是企业的一种营销渠道策略，通过新营销渠道的开发，企业能更加接近特殊的细分市场客户，从而增加企业的市场占有率。

六、渠道创新策划

越来越多的事实表明，在品牌竞争的"红海"时代，产品的差异化不是来自质量，而是来自传播。过去谁的传播声音大，谁就有更大的差异化。如今，不仅仅要传播声音大，更要传播声音动听和目标精准。如果企业不想浪费传播费用，并且能够有效提高销售力，就一定要找到精准的目标传播渠道与销售渠道。目前，随着各行各业产业升级的不断加速，一些新兴渠道模式也纷纷涌现，如网络直销热，以及电视销售、邮购销售、品牌连锁直营店的兴起等，都以其特有优势迸发出强大活力。在市场经济日益发达、企业的市场营销环境不断变化和竞争日益激烈的今天，重视分销渠道管理与创新是企业成功的重要条件。根据麦肯锡咨询公司的分析，新兴的分析渠道往往会带来全新的顾客期望值，甚至可以节省10%～15%的成本，从而创造成本优势。因此企业需要不断地进行渠道创新以适应营销环境的变化。

▍案例链接 ▍

网络经济时代，渠道更是变幻莫测。从传统的销售通道到一个虚拟的网络平台更为渠道创新提供了广阔的空间。一个做得比较成功的案例，3G新传媒经营的"12580生活播报"是以手机为表现终端的电子杂志。无线信息产品的特性决定了销售渠道为电话和网络。由于12580生活播报产品比较繁杂，客户了解得不太清楚，或者是无形的产品使得客户觉得没有安全感。如何使得客户取消这样的疑虑，成为制约公司发展的一个瓶颈。3G新传媒结合以下特征，在销售渠道上灵活创新。在淘宝网上建立3G新传媒12580生活播报淘宝商城，在行业内开创了先例，也为3G新传媒赢得了广阔的市场。由此可见，渠道创新有以下特色：

（1）渠道创新开创了史无前例的销售通道。3G新传媒在淘宝上建立12580生活播报淘宝商城，只不过是将大家熟悉的淘宝引进作为销售渠道而已，但取得了意想不到的成绩。可见渠道创新在于将现有的渠道有机地融合。

（2）渠道创新是渠道的灵活应用。营销是没有定式的，渠道的选择更是灵活多变，只要是符合市场的发展需求就是好的营销渠道。

（3）渠道创新是为了更好地服务于客户。3G新传媒12580生活播报淘宝商城的成功模式在于有效地解决了客户地不信任和担心问题。因为信息的无形化，使得客户很难形象化地看到信息，所以制约营销的关键在于如何让消费者放心。淘宝的第三方支付正好弥补和解决了这个问题。

---

1. 渠道创新的发展趋势

市场环境的日新月异和市场的不断细化，使原有的渠道已不能适应市场的变化和厂家对市场占有率及市场覆盖率的要求。方便、快捷及高性价比成为消费者选购商品的判断依据。目前而言，渠道创新呈现以下几种趋势：

（1）渠道结构扁平化。渠道扁平化是企业为了减少销售中间环节而采取的直接删减一些中间商环节，让利于消费者的一种渠道模式。

营销小知识

在电脑行业做得比较优秀的企业戴尔公司，独创电脑直销模式，迅速成为电脑行业中的一匹黑马。伴随现在电子技术的发展，出现很多商务网站，如阿里巴巴、慧聪网、淘宝、易趣等 B2B、B2C、C2C 类的网站。它们全都是跨过中间商直接面对消费者。直销行业的兴起也是如此。

（2）渠道终端个性化。渠道终端个性化趋势在消费者和零售商这两个环节均有体现：一方面，由于消费者生活要求不断提高，需求千差万别，消费逐步进入个性化时代，"一对一营销""定制营销"的地位将越来越凸显；另一方面，为顺应消费个性化的需要，零售业态也将更加丰富，例如利基商店（集中经营特定的商品）、特许经营店、品牌专卖店等将更多涌现，形形色色的零售业态使企业面对更加个性化的销售终端。

（3）渠道关系互动化。渠道关系的互动化体现在：一方面，对于消费者而言，随着互联网技术的发展和网上交易环境的配套，网络营销逐渐兴起且呈普及趋势。而网络营销的最大特性就是互动，即制造商与消费者的互动，最大限度地使供需关系得到协调；另一方面，厂家与商家之间的互动性也大大增强，利用互联网技术使销售活动电子化，在供货、配送等环节提高效率和准确性。

（4）渠道商品多样化。随着耐用高值商品逐渐向普通消费品过渡，以及更多的线上及线下品牌被消费者认可，消费者对购买专业化要求逐渐降低，更多的商品将进入更多的零售场所及网上商城，使渠道所承载的商品更加多样。

（5）线上电子商务与线下传统渠道相融合。电子商务覆盖区域广，产品可以无限上架，减少了商铺租金、仓储物流等支出，成本上有一定优势。而传统的线下渠道则可以提供更好的设计、更佳的视觉效果，提升购物体验，增加消费者信心，提升品牌价值等。两种渠道对应的是不同的消费群体和不同的消费习惯，因此彼此平行发展似乎是必然之选。但是随着商业生态的演变，客观上要求企业管理层兼顾和统筹两种不同渠道，满足消费者差异化的需求。

营销小知识

近年来电子商务的发展更加迅猛，网购的网站越来越多。淘宝、卓越、当当网、凡客、乐淘、京东、好乐买等网站的销售能力不可小视，2013 年网购市场全年交易额达到 1.85 万亿元。目前，越来越多的厂家在淘宝建立旗舰店的同时，商品图片也出现在越来越多的淘宝外的网站上，还有相当数量的厂家已建立自己的网上商城。有些企业通过控制商品上市的时间来分别保证线上和线下销售的需要，如线下的商品上柜不受任何限制，而网上的销售则以过季商品为主，线上新品上市比线下延后半年或一年。这样既保证了线下渠道的独立性，也能扩大品牌影响力，还能消化库存。而目前七匹狼、歌莉娅、歌瑞尔等企业把线上线下渠道融合得较好，而从网络起家的"钻石小鸟"的"鼠标+水泥"模式也是线上线下融合创新之典范。

2. 渠道创新的形式

（1）直销模式。按世界直销协会的定义，直销是指在固定零售店铺以外的地方（如个人住所、工作地点或者其他场所），由独立的营销人员以面对面的方式，通过讲解和示范方式将产品和服务直接介绍给消费者，进行消费品的行销。其特点是无店铺销售，产品不通过各种商场、超市等传统的公众销售渠道进行分销，而是直接由生产商或者经销商组织产品销售的一种营销手段。这种销售方式节省了许多中间环节，因此也就节约了许多中间的费用，从而降低了产品的价格，使消费者和厂家双方都获得了利益。

企业采用直销这种渠道模式时，首先必须透彻研究顾客需求，通过细分市场和提供异质化产品来切入市场。其次要增加直销的触角，与顾客保持互动，如网上直销、电子商务、DIY 订单接纳、电话直销等。再次要有科学管理直销团队的方法，确保销售团队高效运转。

（2）厂商合作。厂商合作渠道尽管在表现形式上并未改变传统的渠道结构，但本质上却由松散的、利益相对独立的关系变为紧密的、利益融为一体的关系。简单地说，即由"你"和"我"的关系变为"我们"的关系。这种合作伙伴关系可以消除厂家与商家为追求各自利益造成的冲突，使厂家与商家结成利益共同体。

（3）渠道整合。渠道设计和再造需要遵循的总体原则就是渠道整合，即通过整合渠道资源，为各个渠道成员提供更高的价值，获取更高的渠道效率。对制造商而言，渠道整合体现在两个方面：一是对企业内部资源的整合，二是对企业外部经销商营销中心体系的整合。渠道整合的最终表现是渠道系统的设计，如垂直一体化渠道、混合渠道或双重渠道的构建等。

案例链接

杭州娃哈哈集团有限公司是目前中国最大的食品饮料生产企业，主要生产含乳饮料、瓶装水、碳酸饮料、茶饮料、果汁饮料、罐头食品、医药保健品这七大类 50 多个品种的产品。2003 年，公司营业收入突破 100 亿元大关，成为全球第五大饮料生产企业，仅次于可口可乐、百事可乐、吉百利、柯特四家跨国公司，位居中国饮料行业首位。

娃哈哈的产品并没有很高的技术含量，其市场业绩的取得与它对渠道的有效管理密不可分。娃哈哈在全国 31 个省市选择了 1 000 多家能控制一方的经销商，组成了几乎覆盖中国每一个乡镇的联合销售体系，形成了强大的销售网络。娃哈哈非常注重对经销商的促销努力，其返利激励和间接激励相结合的全面激励制度既激发了经销商的积极性，又保证了各层销售商的利润。娃哈哈还通过帮助经销商进行销售管理、提高销售效率来激发经销商的积极性。娃哈哈各区域分公司都有专业人员指导经销商，参与具体销售工作；各分公司派人帮助经销商管理铺货、理货以及广告促销等业务。

娃哈哈的经销商分布在全国 31 个省市，为了对其行为实行有效控制，娃哈哈采取了保证金的形式，要求经销商先交预付款，对于按时结清货款的经销商，娃哈哈偿还保证金并支付高于银行同期存款利率的利息。

与此同时，娃哈哈与经销商签订的合同中严格限定了销售区域，将经销商的销售活动限制在自己的市场区域之内，并通过产品包装上的编号，准确监控产品去向。娃哈哈还专门成立反窜货机构，巡回全国严厉稽查，保护各地经销商的利益。

娃哈哈全面激励和奖惩严明的渠道政策有效地约束了上千家经销商的销售行为，为庞大渠道网络的正常运转提供了保证。凭借其"蛛网"般的渠道网络，娃哈哈的含乳饮料、瓶装水、茶饮料销售到了全国的各个角落，并形成规模优势。

面对可口可乐、百事可乐和康师傅、统一的全面进攻，娃哈哈大胆创新，应用联销体思路，尝试大力开展销售终端的启动工作，从农村走入城市。与可口可乐、百事可乐比，娃哈哈在品牌、资金方面不占优势，关键是扬长避短，发挥自己的优势，抑制对方长处。在推出非常可乐时，娃哈哈没有正面与强手展开竞争，而是瞄准中西部和广大农村市场，通过错位竞争，借助于强大的营销网络布局，把自己的可乐输送到中国的每一个乡村和角落地带，利用"农村包围城市"的战略在中国碳酸饮料市场占据了一席之地。

（4）网络销售。网络销售顾名思义就是通过互联网销售产品。例如，目前我们所熟悉的各个网上购物平台如淘宝网、天猫、京东、凡客、易趣、拍拍等，卖家通过网络交易平台进

行销售产品以便买家选购，这是一种跨区域经济销售趋势。互联网的出现从根本上减少了传统商务活动的中间环节，缩短了企业与用户需求之间的距离，同时也大大减少了各种经济资源的消耗，使人类进入了"直接经济"时代。目前的网络销售方式还包括微博、微信、微视等营销方式。

网络销售与传统销售相比有许多优势，主要体现在：

① 企业开展网络销售有利于降低成本；

② 网络销售是以客户为中心的电子化销售和服务；

③ Internet 的全球性和即时互动性为企业、供应商和客户提供了一条相互沟通的新渠道；

④ WWW(World Wide Web)引人入胜的图形界面和多媒体特性，使企业可以充分地展示自己的形象、产品及服务；

⑤ 进入市场的"门槛"较低。

案例链接

中粮集团有限公司（中粮集团）成立于 1949 年，经过多年的努力，从最初的粮油食品贸易公司发展成为中国领先的农产品、食品领域多元化产品和服务供应商。通过日益完善的产业链条，中粮形成了诸多品牌产品与服务组合：福临门食用油、长城葡萄酒、金帝巧克力、屯河番茄制品、家佳康肉制品、香雪面粉、五谷道场方便面、悦活果汁、蒙牛乳制品、大悦城 Shopping Mall、亚龙湾假区、雪莲羊绒、中茶茶叶、金融保险等。这些品牌与服务铸就了中粮高品质、高品位的市场声誉。

中粮集团也在探索互联网时代的渠道创新，投资创办了"我买网"（www.womai.com），打造一站式食品电子商务网站。中粮集团致力于打造中国最大、最安全的食品购物网站，让消费者享受到更便捷的购物体验，吃上更放心的食品。创立四年来，"我买网"增长势头迅猛，目前已经积累上百万会员用户，活跃用户占其中的 50%。

目前，"我买网"为消费者提供休闲食品、进口食品、粮油、冲调品、饼干蛋糕、生鲜食品、婴幼食品、果汁饮料、酒类、茶叶、调味品、方便食品、早餐食品和厨具用品等百种品类，是办公室白领、居家生活和年轻一族的首选食品网络购物网站。

资料来源：http://www.cofco.com/cn/about/c-439.html.

任务总结

（1）营销渠道设计策划的程序：确认渠道目标→明确渠道任务→制定可行的渠道结构→评估影响渠道结构的因素→选择渠道结构。

（2）分析消费者需要是设计营销渠道的第一步是为企业的产品寻找与目标消费者的最佳接触点。要找准和分析清楚目标消费者的需要及购买行为。离开产品谈渠道是毫无意义的。

（3）营销渠道的目标必须和组织的目标以及市场目标保持一致，营销渠道的目标一般有：提高渗透率；开辟新的营销渠道；设定各种营销渠道的销货比率组合；提高销售点的销售周转率；设定物流的成本及服务品质目标；设定企业及经销商保有存货的目标；设定不同营销渠道的投资报酬目标；设定流通情报化的建立目标。

（4）为实现企业的营销渠道目标，渠道管理者可以建立全新渠道或改进现有渠道。那么可供选择的渠道方案分为：直接渠道与间接渠道的策略选择；分销渠道的"长度"策略选择；分销渠道的"宽度"策略选择。

（5）在企业渠道运营的过程中，不可能每个经销商都成为忠诚的或者合格的伙伴。根据二八定律，企业20%的核心客户往往占有企业80%的销售额与利润来源。为此，企业淘汰经销商或经销商放弃经营企业的产品是最常见不过的事情。

思考与讨论

（1）营销渠道设计策划的程序是什么？

（2）营销渠道的目标一般有哪些？

（3）当企业确认需要做出营销渠道设计的决策时，应如何确立可供选择的渠道方案？又应如何对营销渠道进行评价？

案例分析

联想的分销渠道模式分析

联想集团成立于1984年，中科院计算所投资20万元人民币，由11名科技人员创办，到今天已经发展成为一家在信息产业内多元化发展的大型企业集团，也是全球领先的PC企业之一。

1. 公司渠道现状

渠道整合指的是将销售过程中的任务进行分解，并分配给能以较低成本或更多销量完成该任务的渠道。营销渠道整合通常能使企业获得更大范围的客户。通过一个整合的渠道模式，大多数企业都能实现较高的利润率和市场覆盖率。尽管这种模式的构建相对复杂，但它却是企业走向市场的强有力工具。在实行多渠道营销的跨国公司中，联想公司做得颇为成功。

图8-6为联想公司PC产品的整合分销渠道系统示意图。由图可见，联想更具自己的特点。联想根据不同用户和消费者对计算机产品及相关服务的不同要求建立了销售网络。在这个网络中，选用多条渠道来销售PC，有些渠道由联想自己拥有和经营，有些渠道由独立的经销商或代理商经营，不同渠道向不同的顾客和用户销售产品。例如，联想销售公司主要负责一些大、中型企业用户；联想直销公司则主要负责向小型企业和一些个人职业用户(如律师、会计师等)销售计算机及其配件，销售方式是电话订购和邮购。这两个渠道由联想直营。联想分销网络的第三种营销渠道是一些专门向某些领域销售计算机的中间商，包括计算机专营商店、代理店和各类经销商，它们向联想购入计算机及相关的软件、硬件及配件，转而销售给诸如保险、会计、审计、石油等行业的用户。

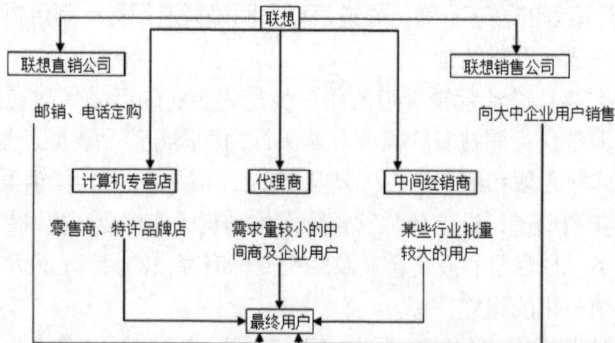

图 8-6　联想公司 PC 产品的整合分销渠道系统示意图

2. 目前的分销系统

对传统分销渠道的过分依赖，导致了联想在大客户市场的竞争乏力。面对戴尔在大客户市场上的步步进逼，联想推出了针对全国近8 000家渠道合作伙伴的集成分销计划。

（1）联想意识到对大分销商过分依赖的弊端，开始尝试"削藩"。除了在某些特大项目上授权分销商可以获得联想的支持外，对一些中小规模的项目单采取有选择的支持，联想扶持的是分销商下游的二级代理商。

（2）联想在全国范围展开了新一轮的代理签约行动，所有的二级代理商都可以跨过区域分销直接和联想公司签署合作协议。而以往这部分二级代理签约工作通常都由联想在各地授权的区域分销商来完成。这种类似于"推恩令"的做法，目的是使下游渠道资源游离于区域分销商的掌控，削弱分销商对渠道终端的控制能力。

（3）联想加紧了对于直销模式的尝试，提出要尽可能采用一层渠道的短链思路。在启动"大客户营销"的同时，联想在北京和上海建立了两个电话营销中心。而在2004年8月，联想更是针对4~6级市场尝试了一次"短链分销"。

（4）"大客户营销+电话营销"向"准直销"的转变，引发了分销商的猜疑和不满。并且，在这种政策的执行过程中产生了联想与分销商竞相压价和抢单的现象，造成了联想渠道管理的混乱。

为此，在2008年的"青城山会议"上，联想宣布了新的"整合分销"策略，将原有7大区合并为4个区域总部，并下设18个分区108个网格，覆盖全国各个区域市场。

暂不去追究集成分销的提出是出于联想的长远战略还是权宜之计，对于联想这项新政的提出，还是有很多可圈可点之处：

a. 向下"虚拟整合"的提出，是渠道管理创新的一次尝试；

b. 集成分销的提出，反映了联想在营销思路和营销理念上的转变，联想营销渠道管理的思路逐渐清晰；

c. 集成分销在一定程度上可以减少厂商对渠道的依赖性，增加厂商对市场信息及时反馈的能力，加强了联想对二级渠道的管理力度，削弱了分销商对终端的掌控能力。

3. 解决问题的分销渠道理论

（1）渠道扁平化。渠道扁平化作为潮流，是市场规则使然。最大限度地减少供应链环节，降低成本，提升利润，同时给必需的渠道合作伙伴盈利空间，是企业渠道发展的宗旨。但IT企业如何把渠道压扁？近期联想又对市场渠道做了调整，调整后的联想是直销和分销相结合。这种新的直销模式将是对传统渠道的有力补充。直销在联想与最终用户之间又增加了一道桥梁，这样，联想与市场之间的沟通更加方便了，对用户的反应会更加及时，渠道的"扁平化"趋势十分明显。

（2）渠道的长度、宽度及广度。

a. 长度结构（层级结构）

营销渠道的长度结构，又称为层级结构，是指按照其包含的渠道中间商（购销环节），即渠道层级数量的多少来定义的一种渠道结构。

b. 宽度结构

渠道的宽度结构，是根据每一层级渠道中间商数量的多少来定义的一种渠道结构。渠道的宽度结构受产品的性质、市场特征、用户分布以及企业分销战略等因素的影响。

c. 广度结构

渠道的广度结构，实际上是渠道的一种多元化选择。也就是说公司实际上使用了多种渠道的组合，即采用了混合渠道模式来进行销售。

4. 企业分销渠道的优化措施

（1）实施营销渠道扁平化策略，提高运作效率。作为IT产品的销售，传统渠道在以前起到了不可磨灭的作用，但随着市场的扩大和成熟，竞争在不断加剧，传统渠道的弊端也越来越明显。为了降低产品的附加成本，增强产品的竞争力，联想加大了对自身渠道的调整。主要是压缩渠道层次，减少渠道流通环节，从而提高渠道的运作效率。理想的渠道模式是：厂商—总代—核心（特约）经销商—用户，甚至压缩其中的层次。

（2）增加营销渠道覆盖面、提高渠道成员核心竞争力。联想增加对四级城市以及中小城镇的关注，更好地全面覆盖整体市场。在完成对一、二、三级城市的网络建设后，面对中小城镇的潜在需求，联想积极开拓自己的渠道，增加渠道的覆盖面，以完成渠道建设量的积累。同时联想还要加大对渠道成员核心竞争力的培养，提高渠道成员的核心竞争力。

（3）直销和专卖店模式的转型。DELL的直销模式在中国市场取得良好的效益使各笔记本厂商纷纷效仿。这主要是因为直销的采购成本比一般代理低，同时可以简化购买程序。对于消费者来说，直销更能满足个性化需求，提供更加符合实际需要的产品和服务。渠道扁平化转型过程不可能一蹴而就。专卖店是厂商和最终用户之间的桥梁，承担起产品、服务等各方面的工作，近几年来联想也建立了自己的产品专卖店。

资料来源：http://www.cs360.cn/shichangyingxiao/yxqd/glal/2125074/index.html。

案例思考：

1. 联想集团营销渠道的特点和成功之处在哪里？请分析一下该营销渠道方案的适用性和合理性。

2. 对联想集团的营销渠道进行评价。

实训项目

实训项目一　营销渠道策划

【训练目标】

（1）让学生熟悉和掌握营销渠道策划的程序。

（2）培养学生综合运用营销渠道策划各方面知识的能力。

【内容与要求】

校园超市的小创意（如小植物盆景）已经进行了品牌命名并制定营销渠道构建方案，请进行选择渠道策略，并制定具体的渠道推广方案。

【组织与实施评价】

（1）以项目团队为学习小组，选出项目负责人。

（2）建立沟通协调机制，团队成员共同参与协作完成任务。

（3）各项目团队讨论营销渠道策划并撰写报告。

（4）评价与总结：各项目团队提交实训报告，并根据结果进行评估。

实训项目二　营销渠道分析与策划

【训练目标】

（1）让学生熟悉和掌握营销渠道策划的程序。

（2）培养学生综合运用营销渠道策划各方面知识的能力。

【内容与要求】

（1）根据案例提供的内容，分析"纳爱斯"牙膏的分销渠道。

（2）为"纳爱斯"牙膏重新设计最佳的营销渠道。

【组织与实施评价】

（1）以项目团队为学习小组，选出项目负责人。

（2）建立沟通协调机制，团队成员共同参与协作完成任务。

（3）各项目团队讨论营销渠道策划并撰写报告。

（4）评价与总结：各项目团队提交实训报告，并根据结果进行评估。

▌ **案例链接** ▌

　　从纳爱斯牙膏的推广看来，在经历了数次磨难之后，纳爱斯已经开始认识到问题所在。在内外挤压的市场环境下，雕牌现有的市场份额已经很难突破，产品的国际化和品牌高端、多元化成为纳爱斯目前两条最现实的出路。

　　纳爱斯牙膏的推出，是纳爱斯品牌延伸的关键一击。它背负着"品牌战略"的重任，因为除化妆品以外的主流日化产品，纳爱斯都曾涉及，如果这次纳爱斯牙膏推广失败，纳爱斯只能通过新创或收购品牌来完成品牌扩展。值得惊喜的是，纳爱斯牙膏已经吸取了以前品牌延伸失败的教训。人们已经很难在它身上找到雕牌的痕迹。

　　在产品上，纳爱斯牙膏更加注重包装形象上的创新，首创透明管体，并且有蓝、白、黄绿四种颜色。这样，从视觉上树立纳爱斯牙膏高端、时尚的产品形象。

　　在广告宣传上，纳爱斯牙膏打出了"营养"的新概念，以差异化的功能诉求切入市场，避免了和高露洁、佳洁士等品牌的正面冲突，同时也为产品的高端定位提供利益支持。广告的视觉表现上也有很大创新，电视广告利用牙齿卡通形象，注入非常强烈的流行、时尚元素，完全摒弃了雕牌广告常用的伎俩——生活化情感诉求以及"泡泡、漂漂"等色彩擦边球。

　　纳爱斯牙膏在渠道上的选取更为谨慎，牙膏目前的销售只限于超市等大卖场，而对雕牌"驾熟就轻"的传统批发市场却尚未涉足。从某种程度上，开拓市场的难度接近白手起家，对人力、财力以及其他方面的要求会比较高。我们知道，纳爱斯的一个制胜法宝是掌握了一个范围广阔而又高效的渠道网络。"这是一个可以直接辐射到农村集贸市场的渠道。跨国公司对于经营城市市场非常熟悉，但是却很难理解更为广大和分散的农村市场。"目前除了北京、上海、广州等大城市之外，"雕牌"在全国各地的主要流通渠道仍然是批发市场。因此，"雕牌"的渠道优势在流通领域，对终端的控制相对较弱。而纳爱斯牙膏的推广对此保持谨慎，除了产品本身定位高端的原因外，也说明了纳爱斯对自身问题的清醒认识。由于面向高端消费市场，纳爱斯在新牙膏的销售渠道上也做了规定，目前只通过超市等卖场出售，还没有考虑传统的批发市场。

项目九

企业宣传与沟通策划

学习目标

- 掌握一般营销广告策划的内容、程序、方法、策略和创意技巧
- 掌握一般营业推广活动和商演活动策划的内容、程序、方法和技巧
- 掌握营销公关活动策划的内容、程序、方法和技巧
- 掌握促销组合策划的内容、程序、方法和技巧

技能目标

- 初步具备一般营销广告策划和撰写广告文案的能力
- 初步具备策划一般营业推广活动和商演活动的能力
- 具备一般营销公关活动策划的能力
- 初步具备促销组合策划及撰写促销组合策划方案的能力
- 能通过团队合作、互相协作解决相关问题并完成任务
- 具有团队合作精神、完成个人任务和协调组内人际关系的能力

任务一　企业的营销信息及其传播

【任务引入】

陈刚团队经过一段时间的学习和实践，掌握的专业知识越来越多，整个团队也越来越成熟与自信。这时他们注意到，随着竞争的加剧和自媒体的发展，越来越多的企业借助热点事件进行品牌宣传与推广。此时，陈刚团队也在思考用什么方法对校园超市的品牌进行宣传。

任务1：根据陈刚团队的需要掌握营销传播工具的内容。

任务2：根据陈刚团队的需要掌握统筹运用营销传播工具的技能。

【任务分析】

这是一个信息爆炸的时代。一方面，消费者每天都面临着信息的狂轰滥炸；而另一方面，真正能让消费者记住的信息却少之又少。企业如何让自己的营销信息出奇制胜，快速而有效地打动消费者？营销信息的设计、传播工具的选择就显得尤为重要。

213

> 知识链接

一、企业的营销信息

市场营销中最重要和最本质的是企业和消费者之间进行信息传播和交换。对企业而言，它需要源源不断地利用各种传播工具，在合适的时间、合适的场所将营销信息传递给目标消费者，并从目标消费者处得到反馈信息，实现信息的双向传播与沟通。

企业的营销信息可以分为以下几种。

（1）产品信息：包括产品的质量、功能、技术革新、性能参数以及产品组合、产品生命周期、产品线规划、新产品开发、产品策略等各类信息。

（2）价格信息：包括产品的价格变动、定价策略、价格垄断等信息。

（3）渠道信息：包括渠道的类型、渠道架构系统、渠道设计、渠道政策与管理、物流决策等信息。

（4）促销信息：包括广告、人员推销、公共关系、营业推广、展览、活动营销等信息。

二、营销信息传播

企业通过营销信息的传播，帮助其产品和品牌在目标消费者心目中树立美誉度和知名度，进而影响消费者的购买决策，甚至将消费者"培养"成企业产品及品牌的忠诚使用者。而对消费者而言，通过不断接收企业的营销信息，加深对企业产品和品牌的了解，为其购买决策提供参考依据和多样化选择。

噪声作为信息，存在于营销信息传播过程的始终。除此之外，目标消费者能否顺利接收企业营销信息，受到多重因素的干扰：

（一）信息传播的原则

对目标消费者传播何种营销信息，采用何种表达方式，是目标消费者能否有效接受企业营销信息的关键性因素。营销信息的传播应遵循真实性、针对性原则。

（1）真实性原则。真实性原则是指企业的营销信息必须是真实可靠的，而不是为了迎合传播策划的需要杜撰虚假信息。在现实市场中，一些企业为了吸引更多目标消费者而不惜挖空心思，制造虚假营销信息作为产品的卖点，但最终，当这些虚假信息被公之于众，企业可能会因信任危机而陷入灭顶之灾。

（2）针性原则。针对性原则是指企业必须善于甄别判断，选择最有可能打动目标消费者的营销信息，实施策划传播。即便一个产品拥有多重优势，选择一个或两个优势进行营销信息的传播更有效果。定位理论也体现了这一原则。

▌案例链接▐

"德国某公司创建于1903年，在欧洲拥有1个研发中心和5个生产基地，产品行销全球80多个国家。此外，在德国拥有占地超过50万平方米的办公和生产厂区。"2006年3月15日，连续6年使用"3.15"标志的"某公司地板"被中央电视台在"3.15"晚会上曝光涉嫌虚假宣传。

为了弄清事实真相，中央电视台驻德国记者专程前往巴伐利亚州罗森海姆市进行调查，当地工商管理部门告知，在他们的登记资料中并没有一家叫"××"的企业。央视记者在调查取证中还发现，该公司宣称的所谓德国总部，其实是当地一家木产品企业汉姆贝格公司，但这家公司声明：与××没有任何产权隶属关系。不仅德国××不存在，国内也根本没有一家中国××公司注册过，所谓的百年××到底是怎样的一家企业呢？查询得知，"××"这个商标2000年才开始注册，注册人是1998年成立的北京A装饰材料有限公司。

随后，多家媒体连续追踪报道"××"事件，各地专卖店开始纷纷撤柜，销售量直线下滑，"××"事件迅速引发木地板行业的整体信任危机。2006年4月15日，北京工商部门经过调查认定××公司属"夸大企业形象对外宣传"，违反《广告法》和《反不正当竞争法》，对其处以747.377 6万元的罚款。此后，××地板也在各地重新恢复销售，但它在消费者心目中的形象已经今非昔比，一落千丈。

（二）信息传播的方式

营销信息的传播必须采用合适的表达方式，充分考虑目标消费者的不同特点。一家跨国公司在全球市场推广产品时，就必须考虑不同国家的消费者具有不同的思维习惯。例如，美国消费者喜欢幽默的广告表达方式，而日本人则更倾向于严谨的广告陈述。

▌营销小知识▐

新媒体催生新营销平台

新兴技术及其应用的快速发展，不仅影响了人们的生活方式，也对整个商业社会的运转产生了巨大的影响，营销自然也不例外。当 Web 2.0、P2P、宽带、流媒体、无线通信等一系列技术日趋成熟并相互融合之时，博客、RSS、即时通信、手机电视、移动电视、楼宇电视、列车电视等一系列新媒体也纷纷出现，并构成了全新的营销平台。

新媒体有两个基本特性：一是传播特性方面的改变——以互联网和手机为代表，强调的是互动、意图、身份识别和精准；二是覆盖范围上的扩大——从楼宇、卖场、机场等公共场所到公交车、地铁、飞机和火车等交通工具，细分的背后是范围的扩大。信息的传播在于是否适应了人们生活方式的变化，找到了与人们生活习惯的结合点。目前增长速度最快的广告市场不是互联网，而是户外，这是因为人们在户外的时间越来越多了。

广源传媒通过抓住人们在列车上的时间，为其提供所需节目，从而创造出了一个企业营销的新平台。迄今为止，广源已经将其传媒设备安装在150列火车上，预计今年底可达到300列，覆盖全国空调列车的60%，年覆盖旅客2亿人次。相类似的是，分众传媒也正在全力扩展电梯、卖场，甚至户外繁华街区等领域，想方设法让自己的媒体触角接触到更多的细分人群。

在手机这个"第五媒体"上，营销大战也悄然展开。从短信广告到 WAP 广告、流媒体广告，手机营销正在尝试各种方式。年初，分众传媒收购了国内最大的手机定向广告服务提供商凯威点告，准备运作手机广告；独立 WAP 门户"3G 门户"网推出了与网络广告形式相类似的 WAP 广告；不久前，中国移动联合飞拓无限也推出了基于移动梦网平台的手机广告业务。此外，乐视传媒也在尝试将广告与流媒体节目相结合。在其摄制的手机电视剧《约定》中，已经出现了 LG 手机的贴片广告。据悉，乐视已成立专门的流媒体广告公司来推进这项业务。

（三）信息传播时间策略

在一个烈烈艳阳日的午后，当一个口渴难耐的人走进超市，抬头映入眼帘的是一则可口可乐的广告，接下来，他很有可能直接购买一瓶冰凉爽口的可口可乐。可见，在合适的时间传播企业营销信息，能更快速有效地打动目标消费者。信息传播时间策略包括时序策略和时机策略。

1. 信息传播的时序策略

时序策略包括提前、即时、滞后三种策略。当一个新产品即将上市，关于新产品的营销信息可能比上市时间更早传播，可能与新产品上市同时传播，也可能在新产品上市一段时间后开始传播，这三种情形分别对应的就是提前、即时、滞后策略。

2. 信息传播的时机策略

时机策略是指企业善于借助节假日、营销淡旺季、重大事件等时机传播营销信息。最常见的新年促销、国庆促销等，就是企业利用"节日"传播营销信息，推动销售增长。2008 年是我国的奥运年，企业争相策划奥运营销大戏。伊利奥运营销的主题是"为梦想创造可能"，通过大量线上线下活动，将"有我中国强"的传播理念进行病毒式传播。青岛啤酒则通过赞助一系列全民体育运动，使"全民奥运"成为一种真正意义上的全民狂欢。

> **案例链接**
>
> Twitter 在国内翻译为微博，译名并不能精确表达其精髓。如果它仅仅是交流和互动平台，那么 SNS、博客、论坛等都可以做到，所以这些也不算是它的独特之处。
>
> 它的独特之处在于广播式的即时信息流。这是它的本质特征，它可以把即时信息流在瞬间广播出去，关注者可及时接收。
>
> 具体来说，微博的即时信息流有哪些优势？首先它便捷。由于微博字符不能超过 140 个，信息含量简短而精巧，符合现代人的信息需求。太多的信息含量会造成信息压力，而微博的模式让人轻松，不管是信息发布者，还是接收者都不会有压力。其次是精准，由于信息的传递是在信息接受者允许下完成的，因而信息传递更加精准。对于企业营销来说，精准非常重要。再次，信息可以瞬间传递给多个受众，它具有一对多的广播特征。可以发现，微博最重要的一点就是：它是目前信息传递最快速和便捷的工具之一，它的即时信息流能够让信息的传递变得异常快速，超过任何其他的信息流工具。可以说，微博的到来，改变了信息传播的模式，也因此深刻改变了企业营销的模式。企业营销应该接受这个现实，并积极应对。

三、从营销传播到整合营销传播

（一）营销传播环境的变化

（1）传播技术的变化。20 世纪 80 年代开始，营销传播技术发生了翻天覆地的变化。在互联网信息技术已普遍用于市场运营各个环节的同时，信息技术也推动了微博、微信等小众媒体的蓬勃发展，大众媒体一统天下的格局得到改变，营销传播的手段也在发生变化。

（2）消费者接受和处理营销信息的方式已发生了变化。在卖方市场向买方市场的转变中，消费者拥有更多可供选择的商品和服务，除了大众媒体的营销信息传播，他们还可以通过与企业互动、与其他消费者进行交流（人际传播）等方式获取营销信息。

（3）品牌化和全球化的趋势越来越明显。20世纪80年代以后，很多渠道商都不再满足于单纯的代理与销售的业务，纷纷推出自有品牌，如7－11等。市场全球化趋势也越来越明显，边界在逐渐消亡，品牌开始跨越国界，并且数量有增无减，跨国公司不断发展。

信息科技、品牌化、全球化等因素都在促使和支持整合营销传播的发展。舒尔茨在20世纪90年代创作了《整合营销传播》，并指出："整合营销传播是一种战略性经营流程，用于长期规划、发展、执行并用于评估那些协调一致的、可衡量的、有说服力的品牌传播计划，是以消费者、客户、潜在客户和其他内外相关目标群体为受众的。"

（二）整合营销传播的要求

1. 以消费者为中心，加强与传播对象的沟通
现代营销理论要求以满足消费者的需要为目标来制定相应的战略策略，一切活动都围绕消费者而展开。

2. 注重各种传播方式的整合
消费者获取有关营销信息的机会越来越多，企业对消费者接触产品等信息的控制力却越来越小。整合营销传播主张把一切企业的营销和传播活动，如广告、人员销售、销售促进、公共关系、直复营销等进行一元化的整合重组，让消费者从不同的信息渠道获得对某一品牌的一致信息，以增强品牌诉求的一致性和完整性。突出强调要以"一种声音"进行诉求，要求统一、一致（speak with one voice），使消费者接触到的信息单一、明晰（hear one voice），避免消费者对信息可能出现的忽视与误解。

3. 强调传播活动的系统性
整合营销传播是更为复杂的系统工程，更要加强营销信息传播的系统化。传播过程中各要素更强调协同行动，发挥联合作用和统一作用。

案例链接

2002年7月，徐潇在自己的网店上贴出了一些钻饰的照片，成为了第一家在网店销售钻石的商家。2004年"钻石小鸟"凭借着100%好评荣获了"易趣诚信最佳卖家"称号。然而，一年多的网络销售让徐氏兄妹感觉到，虽然他们便宜50%的价格和诚实守信的钻石品质吸引了很多顾客，但有相当一部分顾客仍然犹豫不决。于是，2004年10月，上海城隍庙第一家落地的"钻石体验中心"开设，在当月销售额翻了5番后，"钻石小鸟"开始走稳了"鼠标+水泥"的"线下体验+线上销售"的商业模式。

在品牌营销渠道建设层面，"钻石小鸟"并没有把体验店做成传统的店铺。作为一种销售渠道，推广和销售还是依靠于网络推广，体验店主要是满足顾客眼见为实的心理需求，这也是目前中国市场经济下，诚信度、信任度缺乏的解决之道。一方面可以把传统的房租成本、人力成本、流动资金占用成本还给消费者，另一方面线下体验中心，将服务精细化，提供一对一的线下顾问式服务，为客户量身定制钻饰，节省了很多传统钻石行业的中间环节和经营费用。

从品牌传播层面来说，传统钻石销售模式主要依赖传统平面媒体和电视媒体进行品牌推广，传统的店铺销售进行市场推广，成本居高不下。"钻石小鸟"通过互联网这个购销和推广平台，价格降低的同时也给消费者提供更多的选择。在打开销路和知名度以后，"钻石小鸟"开始注重品牌的建设和维护，不断为"钻石小鸟"增加新的品牌内涵。当市场还处在价格时代的时候，"钻石小鸟"已经在走向品牌时代。

传统渠道销售钻石现金流压力太大，周转慢，很难快速发展，但是"鼠标+水泥"的模式，资产压力轻，又能迅速接触网络人群，与体验店的结合能弥补线上的不足，容易迅速做大做强。

目前，类似"钻石小鸟""九钻网"等新兴销售渠道商正加速抢占原先属于传统商家的市场，他们的模仿对象是已经上市的蓝色尼罗河（BlueNile.com）。这家在纳斯达克上市的珠宝类网站年销售额达到了 4.5 亿美元，占据了美国在线珠宝市场的 10% 左右，占传统销售额的 0.5%～1%。

（三）企业营销信息传播工具

1. 广告

广告是为了某种特定的需要，通过一定形式的媒体，并消耗一定的费用，公开而广泛地向公众传递信息的宣传手段。

2. 人员推销

人员推销是企业运用推销人员直接推销商品和劳务的一种促销活动。这是一种最古老的推销方式，直到目前仍然为大多数企业所经常采用，尤其对工业品的推销更为重要。

3. 营业推广

营业推广又称销售促进，是指企业运用各种短期诱因鼓励消费和中间商购买、经销（或代理）企业产品或服务的促销活动。

4. 公共关系

公共关系又称公众关系，是指企业在从事市场营销活动中正确处理企业与社会公众的关系，以公众利益为出发点，通过有效的信息传播、沟通，在内、外部公众中树立良好的企业形象和信誉，以赢得其理解、信任、支持和合作，为组织的发展创造一个良好的环境，实现组织的既定目标。

5. 直接营销

直接营销是企业运用一种或多种通信手段或广告媒介传播营销信息，促进某一区域的消费者产生购买动机，到展示店购买或通过各种通信方式订购。直接营销一般的过程是传播信息→消费者产生购买动机→消费者订购→企业送货，所以又称为直复营销。

四、整合营销传播策划

企业的整合营销传播是指企业运用各种信息传播工具或促销方法提供明确的、连续一致的产品或企业信息，以达到最大的宣传效果。整合营销传播策划的程序包括促销环境分析、确定促销目标、决定促销预算、制定促销方案、实施促销方案和促销效果评价这六个步骤。

（一）促销环境分析

促销环境分析是对企业促销的内外部环境进行调研，并以此作为制定传播目标及方法的依据。促销环境分析包括产品分析、受众分析及营销组合分析。

1. 产品分析

通过对产品特色的分析，掌握消费者追求的期望目标，并选择一定的手段来实现其目标。

2. 受众分析

受众分析首先要明确沟通的目标受众是哪些个人或团体。确定沟通的目标受众后，需要对地理范围、人口特征、心理特征及社会文化特征等具体的购买行为特征进行分析。

3. 营销组合分析

在制定整合营销传播方案前，必须对营销组合各要素进行分析，掌握可以起沟通作用的各要素是否与产品整体定位一致，确定企业的促销组合因素应该发挥的作用。

（二）确定传播目标

与营销目标的制定方法不同，传播目标是以目标受众所处的购买阶段来制定的。大多数目标受众所处的购买阶段就是传播目标所在。

> **营销小知识**
>
> 在整合营销传播策划中，企业可以根据实际情况确定具体传播目标。
> - 推出新产品。
> - 建立、强化或改变产品定位。
> - 建立或强化公司形象。
> - 建立品牌认知。
> - 通过增加使用频率、使用方式或消费数量，增加现有产品销售。
> - 对抗竞争者的促销活动。
> - 反季节销售。
> - 促进产品线的整体销售。

（三）确定促销预算

确定促销预算是营销最为困难的决策之一。不同的企业在财力资源、市场需求、竞争地位、促销愿望等方面存在着差异，这些因素将制约着促销预算的制定。通常企业制定促销预算的方法有四种。

（1）量入为出法。根据企业的财力情况安排促销经费，力求量力而行。

（2）销售百分比法。具体有两种方法：一种是根据上一年度销售额的某一百分比决定促销预算；另一种是根据下一年度的预测销售额的某一百分比决定促销预算。

（3）竞争对等法。该方法是按照竞争对手的促销费用决定本企业的促销预算。该方法的基本前提是：了解竞争对手的促销预算；企业与竞争对手的类似性高、差异性低；企业是竞争追随者而非领导者。

（4）目标任务法。目标任务法即首先确定实现促销目标所需实现的具体任务，然后确定完成这些具体任务所需的费用。

（四）制定促销方案

制定促销方案就是要制定或策划企业进行促销或沟通的具体方法，主要包括确定促销信息和确定促销组合两方面。

1. 确定促销信息
确定促销信息就是要明确促销信息的内容、结构、形式和来源。

2. 促销组合策略
促销有人员促销和非人员促销两大类，具体包括人员促销、广告、销售促进、公共关系和直复营销五种方式。在决定采用什么促销方法或促销组合时要考虑产品、顾客、企业和竞争等因素。

（五）实施促销方案

实施促销策略就是具体决定在什么时间、什么人从事什么促销活动。促销时间包括促销时段和促销的时机。

（六）促销效果评价

评估促销效果可以通过抽样调查、固定样本调查、市场实验和销售业绩测量等方法实现。其中销售业绩测量法是最常用的评估方法。

任务总结

陈刚团队通过对整合营销传播的学习，为他们日后的策划生涯打下基础，他们将其总结归纳如下。

（1）整合营销传播应综合运用广告、营业推广、公关等形式，以"一种声音"对外传播，发挥整合的力量。

（2）合理地统筹运用这些营销传播工具（形式），首先应规划一个统一的主题，所有营销传播工具必须服从并围绕这一主题进行；其次应将各种传播工具充分协调、互相配合，而不是各自为政，形成内耗。最关键的是，应将目标消费者置于整合营销传播的核心，所有活动围绕目标消费者展开。

思考与讨论

（1）影响企业营销信息传播的因素有哪些？

（2）整合营销传播推崇 4C 理论，是否代表 4P 理论已经失效？

（3）为了提高传播效果，在进行整合营销传播时应注意哪些问题？

案例分析

可口可乐中国昵称瓶整合营销

2013年的夏天，仿照在澳大利亚的营销动作，可口可乐在中国推出可口可乐昵称瓶，昵称瓶在每瓶可口可乐瓶子上都写着"分享这瓶可口可乐，与你的_____。"这些昵称有白富美、天然呆、高富帅、邻家女孩、大咖、纯爷们、有为青年、文艺青年、小萝莉，等等。这种昵称瓶迎合了中国的网络文化，为广大网民喜闻乐见，于是几乎所有喜欢可口可乐的人都开始去寻找专属于自己的可乐，如图9-1所示。

图 9-1　可口可乐的昵称瓶

整合营销传播（IMC）也被称为"speak with one voice"（用同一个声音说话），即营销传播的一元化策略——借助各种传播和营销手段，向消费者传播个性化的统一品牌形象。而目前，技术手段的进步正在使品牌营销传播的目标从"制造one voice"转向更为根本的"制造one experience"。

这不仅要求营销者从消费者的角度出发，以消费者的思维思考，以消费者的视角观察，还要设身处地设想自己的营销活动究竟能带给消费者什么样的体验。也就是说，以消费者为中心不仅仅是一种营销理念，更是一种思维方式——你到底想做什么？而消费者需要的又是什么？

很多营销者会陷入这样的怪圈，那就是"向消费者推送自己想做的，而不是给消费者真正想要的"，这样的营销活动最终会沦为烧钱游戏。

那么，消费者到底想要什么？他们会为怎样的营销活动买单？目前，技术的进步使企业具备了这样的能力：可以实时收集消费者资料和反馈，并根据这些定性或定量的资料洞察消费者的内心和需求，比如可口可乐每天都在聆听消费舆情以获得对消费者的insight（洞察）。当建立了这种"以消费者为中心"的思维方式之后，它会带领营销者从各个触点思考营销活动意义的本原。可口可乐内部将这种思维方式命名为"social @ heart"。

陈慧菱是可口可乐大中华区互动营销总监，负责中国区整合数字营销策略、规划、管理与执行等工作。对于可口可乐这样的公司来说，作为营销者通常面临两大挑战：一是在经典产品基础上如何为消费者不断创造新鲜感；二是以饮料行业的商业模式而言，市场营销活动即使再成功，对带动销量的"直接"评估衡量，也有一定的难度。为此，陈慧菱在这两个问题上都有独特的见解，她提供了一个更为开放的视角，并且对互动营销的本质及运作给出了自己的答案。

一、线上线下闭环互动传播，抓住族群概念

2012年，可口可乐在澳洲推出了名为"Share A Coke"的宣传活动，印在可乐瓶、罐上的名字是澳洲最常见的150个名字。

昵称瓶活动可以说是那次活动的延伸。但是当时我们的广告创意公司说，如果只是单纯移植活动，一来中国人名多，二是不接地气。每个国家都有自己的文化，西方世界比较重视个人、尊重个人，但是亚洲国家则很重视群体。

之所以采用网络昵称，一是跟年轻人文化接近，二是通过我们的社交媒体聆听系统发现，人们其实很喜欢拥有自己的标签，找到自己的族群。如果某一个圈层的人群被激发，传播效果是加倍的。

在微博上你会发现，有时很普通的内容，或者有时你都看不懂的段子，只要引起一个族群的共鸣，就会有很高的转发量。比如与动漫、明星相关的事情，哪怕是很平淡的文字，都会引起某个族群的注意与讨论，这种现象在中国社交网络非常普遍。不论是BBS、社群或者豆瓣，还是今天的微博，平时可能很安静，但是一旦有新的电影上映了，或者发生了新的事件，你会发现这些平时安静的族群会变得特别沸腾。要抓住人群，否则中国这么大，该如何做营销？

我们发现可口可乐的目标消费人群对于昵称使用很频繁。这些昵称除了在网络上盛行，在传统媒体上也时不时可以看到。而且，这些昵称在日常生活对话中也经常使用，例如年轻人不讲猫、狗，而是讲喵星人和汪星人。这是一种网络文化的延伸。

从广义来看，可口可乐把瓶子也作为一种新媒体。所谓新媒体或者创意性的东西，并不一定要局限在科技层面。把接地气、接近年轻人的文化体现在瓶子上，可以表达年轻人的一种态度。

二、线上线下闭环

昵称瓶活动将持续整个夏天，一直到8月末，要与线下活动紧密配合。快乐昵称瓶战役是一个跨部门协同运作的大型活动，不是单一部门可以独立完成的项目。互动营销团队只负责新媒体与数字营销方面的任务，可口可乐有专门的整合营销部门，负责线下以及360度活动的整合，例如与"五月天"的代言合作"爽动红PA"，或全国各地路演活动。同时，公关部门、大客户部门等协同合作。这种大型战役，对互动营销部门来讲，当我们知道整个活动如何安排后，就会努力把它衔接得很好。

快乐昵称瓶战役将社交网络设为主平台，5月28日开启悬念预热营销，让合作的媒体、意见领袖、员工以及忠实粉丝放出一系列悬念图片，5月29日进行全网揭秘。而后，在6月9日深圳"五月天"的"爽动红PA"演唱会，才正式公布快乐昵称瓶夏季活动全面展开。实际上，

昵称瓶5月初就陆续出现在市场上了。接下来是全国各地的小活动，线上也有各种活动，例如我们与新浪微钱包、快书包的合作等。

五月天"爽动红PA"演唱会时，互动营销团队就到深圳搜集资料，同步直播，惠及深圳以外的粉丝。活动现场，利用手机应用软件"啪啪"同步发布录音，这样在深圳以外的人，也可以通过我们的文字、图片和声音感受现场气氛。事后评估，传播效果非常好。"五月天"的粉丝和可口可乐粉丝都能第一时间同步体验。

我们通过微博、微信预告线下活动行程，同时，在"爽动红PA"活动现场，摆放订制昵称瓶的机器，现场打印昵称瓶标签，消费者可以印上自己的名字、昵称等。线上线下是整合的，我们从线上导流到线下，粉丝线下拿到瓶子后再到线上晒照片，这是一个O2O闭环，循环不已。

UGC（用户创造内容）是目前传播的新兴力量，新媒体时代信息变得很破碎，如果此时只运用媒体投放，即使没有被消费者关掉或跳过，也可能被忽略。此时，如果消费者愿意帮品牌创造内容，这是非常珍贵的。像这种UGC，该怎么判断KPI（Key Performance Indicator，关键绩效指标法）和价值呢？UGC产生的媒体价值超过了付费媒体。用户自主参与帮助品牌扩大影响力，加强深度关系，这是更有价值的部分。

三、让用户主动参与互动

可口可乐讲求"social @ heart"。营销活动在策划之始，就要想好话题性是什么，与消费者的关联是什么。话题性并不指明星绯闻、社会问题等话题，而是可以给予消费者多少空间去参与你的话题。

互动营销是把空间给予消费者。年轻人是很自我的族群，他们有自己的个性，所以你要给他们一个空间和领域，让他们有办法表现自己的看法、态度和意见。

在这种理念的指导下，就会变成"social @ heart"，不管你在什么地方，消费者都会讨论。例如，他有了一个昵称瓶，他会发照片到社交网站，或者他拿到瓶子之后觉得很好玩，虽然没有分享到社交网络，不过他和周围的朋友讨论与分享。后者的传播行为虽然无法追踪到，但对品牌来说，仍然是一种力量。所以我常常想，做新媒体营销，最关键的是从业人员的心理必须足够强大，你到底要达到什么目标、什么结果，而不是拘泥在数字游戏上。

举例来说，某个公司要发布某个新品，或者拓展某个产品的市场，请了某个明星做代言，大家知道后讨论说，"太好了，可以经常看到那支电视广告了。"然后，就没有然后了。顶多是这个明星的粉丝会一直谈论这个明星。但这件事情到此就没有新的一波荡漾了。

如果在这个过程中，将明星代言人和产品做结合，比如这个代言人有哪些故事，他怎么表达你的产品等，可以引发更多的讨论。可口可乐在微博上会问大家：如果给"五月天"的五个人分别重新起个昵称，你觉得哪些名字比较合适？这样明星的粉丝和消费者就会讨论这个问题，当讨论同一个问题的时候，族群的概念就上去了。这就是空间和话题的感觉。

此外，我们发现很多饮料讲求它的功能性，但是这些东西空间感不够强烈。于是我们利用新媒体，制造了很多空间给消费者讨论，维持话题热度。每天我们都在看舆情信息，维持讨论的热度，每个阶段都推出一个新的话题，这些话题是绕着消费者走的。我们可以引导他们讨论，但不会生硬地主导舆论。

四、发动自媒体参与传播

在社交媒体上，每个人都是自媒体，如那些大V（经过官方认证的微博主），他们本身影响力是很大的。除了有影响力的网上意见领袖，平日里互动良好的忠实粉丝也是要重视的对象。

5月29日之前，我们陆续向外寄印有目标意见领袖名字的定制昵称瓶。为了达到惊喜的效果，没有事先通知。当意见领袖以及粉丝突然收到我们的昵称瓶包裹，大家都很惊喜很开心。礼盒内附有卡片写着："如果你愿意，在5月29日，请与你的朋友一同分享。"如此，他们会与好朋友分享，许多人更愿意在微博、微信上晒图。

有一个企业的老板，他很喜欢这个昵称瓶，把他的瓶子放在桌子上去开会了，回来的时候被人开启喝掉了，他就把空瓶晒到微博上说："谁喝掉我的定制可口可乐？"这条微博引起很多转发，许多人还留言表达自己的意见。另外有个粉丝想求婚，他女朋友最喜欢喝零度可乐，他就通过微博问我，是否可以做一对有他们俩名字的昵称瓶，让他求婚。我们提供给他定制瓶并快递过去，他去求婚并且成功了，于是他在微博上晒这一对瓶子和钻戒。还有很多女孩买了闺蜜的昵称瓶去开party。还有人举办读书会，就去商店把所有印着"文艺青年"的昵称瓶买下来。有一位先生给儿子买了"技术男"昵称瓶，第二天小男孩给爸爸回了一个"梦想家"昵称瓶。这位先生后来在微博上发帖说：没有想到两瓶可乐居然成了父子感情沟通的桥梁和纽带。到这种程度，昵称瓶已经不仅仅是个媒体，而是引导社会对话的工具。

我们也在人人网做了活动，以"那些年"为主题做毕业季活动。人除了喜欢族群，还喜欢甜蜜的回忆，尤其是学生时代，相同的背景，同窗的岁月，哪些岁月非常甜美。人人网属于强关系社交网络，我们就用昵称圈人，如小清新、吃货等，你觉得谁比较符合这个昵称就可以圈谁。如果获奖我们就送他昵称瓶，或替他们举办一个真实的同学会。这个活动跟昵称瓶做了很好的贴合，参与度非常高。

五、以销售带动市场

社交战役必须有韵律：第一波预热；第二波活动上市，围绕代言人的话题；第三波从衣食住行等方面的跨界合作，以及social commerce（社交商务），带动在线音量。

例如，与"快书包"合作，24瓶凑齐一起卖，满足那些有收藏爱好的人。因为线下商店是昵称随机贩售的，不容易收集齐全。再如"新浪微钱包"合作，在活动的7天内，每天接受一定数量的定制瓶，邮费20元。第一天放出300瓶，一个小时订光。第二天500瓶用了半个小时，第三天900瓶只用了5分钟。第四天300瓶可口可乐1分钟被抢光。后来的几天都是几秒钟就被抢光。最夸张的一天是一秒之后抢光，有一位忠实粉丝因为页面卡住，刷新的工夫被抢光，这就形成了新的话题。

微钱包的social commerce合作主要目的不是销售，而是以销售的形式，带动市场营销。过去我们做市场营销是：新产品上市，做很多活动去带动销售。现在则利用销售形式，反过来带动市场，利用一切可能的方式制造很大的网络音量和更大的想象空间。"微钱包"对于我们的意义不是销售，而是话题性。

六、互动营销的核心

我觉得互动营销的核心在于对人的洞察，也就是对人的尊重。例如年轻人族群，我们可以探讨他们的生活态度和习惯，与他们做朋友，融入他们的生活圈。我们可以了解他们，跟他们站在一块，如此，他们就会跟我们产生很多互动。

可口可乐的互动营销聚焦在社会化媒体，是因为社会化媒体有更多互动的可能。比较拟人一些说：你要去拥抱消费者，你要去贴近他，聆听他们，而不是像以前那样，品牌高高在上，利用资源和资金去铺天盖地包围消费者。那样做的效果在今天，已经没有过去那么好了。

目前我们通过以下几种方式了解消费者，如第三方调研，以及在社交媒体上进行全网聆听，这部分通过一些工具和代理商进行。活动做出来之后及时收集用户反应，做成整合报告，可以看到整体趋势。

　　互动营销在执行层面非常繁琐，许多活动，表面看起来很酷，但实际上都是很琐碎的。例如我们团队的人，在网上看到留言，只要不是很无聊的那种，有一点情感在里面的，都要尽量回复，一个一个地回。微信夜聊活动，也是一对一地聊，不是机器人自动回复，只有极少部分是设定好的。就像交朋友一样，没有一步登天的方式，只有实实在在的做法。另外，与消费者沟通，就要用消费者的语言，用他们的文字，要确定消费者可以看得懂。一步步按部就班地做，不用花大钱做很多花哨的事情。

资料来源：新营销 2013-09-30

案例思考：
1. 可口可乐采用了哪些整合营销传播工具？
2. 案例如何体现整合营销传播的"以目标消费者为核心"这一重要原则？

实训项目

实训项目　　整合营销传播实训

【训练目标】
1. 了解整合营销传播工具的各种特点和用途。
2. 掌握整合营销传播工具的组合应用技能。
3. 掌握整合营销传播的内容设计。

【内容与要求】
　　假设你和你的团队要对校园超市的品牌进行推广传播，面对众多的营销信息，应该选择哪些营销信息、运用哪些传播工具向目标消费者进行传播？请制定一份简要的整合营销传播方案。

【组织与实施评价】
1. 以项目团队为学习小组，选出团队负责人；
2. 建立沟通协调机制，团队成员共同参与协作完成任务；
3. 各项目团队讨论整合营销传播方案的撰写；
4. 评价与总结：各项目团队提交撰写的整合营销传播方案，教师根据结果进行评估。

【实训成果】
1. 网站营销

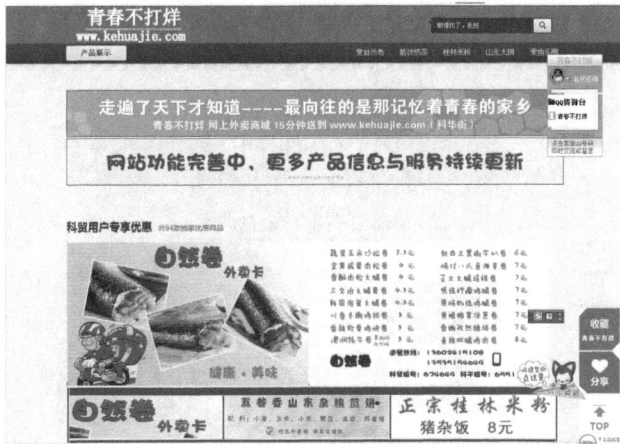

图 9-2　网站营销实训成果

2. 广告推广

图 9-3　广告推广实训成果

3. 微博营销

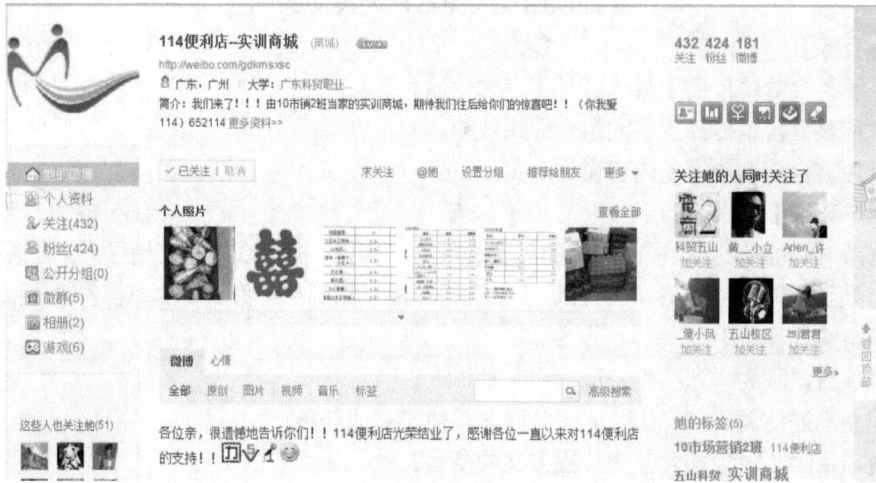

图 9-4　微博营销实训成果

4. 营业推广

图 9-5　营业推广实训成果

任务二 广告策划

【任务引入】

陈刚团队为校园超市制定了一份整合营销传播方案，在接下来的一年中将综合运用广告、公关、营业推广等多种传播工具进行品牌传播。现在，他们要考虑的是如何打好广告第一仗。陈刚团队应该怎么做呢？

任务1：根据陈刚团队的需要掌握广告策划的内容与技巧。

任务2：根据陈刚团队的需要掌握广告媒体组合策略。

任务3：根据陈刚团队的需要组织校园超市的广告策划活动。

【任务分析】

知名广告策划人叶茂中曾说："没有好创意就去死吧"。可见，创意之于广告策划何等重要，创意就是广告的灵魂。当然，一则有好创意的广告，如果失去合理的媒体策略的支持，其传播效果也将大打折扣。

→ 知识链接

20 世纪 60 年代，英国伦敦波利特广告公司创始人斯坦利·波利特首次提出"广告策划"这一概念，并得到了英国广告界的认同，随后，在世界各地掀起了一股广告策划的热潮。1986 年，我国广告界首次提出广告策划的概念，这是自 1979 年恢复广告业之后对广告理论一次新的观念冲击，它迫使人们重新认识广告工作的性质及作用，广告工作开始走上为客户提供全面服务的新阶段。

一、广告策划的内容

何谓广告策划？余明阳先生认为："它是对在同一广告目标统摄下的一系列广告活动的系统性预测和决策，即对包括市场调查、广告目标确定、广告定位、战略战术确定、经费预算、效果评估在内的所有运作环节进行总体决策。"广告策划的内容包括以下几个方面。

1. 开展市场调查，分析广告机会

首先要通过市场调查了解市场环境、市场构成、消费者、竞争者以及产品等方面的信息，然后结合企业的营销目标和产品特点，进行市场细分并选定目标市场，针对目标消费者找出广告的最佳切入时机，为开展有效的广告活动奠定基础。

2. 确立广告目标

确立广告目标，就是根据企业的营销目标，依据现实需要，明确广告策划要解决的具体问题，以指导广告策划活动的进行。从市场营销策略来看，广告目标可以分为以下几种。

（1）创牌广告目标——其目的是开发新产品和开拓新市场，诉求重点是提高消费者对产品的认知程度。

（2）保牌广告目标——其目的是巩固已有市场阵地，并在此基础上深入开发潜在市场和刺激购买需求，诉求重点是保持消费者对广告产品的好感、偏好和信心。

（3）竞争广告目标——其目的是加强产品的宣传竞争，提高市场竞争能力。诉求重点是宣传产品的优异之处，使消费者认知产品能给他们带来什么好处，以增强偏好度并指明选购。

3. 完成广告定位

"广告的目标是使某一品牌、公司或产品在消费者心目中获得一个据点，一个认定的区域位置，即占有一席之地。"

"广告应将火力集中在一个狭窄的目标上，在消费者的心理上下工夫，创造出一个心理位置。"

定位的作者艾•里斯用以上两段话形象描述了广告定位的本质。毋庸置疑，广告目标和广告定位的地位至关重要，它们指导着后续的创意及表现、媒体策略等广告策划内容。

飘柔以"柔顺"作为广告定位及诉求，海飞丝以"去屑"作为广告定位及诉求，并且在多年的广告创意中坚持沿袭了各自的定位及诉求，都取得了巨大成功。

4. 设计广告内容

以广告内容为依据，广告可简单划分为形象广告和产品广告。前者重在传播品牌形象，一般不提及具体产品和服务，是"务虚"型广告；后者则重在表现具体产品和服务的优势，意在导购，是"务实"型广告。广告内容的设计阶段，也是广告创意及表现完成的阶段。

企业在设计广告内容时应遵循3项重要原则。

（1）真实性。即传播的信息必须真实可信，不可随意夸大、华而不实，更不能用虚假广告欺骗消费者。

（2）针对性。即传播的信息应该是目标消费者想了解的，做到有的放矢。

（3）生动与新颖性。广告是否具有吸引力、感染力，从根本上来说取决于以上两个方面，但同时也与广告的生动性与新颖性密切相关，因此广告内容应简明易懂、易于记忆，广告形式应生动有趣、富有新意。

5. 选择广告媒体

广告信息需要经由一定的媒体渠道才能有效地传播出去，然而不同的媒体在覆盖面、送达率、影响价值以及成本等方面互有差异。选择合适的广告媒体，还必须充分结合企业产品或品牌的特性、目标消费者的媒体使用习惯等综合考量。

6. 广告预算编制

广告预算是广告主根据广告计划对开展广告活动费用的预算，是广告主进行广告策划活动投入资金的使用计划。它规定了广告计划期内开展广告活动所需的费用总额、使用范围和使用方法。广告费用包含两大类。

一是直接的广告费用，如市场调研费、广告设计费、广告制作费、媒介租用费、宣传物料费等。

二是间接的广告费用，如广告机构的差旅费、非直接项目的服务费等。

广告预算编制的步骤包括以下几项。

（1）确定广告投资的额度：通过分析企业的整体营销计划和企业的产品市场环境，提出广告投资的计算方法的理由，以书面报告的形式上报主管人员，由主管人员进行决策。

（2）分析上年度销售额和本年度预测销售额：广告预算一般一年进行一次。在对下一年度的广告活动进行预算时，应该先对上一年的销售额进行分析，了解上一年度的实际销售额和广告费用预算，以作为参考。此外，下一年度的预测销售额将成为广告预算编制的重要依据。

（3）分析广告产品的销售周期：大部分产品在一年的销售中，都会呈现出一定的周期变化，如在某月上升，某月下降，某月维持不变等。通过对销售周期的分析，可以为广告总预算提供依据，以确定不同生命周期的产品、淡旺季销售的广告预算分配。

（4）广告预算的时间分配：根据前三项工作得出的结论，确定年度内广告经费的总的分配方法，按季度、月份将广告费用的固定开支予以分配。

（5）广告的分类预算：在广告总预算的指导下，根据企业的实际情况，将由时间分配上大致确定的广告费用分配到不同的产品、地区、媒体上。这是广告预算的具体展开环节。

（6）制定控制与评价标准：在完成上述广告费用的分配后，应立刻确定各项广告开支所要达到的效果，以及对每个时期每一项广告开支的记录方法。通过这些标准的制定，再结合广告效果评价工作，就可以对广告费用开支进行控制和评价了。

（7）确定机动经费的投入条件、时机、效果的评价方法：广告预算中除去绝大部分的固定开支外，还需要对一定比例的机动开支做出预算，如在什么情况下方可投入机动开支，机动开支如何与固定开支协调，怎样评价机动开支带来的效果等。

二、广告创意及表现

何谓广告创意？余明阳先生在《广告策划创意学》一书中指出：广告创意，从动态的角度来看，就是广告人员对广告活动进行的创造性的思维活动。从静态的角度来看，是为了达到广告目的，对未来广告的主题、内容、表现形式和制作手段所提出的创造性的"主意"。

联合利华在其印制的《联合利华优良广告原则》的小册子里，列出了优良广告的十大原则，第一条就是："广告要建立在一个大创意上。"可见，通过一种优秀的创意来诉求商品信息，已经成为判断广告活动能否成功的重要标尺。

（一）广告创意的原则

1. 科学性原则

科学性原则主要包含两方面内容：其一，广告创意应从目标消费者出发，以调查研究为基础，了解目标消费者的观赏习惯、思维方式、文化背景、个性特征等，并以此为依据开展广告创意。其二，广告创意者应了解最新科技，学习和运用相关的科技成果。在新世纪中，科技与广告的结合日益紧密，在营销和广告活动的很多方面得到了体现。

2. 艺术性原则

任何一件有生命力的广告佳作，都必然具有某种触动人心、给受众带来美感或愉悦的艺术魅力。广告创意是科学与艺术的结晶。广告活动的科学性与艺术性，本来就不应截然分开，而应是相互渗透和共同发挥作用的。

3. 人性化原则

人性化赋予广告真情实感。

┃ 案例链接 ┃

以前几年的雕牌洗衣粉广告为例，它最早推出的"妈妈，我能帮你干活了"和"雕牌洗衣粉，只用一点点就能洗好多好多衣服"的简单诉求，突出了商品浓浓的人文情怀和价格实惠的特点。广告一出，催人泪下，特别是在工薪阶层中引起了强烈共鸣。雕牌洗衣粉从困难群体出发，不再单纯地介绍产品性能和招揽消费者，而是充满民族气息和对消费者的关爱、忠诚与人文诉求。此后，雕牌还推出了"有情有家有雕牌"的系列主题广告，诉求"只要一点点，洁净幸福到你家"的理念，以打"人性"牌的方式，网罗了大批目标消费者。

227

4. 冲击性原则

所谓冲击性原则，是指广告要具有强烈的视觉冲击力和心理的影响力，深入到人性的深处，冲击消费者的心灵，使之留下深刻的印象。在这个广告铺天盖地的时代，要想迅速吸引人们的视线，广告创意必须符合冲击性原则。

> **营销小知识**
>
> 照片是广告中常用的视觉内容。据统计，在美国、欧洲、日本等经济发达国家和地区，平面视觉广告中95%是采用摄影手段。2006年11月在昆明举行的第13届中国广告节，获得平面类"企业形象奖"的金、银、铜奖16个广告作品中，有14个作品运用了摄影手段。尤其是获得金奖的4个作品，将摄影艺术与电脑后期制作充分结合，拓展了广告创意的视野与表现手法，产生了强烈的视觉冲击力，给观众留下了深刻的印象。

5. 幽默性原则

幽默是广告的国际通行证，戏剧性、幽默感营造的会心一笑的氛围，有助于广告信息的记忆。

> **营销案例**
>
> 美国食品大王鲍洛奇事业的辉煌，正是由于他遇上并选择了幽默而富有创造性的广告业者史坦。史坦为鲍洛奇的重庆公司推销中国炒面时发布了这样一则广告：在人头攒动的电梯里，一位推销员正背对着电梯大门，唾沫四溅地向人们推销炒面。开电梯的再三劝他转过身去他都不理，最后只好让他从一楼走出电梯。他走进另一扇门，一抬头，竟是"重庆公司经销部"。广告创意通过诙谐幽默的剧情设计，在轻松一笑的同时传递了产品的功能信息，让人过目不忘。

6. 新奇性原则

新奇是广告作品引人注目的奥秘所在，也是一条不可忽视的广告创意规律。有了新奇，才能使广告作品波澜起伏，奇峰突起，引人入胜；有了新奇，才能使广告主题得到深化、升华；有了新奇，才能使广告创意远离自然主义，向更高的境界飞翔。

在广告创作中，由于思维惯性和惰性形成的思维定势，使得不少创作者在复杂的思维领域里爬着一条滑梯，看似"轻车熟路"，却只能推动思维的轮子做惯性运动，"穿新鞋走老路"。这样的广告作品往往会造成读者视觉上的麻木，对广告信息的记忆容易混淆，弱化了广告的传播效果。

7. 简明性原则

近年来国际上流行的创意风格越来越简单、明快。正如克劳德·霍普金斯所说："广告围绕一个占主要地位的优势因素展开并清除掉其他一大堆次要的因素，要在短短的几分钟乃至几秒钟的受众接触时间中说得清楚明白，唯一的出路就是诉求单一、单一、再单一。"

一个好的广告创意表现方法包括三个方面：清晰、简练和结构得当。简单的本质是精练。广告创意的简单，除了从思想上提炼，还可以从形式上提纯。简单明了绝不等于无需构思的粗制滥造，构思精巧也绝不意味着高深莫测。平中见奇、意料之外、情理之中往往是传媒广告人在创意时渴求的目标。

> **案例链接**
>
> 宝洁（P&G）公司是美国一流的跨国企业，至今已有160多年的发展历史。生产销售以洗涤和卫生清洁用品为主的200多种消费品，许多品牌在同类产品中处于领导地位。与其庞大的消费品家族和产量相适应，宝洁公司在报纸、杂志、电视、电台等主要媒体都投入了广告费。鉴于其主要媒体都要投入广告费，而其产品大都属于大宗低利的家庭用品，宝洁公司就把大部分广告费投放在电视这一最大众化的媒体上。它的这一媒体策略在中国

也十分明显。

从宝洁公司的电视广告中，我们可以看出一些原则。这些原则反映了宝洁对广告的认识，即广告的首要任务是有效地传递商品信息，而不是艺术或娱乐。这些原则也是他们调查研究和实践后表明是最有效的，因而不轻易改变，如汰渍、佳洁士牙膏、象牙肥皂的广告策略几十年来一直保持不变。

原则一：一则电视广告总是向消费者承诺一个而且只有一个重要的利益点。当他们发现两个或更多的承诺可以提高销售时，他们往往宁可在同一时期内推出两个广告，分别承诺同一产品的不同利益点。宝洁公司在中国推出了几种洗发液，海飞丝的利益承诺是"去头屑"，潘婷的利益承诺是"健康头发"，飘柔的利益承诺是"柔顺"。

原则二：确保广告信息的有效传递。宝洁公司明白广告是一种投资形式，必须产生经济效益，即有效地把产品介绍给消费者，为消费者所接受。因此，他们对广告信息的传递效果在广告写作前、广告制作后、产品在市场试销3个阶段都要进行测试。

原则三：直观地表现产品的特点和功能。他们的每个广告都要有一个使人确信的片段，让消费者直观地感知产品的特点和功能。如广告模特通过挤压 Charmin 卫生纸向观众证实该产品的柔软性。在这一原则下，宝洁公司的电视广告60%以上是采用演示说明或比较广告，宝洁在中国推出的电视广告也大多采用演示形式。如护舒宝卫生巾如何更能吸收液体，海飞丝怎么有效地去头屑，佳洁士牙膏如何能护牙健齿，其牙刷为何能有效刷去牙垢，等等。

原则四："权威证明"的运用。与其"确信的片断"一致的另一策略是尽量使用产品所获的权威证明。他们在中国推出的两则舒肤佳香皂广告都以"中国医学会认可"作为权威证明，其中一则就是运用这一权威认可而创意的。潘婷洗发液使用了"瑞士维他命研究院实验证明"。尽管这一方法不是什么新招术，但在崇尚科学的今天，这种权威证明对提高产品的可信度和可靠性具有重要作用。

原则五：尽量用语言。宝洁公司喜欢在电视广告中多用语言，他们觉得语言更容易达到推销产品的目的。他们的电视广告用语言表达承诺，强调产品的优越性，广告结束时再重复承诺。在30秒的广告中往往要用100个以上的词语，品牌名称平均要出现三四次。

原则六：不轻易舍弃有效的广告，不管它用了多久。宝洁一旦推出了有效的广告，他们绝不轻易放弃，会在很长一段时期内一直使用，直到失去效果为止。

原则七：持续的广告攻势。宝洁公司不仅在投放新品牌时进行强有力的广告宣传，对市场上获得成功的品牌也继续投入大量的广告费予以支持。几乎所有的宝洁产品通年做广告，他们发现这比做六周停六周的跳跃式宣传更有效，而且节约了大量的花费。

原则八：宁要对的，不求第一。宝洁公司总是采用那些已被证实是有利于推销的电视广告技巧，如与产品相关的情景或生活片段、富有感染力的人物表情、权威机构的证明，等等。他们宁要对的，不追求第一。正因为如此，宝洁的广告代理商总觉得他们太保守、太悖时。

宝洁的广告原则是与他们的经营宗旨一致的，尽可能减少冒险，严格遵守他们证实了的原则，如每个产品至少要试销6个月；以赠送介绍性样品的形式把产品导入市场等。虽然宝洁的电视广告带有某种模式化倾向，而且很难被认为具有所谓的"创意"，但人们不得不承认宝洁的电视广告很有效、很有推动力。

（二）广告创意步骤

美国广告专家詹姆斯·韦伯·扬于20世纪60年代提出的广告创意五阶段，在今天的广告实际创作过程中仍在广泛沿用。

1. 调查阶段——收集信息

广告创意是不可能凭空虚构、闭门造车、仅通过想象就能产生的，而是迈出斗室，在深入市场调查研究后想出来的。广告创作人员需要积累生活经验和文化知识，需要深入调查研究，去为每一个创意收集所需要的依据和内容。新颖、独特的广告创意是在周密调查、充分掌握信息的基础上产生的。因此，首先就应该做好调查研究工作。主要是了解有关商品、市场、消费者、竞争对手等几方面的信息。信息资料掌握得越多，对构思创意越有益处，越可能触发灵感。

广告创意的过程同时还是创意者运用自己拥有的一切知识和信息，创造出某种新颖而独特的产品的过程。在这里，创意者的素质直接影响着广告创意的优劣。为了不断提高广告创意的水平，创意者必须要做生活的有心人，随时随地注意观察和收集生活中的一切信息，以备创意时的厚积薄发。

营销小知识

曾为万宝路香烟策划出牛仔形象的著名广告大师李奥·伯奈特在谈到他的广告创意时说，创意的秘诀就在他的文件夹和资料剪贴簿内。他说："我有一个大夹子，我称之为'不足称道的语言'，无论何时何地，只要我听到一个使我感动的只言片语，特别是适合表现一个构思，或者能使此构思神龙活现、增色添香，或者表示任何种类的构想——我就把它收进文件夹内。"

"我另有一个档案簿，鼓鼓胀胀的一大包，里面都是值得保留的广告，我拥有它已经25年了，我每个星期都查阅杂志，每天早晨看《纽约时报》以及芝加哥的《华尔街时报》，我把吸引我的广告撕下来，因为他们都做了有效的传播，或是在表现的态度上，或是在标题上，或是其他的原因。"

"大约每年有两次，我会很快地将那个档案翻一遍，并不是有意要在上面抄任何东西，而是想激发出某种能够适用于我们现在做的工作的东西。"

广告大师们就是通过不断的信息收集和积累为自己建造了一座创意的"水库"，源源不断的创意便从这里喷涌而出。

2. 分析阶段——找出商品最有特色的地方

主要是对获得的资料进行分析，找出商品本身最吸引消费者的地方，发现能够打动消费者的关键点，也就是广告的主要诉求点。

首先把商品能够打动消费者的关键点列举出来，主要有以下几个方面。

（1）广告商品与同类商品所具有的共同属性有哪些，如产品的设计思想，生产工艺的水平，产品自身特性，如适用性、耐久性、造型、使用难易程度等方面有哪些相通之处。

（2）与竞争商品相比较，广告商品的特殊属性是什么，优点、特点在什么地方，从不同角度对商品的特性进行列举分析。

（3）商品的生命周期正处于哪个阶段。

（4）列出广告商品的竞争优势会给消费者带来的种种便利。

（5）找出消费者最关心、最迫切需要的要求，抓住这一点，往往就抓住了创意的突破口。

营销小知识

詹姆斯·韦伯·扬曾说："广告创意是一种组合商品、消费者以及人性的种种事项。真正的广告创作，眼光应该放在人性方面，从商品、消费者及人性的组合去发展思路。"也就是说，要从人性需求和产品特质的关联处追求创意，而不能简单地从商品本身出发。

3. 酝酿阶段——为提出创意做心理准备

在这一阶段，主要是对已形成的广告概念进行孵化，听其自然，放任自流，将广告概念全部放开，尽量不去想这个问题，只是把它置于潜意识中，让思维进入"无所为"的状态。这种状态下，由于各种干扰信号的消失，思维较为松弛，比紧张时能更好地进行创造性思考。一旦有信息偶尔进入，就会使人豁然开朗，过去几年积存在大脑中的信息会得到综合利用。

4. 开发阶段——多提出几个创意

詹姆斯·韦伯·扬在其名作《产生创意的方法》中对创意的出现有精彩的描述："创意有着某种

神秘特质，就像传奇小说般在南海中会突然出现许多岛屿。根据古代水手所讲，在航海图上所标示的深海洋的某些点上，会在水面上突然出现可爱的环状珊瑚岛，那里边充满了奇幻的气氛。"我想，许多创意的形成也是这样。它们的出现，好像在脑际白茫茫的一片飘浮中，突然便跳出了一些若有若无的'岛屿'，和水手所见的一样充满了奇幻气氛，并且是一种无法解说的状态。"

在构思过程中，可能会提出多个新的创意，这些创意往往具有不同的特点，要注意把每一个新的创意记下来，不能"浅尝辄止"，满足于一两个创意。

5. 评价决定阶段——确定最好的创意

在这一阶段，要将前面提出来的许多个新的创意，逐个进行研究，最后确定其中的一个。在研究过程中，要对每个创意的长处、短处，是新奇还是平庸，是否有采用的可能性等进行评价。要注意从几个方面加以考虑：所提出来的创意与广告目标是否吻合；是否符合诉求对象及将要选用的媒体特点；与竞争商品的广告相比是否具有独特性。经过认真的研究探讨后，再确定选用哪一个创意。

三、广告文案创作

广告文案是指广告作品中的语言文字部分。在平面广告中，广告文案是指它的文字部分；在广播电视广告中，广告文案是指人物的有声语言和字幕。

（一）广告文案的结构

平面广告的文案，通常包括标题、正文、广告口号、随文等四大基本部分。

1. 广告标题

广告标题是广告文案的主题，往往也是广告内容的诉求重点。它的作用在于传递主要的广告信息，有效吸引目标消费者对广告的注目，引起他们对广告的兴趣，诱导他们继续阅读广告正文。广告标题包括以下几类。

（1）直接标题。用直接简明的语言说明广告的主要内容，从标题中受众可以获取广告的主要诉求内容。如芬必得镇痛药的广告标题：芬必得止头疼，一天都轻松。

（2）间接标题。不直接说明广告主题，而是运用间接婉转的方式诱导受众阅读正文。如某电冰箱广告标题：寒冷与宁静的联想。

（3）复合标题。兼具直接标题和间接标题的双重作用，可以使广告更醒目、更有气势，它由引题、正题、副题组成。如天府花生广告的标题。

案例链接

天府花生广告的标题：
引题　四川特产，口味一流
正题　天府花生
副题　越剥越开心

营销小知识

大卫·奥格威的广告标题写作十大原则。

（1）平均而论，标题比正文多 5 倍的阅读力，如在标题里未能畅所欲言，就等于浪费了 80% 的广告费。

（2）标题向消费者承诺其所能获得的利益，这个利益就是商品所具备的基本效果。

（3）要把最重要的消息灌注于标题当中。

（4）标题里最好包括商品名称。

（5）唯有富有魅力的标题，才能引导读者阅读副标题及本文。

（6）从推销而言，较长的标题比词不达意的短标题，更有说服力。

（7）不要写强迫消费者研读本文后，才能了解整个广告内容的标题。

（8）不要写迷阵式的标题。

（9）使用适合于商品诉求对象的语调。

（10）使用情绪上、气氛上具有冲击力的语调。

2. 广告正文

广告正文是广告文案的主要部分，是以客观的事实、具体的说明，来增加消费者对产品及服务的了解与认识。广告正文的撰写要实事求是，通俗易懂。不论采用何种题材式样，都要抓住主要的信息进行叙述，言简意明。

广告正文分为理性型广告文案和情感型广告文案。

（1）理性型广告文案。这种文案是以摆事实、讲道理、提出确凿的证据和事实为诉求方式，以商品或劳务的优点、特质和特别的利益为诉求重点的广告文案。理性型广告文案又分为陈述体、论说体、证明体等类型。

案例链接

一则标题为"还在用这种方法提神吗？"的红牛饮料广告文案的正文如下。

都新世纪了，还在用这一杯苦咖啡来提神？你知道吗，还有更好的方式来帮助你唤起精神：全新上市的强化型红牛功能饮料富含氨基酸、维生素等多种营养成分，更添加了8倍牛磺酸，能有效激活脑细胞，缓解视觉疲劳，不仅可以提神醒脑，更能加倍呵护你的身体，令你随时拥有敏锐的判断力，提高工作效率。

（2）情感型广告文案。这类文案以情感人，追求情调的渲染和氛围的烘托，富有人情味，以此诱发消费者的感情，在情感或情绪的影响支配下，采取购买行为。情感型广告文案又可分为描述体、抒情体、故事体、谐趣体等类型。

案例链接

一则标题为"试图使他们相会？"的 DIPLOMA 奶粉广告文案的正文是：

亲爱的扣眼：

你好，我是纽扣，

你记得我们已经有多久没在一起了？

尽管每天都能见到你的情影，

但肥嘟嘟的肚皮横亘在你我之间，

让我们有如牛郎与织女般地不幸。

不过在此告诉你一个好消息，

主人决定极力促成我们的相聚，

相信主人在食用 DIPLOMA 脱脂奶粉后，

我们不久就可以天长地久，永不分离。

3. 广告口号

广告口号是一种较长时期内反复使用的特定商业用语。广告口号的作用就是以最简短的文字把企业的特征或是商品的特性及优点表达出来，给人留下深刻的印象。广告口号还可以保持广告活动的连续性，使人一听到或看到广告口号就联想起商品或广告内容。广告口号常有的形式如联想式、比喻式、许诺式、推理式、赞扬式、命令式等。广告口号的撰写要注意简洁明了、语言明确、独创有趣、便于记忆、易读上口。

| 营销小知识 |

联想式广告口号：在弗斯特格兰特的背后有什么？（弗斯特格兰特食品公司）

比喻式广告口号：比女人更了解女人（雅芳）

许诺式广告口号：给您一个五星级的家（碧桂园）

　　　　　　　　真诚到永远（海尔）

　　　　　　　　好空调 格力造（格力）

推理式广告口号：原来生活可以更美的（美的）

　　　　　　　　一开就有乐事（乐事）

赞扬式广告口号：只溶在口，不溶在手（M&M 巧克力）

命令式广告口号：just do it（耐克）

建议式广告口号：你值得拥有（欧莱雅）

| 案例链接 |

中国各大城市旅游广告口号精选。

上海市：上海，精彩每一天

重庆市：世界的重庆，永远的三峡

广州市：一日读懂两千年

福州市：福山福水福州游

昆明市：昆明天天是春天

长沙市：多情山水，璀璨星城

登封市：中国少林武术之乡

常熟市：世上湖山，天下常熟

曲阜市：孔子故里，东方圣城

义乌市：小商品的海洋，购物者的天堂

苏州市：人间天堂，苏州之旅

无锡市：太湖美景，无锡旅情

4. 随文

随文是广告文案中的附属部分，是广告内容的必要交代或进一步的补充与说明。随文不一定在广告文案中全部出现，要根据广告文案的目的和主题有所选择。随文主要由公司名称、地址、电话、联系方式、网址等内容组成。

| 案例链接 |

华南碧桂园之"十年华南"楼盘（2010 年 10 月）广告文案。

广告标题：正题：十年华南

　　　　　副题：城更盛 家更美

广告正文：十年

　　　　　华南板块从城市郊外到广州新城市中心华丽转身

　　　　　进入它繁华盛放的时代

　　　　　十年

　　　　　华南碧桂园潜心筑家，专注提升品质

　　　　　渐成城盛家馨、山暖花开的大社区

　　　　　十年

　　　　　奋斗着的您，或正值芳醇，意气风发

　　　　　或三十而立，游刃有余

> 或四十不惑，优游从容
> 都值得用更完美的生活，犒赏自己
>
> 广告口号：给您一个五星级的家
>
> 随　　文：

（二）广告文案的语言要求

1. 准确规范、点明主题

准确规范是广告文案中最基本的要求。要实现对广告主题和广告创意的有效表现和对广告信息的有效传播，首先要求广告文案中语言表达规范完整，避免语法错误或表达残缺。其次，广告文案中所使用的语言要准确无误，避免产生歧义或误解。第三，广告文案中的语言要符合语言表达习惯，不可生搬硬套，杜撰词汇。第四，广告文案中的语言要尽量通俗化、大众化，避免使用冷僻以及过于专业化的词语。

2. 简明精练、言简意赅

广告文案在文字语言的使用上，要简明扼要、精练概括。要以尽可能少的语言和文字表达出广告产品的精髓，实现有效的广告信息传播。简明精练的广告文案有助于吸引广告受众的注意力，使其迅速记忆广告内容。

3. 生动形象、表明创意

受众一般在被动意识下接收和观看大量的广告内容，因此，广告文案要求用生动、具体、形象的语言进行表现，便于目标受众理解与记忆，使文案达到广告的传播和说服的目的。

4. 个性突出、上口易记

广告文案不仅体现广告中产品、企业、服务或观念的个性特征，也要体现文案语言的自身特征。如此，才能在众多的广告信息中脱颖而出，体现独具的销售魅力，让受众印象深刻。当然，也要避免过分追求语言和音韵美而忽视广告主题，生搬硬套，牵强附会。广告文案必须朗朗上口，容易记忆。

四、广告媒体策略

广告媒体是广告主用来进行广告活动的物质技术手段和广告信息传播通道，主要有报纸、杂志、广播、电视、互联网等五大媒体，不同的广告媒体具有不同的特点。

广告媒体策略就是选择恰当而有效的广告媒体与组合方式，适时而准确地将广告信息传播给广告对象。广告媒体策略受到市场环境、媒体、广告主本身等多重因素的影响，应综合考量制定。

（一）市场环境的因素

1. 目标受众的特征

不同的目标受众，媒体的接触习惯大不相同。一般地说，受教育程度较高者，偏重于印刷媒体；受教育程度较低者，偏重于电波媒体。老年人倾向于报纸、广播媒体，年轻人更倾向于网络、电视媒体。因此，要根据目标受众的性别、年龄、受教育程度、职业及地域性等来决定选择合适的媒体。

2. 产品或服务的特性

产品或服务的特性与媒体的选择密切相关，产品的质量、价格、档次、包装、使用价值等特性，对媒体的选择有着直接或间接的影响。

生活用品和工业用品广告的媒体策略完全不同，前者的目标受众是全体消费大众，后者是特定的行业；前者适合选择大众媒体进行传播，后者则倾向于选择行业媒体。

化妆品常常需要展示产品细致入微的功能效果，就需要借助具有强烈视觉效果的媒体进行展示，如电视、杂志广告，而报纸广告因其印刷效果较差就不宜采用。

3. 要考虑产品的销售范围

产品的销售范围是全国性销售，还是地方区域性市场的销售，直接关系到广告接触者的范围大小，由此才可决定采用何种媒体，以免使用不适当的广告媒体而浪费资金，传播效果大打折扣。

4. 竞争对手的媒体策略

竞争对手实施何种广告战略，采用何种媒体策略，将直接影响到广告主自身媒体策略的制定。如果广告主本身财力雄厚，可与竞争对手正面交锋；如果财力有限，则可以采取迂回战术，避其锋芒，选择其他媒体投放广告。

（二）媒体因素

1. 媒体的成本

慎重考虑媒体的成本费用，不仅要考虑"绝对成本"，即媒体的实际支付费用，同时也应考虑"相对成本"，如用印刷媒体的每天读者数，或电波媒体的每分钟每千人的视听成本。

2. 媒体的经济价值

平面媒体的发行量、电视节目的收视率、电台的收听率等都反映了媒体的经济价值。值得强调的是，经济价值是一个变量，同一个媒体，在不同的地区、不同的季节，其经济价值也是不同的。

3. 媒体的特性

不同的媒体具有不同的特性，媒体策略应结合不同媒体的优缺点进行选择，力求扬长避短。各种媒体的优缺点如表9-1所示。

表9-1 不同媒体的优缺点

媒 体	优 点	缺 点
报纸	版面大、篇幅广 编排灵活 图文并茂 发行面广，覆盖面宽 发行对象明确，选择性强 信息传播迅速，时效性强	易导致阅读者对于广告的注意力分散 在印刷上比较粗糙，色彩感差 延续效果不足
杂志	对象明确，针对性较强 编辑精细，印刷精美 有效使用期较长，保存期久 读者比较固定	周期较长，灵活性较差 专业性强，传播面窄 成本较高
电视	富有极强的感染力 媒介覆盖面广，公众接触率高 具有娱乐性，易于为受众接受	信息稍纵即逝，不易存查 费用昂贵，制作成本较高 受众注意力不够集中
广播	传播迅速，时效性强 信息受众广泛，覆盖面大 传播方便灵活，声情并茂 制作简便，费用低廉	对需要表现外在形象的产品，广播媒介难以适应 信息转瞬即逝，不易存查

续表

媒　体	优　点	缺　点
网络	传播范围广 交互性强 针对性明确 受众数量可准确统计 成本低 感官性强 容量大	信息焦虑感强 信息信任危机感强 尽管网络广告图文并茂，而且有极好的音效，但是由于现阶段网络技术的制约，网络广告的这些优势往往难以发挥

（三）广告主因素

要综合考虑广告主现行的广告战略及目标，广告预算的分配额和广告主的经济能力。同时，还要结合广告主之前的广告战略及执行策略，以保持广告活动的连续性。

营销小知识

各地卫视 18～24 时禁播电视购物广告。

中广网北京 2009 年 9 月 10 日消息，国家广电总局今天（10 日）正式出台《广播电视广告播出管理办法》，并同步下发《广电总局关于加强电视购物短片广告和居家购物节目管理的通知》，加强对电视购物行业的监管。新的管理办法将从 2010 年 1 月 1 号起施行。2003 年 9 月 15 日国家广播电影电视总局发布的《广播电视广告播放管理暂行办法》同时废止。

广电总局这一次把广播购物和电视购物短片广告的管理纳入《广播电视广告播出管理办法》中。而且据国家广电总局传媒机构管理司介绍，在今天下发到各地广电机构的一个配套通知里，已经明确把电视购物短片作为广告来管理，在时长、播出时段等方面做出了具体的规定。特别强调，专门的新闻频道、国际频道等和居家购物频道不能播放电视购物短片广告。教育、少儿等专业频道不能播出不适宜未成年人收看的电视购物短片广告。卫星频道每天晚上 6 点到 24 点的时段内，不得播出电视购物广告。在内容方面，除了再次明确，介绍药品、性保健品和丰胸、减肥、增高等产品的广告和节目严禁播出外，还严禁在广告和节目中以虚构断货、抢货、甩货等情形夸大夸张的宣传来推销商品，误导消费。

新规定还对在电视台投放电视购物短片广告的企业设定了准入门槛，要求企业注册资本不少于 1 000 万元人民币，有固定经营场所，具有不少于 100 个座席的呼叫系统等。

另外，新的政策特别强调广播电视播出机构要对所播出的电视购物短片广告进行审查，对居家购物节目（也就是购物频道）内容负责。因审查把关不严，对消费者造成损害的，广播电视播出机构还需承担相应的法律责任。据了解，有关承担法律责任的提法这还是第一次。

任务总结

陈刚团队将他们对广告策划活动中的经验归纳如下。

（1）广告创意并非天马行空，它必须遵守一系列的要素，如紧扣主题、考虑目标受众的思维习惯、广告主一贯执行的广告策略等。其中，紧扣主题是重中之重，创意像风筝，无论飞得多远多高，都必须由主题这根线牢牢拽住。

（2）良好的创意能力会带来对局限性的克服，创意能力的水准取决于创意人眼界的宽度和把握技巧的灵活程度。广告创意必须遵守科学性原则、艺术性原则、人性化原则、冲击性原则、幽默性原则、新奇性原则、简明性原则。

（3）广告媒体策略就是选择恰当而有效的广告媒体与组合方式，适时而准确地将广告信息传播给广告对象。广告媒体策略受到市场环境、媒体、广告主本身等多重因素的影响，应综合考量制定。

💬 **思考与讨论**

1. 选择 3 个你最喜欢的广告，并阐述你喜欢它们的理由。

2. 评析加多宝"对不起"广告。

加多宝在"红罐凉茶改名加多宝"这句广告语被裁定禁止之后，昨天推出的四张"对不起"系列广告，却在网络上疯传，成为了热点。四张海报以道歉为包装，实际突出了自己过去多年的成绩，并以一个弱势者的姿态引来大量支持的声音，设计的爆炸式力量可见一斑，如图9-6所示。

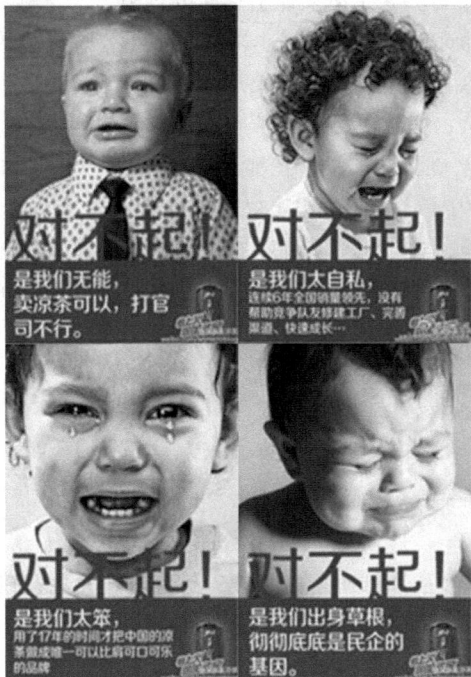

图 9-6　加多宝"对不起"广告

3. 怎样才能创作好的广告文案？

4. 重在"展示产品功效"的化妆品广告适合在报纸版面刊登吗？

5. 某公司品牌部门有一项针对电视广告片的审核规定：在电视广告片审片会议上，公司邀请不同身份的人员参加，广告只播放一遍，然后由所有审片人员回答"从广告中看到什么"这一问题。如果90%的人表达的意见与广告片制作的意图相同，则广告审核通过。你认为这项规定合理吗？为什么？

✏️ **案例分析**

大卫·奥格威的哈特威衬衫

被美国《广告时代》杂志评为"以创意之王屹立于广告世界中"的大卫·奥格威，1948年以6 000美元创业，如今已成为全世界10大广告公司之一，并在全世界40个国家设有140个分支机构。这位美国广告泰斗成功的秘诀就在"创意"。40年来，奥格威的点子层出不穷，他所策划的成功广告活动数不胜数，其中最脍炙人口的经典作品，莫过于哈特威衬衫广告。哈特威

237

是一家默默无闻的小公司，每年的广告预算只有3万美元，与当时箭牌衬衫每年200万美元的广告费相较之下，真是少得可怜。当哈特威的老板杰得与奥格威洽谈广告代理时，奥格威不在乎广告预算太少，他在乎的是：必须把广告全权委托，不得更改企划案，连一个字都不得更改。

接下哈特威衬衫的广告代理后，奥格威内心盘算着：

面对箭牌衬衫每年200万美元庞大广告费，哈特威要打出知名度，非出奇制胜不可。

哈特威的广告活动，必须是一个伟大的创意，否则必败无疑。

为了提高哈特威的知名度，我必须先建立它的品牌印象。

根据调查证实，消费大众都是先看广告图案（相片），再看标题，最后才读文案。此种图案—标题—文案的架构，就是故事诉求法。此种诉求法，常令消费者无法抗拒。不过，"故事"的内容必须充实，而且图案（相片）必须能引起大众的好奇，才能吸引他们接着标题"文案"一路看下去。于是，一个伟大的创意出现了。不久，一个戴着黑眼罩的中年男士，穿着哈特威衬衫出现在美国的报纸与杂志广告上。在短短几个月内，那位戴眼罩的绅士表现出英勇的男子气概，风靡了全美国。当然，哈特威衬衫也跟着水涨船高，达到家喻户晓的程度。在美国的广告史上，从没有一个产品像哈特威那样，花那么少的代价（每年3万美元预算）创造了全美知名的品牌。虽然奥格威只从哈特威的广告上赚到6 000美元，然而这一杰出的创意，将使他在广告史上永垂不朽。妙的是，这位因"创意"而名满天下的广告大师，认为好的广告是不愿你觉得它很有"创意"，宁愿你觉得它很有意义，而去购买该产品。创意之论引起大众好奇，是创意魅力所在。

广告文案如下。

标题：穿"哈特威"衬衫的人

正文：美国人最后终于开始体会到，买一套好的西装而被穿一件大量生产的廉价衬衫毁坏了整个效果，实在是一件愚蠢的事。因此在这个阶层的人群中，"哈特威"衬衫就日渐流行了。

首先，"哈特威"衬衫耐穿性极强——这是多年的事。其次，因为"哈特威"剪裁——低斜度及"为顾客定制的"——衣领，使得您看起来更年轻、更高贵。整件衬衣不惜工本的剪裁，因而使您更为"舒适"。下摆很长，可深入你的裤腰。纽扣是用珍珠母做成——非常大，也非常有男子气。甚至缝纫上也存在着一种南北战争前的高雅。

最重要的是"哈特威"使用从世界各角落进口的最有名的布匹来缝制他们的衬衫——从英国来的棉毛混纺的斜纹布，从奥斯特拉德地方来的毛织波纹绸，从西印度群岛来的海岛棉，从印度来的手织绸，从曼彻斯特来的宽幅细毛布，从巴黎来的亚麻细布，穿了这么完美风格的衬衫，会使您得到众多的内心满足。

"哈特威"衬衫是缅因州的小城渥特威的一个小公司的虔诚的手艺人所缝制的。他们老老小小的在那里已工作了整整114年。

您如果想在离您最近的店里买到"哈特威"衬衫，请写张明信片到"C·F·哈特威"缅因州·渥特威城，即复。

案例思考：

（1）你认为这则广告创意获取成功的关键原因是什么？

（2）如果你是"哈特威"衬衫的媒介经理，你认为大卫·奥格威创作的这则广告适合在哪些媒介投放？

实训项目

实训项目一　创意思维的训练

【训练目标】

（1）锻炼创意思维发散的能力。

（2）提高广告鉴赏能力。

【内容与要求】

请看一组绝妙的广告创意（见图 9-7～图 9-11）。在没有文案的情况下，根据你的个人感悟写出广告要表达的内容。

图 9-7　PENTAX 相机

图 9-8　宏达摩托车

图 9-9　联邦快递

图 9-10　游戏男孩广告

图 9-11　吉普车广告

【组织与实施评价】

（1）学生在规定的时间内单独完成任务。

（2）评价与总结：学生提交作业，教师根据结果进行评价。

实训项目二　广告文案练习

【训练目标】

（1）掌握广告文案的构成内容。

（2）掌握广告文案的创作能力与技巧。

【内容与要求】

陈刚团队在经营校园超市时要进行开业与促销广告宣传，请制定广告策划方案。

【组织与实施评价】

（1）以项目团队为学习小组，选出团队负责人。

（2）建立沟通协调机制，团队成员共同参与协作完成任务。

（3）各项目团队讨论平面广告文案的撰写。

（4）评价与总结：各项目团队提交撰写的文案稿件，教师根据结果进行评估。

【实训结果】

图9-12　广告文案实训成果A

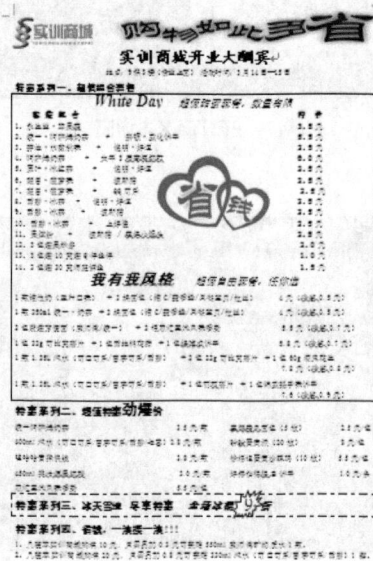

图9-13　广告文案实训成果B

任务三　营业推广策划

【任务引入】

陈刚团队根据校园超市整合营销传播方案进行的广告宣传已经在校园打响并且取得不俗的广告效果，接下来，他们计划运用营业推广手段开展一系列的促销活动，陈刚团队应该怎么做呢？

任务1：根据陈刚团队的需要掌握营业推广的内容与技巧。

任务2：根据陈刚团队的需要掌握营业推广方式的运用。

任务3：根据陈刚团队的需要掌握开展校园超市的营业推广活动。

【任务分析】

在这个整合营销传播时代，任何营销传播工具都不再是单打独斗，营业推广作为刺激销售的一把营销利器，必须在整合营销传播的"统一"主题下有效运营，才能更好地达成提升销量的目的。

→ *知识链接*

一、营业推广概念及种类

营业推广又称销售促进（Sales Promotion，SP），菲利普·科特勒把它定义为："刺激消费者或中间商迅速或大量购买某一特定产品的促销手段，包括了各种短期的促销工具。"从这个定义可以看出，营业推广是指在短期内为了刺激需求而进行的各种活动，这些活动可以诱发消费者和中间商迅速、大量地购买，从而促进企业产品销售的迅速增长。企业的营业推广对象包含消费者、中间商、推销员。

241

在促销活动中，营业推广方法具有举足轻重的作用。一般而言，公共关系提供的是企业形象，广告促销提供的是购买理由，而营业推广提供的是购买刺激。它区别于人员推销、公共关系和广告宣传，但又给这些营销手段以有效的补充，被誉为现代营销的开路先锋、销售的推进器，为各国工商界所广泛使用。

依据对象的不同，营业推广分为三种：针对消费者的营业推广、针对中间商的营业推广以及针对销售人员的营业推广。

（一）针对消费者的营业推广

可以鼓励老顾客继续购买，不断强化其品牌忠诚度。促进新顾客的购买成交，引导其改变过去的购买习惯。

（1）赠送促销。向消费者赠送样品或试用品，赠送样品是介绍新产品最有效的方法，缺点是费用高。样品可以选择在商店或闹市区散发，或在其他产品中附送，也可以公开广告赠送，或入户派送。这种方式在化妆品行业应用广泛。

（2）积分奖励。消费者购买产品后可以累计积分，当积分达到一定额度时，可以兑换相应的产品或者获得某一特惠折扣，这种方式适合强化消费者的购买行为，培养其品牌忠诚度。

（3）折价券。给持有人一个证明，证明他在购买某种商品时，持券可以免付一定金额的钱。折价券可以通过广告或直邮的方式发送。

（4）包装促销。是在商品包装或招贴上注明，比通常包装减价若干，它可以是一种商品单装，也可以把几件商品包装在一起。

（5）抽奖促销。顾客购买一定的产品之后可获得抽奖券，凭券进行抽奖获得奖品或奖金，抽奖可以有各种形式。

（6）现场示范。企业派促销员在销售现场演示本企业的产品，向消费者介绍产品的特点、用途和使用方法等。

（7）联合推广。企业与零售商联合促销，将一些能显示企业优势和特征的产品在商场集中陈列，在展示的同时进行销售。

（8）参与促销。组织各种消费者参与的促销活动，如技能竞赛、知识比赛等活动，参与活动的消费者有机会获得企业的奖励。

（9）会议促销。各类展销会、博览会、业务洽谈会期间的现场产品介绍、推广和销售活动。

（二）针对中间商的营业推广

目的是鼓励批发商大量购买，吸引零售商扩大经营，动员有关中间商积极购存或推销某些产品。其方式可以采用以下几种。

（1）批发回扣。企业为争取批发商或零售商多购进自己的产品，在某一时期内给经销本企业产品的批发商或零售商加大回扣比例。

（2）推广津贴。企业为促使中间商购进企业产品并帮助企业推销产品，可以支付给中间商一定的推广津贴。

（3）销售竞赛。根据各个中间商销售本企业产品的实绩，分别给优胜者以不同的奖励，如现金奖、实物奖、免费旅游、度假奖等，以起到激励的作用。

（4）营销费用分摊。生产商分担一定的市场营销费用，这种分担一般是有条件的，根据零售商的销售业绩，约定生产商和零售商的市场营销费用分摊比例。这些市场营销费用包括零售商的店面装修、广告等费用。生产商这样做的目的是提高中间商推销本企业产品的积极性和能力。

（三）针对销售人员的营业推广

鼓励他们热情推销产品或处理某些老产品，或促使他们积极开拓新市场。

（1）销售竞赛：如有奖销售、红利提成、特别推销金等。

（2）免费提供人员培训、技术指导。

案例链接

能让都市时尚白领一族以逛屈臣氏商店为乐趣，并在购物后仍然津津乐道，有种"淘宝"后莫名喜悦的感觉，这可谓达到了商家经营的最高境界。作为城市高收入代表的白领丽人，她们并不吝惜花钱，物质需求向精神享受的过渡，使她们往往陶醉于某种获得小利后成功的喜悦，祈望精神上获得满足。屈臣氏正是捕捉了这个微妙的心理细节，成功地策划了一次又一次的促销活动。

屈臣氏促销活动之所以获得消费者青睐，在以下几方面的突出表现值得借鉴。

1. 持之以恒

很多消费者对屈臣氏的促销活动都非常熟悉，他们了解屈臣氏在定期举行什么形式的促销活动，这归功于屈臣氏多年来的坚持。屈臣氏的常规促销活动每年都会定期举行，特别是自有品牌商品的促销，如"全线八折""免费加量""买一送一""任意搭配"等会在每年中定期举办，并且在活动中经常都会包含"剪角抵用券""满50元超值10元换购""本期震撼低价"。

2. 丰富多彩

屈臣氏一年24期常规促销活动，形式非常独特，与其他零售店的方式完全不一样，"自有品牌商品免费加量33%不加价""60秒疯狂抢购""买就送"更是丰富多彩。促销商品品种繁多，如滋润精选、如丝秀发、沐浴新体验、皓齿梦工场、维有新健康、营养街、清亮新视界、知足便利店、关爱自己、完美纸世界、小工具课堂、优质生活、开心美味园、健康情报站、潮流点缀、旅游自助魔法、美丽港……非常多的趣味主题，介绍众多的个人护理用品，引导着消费。

3. 权威专业

屈臣氏的促销活动往往都会贯穿一个权威专业的主导线，每时每刻都在向消费者传递着自己在专业领域里权威专业的信息，让消费者有更大的信任感。屈臣氏的"健康知己"，为顾客提供日常健康知识咨询，《屈臣氏护肤易》《屈臣氏优质生活手册》《健与美大赏》《屈臣氏自有品牌特刊》《畅游必备品》向顾客推荐好的产品的同时，邀请行业界知名人物，与读者共同分享美容心得、健康知识。如"美白无瑕、靓丽心情""健康身心迎夏日""健康相伴、美丽随行""和您分享""美容专家扮靓 TIPS""夏日护肤心得""屈臣氏关心您"等主题，屈臣氏的《促销商品快讯》也是一本健康美容百科全书，除了众多的特价商品、新商品推介，还介绍非常多的日常护理小知识。

4. 优惠实效

根据国人消费习惯，实惠才是硬道理，屈臣氏促销讲究的就是"为消费者提供物超所值"的购物体验，从"我敢发誓"到"冬日减价""10 元促销""SALE 周年庆""加 1 元多一件""全线八折""买一送一""自有品牌商品免费加量33%不加价""买就送"等，每一次都会引起白领丽人的惊呼，降价幅度非常大。每期都有的 3 个"10 元超值换购"商品、9 个"震撼低价"商品，每次都会被抢购一空。

5. 全员重视

屈臣氏的促销能达到一个好的结果，不仅仅是有好的策划思路，最重要的是有好的执行力，其全员重视为促销获得成功奠定了基础。在屈臣氏举办一次促销活动需要非常大的工作量，每次举行新的促销活动时，所有的宣传册、商品、促销主题宣传画、价格指示牌都得更换一新，店铺的员工更是要熟悉每次的促销规则，把所有促销商品陈列到位，更换所有的商品价格，按要求摆放宣传挂画。每次更换促销活动主题，在屈臣氏叫"转销"，员工需要在停止营业后一直工作到凌晨，才可以把卖场布置好。为了让各个分店都能按总部思路执行每次的促销活动，各分店的经理都要去参观样板店，促销开始的第二天，区域经理就马不停蹄地到各个分店巡视促销活动执行情况，随时监督工作部署。

6. 氛围浓郁

"创造一个友善、充满活力及令人兴奋的购物环境"是屈臣氏卖场布置的精髓。为了创造一个好的促销氛围，屈臣氏从不吝惜布置场地方面的花费，每次促销会更换卖场所有的宣传挂画、价格牌、商品快讯、色条（嵌在货架层板前面的彩色纸条）、POP，虽然有浪费之嫌，但舍得投入也是获得回报的根本。

同时每次促销活动，屈臣氏都会有新的录像光盘提供给每个分店播放，宣传更多的促销信息。

7. 注重研究

屈臣氏研究认为，"小资情调"是白领一族的固有心态，甚至有些"虚荣"的心理，仅是廉价无法满足他们的需求，大奖也不是引起他们光顾的根本，新奇刺激的活动对他们更具有吸引力。提供一种方便、健康、美丽的服务更能提升顾客忠诚度，如"60 秒疯狂抢购"，抽奖获得者可以在卖场对指定货架商品进行"扫荡"，60 秒内拿到的商品都属于获奖者，这样的刺激使消费者津津乐道。屈臣氏在促销商品陈列方面有非常标准的原则，对收银台附近的商品陈列技巧，"推动走廊"的陈列方式，"超值换购""震撼低价商品"的陈列，促销端架的陈列、促销胶箱商品的凌乱美、HOTSPOT（热卖焦点）的陈列原则，都是从顾客购物心理、视觉角度、走动习惯等多方面研究得出的结论。

8. 良好习惯

员工注重养成良好的促销推荐习惯。在屈臣氏的促销中，员工会随时告诉顾客，这是正在进行促销的商品。向顾客推荐促销商品，推介更多的优惠信息，可以获得顾客好感。屈臣氏的服务要求中要求员工必须做到这一点，门口的保安会礼貌地向入店顾客赠送一本商品促销手册，以便让顾客获得更多的促销资讯。

屈臣氏层出不穷的促销招数介绍。

招数 1：超值换购

招数 2：独家优惠

招数 3：买就送

招数 4：加量不加价

招数 5：优惠券

招数 6：套装优惠

招数 7：震撼低价

招数 8：剪角优惠券

招数 9：购某个系列产品满 88 元送赠品

招数 10：购物 2 件，额外 9 折优惠

招数 11：赠送礼品

招数 12：VIP 会员卡

招数 13：感谢日

招数 14：销售比赛

二、营业推广策划程序

营业推广策划是一项系统工程，每一个环节都需进行精心设计才能达到预期效果，具体可以分为 5 个步骤，如图 9-14 所示。

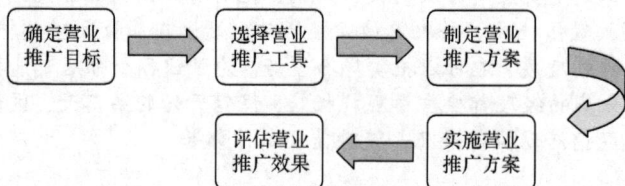

图 9-14　营业推广策划程序

（一）确定营业推广目标

营业推广策划的第一步是要确定营业推广的目标。首先要明确推广的对象是谁，要达到的目的是什么。只有知道推广的对象是谁，才能有针对性地制定具体的推广方案，例如：饮料品牌为达到吸引消费者试用新产品的目的，可以采用免费品尝的营业推广的方式。某家电品牌为了争取其他品牌的使用者转向购买本品牌，可采用以旧换新的活动吸引新顾客群购买。

（二）选择营业推广工具

营业推广的方式方法很多，但如果使用不当，则效果适得其反。因此，选择合适的推广工具是取得营业推广效果的关键因素。除了营业推广目标，在选择营业推广工具时还要考虑以下因素。

1. 营业推广对象

不同的营业推广对象有不同的思维方式和购买习惯。例如，男性消费者比女性消费者更加理性；激励一个销售人员的工作热情应不仅仅着眼于金钱激励，技能培训和职业规划有利于提升销售人员的专业素质，同样能极大地调动其工作积极性，因此这 3 种方式应综合应用。

2. 产品特性

不同种类的产品应选择不同的营业推广工具。例如，消费者对大宗物品的购买一般比较审慎，折价券等方式不一定能打动其参与购买，但现场示范的方式能充分展示产品的优点，有利于消费者更好地了解产品，更适合大宗物品的营业推广。此外，同一产品处于生命周期的某个阶段，不

同的阶段具有不同的市场特点，应据此选择相应的营业推广工具。

3. 竞争对手

企业在选择营业推广工具时，应参考竞争对手同一时期的举动，以更优于竞争对手促销活动的方式选择营业推广工具，更好地建立与经销商的关系和获取更多的目标消费者购买行为。当然，竞争对手在过去开展促销活动时采用某种营业推广工具的效果，也应及时借鉴和参考。

4. 营业推广预算

在选择工具前要"量入为出"，根据营业推广活动的预算确定选择哪种工具。

（三）制定营业推广方案

营业推广方案包含的内容主要有以下几点。

（1）营业推广目标。营业推广目标是营业推广活动最关键的因素。

（2）营业推广范围。分为两项内容：产品范围和市场范围。

① 产品范围。不管是制造商还是经销商都不会经营单一的产品，因此设计营业推广方案之前应考虑以下因素。

本次营业推广活动是针对整个产品系列还是仅对某一项产品。

针对市场上正在销售的产品营业推广，还是针对特别设计包装的产品营业推广。

② 市场范围。一次营业推广活动可以针对全国甚至全世界所有的市场同时开展，也可以只针对某些地区开展，或在很多市场同步推出，在方案中应当明确。

（3）确定折扣率。要对以往的营业推广实践进行分析和总结，力求引起最大的销售反应。并结合新的环境条件确定适合的刺激程度。

（4）选择营业推广对象。即推广对象是消费者、中间商还是推销员。

（5）营业推广媒介的选择。决定如何将本次营业推广活动的信息传递给目标对象。

（6）营业推广时间的选择。包括时机的选择和推广期限的确立。营业推广的市场时机选择很重要，如季节性产品、节日产品、礼仪产品，必须在季前节前做营业推广，否则就会错过了时机。

> **营销小知识**
>
> 企业一般会选择一些特殊时机开展活动，如传统节假日、重大社会活动、企业周年庆典、竞争对手开展营业推广活动时间等。此外，还需合理确定营业推广活动持续时间的长短。推广期限要恰当，过长，消费者新鲜感丧失，产生不信任感；过短，一些消费者还来不及接受营业推广的实惠。据美国的一些研究人员调查表明，理想的营业推广持续时间为每季度使用3周时间，每一次推广的最佳时间长度为消费者的平均购买周期。

（7）促销预算的分配。方案要根据企业营业推广的目标和范围等，确定一个适当的促销规模，制定出企业的促销经费预算，并将促销经费和资源分配到各种促销工具，形成预算安排。

（8）确定营业推广的限制。即营业推广对象必须具备什么资格才能参加营业推广活动。

除了以上内容之外，为保证营业推广活动的顺利开展，还必须制定一些条款。如针对消费者的营业推广，要确定奖品的具体兑换时间、优惠券的有效期限、游戏规则等。对中间商的营业推广应明确中间商付款的期限、购买的数额等。此外，营业推广要与营销沟通的其他方式如广告、人员销售等整合起来，相互配合，共同使用，从而形成营销推广期间的更大声势，取得单项推广活动达不到的效果。

（四）实施营业推广方案

营业推广活动需要耗费企业一定的费用，而且关系到企业与经销商、消费者和销售人员之间关系的建立，甚至在某种程度上决定了企业营销活动的成败。因此，营业推广方案的实施应审慎进行。企业首先必须对营业推广方案进行检验，审查通过后首先可小规模地试点实施，通过实验改进方案中的不足，然后大规模地应用推广。

在方案正式实施阶段，企业相关负责人一定要做好控制工作，保证营业推广活动严格按照具体操作计划来实施；同时及时收集营业推广过程中的信息，制定相应的应对措施。

（五）评估营业推广效果

营业推广是否达到预期效果？企业必须在每一次营业推广后进行效果评估，及时总结经验，发掘优势，寻找不足，作为下次营业推广策划的有益参考。

三、制定营业推广促销方案

营业推广策划的一般文案格式如下。

（1）前言。

（2）市场及产品分析。

（3）活动传播对象（目标人群）。

（4）活动目的。

（5）活动的时间。

（6）活动主题。

（7）活动的策略或框架内容。

（8）活动信息传播计划。

（9）具体活动（工具）安排与开展。

（10）活动费用预算。

（11）活动效果评估。

案例链接

触摸"十一"体验"阿胶"

——东阿阿胶情系百姓营业推广方案

一、活动背景介绍

今天，"国庆"的概念已经得到延伸和创新，它的含义与我们企业的经营理念"融古今智慧，创健康人生"一脉相承。具有两千多年历史的阿胶，正是经过我们千百年来的努力，不断丰富、延伸和创新，它是智慧的结晶，承载着人类健康的使命！因此，我们选择这个具有深刻意义的节日，举行系列促销活动。

二、活动目的

（1）利用节日消费高峰，提高销量。

（2）借势推广产品，促进认知。

（3）回馈广大消费者，建立忠诚度。

（4）加强与终端合作。

三、活动主题

触摸"十一"体验"阿胶"——东阿阿胶情系百姓。

四、活动对象

以济南、青岛、北京、合肥四个城市的广大市民及销售终端为活动对象。

（其他城市条件允许也可开展，特别是一些重点的商超终端，要充分利用此次活动，在

终端形成一定的影响，打好市场的基础）

五、活动时间

2009 年 9 月 20 日—10 月 20 日

六、活动地点

已铺货的商超终端。

七、活动宣传

（1）每个城市根据现有的资源和能力准确安排本次活动。

① 现有产品结构合理，要有足够的礼盒陈列。

② 此店在活动期间要有堆头展示，同时能配备导购小姐，至少保证一天一名。

③ 此店要有足够的人流量，产品要有一定销售基础。

④ 需要有良好的客情关系，能配合本次活动的有效执行。

（2）在此店要有重点产品的 DM 支持，同时在 DM 上告知活动内容。

（3）终端的布置设计。

① 店门口有活动告知（如海报、易拉宝或 KT 板展示活动内容）。

② 店门口设置赠品展示台，发奖人员同时发放活动宣传单页。

③ 店内堆头要尽可能贴上活动海报，彰显活动气氛。

④ 店内堆头放上抽奖箱/赠品进行展示，激发消费者购买欲望。

⑤ 店内堆头摆放活动宣传单页，以便顾客取阅。

（4）在活动开始前三天，需要在目标终端附近的小区进行目标人群的宣传单页派发，扩大宣传。

八、人员分工（略）

九、宣传物料

设计由企划部完成，印刷和发放由保健品事业部完成。

（1）活动宣传单页。

（2）活动海报。

（3）分公司可以根据自身的一些宣传资源丰富终端的布置。

十、活动设计与内容

1. 抽奖准备

（1）每个有促销员的终端设一个抽奖箱，抽奖箱用 KT 板制作（尺寸：长 30cm×宽 30cm×高 40cm），抽奖箱四个面：两个面为企业标志；另两个面为"触摸'十一'赢幸运"字样。

（2）每个抽奖箱放 51 个乒乓球，乒乓球上标志设计为"十""一""十一"字样，用不褪色的水笔写。

（3）乒乓球上（字样标志）分配：10 个球上写"十"；5 个球上写"一"；一个球上写"十一"；另外 35 个球上写"幸运"。

（4）乒乓球的形式可以用其他东西代替（各分公司可以考虑，节约成本）。

2. 活动内容

（1）凡在活动期限内购买东阿阿胶保健系列品满 50 元，可参加"触摸'十一'赢幸运抽奖活动"一次。

（2）凡在活动期限内购买东阿阿胶保健系列品满 88 元，可参加"触摸'十一'赢幸运抽奖活动"两次。

（3）凡在活动期限内购买东阿阿胶保健系列品满 138 元，可参加"触摸'十一'赢幸运抽奖活动"三次。

（4）凡在活动期限内购买东阿阿胶保健系列品满 188 元，可参加"触摸'十一'赢幸运抽奖活动"四次。

（5）凡在活动期限内购买东阿阿胶保健系列品满 238 元，可参加"触摸'十一'赢幸运抽奖活动"五次。最多五次。

（6）活动的解释权归山东东阿阿胶股份有限公司。

3. 奖项设计

（1）一等奖的标志为"十一"，奖品为价值168元的阿胶神（20ml×40）。

（2）二等奖的标志为"一"，奖品为价值88元的阿胶怡静口服液。

（3）三等奖的标志为"十"，奖品为价值38元的葆苓阿胶浆。

（4）四等奖的标志为"幸运"，奖品为价值6元的水晶枣（100g）。

十一、终端促销价格策略

（1）经销商控制的终端：要求经销商给予配合，在供应价的基础上让利5%～10%，或由我们与经销商共同让利5%～10%。

（2）直营的终端：在供应价的基础上让利5%～10%。

（3）不管是经销还是直营的门店都要争取终端同时让利，要求给予5%～10%的让利。

十二、费用预算（略）

十三、效果预估（略）

任务总结

陈刚团队不仅学习了营业推广策划理论知识，还将其运用于校园市场的推广活动中，通过"做中学"提高了他们的专业技能。他们将学习经验总结归纳如下。

（1）一项营销推广活动的成功离不开好的主题，好的主题是说服消费者、经销商参与此次营业推广的最好理由。

（2）不同的营业推广方式有不同的特点，企业应根据需要进行合理选择。

（3）营业推广作为促销方式中的一种，它是以迅速提升销量为主要目的，如果过度使用则造成品牌信誉的损伤。因此，它与品牌建设的关系是跷跷板的两端，应找到两者之间的平衡点。

思考与讨论

（1）比较不同营业推广方式的差别。

（2）企业为什么必须审慎应用营业推广活动？

（3）许多销售经理感叹："不促销等死，促销找死。"如果单从营业推广的角度，你如何理解这种说法？

案例分析

四家美容院营业推广案例分析

案例一：98元体验

在北京某大型高档小区内，一家刚开业的上海某SPA美体俱乐部大派优惠券。优惠券上标明，凡持优惠券的消费者只需花费98元，即可体验价值分别为280元和380元的面部芳香美容护理和背部芳香美容护理各一次。由于新店装修豪华，且周边居住的消费者具有较高的消费能力，在促销的3个月当中共发放优惠券4 000余张，结果有近100个人使用优惠券进行了消费，并有20余人成为了该店的会员。

案例二：1～30元购买年卡

北京某美容院去年开业推出"1～30元钱就能买年卡"的促销活动，规定美容院每天低价销售30张美容年卡，购买顺序依次为1～30元，售完后的其他项目均按原价销售。美容院每天营业时，门口均有排队购买优惠年卡的人，开业三天销售优惠年卡60张。

案例三：累计折扣

2002年春节，山东某美容院规定，凡2001年在该美容院购买年卡和半年卡的顾客，若在2002年继续购买则在此基础上多打1折或0.5折，每年如此直至折扣为0时，便可终生享受该美容院的免费服务，新顾客也可在未来的消费中享受该措施。在促销的一周内有100余名消费者购买了该美容院的年卡和半年卡，同时陆续有人咨询该活动。

案例四：提意见送免费美容

一家经营不善的美容院为改变经营状况，推出如下举措：只要你提出意见，就能享受免费美容和100元优惠，活动时间一周，美容院将顾客提出的意见在店内张贴，限期改正。一时间美容院热闹非凡，收集的意见有200余条，致使当地电视台对此活动进行了跟踪报道，美容院生意从此火爆起来。

案例思考：

（1）请分别针对每个案例进行成败评析。

（2）在每个案例已有的营业推广内容的基础上，提出更好的营业推广措施。

实训项目

实训项目　营业推广策划

【训练目标】

（1）了解各种营业推广工具及其使用要点。

（2）掌握营业推广策划的程序。

【内容与要求】

请帮助陈刚团队制定一份校园超市的营业推广方案。

【组织与实施评价】

（1）以项目团队为学习小组，选出项目负责人。

（2）建立沟通协调机制，团队成员共同参与协作完成公司任务。

（3）各项目团队充分讨论，并提出自己的策划设想。

（4）评价与总结：各项目团队提交营业推广策划报告，并根据报告进行评估。

【实训成果】

商城开业暨女生节、妇女节促销策划方案

一、活动名称

商城开业暨女生节、妇女节促销活动

二、主办单位

10级市场营销1班

三、活动背景

开业庆典：开业庆典是每届商城进行促销，打响自己的名号，吸引全校师生关注的重头戏，也是商城进行正式营业的起点和必不可少的一环。

三七·女生节：这是高校内的传统节日之一，也是能激人们消费欲望的一个消费点，所以这正是许多商家进行促销的一个时机点。

三八·妇女节：这是一个国际上传统的节日，每到这一天，总会引爆新一轮的购物潮，所以这一天是每个商家的必争商机。

四、活动的主旨：

为了打响商城名声，迎合三七、三八节，传播女权平等，促进商城营销，团结班集体，让同学们能把学到的东西学以致用，特意举办了这个连续促销的活动。

五、活动时间、地点

1. 2012年3月7日上午8点开始，晚上9点结束。地点：校道（在财经系举办嘉年华时把地点移到篮球场）。

2. 2012年3月8日至9日，上午8点开始，晚上9点结束。地点：校道。

六、活动对象

广东科贸职业学院五山校区全体师生

七、活动内容概述

1. 女性打折

2. 开业抽奖

3. 女性专区

4. 推荐优惠或送礼

5. 进驻财经系嘉年华（初定）

6. 商城寻宝

7. 商城凝结杯第一届篮球赛报名开启

8. 集印花换礼物活动开启

9. 购物卡启用（初定）

10. 阳光早餐活动

11. 购物留信息抽奖

12. 创新营销

13. 常规营销

八、活动内容具体操作与流程

1. 阳光早餐活动：因为3月7号开业那天是周一，我们连续三天促销都有早餐专区，方便来往学子购买早餐，所以货架和货物都要准时在早上8点出现在校道旁。

2. 开业促销抽奖（消费者自行抽奖）：开业促销连续进行3天，日期分别是3月7号、8号、9号。因此在7号当天购买满7元即可参加抽奖，有精美礼品赠送，8、9号依此类推，买满8元，9元，即可进行抽奖。

3. 开设女性专区：根据我们的进货渠道，在3月7~8日2天可大量进一些女性用品货物，如橡皮筋、梳子、镜子、美甲产品等，开设一个女性专区。

4. 女性打折：在3月7~8日两天凡女性购买都打折，并对食品类进行梯度打折，初定为购满8元9.9折，18元9.7折，28元9.4折，非食品类购满18元9.9折，28元9.7折，38元9.4折。

5. 持花优惠或送礼：这个活动是商城与商贸系合作的一个活动，在促销三天期间持特定花朵在商城购物有优惠，初定为9折。

6. 进驻财经系嘉年华：据可靠消息得知财经系将于3月7号晚举办女生节嘉年华活动，届时我们商城会与之商讨，进驻其中。

7. 商城凝结杯第一届篮球赛：这是我们商城举行的一项三人篮球赛，将会在开业那天进行报名，这主要为了打响商城的名声，也为我们在比赛时进行兜售提供良好的条件。

8. 购物卡的启用：购物卡的制定可留住顾客，省去找零的麻烦，初定有 30 元、50 元、100 元 3 种规格，持卡消费可获 9.5 折优惠，或凭卡在商城两个月结束营业时兑换不同规格的精美礼品。

9. 商城寻宝：这个活动在开业期间只进行饥饿营销，不做实质活动，届时将制作海报，使消费者留意商城的一事一物、一举一动，最终以寻宝或"寻宝+问答"的形式进行活动，成功过关者将获精美礼品一份。

10. 购物留信息抽奖（商城公正抽奖）：此模式参考电视节目的发短信抽奖活动。凡购物（无论店面销售或者外卖）并自愿留下信息者可抽奖，商城每天固定在上午第三节课下课后在校训碑前抽取三名幸运儿，奖品为精美礼品或食物一份。

11. 集印花换礼物活动开启：凡购物满 10 元可获商城印花一个。此活动为商城促销后续活动，所以暂不公布收集多少个能换什么物品（作为饥饿营销的一种），但透露会是十分诱人的礼品，吸引消费者对商城的持续关注。

12. 创新营销 A：以往商城营销手段不外乎店面销售、外卖、校道促销，而商城开业那天师生们还要上课，因此届时将在教学楼、宿舍兜售。

13. 创新营销 B：把宿舍作为据点，把少量货物存放在宿舍中，既方便外部销售，又方便内部销售。

14. 常规营销：常规的店面营销、外卖、校道促销，只要按照以往模式进行，一般没有太大问题。

九、广告、装饰布置

（一）海报设计

1. 主题海报：我们这一次商城的主题是"宅男宅女"，说明我们尊贵的消费者既要"懒"，又要会享受生活。

2. 三人篮球赛：此海报作为饥饿营销的一部分，只标明有篮球赛这一信息。相信要是对信息感兴趣者亲自到商城了解，会使商城对消费者形成一个拉力。

3. 开业庆典：一张显眼的开业的海报，告知消费者商城新开业这一信息。

4. 寻宝海报：此海报作为饥饿营销的一部分，海报中表达的信息为商城举办的一次寻宝活动，其详细信息将不透露，而当活动正式启动时才在海报下贴上详细信息。

（二）导购标与分区牌

给生活加点"FUN"，分区牌与导购标应多加点趣味性的东西，而不应是一块上仅有几个字的东西。

（三）店面布置与店外吸引装饰

店面布置与店外吸引装饰一般只需做到有开业气氛的布置，多挂点气球、彩带。特别点的可在店门口设置一个签到点。进来的楼梯处弄上气球拱门。重点在于，我们一直以来都忽略了商城的另一个入口。一提到商城入口，绝大多数人首先想到的是从校道进去的方向，而忽略了从饭堂内也能进商城，因此此次店面布置绝对不能忽略此入口！

十、人员安排

1. 货物、货架的搬运：由各部门安排人员。

2. 记账、收钱：由财务部负责调配人员。

3. 市场调查：在促销期间负责收集客人意见并进行数据整理，由调查部负责人员的调配。

4. 突发事件应付：由当值人员随机应变并上报。

5. 促销策划、广告宣传制定：由策划部负责策划并安排实施。

6. 各种赞助、代理的接洽：由采购部安排人员进行商务谈判。

7. 各种重大事情抉择：由老师、CEO、部长按职位权限进行决定。

8. 销售：包括店面销售人员、校道促销人员、外卖送货员、宿舍和教室兜售员，由销售部和管理部联合分调人手。

十一、经费预算与物品准备

物品	数量	单价（元）	总价（元）
彩带	6	2	12
气球	1	12	12
双面胶	4	2	8
钢钉	20	0.2	4
夹子	7	0.3	2.1
笔记本	4	2.5	10
单面胶	1	13.5	13.5
卡纸	10	0.5	5
白纸	10	2	20
包装纸	6	1	6

校道申请，人员排班，促销货物准备，海报打印，装饰摆放，购物卡制作，抽奖箱制作，导向标与分区牌的制作。

十二、注意事项

1. 注意分工明确，不要相互之间推卸责任。

2. 时间观念要好，布置下来的任务或值班上班要准时。

3. 同学们要团结，不要斤斤计较。

4. 因刚接手，可能随时有很多突发状况，自己除了要随机应变外，同学们应通力合作，相互帮忙，并把事情及时告诉上级。

十三、应急管理（备选方案）

如果出现下雨的情况，促销品不能摆在校道，而应摆在室内，在宿舍和教学楼内进行兜售，并同时把商城开业这个信息传达到各个教室、宿舍。

如果学校禁止兜售，则把商品列成单张，进行下单或外卖，并宣传商城开业的信息。

注：凡注有"初定"项目为暂定操作方式，实际操作由商城委员会商榷后做最终确定。

任务四　企业公共关系策划

【任务引入】

陈刚团队根据整合营销传播方案开展一系列广告宣传、营业推广活动后，校园超市的品牌在师生中得到了传播，品牌知名度迅速提升。这时他们思考如何进一步提升品牌的美誉度。在老师的指导下，他们计划开展公共关系活动提高品牌形象。陈刚团队应该怎么做呢？

任务 1：根据陈刚团队的需要掌握营业推广的内容与技巧。

任务 2：根据陈刚团队的需要掌握营业推广方式的运用。

任务 3：根据陈刚团队的需要开展校园超市的营业推广活动。

【任务分析】

企业公共关系是企业与公共环境之间的一种沟通与传播关系，其目的是为了建立品牌知名度和提高品牌美誉度。企业公共关系有多种形式，任何形式都必须统一于"一个主题"，并且运用良好的策划技巧提升公共关系活动的效力。

➡ 知识链接

一、企业公共关系策划的层次

公共关系（Public Relations）是企业为了塑造自身形象，通过传播、沟通来影响公众的科学和艺术。公共关系的"公共"不仅由人群构成，还包括政府、社区、媒介等机构。

一般人认为，公关就是迎来送往，微笑外交或陪客游览、参观、喝酒、跳舞，用不着策划。其实，这是对公共关系的一种极大误解。公关是一门科学，一门艺术，一种管理职能。就公共关系活动而言，可以分为 3 个层次，迎来送往和一般性的宣传是公共关系初级层次的活动。第二个层次是塑造一个企业的整体形象，通过传播和沟通，提高企业的知名度、信誉度和美誉度。第三个层次才是公共关系的高级层次，即策划层次。公共关系部作为企业主管的参谋部，为实现既定目标，解决重大难题或突发事件，进行咨询，设计出高水平的实施方案。

可见，公共关系策划，就是公关人员根据企业形象的现状和目标要求，分析现有条件，谋划、设计公关战略、专题活动和具体公关活动最佳行动方案的过程。企业通过公共关系策划，有利于塑造企业形象，提高企业知名度和美誉度，有利于企业与公众相互理解，消除误会，排除矛盾，维护声誉。通过公共关系还可以协调企业内部关系，增强企业的凝聚力。

二、企业公共关系策划的内容

（一）公关传播

公共关系的传播，就是企业通过各种有效的传播媒介把有关信息传递给社会和公众，达到企业在政治、经济、文化、社会诸方面最高的知名度和最好的美誉度，以影响或改变公众的态度和行为，创造有利于企业的社会环境和舆论环境的过程。公关传播最主要的形式有两种：媒体主动传播和事件营销。

（1）媒体主动传播，是指媒体记者认为企业近期具有新闻价值较高的信息，主动采写报道，向公众传播企业的经营思想、产品质量等内容，它是公共关系策划的重要活动方式。

（2）事件营销，是指企业通过策划和利用具有新闻价值、社会影响以及名人效应的人物或事件，吸引媒体、社会团体和消费者的兴趣与关注，以求提高企业或产品的知名度、美誉度，树立良好品牌形象，并最终促成产品或服务的销售。简单地说，事件营销就是通过把握新闻的规律，制造具有新闻价值的事件，并通过具体的操作，让这一新闻事件得以传播，从而达到广告的效果。事件营销具有受众面广，突发性强，在短时间内能使信息达到最大、最优传播的效果，为企业节约大量的宣传成本等特点，近年来越来越成为国内外流行的一种公关传播与市场推广手段。

253

案例链接

2009年2月27日，新任广药足球俱乐部董事长的李楚源，在广药集团营销俱乐部第十期沙龙活动上向大家展示一个"蹴鞠"，从历史和现实两条主线向大家深入浅出地诠释了中药与足球之间内在联系，首次提出了"中药足球"的理念，希望以"中药足球"为连接轴，让"营销俱乐部和足球俱乐部两个轮子一起转，互相带动，共同推动广药发展"。之后，又打出一连串势大力沉又让人眼花缭乱的"组合拳"：在"神农草堂"举行广药队出征誓师大会并拜祭"中药足球"始祖炎黄二帝；与河南建业合作，成功举办首届"倡导中药足球，振兴中国足球"论坛；与杭州绿城合作，举行征集民间"建言""验方"；与长沙金德讨论"中药足球与新医改"；与成都谢菲联足球俱乐部共同启动"中药足球希望工程"并成立全国首支"中药足球青少年队"；与山东临淄足球博物馆结成战略联盟并与山东鲁能足球队结成友好足球队；与陕西宝荣浐灞足球俱乐部联合举办"中药足球社区行"大型社会活动；与长春亚泰足球俱乐部合作共同启动"中药足球"杯白领阶层周末联赛；与青岛中能足球俱乐部合作成立全国首支中药足球老年队，让健康老人"动"起来……持续不断而且花样翻新的市场运作起到了巨大的轰动效应，短短几个月时间，"中药足球"在百度搜索的网页超过16万条，而且以上的系列活动并不是一个个单纯的公益活动的叠加，而是相互呼应紧密关联环环紧扣，产生1+1>2的效果，成为一个整体系统工程，贯穿整个营销过程。

"中药足球"的运作之所以能够取得空前的成功，主要原因是其命题的权威和高尚：一是关心"振兴中医药"这一关乎人类生存以及中华传统文化的发展主线，二是关注"振兴中国足球"这一社会进步的社会热点，尤其是顺应了构建"和谐社会"这一社会主流，因而极具正统性和号召力。在这个基础上，又充分利用足球这一世界第一体育运动所独具的影响面大、传播力感染力强、群众参与热情度高、最能体现勇敢拼搏奋发向上精神的特点，把"广药""白云山""中药"等诉求和亮点，通过将"中药足球"与企业形象和产品品牌的有机结合，实现了公益营销和体育营销从定位、联想、认同、推广、传播全过程的无缝对接。通过有目的、有计划、有步骤地推进"中药足球"营销策略的实施，与政府部门、社会各界以及广大消费者进行有效的互动沟通，让原来分散的传播资源形成合力，产生了良好的社会公益效应，有效促使相关各方对"广药""白云山"的产品或服务产生偏好，并由此提高"广药""白云山"品牌知名度和美誉度，在全国范围广泛树立了"责任广药""公益广药""社会广药"的良好品牌形象。现在，"中药足球"已经作为一种强有力的提高知名度、独特性、亲和力的营销方法凸显出来，开始在中医药研究领域、足球未来发展领域、市场营销创新领域得到广泛的重视和关注。

（二）公关专题

公关专题活动的主要类型有新闻发布会、社会赞助活动、庆典活动、展览展示会、参观游览活动、宴请等。

1. 新闻发布会

新闻发布会又称记者招待会，它是传播信息，谋求新闻界对某一事件客观报道的行之有效的手段，也是企业与新闻界建立和保持联系的一种重要的活动方式。举办新闻发布会可以提高企业的知名度，引起公众对企业的关注，还可以建立和巩固与媒体的关系，引导公众意见和态度朝着对企业有利的方向转化。

2. 社会赞助活动

所谓社会赞助活动，是指企业以不计报酬的捐赠方式，出资或出力支持某一项社会活动、某一种社会事业。

提高企业的知名度、树立企业在社会公众中的美好形象，是企业生存和发展的重要条件。社会赞助活动可以提高社会和经济效益、证明企业的经济实力、改善社会关系。社会赞助活动的基本类型包括体育活动、文化活动、教育事业、慈善事业等。

3. 庆典活动

庆典活动是企业利用自身或社会环境中的有关重大事件、纪念日、节日等举办的各种仪式、庆祝会和纪念活动的总称，包括节庆活动、纪念活动、典礼仪式和其他活动。通过庆典活动，可以渲染气氛，强化企业的影响力，也可以广交朋友，广结良缘。成功的庆典活动还可能具有较高的新闻价值，从而进一步提高企业的知名度和美誉度。

庆典活动的作用包括：吸引公众的注意力；显示企业强大的实力，以增加公众对企业的信任感；增强企业内部职工、股东的向心力和凝聚力，提高公众对企业的信任感。

4. 展览展示会

展览展示会是指通过实物、文字、图片、示范表演等方式，展现企业的成果、风貌、特征的一种公关专题活动。展览会综合运用多种传播手段，能给观众留下深刻印象；沟通、宣传效果好；效率高，省时省力；深受新闻媒介关注。

展览展示是一种十分直观、形象生动的复合型传播方式。展览展示会可为企业和公众提供直接的双向交流、沟通的机会。它可以同时用产品说明书、宣传手册、活页广告等文字媒介，照片、幻灯片、录像片及电影等音像媒介，讲解、交谈和现场广播等声音媒介，现场表演、示范等动作语言媒介以及实物媒介等多种形式，进行全方位的宣传。

对于公众来讲，可以触摸、使用、品尝或其他方式对展览商品加以检验，能形成较完整的感性认识；同时，由于展览展示会集中许多行业不同的产品，而且价格也较优惠，可以为公众节约大量的时间和费用。因此，很多公众都比较喜欢这种形式，新闻媒介也常对其追踪报道。

5. 参观游览活动

参观游览活动是企业组织社会公众或员工进行的参观学习活动和旅游观光活动。参观的公众可以是员工家属、新闻工作者、主管部门领导人、学校师生和其他对本企业感兴趣的公众等。通过企业参观游览，不仅有助于公众认识企业，而且有助于相互交流思想和情感。如被誉为"丰田21世纪模范工厂"的广汽丰田汽车有限公司，经常接受来自学校、媒体等公众团体的参观，公司内部有一套规范严谨的参观流程。

（三）危机公关

危机公关是指企业为避免或者减轻危机所带来的损害和威胁，有组织、有计划地学习、制定和实施一系列管理措施和应对策略，包括危机的规避、控制、解决以及危机解决后的复兴等不断学习和适应的动态过程。

正确、有效、快速处理危机公关对企业而言十分重要，危机公关处理的基本程序包括以下几项。

1. 快速启动应急预案

危机发生后，组织应快速启动应急预案，以保证将危机损失控制在最小范围。

2. 深入现场，掌握第一手材料

组织负责人，第一事件赶赴现场，首先要确定事件发生的时间、地点、原因和事态进展。

3. 控制损失，控制事态的恶化程度

按照拟定的应急方案，全力采取措施，控制事态的蔓延和发展，将损失降低在最低程度。

255

4. 分析情况，确定对策

企业针对危机公关所采取的措施不仅要考虑危机本身的处理，还要考虑到处理好危机所涉及的员工、受害者、媒介、社区政府等多方面的关系。

5. 召开新闻发布会发布正式信息

以召开新闻发布会的方式，及时、公开、准确地公开事实真相，主动控制危机事件的舆论传播，寻求媒体帮助，及时更正行为。

6. 组织力量，有效行动

危机公关要求企业决策者亲赴一线，亲力亲为。在适当的时候，还需要借助外部机构如政府、行业协会等的支持。如高露洁牙膏致癌风波中，高露洁不仅及时召开新闻发布会，将真相公之于众，而且积极寻求中华口腔医学会和中华预防医学会的支持。

7. 处理与善后、重塑形象

针对企业外部公众展开新一轮的传播攻势，建立利益攸关者对公司的信心。具体来说，是对原来的危机事件进行多视角的传播，并在引导的话题中寻找新的有利关注点，逐步实现对原有危机事件的稀释，形成新的利己话题。针对企业内部员工，可以通过沟通等方式重新获取成员的认同。

> **案例链接**
>
> 2009年11月24日，海口市工商局发布商品消费警示，称农夫山泉、统一等品牌9种饮料、食品总砷或二氧化硫超标，不能食用。两大知名饮料企业陷于危机之中。事件引发媒体报道与消费者关注，"砒霜门"事件由此触发。
>
> 11月26日，统一公司回应称涉案产品异地检验合格；次日农夫山泉方面回应称尚未收到任何官方机构的关于此次检测的检测报告，并称农夫果园与水溶C100多次抽查合格。11月30日，农夫山泉召开新闻发布会质疑"砒霜门"事件，认为海口市工商局的消费警示是一个极端错误，董事长钟睒睒称"这是针对农夫蓄意策划和操纵的恶性事件"。
>
> 12月1日，海口市工商局发布复检结果，称经权威部门复检，农夫山泉、统一企业3种抽检产品全部合格。海口市工商局以自我否定的方式，还原了事实真相，为两品牌涉案产品平反。虽然事件已得到平息，却因此使农夫山泉蒙受了十亿元的巨额销售损失。
>
> 事件点评：从坚持"速度第一原则"积极进行事件回应，到快速提供权威部门的产品合格检验报告，总体而言农夫山泉的危机应对措施可圈可点。但高调的农夫山泉最终蒙受了巨额的销售损失，其主要原因在于事发后，农夫山泉与有关部门叫板，而将广大消费者的安全顾虑抛于脑后，未与其进行真诚的沟通。

（四）公关礼仪

公关礼仪是指公关人员为树立企业的良好形象而在与公众交往过程中，所应遵循的合乎社会规范和道德规范要求的各种礼仪规范与准则。公关礼仪的内容包括公关人员形象礼仪、公关语言礼仪、公关活动礼仪等。

公关礼仪的基本手段是传播沟通。传播沟通有人际传播、大众传播、群体传播和组织传播等形式，它们均是公关礼仪必须借助的手段或有效方式。公关礼仪正是借助或依靠语言和非语言、人际和大众的传播等方式来沟通组织与公众的关系，塑造和建立企业的良好形象。

三、企业公共关系策划的步骤

它包括四个基本步骤，即公共关系调查研究、公共关系策划、公共关系实施、公共关系效果评估。在公关工作的四步循环程序中，公关调查是起点，是基础；公关策划是关键，是公关实施的指南和效果评估的标准，离开了公关策划，公关工作就会漫无目标，不得要领，难以协调统一，成效甚微；公关实施是核心，是执行公关策划，取得公关成效的具体行动，离开了公关实施，再好的策划也只是纸上谈兵；效果评估是重要的反馈环节，也是下一轮公关活动的起点。

（一）公共关系调查的程序

1. 确定调查课题

第一阶段，明确调查目的，提出调查课题设想。重大的公关调查一般都是在企业内外部出现了新情况或新问题的条件下进行的。在这一阶段，要尽量掌握企业内外部出现的新情况和新问题，了解企业领导人进行公关调查的真实意图，弄清"为什么要调查"的问题，然后，在此基础上提出比较抽象的、可能是多个的或不成熟的调查课题。

第二阶段，分析论证，筛选调查课题。对多个或不成熟的课题，经过必要的分析论证，必要时还可以进行企业非正式的试探性调查，以明确问题的症结所在，从而筛选出针对性强的、恰当的课题。一般来说，所确定的调查课题越具体越明确越好。如：新产品上市之初，早期接受者对产品的态度调查，比企业形象调查更具体明确，更具有现实性。

2. 制定调查计划

调查计划的内容一般包括两部分：第一部分是对调查本身的设计，包括调查的目的和内容、调查的具体对象和范围、取得资料的方法及调查表格等；第二部分是对调查工作的具体安排，包括调查的企业、领导和人员配备、经费估算、日程安排等。调查计划是调查安排的依据，调查安排是调查计划的具体化。

3. 收集并整理分析调查资料

收集资料包括企业内部资料和外部资料。应运用归纳、演绎等方法对各种资料进行综合加工，使之系统化和条理化，从而以集中简明的方式反映调查对象总体情况。

4. 撰写调查报告

撰写调查报告是公关调查的最后程序。撰写调查报告的目的，是为制订科学的公共关系计划方案提供依据，为领导者决策提供参考，寻求领导的支持和帮助。撰写出一份具有说服力的调查报告，是卓有成效地进行公关调查的一个不可忽视的环节。

（二）公共关系策划的程序

1. 设计主题

公共关系活动的主题是公共关系目标的高度概括与总结，统率公共关系策划活动的全过程，是串联所有具体项目的核心思想。在特定时间内开展的每项具体活动，如每一篇新闻稿、每一次赞助主题、每一场新闻发布会等都必须围绕着主题展开活动，借以将整个公共关系活动形成一个有机的整体。公共关系主题通过不同的活动进行传播，既可加强公共关系系列活动的声势，又可加深公众对企业信息传播的整体印象。

公共关系主题应当具有通俗易懂、好听好记、中肯诚实、不同凡响、动人心弦、简明扼要、一语中的、个性鲜明等特点。

2. 组织公共关系活动

公共关系活动的分类有很多，公共关系的目标一旦确立，就需要围绕目标策划合适的活动，促成目标达成。公共关系活动包括以下几种。

（1）建立社会关系网络的交际型活动项目，如座谈会、茶话会、联谊会、参观等。

（2）以信息传播为中心内容的宣传型活动项目，如新闻发布会、新产品发布会、各种竞赛活动、开业庆典、周年纪念、印发公共关系刊物、制作视听资料等。

（3）以公益性、赞助性活动为主的社会型项目，如赞助活动、慈善事业等。

（4）以提供各种优惠服务为主的服务型活动项目，如企业售后服务、消费指导等。

3．选择传播媒介

传播媒介有许多种，传统的五大媒体包括电视、广播、报纸、杂志、网络。随着传播科技的发展，新型传播媒介也在不断涌现，如手机、镜媒体等。在公共关系策划时，选择传播媒介需要考虑 3 个层次的影响因素。

（1）市场环境因素。包括传播的内容、媒体受众接受信息的习惯及生活方式、营销系统的特点、竞争对手的策略等。

（2）媒体因素：媒体的成本、媒体的价值、媒体的特性等。

（3）费用预算因素。

4．费用预算

公共关系经费预算具体构成如下。

（1）传播媒介费用。包括在各种媒介进行传播所花费的开支。

（2）设备费。包括开展公关活动的必要器材，如摄影设备、录像设备、展览装置等的租用费或购买费用。

（3）交际费。包括召开各种座谈会、参观活动、庆典等的招待费、人员差旅费等。

（4）项目开支。指实施公共关系专题活动所需的费用，如新闻发布会、赞助、慈善活动、重大庆典、影视制作等，另外还要考虑为企业危机公关而预留的费用。

（三）公共关系实施

公共关系能否取得预期效果，不仅与公共关系方案是否富有创意、是否切实可行有关，还要看方案的实施是否严谨、规范。公共关系实施应遵守以下原则。

（1）整体协调的原则。强调在实施过程中的环节之间、部门之间及实施主体和公众之间的和谐、合理。

（2）控制进度的原则。根据公共关系方案的目标需要，按照一定的程序，掌握工作的进度。

（3）目标导向的原则。保证公关实施活动不偏离目标，不断利用目标对整个实施活动进行引导、制约和促进。

（4）反馈调整的原则。通过监督控制发现公共关系方案实施中的偏差，并及时调整，保证公关实施的顺利完成。

（四）公共关系效果评估

公共关系效果评估包括以下 8 个步骤。

（1）设立统一的评估目标。

（2）编制评估计划。

（3）统一评估意见。

（4）细化项目目标。

（5）选择适当的评估标准。

（6）确定搜集证据的最佳途径。

（7）保持完整的计划实施记录。

（8）评估结果的使用。

四、企业公共关系策划的技巧

公共关系策划的技巧，是指在公共关系策划的过程中可以直接运用的技术与手段。技巧性策划充分显示了公关工作的灵活性和艺术性。在企业公关活动中，技巧性策划能充分展示公关工作的魅力，对企业发展有着至关重要的作用。一般而言，公共关系策划通常采用的技巧有以下几种。

（一）名人效应

名人效应是利用人们对名人的关注、崇拜等特殊心理来扩大企业影响，达到提高企业知名度与美誉度的目的。利用名人效应进行公关策划已经相当普遍，是公关策划中一项基本的技巧。其具体方式包括：邀请名人担任企业或产品的形象代言人；邀请名人参加企业某项公关活动，如开业庆典、周年纪念活动等；邀请名人为企业或产品做广告。

利用名人效应策划公关活动时，要注意以下几点。

（1）所选择的名人形象是否与企业或产品的形象吻合。

（2）所选择的名人是否被企业或产品的受众接受。

（3）不能一味追逐"爆红"人物以求快速成名，还应考虑名人的道德品质和生活作风。作为形象代言人的名人，一旦道德品质或生活作风遭受公众的指责，企业或产品的形象必将受到损害。

（4）形象代言人不宜频繁更换，否则将有损企业或产品形象的稳定性和一致性。

▌案例链接▐

皇朝专卖店开业典礼 港星邓萃雯、谢雪心大爆家居风格

"汉学泰斗"饶宗颐大师虽年事已高，但仍亲临现场助阵上市；"视帝"黎耀祥、"视后"邓萃雯即使档期满满，但仍抽空出席开幕礼，并一度致使场面失控；香港财经界人士及香港皇朝家私高层纷纷现身，集聚一堂。这样火爆的场面不是电影特效做出来的，而是实实在在地发生于 11 月 4 日位于港岛黄泥涌道的皇朝家私大红酸枝家私专卖店——皇朝·御品开幕礼上。

在开幕礼现场，香港红星——《义海豪情》女主演邓萃雯和谢雪心接受了搜房家居网记者的采访，大爆她们自己的家居风格，并肯定了皇朝大红酸枝家具的工艺和价值，看好其未来的市场。据了解，雯女投资有道，是香港娱乐圈公认的。看到光泽亮丽的红酸枝家私，雯女爱不释手，接受搜房家居网记者采访时，更是毫不吝啬地表达了对大红酸枝的喜爱之情。"之前，我经常到横店拍戏，用作古装道具的明清实木家具很得我心。而大红酸枝家具在很久以前就已经是城中富豪的心头好，因为它具有极高的收藏价值，越久越保值，越用越有光泽。因此，近几年来，大红酸枝家具不再只单纯地扮演家居用品的角色，而是'跨界发展'，成为众人追求的艺术品和投资项目。所以，我很看好它的市场。"

心姐看到明清时期中国工匠的精湛手工和古典美学相融合的家私艺术品时，由衷地赞叹："皇朝·御品的家私糅合了现代和古典的风格元素，现场值得投资的大红酸枝家私完全满足我的购物欲望，真想通通都搬回家了。"

资料来源：http://rent.soufun.com/rent/news/4003845.htm.

（二）制造新闻

所谓"制造新闻"也称"策划新闻"，是指经过事先策划、由人为引发的可以引起戏剧性或轰动效应的事件，由此引起媒介、舆论的关注与报道。"制造新闻"是公共关系利用舆论的主要手段，也是公关与广告在传播上的最大不同。它要求策划者具有敏锐的"嗅觉"，能够及时发现企业或组织日常工作中具有新闻价值的事件或消息。要成功地"制造新闻"，公关工作必须选择那些公众关心的或是与公众利益密切相关的题目去做，如与改革、与承办奥运会有关的话题。制造新闻的技巧在于，目的是宣传自己的企业，但自己却不做广告，而是制造出有新闻特点的事来，让记者、媒介免费为自己做宣传。需要指出的是，制造新闻是一把"双刃剑"，如果使用得当，将在公共关系中所向披靡；如果使用不当，则会反受其害。这种在娱乐界大行其道的策划方法在公关策划中必须慎重使用。

营销小知识

什么也没发生如何制造新闻

一家好的公关公司不会坐等令人激动的事情——他们会"创造"新闻。很多办法可以写出有新闻价值的东西来。下面是几个建议。

1. 预报

如果要写没有新鲜事的新闻，一个最简单的原则就是转述公司总裁的预测。这是标准的服装设计师抢头条的伎俩。"还记得那个家伙吗？他预言5年内女人将穿上无上装浴衣。"这打动了所有的媒体。我们来看一篇在全国的报纸上都占据相当篇幅的文章。文章的题目叫《每家一个苏打喷泉》，预测将来的房子都会安装内置的苏打供应系统。当然说这番话的人被描述成是某某公司的总裁——这里就有商机。

2. 数字、百分比是编辑们的最爱

做一个带有具体数字增长的预测会使这则新闻更为具体真实。例如，有位当事人在佛罗里达州拥有一些连锁的供娱乐的车辆营地，现在他开始想集中资产组成集团，我认为这将是一则有趣的"趋势"新闻（换句话说，这类新闻在媒体中很得宠）。我送到通讯社的稿子中就引用了当事人公司老板的话，题为"5年之内89%的美国营地都将合营"。结果他们派来一个记者进一步采访了我们的当事人和其他营地主任，核实了这一论断，然后我们就上了全国报纸的版面。当然，对于预测性的数字要做有根据的推测，否则将缺乏准确性和科学性。这只是建议，但你可以看出，写出有新闻价值的预测文章并不难。秘密在于做出的论断要能激起人们的好奇心，甚至有点匪夷所思，但绝对是可靠的。这种方法的好处是发表讲话的人马上会成为该领域的专家。这个人已经公开做出预测，所以一定是受人尊敬的预言家。谁不愿意与这种才高德劭的人领导的公司合作呢？

3. 著名的使用者

没有什么比名人喜欢使用的产品更吸引顾客了。要保持耳目灵通，某些时候你会听说某个名人在使用你的产品或服务，抓住这个机会，说不定可以让名人帮你做一次免费传播，这可比请名人做广告或代言划算多了。

4. 特殊的用途

你的产品如何使用，可以怎么使用，适合什么人用等问题，可以让你出现在各种各样的媒体上，而有些你也许未想到过能占有一席之地。例如，你制造了一种灯泡，它可以用于美妙的钢琴照明，可以安置在缝纫机上，可以是家庭刺绣工人的理想选择，也可以提供化妆所需的合适光线。集邮家和货币收藏家则会喜欢它强烈的直射光线。

5. 媒体聚会

媒体聚会非常重要，如果找不到充足的理由来召集，你就要"创造"一个机会。媒体聚会把媒体人士和所有有影响力、地位显赫的人带来公司，从而建立一种良好的关系和印象，这对于你未来的工作一定会有好处。在公共关系领域中，游戏的名字叫作"熟悉"。如果媒体认识你，知道你的名字，对你的地位和实力有信心，你的新闻就会在成堆的稿件中脱颖而出。更为重要的是，你将成为这类新闻的专家资源。每个记者都有稿源记录，用来核实和丰富他的报道。举个例子，如果你是一家计算机软件公司，记者正在写这方面的报道，需要一些时髦的语言使他的文章内容更为丰富、真实，他就会打电话给你，因为你是最方便的电脑软件新闻源。你会在报刊上看到自己说的话，声誉也会随之增长。

6. 经济状况

打动媒体的另一个办法是让公司老板出来做有关经济状况的讲话。经济状况现在很好，但有可能会变差；现在很差，但将来可能会变好。当然你必须用一些准确的数据来支持论断，这些可以轻易地从政府机构得到。

（三）设置"陷阱"（植入式广告）

设置"陷阱"是将企业或产品的品牌或实体隐藏于文艺节目或者其他形式的表演当中，在不设防的状态下引起目标公众的注意，吸引目标公众主动靠近公共策划的目的。设置"陷阱"属于在公关策划技巧中比较高级的技巧，它要求策划者对于"度"的把握要有清醒的认识，只有在恰到好处的广告与宣传中才能博得目标公众的会心一笑和品牌认知，过分夸张只能引起公众的反感，正所谓"过犹不及"。

> ▌案例链接▐
>
> 2010 年中央电视台春节联欢晚会中，刘谦在《谦变万化》魔术节目中用汇源果汁做道具，赵本山《捐助》小品中出现了搜狐、国窖 1573 等植入广告，虽然赚足了观众眼球但也广受指责，许多观众认为这些软性广告的植入影响了节目效果。因此，兔年春晚的总导演陈临春在 11 月即早早宣布，2011 年春晚将与植入广告绝缘。
>
> 在 11 月 12 日举世瞩目的广州亚运会开幕式上，当镜头拍摄国家领导人和嘉宾席位时，王老吉以其独特而鲜明的红罐形象出现在桌面上，广告植入的时机合理且形式柔和。无疑，王老吉是广州亚运会品牌传播最大的赢家。

（四）借题发挥

借题发挥即借助突发事件、热门话题进行相应的公关策划，以达到提高企业或组织形象，促进产品销售或改善与公众之间关系的目的。它属于公关策划技巧中难度较高的技巧，要求策划者必须具有敏锐的意识和快速的捕捉能力，能够及时意识到突发事件中和热门话题中所蕴含的机会，并且能够把握这种机会。

> ▌案例链接▐
>
> 《三国》、《红楼梦》等电视连续剧热播时，著名策划人李光斗先生联合第一财经制作了系列节目《商解三国》和《商解红楼梦》，联合提升了李光斗个人和第一财经媒体的品牌知名度。

借题发挥的方式一般有两种：一种是"抢点"；另一种是利用突发事件，即借助突发事件的舆论影响来开展策划。后一种方式难度更大，它是公关策划中最具技术含量的技巧，对策划者的要求也最高。通常能够引起媒体注意的突发事件都是危机事件，如何最大限度消除危机事件带来的不利影响，并将其转化为有利的一面，这是公关策划中最难以操作之处。

> ▌案例链接▐
>
> 2004 年我国"神舟"五号飞船成功实现载人航天这一重大历史事件中，我国政府和民间企业充分利用了这一亿万观众焦点所在的热门话题，开展了一系列的公关策划，取得了巨大

的成功，堪称公关策划技巧中借题发挥的经典之作。

我国政府借助于这一事件开展了一系列的政府公关活动，其中一件便是将飞船返回舱送往香港展览。当航天英雄杨利伟出现在香港市民眼前的时候，整个现场沸腾了，香港人民的民族自豪感被大大激发。这在很大程度上加深了香港人民对于祖国的感情。显然，政府策划了一次深入人心的爱国主义教育运动，收到了很好的效果。

国内知名乳品生产商蒙牛集团也运用借题发挥的公关技巧，适时推出了"中国航天员专用奶"，取得了良好的经济效益和社会效益。

五、制定企业公共关系策划方案

（一）公共关系策划方案的基本要素

一份完整的策划方案应当具备"5W""2H""1E"等8个基本要素：

What（什么）——策划的目的、内容；

Who（谁）——策划组织者、策划者、策划所涉及的公众；

Where（何处）——策划实施地点；

When（何时）——策划实施时机；

Why（为什么）——策划的缘由；

How（如何）——策划的方法和实施形式；

How much（多少）——策划的预算；

Effect（效果）——策划结果的预测。

上述8个要素即一份完整的公共关系策划方案应当具备的基本骨架。针对不同组织、不同内容与形式的公共关系策划方案，应当围绕这8个要素，根据自己的需要去进行丰富完善和组合搭配，公关策划方案的创意与个性风格，就存在于对要素的丰富完善和组合搭配之中。

（二）公共关系策划方案的基本格式

公关策划方案的基本格式包括五项内容。

1. 封面

2. 序文

3. 目录

4. 正文

正文即对上述8个要素的表述和演绎，其主要内容有活动背景分析、活动主题、活动宗旨与目标、基本活动程序、传播与沟通方案、经费预算及效果预测。

5. 附件

重要的附件通常包括活动筹备工作日程推进表、有关人员职责分配表、经费开支明细预算表、活动所需物品一览表、场地使用安排表及相关资料等。

任务总结

陈刚团队将他们在理论学习和公共关系策划活动中获得的知识与经验归纳如下。

（1）企业公共关系策划的技巧有名人效应、制造新闻、设置陷阱、借题发挥等。每一种策划技巧都必须审慎采用，把握有度，否则可能会损害企业品牌的声誉。

（2）公共关系活动主题确立后，应根据主题需要，结合企业产品或品牌本身的特点、费用预算以及公共关系各种活动形式的优劣势等，选择合适的公共关系活动开展品牌传播。

（3）媒体在企业公共关系策划中扮演着举足轻重的角色，企业开展各种公共关系活动都必须慎重处理好企业与媒体的关系。

💬 思考与讨论

（1）"广告是风，公关是太阳。"你如何理解这种说法？

（2）公关和炒作的区别在哪里？

（3）危机公关的处理程序是什么？

✏️ 案例分析

搜狐微博主打明星牌　名人战略贴身肉搏新浪

2010年11月12日，随着搜狐首席执行官张朝阳更新的一条微博"It is a good day，微博之战开打"，微博"抢人"大战率先在搜狐微博上演。凭借搜狐强大的名人资源，重量级明星赵本山、李连杰、孙红雷、周立波、朱军、刘烨、姜武、袁鸣等名人纷纷组团加入，引起网民阵阵欢呼和疯狂围观。搜狐微博发起的名人大战直击竞争对手门，微博大战顿起风云。

搜狐微博在张朝阳的带领下迅速发力。行驶在北京的公交车开始大规模出现"来搜狐微博看我"的车身广告，而张朝阳独创的一系列微博新词，更将微博之战增添了无数趣味。他将只在新浪搜狐微博一家开的叫单腿蹦，两家都开的叫扁担挑，重点只在搜狐或新浪活动的叫剃头的挑子。在多家开微博的是八爪鱼。没开微博的人是无微的人，无谓的人，无畏的人，无为的人，无味的人。

此外，张朝阳在微博中引入了微博"唤醒"一词。他解释说，有微博但不常写的人叫微博上的植物人，把他/她变成微博活跃者的动作叫"唤醒"。此举受到了网友的热烈追捧，一时间"唤醒"突然火爆起来。

14日下午，前谷歌中国总裁，创新工场创始人李开复在搜狐微博上两度发言，并感叹，"微博把握社会脉搏"。在李开复的搜狐微博被"唤醒"之前，他上一次在搜狐微博上发言还是2010年4月份的事情。紧随其后，央视名嘴朱军的搜狐独家微博"千呼万唤始出来"，终于被陕西老乡张朝阳以及搜狐微博粉丝"唤醒"，并在微博与"乡党"张朝阳隔空对话。除了被唤醒的朱军外，仅仅几天的时间，赵本山、李连杰、孙红雷、刘烨、周立波、姜武等名人纷纷扎堆进驻搜狐微博，其中，赵本山、朱军、刘烨、姜武等只在搜狐开通微博，搜狐微博名人战略效果不容小觑。

案例思考：

（1）搜狐运用"名人效应"进行企业公共关系策划。请评析其优劣势。

（2）针对搜狐微博，除了案例中采用的"名人效应"策划技巧，你还能想到其他策划技巧帮助其推广传播吗？

📖 实训项目

实训项目　危机公关的处理训练

【训练目标】

（1）培养学生具备公关人员的专业素养。

（2）有效把握危机公共过程中企业与媒体的关系。

（3）掌握危机公关处理的原则与技巧。

（4）掌握危机公关处理的程序。

【内容与要求】

1. 某品牌饼干企业是该行业中公认的龙头企业，近期在一次国家质量监督检验总局的抽检中，被宣布其饼干产品添加了不符合食品行业的添加剂，对人体健康危害极大，而且，抽检事件立刻被多家媒体报道转载。假设你和你的团队是为其服务的公关策划公司，该如何帮助该品牌饼干企业处理危机公关？

2. 在校园超市的经营过程中，有顾客投诉食用某一自制糖水后出现呕吐的现象，并将其发布在校园 QQ 论坛。我们该如何进行危机公关处理？

【组织与实施评价】

（1）以项目团队为学习小组，选出项目负责人。

（2）建立沟通协调机制，团队成员共同参与协作完成公司任务。

（3）各项目团队充分讨论，明确任务分工，完成对危机事件的处理。

（4）评价与总结：各项目团队提交危机公关处理报告，并根据报告进行评估。

项目十

营销策划综合实训

综合实训项目一　创业策划

一、实训目的

通过创业策划项目的训练，要求学生能进行前期的市场分析，对企业进行定位策划与形象策划，并能制定具体的产品策略与促销策略。

要求学生把所学的市场分析、定位策划、形象策划、产品策划及促销策划等理论运用于具体的公司运作中，让学生走向市场，走进企业，开展实践策划活动，在实践运用中理解营销策划活动知识，掌握市场营销技能。

二、实训内容与要求

如果你是陈刚，计划在学院内成立一家农产品营销服务公司，请你进行前期的市场分析，确定目标市场，对企业进行定位策划与形象策划，并制定具体的产品策略与促销策略。

三、实训方法与步骤

1. 全班学生划分成 6～8 人的小组，组成项目团队，并选出团队负责人；
2. 各公司内部组织讨论，确定工作内容，并确定具体的人员分工；
3. 进行前期的市场分析并形成分析报告；
4. 选择目标市场并对公司进行定位；

5. 对创办的公司进行形象策划；

6. 对创办的企业进行产品与促销策略策划；

7. 完成创业策划书；

8. 评价与总结：对创业策划书进行分析与评估。

四、实训范例

雅帮农产品营销服务公司营销策划书

一、前言

随着经济全球化步伐的加快，我国农业正朝着产业化、国际化方向发展，市场竞争日趋激烈。在这种市场环境下，我国目前农业企业尤其是中小农业企业特别缺乏营销人才，缺乏具有现代营销理论与市场驾驭能力的高级应用型人才。党的十八大明确提出"加快发展现代农业，增强农业综合生产能力，确保国家粮食安全和重要农产品有效供给"，这表明国家将大力支持农业尤其是现代农业的发展。而现代农业的发展，归根结底取决于有各个层次农业人才的智力支撑，取决于一批具有科技素质、职业技能的新型农民和农村实用人才建设。

二、项目介绍

1. 文字说明

随着我国农业的发展、市场形势的变化，越来越多的农业企业面临着农产品销售的困境以及经营上的困惑，特别是很多中小型企业在发展的过程中一直处于一种迷茫的状态，因此我们将成立农产品营销服务公司，为他们解决销售困惑。

2. 公司简介

雅帮农产品营销公司是专为中小型农产品公司提供农产品营销服务的专业公司，位于广州市天河区科华街273号（广东科贸职业学院）。公司拥有强大的团队，其中包括各种专业的高级农业人才。公司将"开拓进取、创新思想、服务社会、诚信务实"作为核心的经营思想，努力将自己打造成中国著名的农产品服务企业。

三、市场分析

（一）市场需求分析

1. 广东省中小农业企业的规模

当前我国中小农业企业的数量多、规模小，多数企业是从家庭手工作坊转变而来的，产品缺乏特色，特别是在市场经济的大环境下普遍存在着信息闭塞、市场适应性差等问题。

2. 中小农业企业的经营水平

我国农业企业化经营起步较晚，发展速度相对缓慢。自20世纪80年代后陆续在东部沿海地区出现一些农业企业化经营的雏形，其中有些企业逐步得以完善和壮大，成为我国农业企业化经营的典型。目前中小农业企业经营主要存在的问题是技术水平低、经营管理差、转化率低、优质原料短缺、企业规模小、经营风险大、品牌意识差、发展环境欠缺等。

3. 中小农业企业的管理人才

要生产优质农产品，需要企业有优秀的农产品生产者与管理者。但目前国内农业企业的人力资源管理还存在很大问题，主要表现在农业企业的员工素质偏低和企业文化建设落后，具体来说包括以下几方面。

（1）农业企业高层管理者——企业家的整体素质偏低。

（2）农业企业中层管理者——人力资源经理的业务水平偏低。

（3）农业企业基层管理者和一线管理人员素质偏低。

4．现代农业发展的需要

发展现代农业要推进农业品牌建设，提高农产品营销人才的素质，提高农业企业的管理水平，适应社会消费升级的迫切需要，提高农产品国际市场竞争力。

（二）市场竞争分析

农产品营销服务公司是个刚成立的公司，在社会上的竞争压力大，下面就是公司面临的主要竞争对手。

1．红土地农产品销售策划公司

作为广东第一家农产品销售策划公司，红土地成立于2011年，认为农产品流通是民生基础，国家社稷根本，尊崇"只为农产品销售策划服务，为增加农产品价值服务，为农民增加收入服务"的经营理念，目前已发展成为农产品全案策划及销售的综合性服务公司。

图 10-1　红土地农产品销售策划公司首页

2．深圳市起点企业策划有限公司

中国品牌营销学会理事、深圳市营销协会理事、深圳MBA联合会营销策划合作单位。服务案例荣获中国品牌营销策划案例金奖、中国杰出营销策划案例奖等权威奖项；服务于12家上市公司、30多个行业第一品牌或第二品牌的品牌营销策划工作，也帮助众多中小企业快速提升营销业绩。

图 10-2　深圳市起点企业策划有限公司首页

3．蓝狮智邦（北京）品牌策划有限公司

中国农产品策划第一品牌，由中国杰出策划专家刘岩先生于2007年成立，拥有广州、深圳、北京三地"策略+设计"精英的智慧团队，为众多大型农业企业提供营销顾问、品牌建设服务，并协助农业企业完成从生产型企业到品牌型企业的转型，真正帮助客户实现市场利润的提升。

图10-3　蓝狮智邦品牌策划有限公司首页

（三）SWOT分析

SWOT分析方法是一种根据企业自身的既定内在条件进行分析，找出企业的优势、劣势及核心竞争力之所在的企业战略分析方法。其中战略内部因素（"能够做的"）：S代表strength（优势），W代表weakness（弱势）；外部因素（"可能做的"）：O代表opportunity（机会），T代表threat（威胁）。

1. 优势

（1）公司由广东科贸职业学院（广东省农业管理干部学院）创办，学院原隶属于省农业厅，对农业有比较深的了解，学院设有园艺、茶叶、畜牧兽医、市场营销等专业作为技术支撑，并拥有一支技术力量雄厚的队伍。

（2）老师对学生的教育和培养主要集中于让学生适应社会的需求，因而在授课时主要采取团队实战项目进行教学，以促进市场营销专业学生策划和营销方面能力的提升。

（3）市场营销专业学生经常参加大型的营销比赛，并且取得了不错的成绩。

（4）广东科贸职业学院天河校区地理位置优越，学生通过兼职积累了一些社会经验。

2. 劣势

（1）公司刚刚建立，缺乏实战经验。

（2）公司的市场知名度不高。

（3）公司还没有很完善的制度和结构，降低了执行任务的效率。

3. 机会

（1）现代社会瞬息万变，很多小公司对市场的预测不准确，公司中也缺乏专业的营销人员，很多企业通过选择外聘公司进行策划工作。

（2）较多的中小农业企业由于资金问题不可能去外请一些知名度高的大型服务公司，这为企业提供了生存的空间。

4. 威胁

（1）公司刚刚成立，从事营销服务的公司也很多，竞争激烈。

（2）公司由在校学生创立，没有足够的社会经验来应对未知的市场变化，处理一些公关和突发事件缺乏必要的能力。

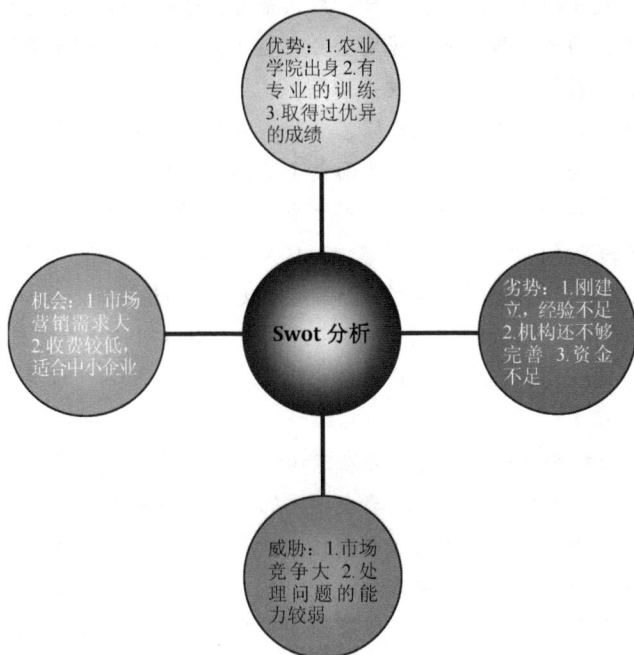

图 10-4 SWOT 分析

四、目标市场战略

（一）市场细分（S）

市场细分是企业根据消费者需求的不同，把整个市场划分成不同的消费者群的过程。根据消费者市场划分标准，可分为地理细分、人口细分、心理细分、行为细分、受益细分等；根据组织市场划分标准，可以分为规模细分、产品用途细分（行业细分）、购买状况细分等。

根据科贸农产品服务营销公司的情况，选择了对组织市场进行地理细分、规模细分、产品用途细分（行业细分），具体细分如下：

（1）根据地理划分，可以把广东的市场划分为粤东、粤西、粤北和珠三角市场；

（2）根据规模划分，可以将企业划分为大型企业、中型企业和小型企业；

（3）根据行业划分，可分为家禽、花卉、林业、水果、茶等行业。

（二）目标市场的选择（T）

目标市场就是企业期待并有能力占领和开拓，能为企业带来最佳营销机会与最大经济效益的，具有大体相近需求、企业决定用相应商品和服务去满足其需求并为其服务的消费者群体。目标市场选择的策略通常以市场集中化、产品专门化、市场专门化、有选择的专门化、完全市场覆盖等模式进行，主要影响目标市场选择的因素有企业资源、产品同质性、市场特点、产品所处的生命周期阶段和竞争对手等五个方面。

公司在选择目标市场时主要考虑以下因素。

（1）对家禽目标市场的选择：因为广东科贸职业学院的粤禽家禽研究所是广东省一流的研究所，公司在家禽方面有自己的项目优势，拥有专门从事这方面研究的专家，能为家禽企业提供咨询和指导等技术支持。而选择中小市场，是因为公司刚刚起步，要务实，也体现了企业服务社会、回报社会的愿望和目的。至于选择广东市场，也是因为分析了广东省旺盛的家禽市场需求，所以在企业发展的初级阶段，只针对广东市场，等企业规模壮大后，再进一步为周边中小家禽企业服务甚至服务全国的中小家禽企业。企业提供的服务有市场调查与分析、公司形象及产品销售策划、人员培训、专家咨询等业务。

（2）对花卉市场的选择：依托学院的园艺专业，为企业提供技术指导以及人员培训。广东省拥有为数众多的花卉企业，并且在这个方面大企业已经发展得相当不错，中小企业发展还相对滞后。提供的服务有市场调查与分析、公司形象及产品的销售策划业务。

（3）对水果市场的选择：广东省内有许多以地区为特色的水果产品，虽然名声在外，却难以形成规模效应。提供的服务有市场调查与分析、公司形象及产品的销售策划和专家咨询等业务。

（4）选择茶市场：学院有一个茶艺专业，可以为企业提供人员培训以及产品的销售策划业务。

综上所述，公司选择的目标市场为广东省中小型的家禽、花卉、水果和茶业企业。

（三）市场定位（P）

市场定位是指企业根据竞争者现有产品在市场上所处的位置，针对顾客对该类产品某些特征或属性的重视程度，为本企业产品塑造与众不同的、令人印象鲜明的形象，并将这种形象生动地传递给顾客，从而使该产品在市场上获得适当的位置。定位的具体方法主要有区域定位、阶层定位、职业定位、个性定位和年龄定位。

公司由广东科贸职业学院（广东省农业管理干部学院）创办，学院原隶属于省农业厅，因此我们根据区域定位、职业定位和个性定位，对农业方面有着比较深的了解，可以为中小型种植企业解决销售上的困难，提供营销策略规划、品牌诊断评估、营销管理体系等社会服务，为中小企业推销公司的农产品出谋划策，力争为客户提供独特、可行、优越、满意的服务。

五、CI形象设计

（一）理念

1. 企业愿景：在全国同类企业中处于领先地位

（1）在经营过程中为社会培养一批优秀的农产品服务人才。

（2）未来五年成为专为中小农业企业提供优质服务的企业。

（3）在未来十年争取进入为中小农业企业提供优质服务的领军企业行列。

2. 经营宗旨：沟通、和谐、共赢

沟通：即沟通农产品企业、专家、市场和学校。

和谐：就是为创造和谐农产品市场而贡献自己的一份力量。

共赢：即实现企业的盈利，专家理论的实践，市场找到价格合理的产品，学生本领及学校知名度、美誉度的提升四赢。

3. 口号

我的服务，你的快乐

4. 经营思想

开拓进取、创新思想、服务社会、诚信务实

5. 企业价值观

为中小农业企业提供一个连接市场和专家的平台，同时也为中小农业企业提供一个联系专家解决各种问题的专业平台。通过帮助中小农业企业进行市场调查和分析、营销策划、农产品营销服务咨询等，为促进我国的农业发展出一份力，同时为学生提供一个实践和就业的平台，力争在农产品服务企业中占有一席之地。

（二）视觉识别策划

1. 标准字体

字体：黑体，小三。

说明：简单明了，加大字体更加清晰，使公司名更加耀眼，第一眼就能吸引客户眼球。

图 10-5　公司标志

2. 标准色

绿、黄、红相结合；

图标由红色、黄色相交叉，上面有一个绿色的图案；

红色代表公司的热情、青春的服务态度；

黄色代表客户对企业的希望，同时也代表企业引领客户走向光明；

绿色代表公司为农产品服务公司服务；

红色和黄色相交代表公司以热情的态度去完成客户的工作，公司与客户携手走向未来，共同创造绿色产品。

3. 公司网站首页图片的设计

图 10-6　雅帮公司首页

以墨绿为背景，让人赏心悦目。雅帮的标志和小麦、房屋结合在一起，让人觉得温暖。公司理念用黄色的字体，吸引人的眼球，同时也会看到三张图片中的绿色产品。

六、产品组合策略

（一）确定产品线与产品项目

产品组合是指一个企业在一定时期内生产经营的各种不同产品和产品项目的组合。

产品线指一类相关的产品，这类产品可能功能相似，销售给同一顾客群，经过相同的销售途径或者在同一价格范围内。如果能够确定产品线的最佳长度，就能为企业带来最大的利润。

公司将产品线确定为营销策划、咨询服务、市场分析、职业技能培训这4条，营销策划包括的项目有开业活动策划、促销活动策划等，具体如表10-1所示。

表 10-1 雅帮公司农产品营销服务产品组合

	产品线			
	营销策划	咨询服务	市场分析	职业技能培训
产品项目	开业活动策划	产品价格咨询	情报收集	营销知识
	促销活动策划	渠道规划咨询	同行竞争分析	农业技术技能
	产品推广	公关危机咨询	市场前景分析	就业前培训
	公关活动策划		竞争品牌调研分析	继续教育培训

（二）对具体的产品项目做具体的描述与说明

1. 营销策划服务

营销策划（Marketing Plan）是在对企业内部环境给予准确的分析，并有效运用经营资源的基础上，对一定时间内企业营销活动的行为方针、目标、战略以及实施方案与具体措施进行设计和计划。

（1）开业活动策划。

图 10-7　开业庆典

（2）产品推广策划。

图 10-8　推广策划活动

产品推广策划项目包括农产品公司推广策划、农产品网络推广策划、农产品推广策划、新产品的促销活动策划和产品的广告等。

（3）公关活动策划。

公关活动策划项目是为了应对一些突发事件和建立良好的公关关系，企业经常要举行的一些公关活动。农产品服务公司会为企业做一些公关活动策划方案。

2. 咨询服务

咨询服务是一种顾问及相应的客户服务活动，其内容是为客户提供咨询服务，这种服务的性质和范围通过与客户协商确定。客户（请教方或咨询方）提出问题或疑难，服务主体（答疑方或服务人）给出建议或解决方案，双方通过协议对彼此的责任和义务进行约定。

（1）产品价格咨询。产品价格咨询是指对同类产品的市场价、单价，企业提供资料给客户，通过价格咨询更好地制定产品的营销计划。

（2）渠道规划咨询。渠道规划咨询是指公司根据客户本身的资料，帮助其分析渠道上的问题并给出更好的建议。

（3）公关危机咨询。公关危机咨询是公司根据客户目前所遇到的公关危机，给予最好的方法和建议，帮助其渡过危机。

3. 市场分析

市场分析是指通过市场调查和供求预测，根据项目产品的市场环境、竞争力和竞争者，分析、判断项目投产后所生产的产品在限定时间内是否有市场，以及采取怎样的营销战略来实现销售目标。

（1）情报收集。情报收集是全面收集农业企业发展的国家政策、行业情报、行业信息、企业情报等各项资料并进行分析，为咨询服务提供数据支撑。

（2）市场前景分析。市场前景分析是通过对企业的竞争对手的市场占有率、财务状况、产品更新等相关资料的收集与分析，帮助客户更全面地了解市场。

（3）竞争品牌调研分析。竞争品牌调研分析是公司对企业的竞争品牌的品牌价值、品牌资产、价格等进行分析的项目。

4. 职业技能培训

（1）营销知识技能培训。该产品项目是面向有需要的中小农业企业的员工进行营销知识的培训，包括营销中的基本知识、营销策划书的撰写及客户服务等。

（2）农业技术技能培训。该产品项目是面向有需要的中小农业企业的员工进行花卉、水果、家禽等农业技术的培训。

（3）就业前培训。该产品项目是对有需要的中小农业企业的新员工提供就业前的技能培训。

七、促销组合策略

促销组合是一种组织促销活动的策略思路，主张企业运用广告、人员推广、公共关系、营业推广四种基本促销方式组合成一个策略系统，使企业的全部促销活动相互配合、协调一致，最大限度发挥整体效果，从而顺利实现企业的目标。公司以拉式的策略为主，利用大量的广告对最终消费者进行广告攻势，把公司的业务信息介绍给消费者，让消费者产生消费欲望。公司的促销策略包括以下几种。

（一）人员推广

人员推广主要指和终端密切相关的促销人员所做的推广活动。人员推广是最原始但有时是最有效的产品促销策略。公司专门培训一批专业的推销人员，寻找目标顾客并进行市场开拓。

（二）广告媒体选择和传播计划

（1）户外大小型路牌、路标广告：白云、天河、五山、越秀等主要交通干线和商业区等；

受众人群及广告优点：各地农业企业人士，广告时效性长、醒目，易于被目标受众接受；

具体时间要求：需在7月20日左右或在试营业期间完成（此类广告审批和制作时间较长，若确定此类广告，需去相关路段实地查看广告位置及代理广告商联系方式）。

（2）报纸广告：《南方都市报》《广州日报》；

受众人群及广告特点：报纸发行量大，目标人群众多。

（3）微博宣传：在新浪微博和腾讯微博上宣传广东科贸雅帮农产品服务公司开业信息。

（4）QQ群宣传：在QQ上进行Q群宣传，在各大农业群和农业技术群等大量宣传学校企业合作的公司，为他们解决农业销售上的问题。

（5）论坛宣传：在本省各大高校的论坛、活动论坛、贴吧等进行宣传。

（6）利用电话访问宣传：通过学校的电话访问、实训室进行电话宣传，通过寻找各大农业中小企业的联系电话进行电话营销，推广公司业务。

（三）营业推广

营业推广是指企业运用各种短期诱因鼓励消费者和中间商购买、经销（或代理）企业产品或服务的促销活动。针对消费者的营业推广方式有赠送、优惠券（折价券）、廉价包装、奖励、现场示范、商品展销；针对中间商的营业推广方式有批发回扣、推广津贴、销售竞赛。

在开展营业推广时，首先要确定推广对象——广东省中小型家禽、花卉、水果和茶业企业，以及推广目标——传递产品信息，让各中小型种植企业能够了解雅帮公司及其服务项目，建立产品形象，刺激需求，认可并购买企业的服务，扩大市场份额。其次，针对推广对象和服务项目可以采用优惠券（折价券）、奖励和现场示范等推广方式。通过优惠券（折价券）可以对某个服务的购买免付一定的金额，提高单个服务的购买；通过奖励可以对多个服务项目的购买给予优惠返利，赠送会员卡，提高多个服务以及连带服务的购买；通过现场示范可以为中小企业解惑，提供小方案（不全面，有瑕疵），既要让中小型农业企业觉得我们的方案可行，又不能满足，才能提高其购买欲望。为了提高营业推广的力度，还要将与广告、人员推销和公共关系等促销组合的其他方式结合起来，形成一个更大的声势，取得更好的促销效果。由于种植业有季节性和周期性，所以选择适当的推广时机十分重要，对于公司的季节性和周期性的服务项目选择在季前开展，其他服务项目则可以在节日或纪念日开展，一般开展时间为3～5天，确保促销的收益性和宣传力度。

（四）公共关系

公共关系是指企业通过公共传播对特殊事件的处理，使自己与公众保持良好关系的活动。企业的公共关系活动应以公众利益为前提，以服务社会为方针，以交流宣传为手段，以谅解、信任和事业发展为目的。公共关系被企业广泛应用于配合市场营销，尤其是开展促销活动。

雅帮农产品营销服务公司采取公共关系促销策略的方式如下。

（1）开业当天举办开业庆典活动。

（2）在开业当天请农业类新闻媒体来做专门报道。

（3）请农业厅的领导和相关的农业企业来参加开业庆典活动。

（4）在开业后的经营过程中，进行各种公益宣传活动，树立企业关注中国农业发展的美好形象。

综合实训项目二　行动方案策划

一、实训目的

通过本实训项目的训练，帮助学生更好地理解促销理论，较全面地掌握促销策划的技能，实现课程教学目标。

要求学生在企业实战项目中运用促销理论，掌握促销方案设计的基本技能，能够独立完成促销方案的设计，要求学生完成具体行动方案的制定。

二、实训内容与要求

如果你是陈刚，接到企业的委托，进行促销方案的策划，请根据企业的要求进行一次具体的促销项目策划并形成具体的行动方案。

三、实训方法与步骤

1. 全班学生划分6～8人的小组，组成项目团队，并选出团队负责人。
2. 各项目团队内部组织讨论，确定工作内容，并确定具体的人员分工。
3. 对促销方案进行分析讨论。
4. 在教师的指导下，形成行动策划方案。
5. 评价与总结：以团队为单位对行动策划方案进行分析与评估。

四、实训范例

饮食宝桑，养生健康
——宝桑园桑果汁情系百姓营业推广方案

摘要

2011年7月，广东宝桑园健康食品研究发展中心将在沃尔玛番禺山姆会员店进行为期十四天的场外促销活动。广东宝桑园健康食品研究发展中心与广东科贸职业技术学院有良好的校企合作关系。受广东宝桑园健康食品研究发展中心的委托，我们为宝桑园这次场外促销活动进行策划，拟定行动方案，进行场外布置及场外促销活动。

本次"饮食宝桑，养生健康"的主题促销活动，是让消费者更清楚地了解桑果的营养价值，增强消费者对宝桑园品牌的认同感，回馈广大消费者，建立忠诚度，提高销售量，全面提升宝桑园品牌的知名度和美誉度。为了更好地宣传宝桑园的产品，让到场的消费者体验产品，我们将在促销活动的过程中安排专业的促销人员对宝桑园桑果汁的制作过程进行讲解，介绍桑果的作用。在活动之前，通过对现场进行以"饮食宝桑，养生健康"为主题的布置，包括桑果汁堆头、桑果汁、桑果醋的宣传喷画，气模，易拉宝海报展架，电视机和展台等，将展馆的硬件设施与主题相结合，让消费者在潜意识中对桑果汁产生认同感。在活动期间，通过与消费者的互动与交流，让促销员讲解桑果的养生保健历史和价值，并通过抽奖的方式，增进消费者对宝桑园产品的了解和认同，增加品牌的认知度与美誉度。

一、活动背景介绍

每年夏季是果汁饮料的销售旺季，但今年的夏季，由于受塑化剂事件的影响，不少消费者因担心而减少购买，孕妇、小孩和肾脏功能不全者更是"恐塑化剂族"的主要人群。但是，随着人们生活水平的不断提高，果汁饮料已经成为人们生活的一部分，人们在期待和寻找绿色健康的果汁饮料。宝桑园桑果汁绝不含塑化剂、香精、人造色素和防腐剂，是一种纯天然果汁，迎合了人们的需求。宝桑园产品以其独特的桑椹果色、果香，营养成分丰富和养生保健等重要功效，给现代人带来了绿色与健康。

二、企业优势及机会点分析

桑树自古就有"东方神木""圣树"的美誉，为药食两用植物，具有较高的药用和食用价值。桑椹具有滋阴补血、生津止渴、润肠通便等功效，可用于阴虚血亏引发的眩晕、耳鸣、失眠、须发早白、肠燥便秘、津伤口渴等症，具有"中华果皇"的美誉。

（一）优势

广东宝桑园健康食品研究发展中心是一家集科研、生产、销售为一体的科技型出口企业，拥有2万亩的桑果种植基地。单靠种桑卖果，无法创造较高的经济利益。在以"弘扬五千年蚕桑文化，造福人类健康"为己任的前提下，研发并生产了国内第一款"100%纯天然、绿色、安全、健康"的桑果汁。宝桑园桑果汁自投放市场以来，以其独特的风味和天然绿色保健的特点，深受广大消费者的欢迎，产品现遍及国内主要大中城市，并已销往日本、意大利、美国、加拿大等国家和地区。

（1）桑果种植的历史悠久。中国有五千多年的桑蚕文化历史，种桑养蚕在中国家喻户晓。广东宝桑园健康食品研究发展中心以桑葚为原材料开发桑果汁，具有较好的社会和群众基础。

（2）拥有大面积桑葚种植基地。广东宝桑园健康食品研究发展中心在省内拥有1330平方米桑葚种植基地，原材料供应有绝对的保障。

（3）具有雄厚的技术优势。广东宝桑园健康食品研究发展中心拥有一批由博士、硕士组成的高素质人才队伍，取得过多项技术专利，是国内唯一获得绿色食品标准的果汁类食品科研机构。

（4）全程安全质量控制。宝桑园果汁的生产完全按照绿色食品的要求，对种植基地、有机肥使用和加工过程等方面实行严格的控制。

（5）形成基地建设、研发、产品加工、销售一条龙的产业链。

（二）机会

（1）市场发展空间巨大。国内果汁市场真正发展还不到十年，尽管竞争很激烈，但国内果汁人均消费量不到1升，仅相当于世界平均水平的1/10，发达国家的1/40，市场发展空间巨大。

（2）消费者对绿色健康食品的需求日益增强。随着我国经济的高速发展和人民生活水平的提高，食品安全和健康越来越受到消费者的关注，特别是经过"塑化剂事件"后，绿色健康的果汁越来越受到消费者的青睐。

三、活动目的

通过"饮食宝桑，养生健康"的活动主题，介绍桑果的生长过程和制造工艺，让消费者更清楚地了解桑果的营养价值，增强消费者对宝桑园品牌的认同感，提高销售量，全面提升宝桑园品牌的知名度和美誉度。

四、活动主题

饮食宝桑，养生健康

五、活动时间和地点

时间：2011年7月1日至14日

地点：沃尔玛番禺山姆会员店

六、活动对象

（1）沃尔玛番禺山姆会员店的会员。

（2）宝桑园桑果汁的忠诚消费者。

（3）潜在顾客（通过广告、现场的宣传和人员推广，或者其他渠道而对宝桑园桑果汁产生兴趣的消费者）。

七、活动人员的分配与安排

（1）促销人员3名（负责派发桑果汁给顾客试饮，组织顾客参与抽奖活动，介绍产品和宝桑园的宝桑养生文化以及收银工作的人员）。

（2）气模工作人员2名（负责与顾客互动、活跃现场气氛的人员。）

（3）市场调查人员2名（负责促销活动前、中、后期间的市场调查，调查方式是问卷）。

（4）活动总监1名（活动的总负责人，负责处理整体活动的突发情况等重大事宜）。

（5）活动促销员培训工作。在进行促销活动前期，企业要提前一至两个星期对促销人员进行专业培训。

八、活动物资准备

（1）促销场馆的基本框架（1个）。

（2）堆头（1个）。

（3）喷画（主题背景喷画1幅，框架装饰宣传喷画2幅，展览台装饰宣传喷画1幅，装饰宣传喷画2幅，易拉宝宣传喷画2幅）。

（4）宣传单（500张）。

（5）气模（2个）。

（6）展览台（1张）。

（7）电视机（1台）。

（8）试饮台（1张）。

（9）奖品（A.宝桑园花都基地参观门票2张；B.946ml桑果汁50盒；C.260ml桑果醋20盒；D.250ml桑果汁100瓶）。

（10）小冰箱（1个）。

（11）桑果汁（946ml桑果汁20箱；260ml桑果醋20箱）。

（12）问卷调查工具（调查问卷500份，问卷板4个，圆珠笔4支）。

（13）医疗药品箱（1个）（酒精棉、手套、口罩、创可贴、消毒纱布、碘酒、酒精、阿司匹林、感冒通、抗病毒口服液、镇痛药、解痉药、龙胆紫）。

九、促销场馆布置设计

设计理念：促销场馆是以一个木头棚架为基础，辅以绿色桑叶进行点缀，门前的两条柱子用绿色的藤条螺旋缠绕，藤条上挂着桑果汁，渲染出宝桑园桑果汁绿色天然、原汁原味的健康特色。场馆的主题背景是长满桑果的桑树田园主题画，画中介绍了宝桑园桑果的生长、采摘，以及桑果汁的制作、灌装工艺，突出"饮食宝桑，养生健康"的主题，以期让消费者感受到"紫色的味道，绿色的健康"的清新感觉。

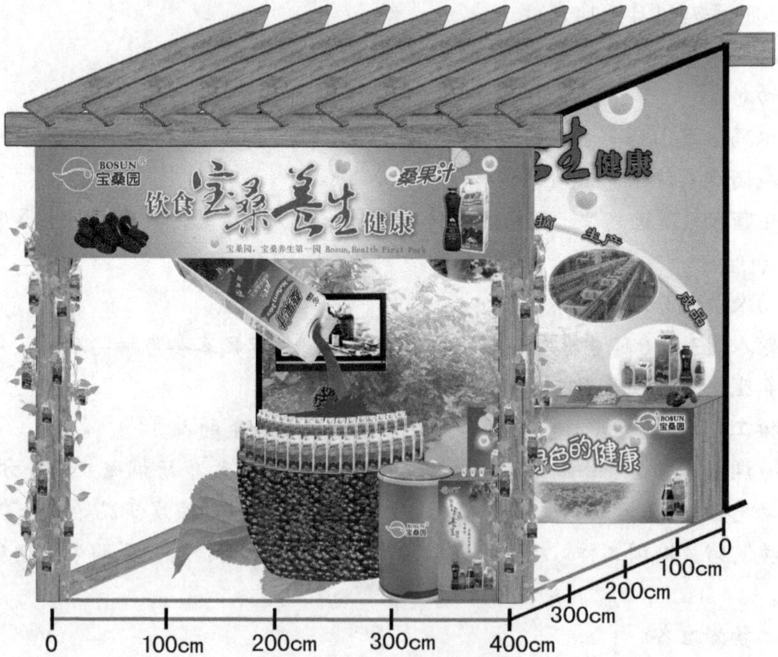

图10-9　场地基本框架图

图 10-10　场地框架的主题背景图（规格：400cm × 400cm）

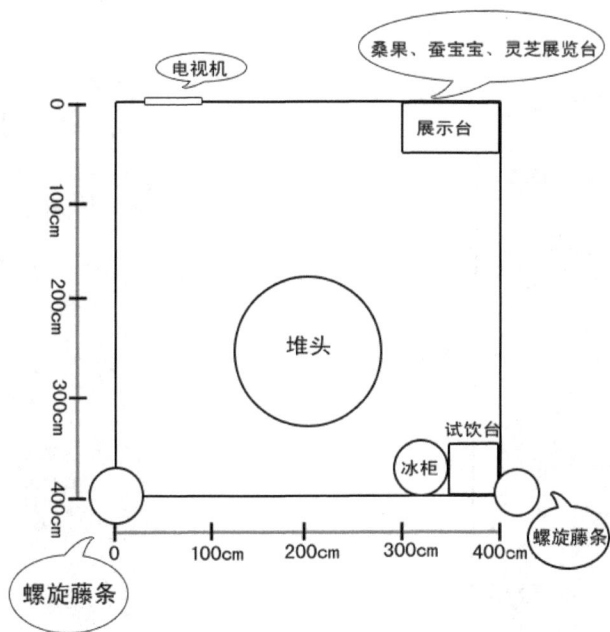

图 10-11　鸟瞰图

1．堆头

堆头是以半个桑果的模型作为底架，上面环绕堆放桑果汁展品，堆放三层，逐层缩小。在桑果汁展品顶层露出半颗桑葚果模型，在模型的上方悬挂盒装桑果汁并倾倒而出，流入堆头顶部，形成一种很自然、清新的感觉，寓意为宝桑园桑果汁都是纯天然、绿色环保的健康饮品。

图 10-12　堆头图

2．易拉宝海报展架

在左下角和右下角摆放易拉宝海报展架，可以吸引消费者更好地了解产品和活动情况，进一步宣传产品。

图 10-13　易拉宝海报展架

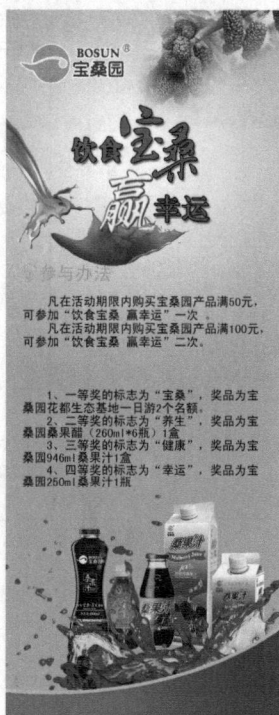

图 10-14　易拉宝海报

3．桑果、蚕宝宝、灵芝展览台

在场馆的右上角放置一个展览台，上边摆放宝桑园的桑果和桑果汁、蚕宝宝和蚕茧、灵芝，这些物品旁边再配上相对的文字介绍图片，进一步宣传宝桑园。

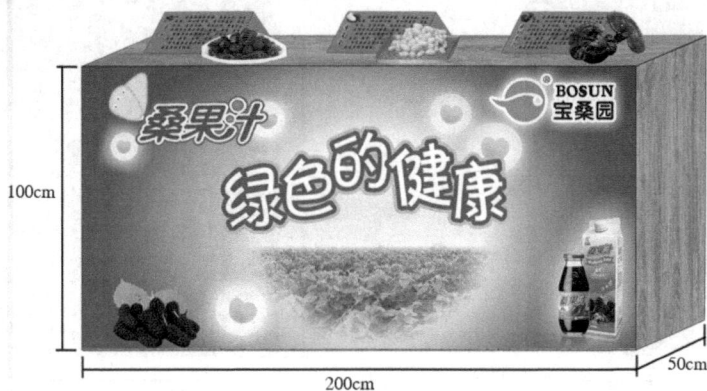

图 10-15 展览台

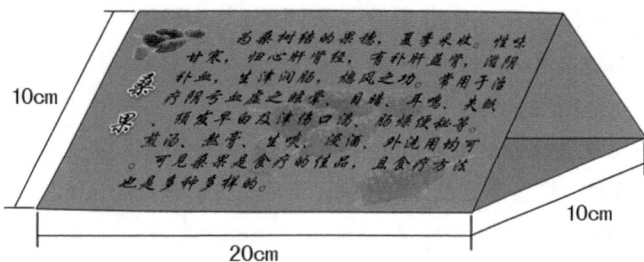

图 10-16 展示台上的桑果、蚕宝宝和桑枝灵芝文字描述坐牌

4. 试饮台

在展馆的右下角布设试饮区，摆放一张贴有宣传海报的桌子，为顾客提供桑果汁试饮，且这张桌子兼有收银台的作用。由于是炎热的夏天，还可以在试饮台左边摆放一个圆柱形的小冰箱，为顾客提供冰冻的桑果汁。同时，试饮区也是进行"饮食宝桑，赢幸运"抽奖活动的地方。

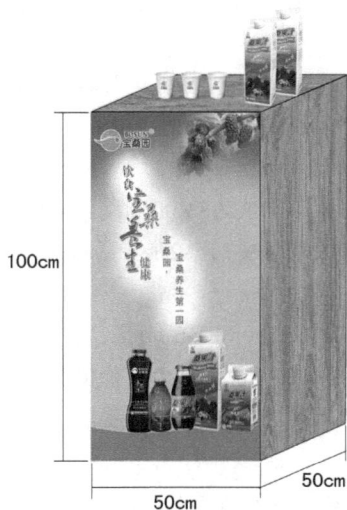

图 10-17 试饮台

图 10-18 试饮纸杯

图 10-19　小冰箱

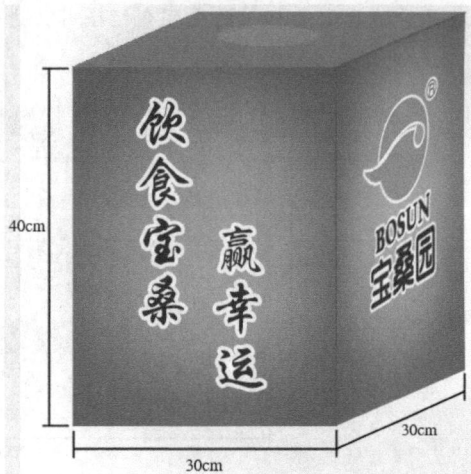

图 10-20　抽奖箱

十、活动内容设计

（一）促销员讲解桑的养生保健历史和价值，以及宝桑园桑果汁、桑果醋"源于绿野、源于科技"的背景和养生保健的功效。

（二）促销员派送桑果汁、桑果醋给消费者试饮，同时调查人员让消费者参与问卷调查。

（三）促销活动开始，场馆两边安排气模派发传单，吸引行人的注意力，引起消费者的兴趣。

（四）有奖促销活动。

A．抽奖准备

（1）抽奖箱用KT板制作（尺寸长30cm×宽30cm×高40cm），抽奖箱四个面：两个面为企业标识，另两个面为"饮食宝桑 赢幸运"字样。

（2）抽奖箱中放50个乒乓球，乒乓球上的标志设计为"宝桑""养生""健康""幸运"字样，请用不褪色的水笔书写。

（3）乒乓球"字样标志"分配：1个球上写"宝桑"；8个球上写"养生"；16个球上写"健康"；另外25个球上写"幸运"。

B．活动内容

凡在活动期限内购买宝桑园产品满50元，可参加"饮食宝桑 赢幸运"抽奖一次。

（活动的解释权归广东宝桑园健康食品研究发展中心所有）

C．奖项设计

（1）特等奖的标志为"饮食"，奖品为苹果ipad一台，价值约3 800元；

（2）一等奖的标志为"宝桑"，奖品为宝桑园花都基地参观门票2张（包括来回车费和宝桑园食府特色宝桑宴），价值168元；

（3）二等奖的标志为"养生"，奖品为宝桑园桑果醋（260ml×6）1盒，价值50元；

（4）三等奖的标志为"健康"，奖品为宝桑园桑果汁（946ml）1盒，价值20元；

（5）四等奖的标志为"幸运"，奖品为宝桑园桑果汁（250ml）1瓶。

十一、宣传方式

（1）宝桑园展馆的布置设计新颖，场馆基本框架运用木头棚架形态，具有田园风格。堆头造型较为新颖，足以吸引消费者的眼球，同时场馆的布置设计风格也突出了宝桑园桑果汁绿色健康的功能效应。

（2）在展馆两边设置易拉宝海报展架，吸引消费者更好地了解宝桑园的产品和活动情况，对消费者进一步宣传宝桑园的产品。

（3）以气模吸引观众，同时由气模派发宣传单，宣传宝桑园养生健康的理念。

（4）悬挂电视，播放广东宝桑园健康食品研究发展中心宣传片。

（5）通过广东宝桑园健康食品研究发展中心官方网站进行宣传。

十二、活动后期工作

（1）与沃尔玛番禺山姆会员店做好场地退还交接工作。

（2）清点好本企业的物品，联系好搬运人员，及时把本企业的物品运回。

（3）回收促销员服装，支付促销员、调查员和气模工作人员工资。

（4）进行促销活动后的问卷调查和分析。

（5）做工作总结报告。

十三、经费预算

1. 促销场地费：500×14=7 000（元）

2. 促销员工资：100元/天/人×24天×3人=7 200元

3. 促销员服装费：150×3=450（元）

4. 气模工作人员工资：70元/天/人×14天×2人=1 960元

5. 市场调查人员工资：60元/天/人×14天×2人=1 680元

6. 促销场馆展栅租金：400×2=800元

7. 宣传喷画：16平方米×20元+1平方米×20元+0.5平方米×20元=350元

8. 宣传单：500张×0.2元=100元

9. 塑料藤条（两条）：8m×10元×2=160元

10. 堆头的制作费：350元

11. 展览台（1张）：150元

12. 展示台上的坐牌：8元×3=24元

13. 试饮纸杯：100条（50个/条）×2元=200元

14. 奖品（A.宝桑园花都基地参观费用：（30元+60元+100元）×2=380元；B.946ml桑果汁：20元×50盒=1 000元；C.260ml桑果醋：50元×20盒=1 000元；D.250ml桑果汁：3元×100瓶=300元；共计2 300元）

15. 试饮台（1张）：100元

16. 小冰箱（1台）：1 000元

17. 电视机（1台）：3 500元

18. 医疗药品箱（1个）：100元

合计：27 804元

十四、活动意外防范

（1）天气因素：在户外推广活动中，天气是开展一切活动的首要影响因素，特别是6月份，天气变化无常，促销人员不仅要注意防暑问题，还要注意场地的降温，才能保证顾客在购买产品的过程中不受到场地温度的影响（必要时可以使用医疗药品箱）。

（2）消费者投诉：在面对消费者的投诉时，要友好接待，耐心听取消费者的意见，不要与顾客发生正面冲突，应及时通知活动总监进行危机处理。

（3）防盗问题：户外推广活动必须要注意，面对突如其来的大量顾客光顾卖场时，要保持镇定；在向顾客介绍产品时，要注意看管好促销场馆内的产品和其他物品。

十五、活动效果预估

（1）通过本次促销推广活动，让消费者更清楚地了解桑果的历史、营养价值及功效。同时，强调宝桑园桑果汁是绿色健康的，绝不含塑化剂等有害物质，增强消费者对宝桑园品牌的认同感。

（2）通过即买即送促销活动，回馈广大消费者，进一步提高消费者对宝桑园产品的忠诚度，刺激消费者的购买欲望，把潜在客户转化为目标客户，提高销售量，全面提升宝桑园品牌的知名度和美誉度。

（3）本次活动还通过对宝桑园产品的现场问卷调查，收集了消费者的信息资料，为宝桑园以后的促销活动提供了充分的数据和建议，可以促进宝桑园促销活动不断改进。

十六、附件：宣传单（见图10-21）

图10-21　宣传单

参 考 文 献

［1］余明阳. 品牌学[M]. 合肥：安徽人民出版社，2004.

［2］余明阳，姜炜. 品牌管理学[M]. 上海：复旦大学出版社，2006.

［3］余明阳. 品牌学教程[M]. 上海：复旦大学出版社，2005.

［4］薛可. 品牌扩张：路径与传播[M]. 上海：复旦大学出版社，2008.

［5］Keller. 战略品牌管理[M]. 李乃和，等译，北京：中国人民出版社，2003.

［6］艾克. 品牌领导——管理品牌资产 塑造强势品牌[M]. 曾晶，译. 北京：新华出版社，2001.

［7］里斯，特劳特. 新定位[M]. 北京：中国财政经济出版社，2002.

［8］Tybout，Calkins. 凯洛格品牌论[M]. 刘凤瑜，译. 上海：上海交通大学出版社，2009.

［9］闫洪深. 现代广告策划[M]. 北京：高等教育出版社，2007.

［10］纪华强. 广告策划实务[M]. 北京：高等教育出版社，2006.

［11］余明阳，陈先红. 广告策划创意学[M]. 上海：复旦大学出版社，2009.

［12］张苗荧. 市场营销策划[M]. 北京：高等教育出版社，2007.

［13］王培才. 公共关系理论与实务[M]. 北京：电子工业出版社，2009 年.

［14］舒尔茨，凯奇. 全球整合营销传播[M]. 北京：中国财政经济出版社，2004.

［15］陈兵. 媒介品牌论[M]. 北京：中国传媒大学出版社，2008.

［16］曾华国. 媒体的扩张[M]. 广州：南方日报出版社，2004.

［17］卫军英. 整合营销传播典例[M]. 浙江：浙江大学出版社，2008.

［18］郭国庆. 市场营销学通论[M]. 北京：中国人民大学出版社，2007.

［19］杨岳全. 市场营销策划[M]. 北京：中国人民大学出版社，2006.

［20］科特勒，巴斯. 水平营销[M]. 陈燕茹，译. 北京：中信出版社，2005.

［21］车慈慧. 市场营销[M]. 北京：高等教育出版社，2007.

［22］崔茂森. 市场营销学[M]. 北京：北京航空航天大学出版社，2009.

［23］梁惠琼. 市场营销[M]. 北京：清华大学出版社，2010.

［24］李胜，冯瑞. 现代市场营销学（21 世纪高职高专规划教材，工商管理类）[M]. 北京：机械工业出版社，2008.

［25］彭石普. 市场营销：理论、实务、案例、实训. 大连：东北财经大学出版社，2010.

［26］冯开红. 现代市场营销策划实务. 北京：电子工业出版社，2006.

［27］叶万春，叶敏. 营销策划. 北京：清华大学出版社，2004.

［28］庄贵军. 企业营销策划. 北京：清华大学出版社，2005.

网络资源：

［1］中国营销策划网 http://www.plan-china.com/.

［2］中国营销传播网 http://www.emkt.com.cn.

［3］中国营销研究中心 http://CMCwww.21cmc.net.

［4］中国营销人 http://www.marketer.cn.

［5］中国经理人网 http://www.sino-manager.com.

［6］中国广告门户网 http://www.yxad.com/.

［7］中国广告创意网 http://www.icnad.com/.

［8］全球品牌网 http://www.globrand.com/.

［9］国际广告 http://www.ad-int.com/cn/home/index.asp.

［10］广告专题站 http://www.adtopic.net/default.html.

［11］中国公关网 http://www.chinapr.com.cn/.

［12］中国管理传播网 http://manage.org.cn/.

［13］中国公共关系协会 http://www.cpra.org.cn/.

［14］豆丁网 http://www.docin.com/.

［15］百度百科 http://baike.baidu.com/.